Ralf Waldmann

Bernd Kassner

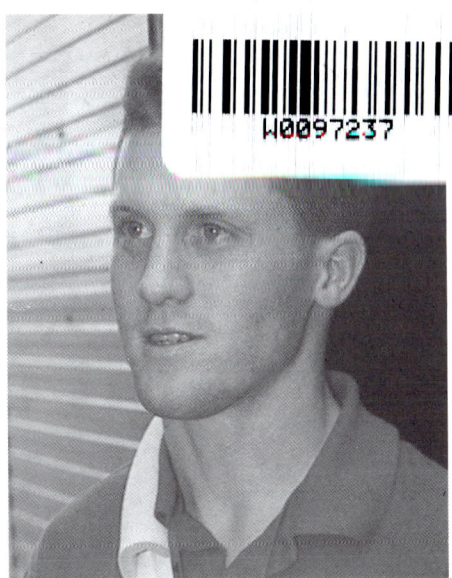
Kenny Roberts jr.

Takeshi Tsujimura

Oliver Koch

Jorge Martínez

Adi Stadler

John Kocinski

Peter Öttl

FRIEDEMANN KIRN

MOTORRAD WM '94

Die Rennen zur Straßen-Weltmeisterschaft

MOTORBUCH VERLAG STUTTGART

Inhalt

Teams und Fahrer 1994	*Raineys größter Sieg*	3
Grand Prix Australien	*Bella Italia*	21
Grand Prix Malaysia	*Der König des Dschungels*	35
Grand Prix Japan	*Abes Abenteuer*	47
WM Auftakt Gespanne Donington Park/GB	*Der arme Außenseiter*	60
Grand Prix Spanien	*Der kleine Prinz*	63
Grand Prix Österreich	*Luftangriff*	77
Grand Prix Deutschland	*Die Antwort weiß der Wind*	91
Grand Prix Holland	*Scheiden tut weh*	107
Grand Prix Italien	*In der Höhle des Löwen*	119
Grand Prix Frankreich	*Sechs Richtige*	131
Gespann WM-Lauf Zeltweg/A	*Dixieland*	142
Grand Prix England	*Kevins kühnster Kampf*	145
Grand Prix Tschechien	*Micks Meisterstück*	161
Gespann WM-Lauf Assen/NL	*Sieben auf einen Streich*	172
Grand Prix USA	*Hungrig wie ein Wolf*	181
Grand Prix Argentinien	*Der Kazu läßt das Mausen nicht*	193
Grand Prix Europa	*Supermax*	205
Endstand der Motorrad-Weltmeisterschaft		216
Chronik der Motorrad-Weltmeisterschaft		218

Umschlaggestaltung: Johann Walentek
Innengestaltung: Manfred Arnold
Mit Fotos von Buenos Dias (Manfred Mothes, Gerhard Rudolph), fact (Dave Schahl), Marco Guidetti, Yves Jamotte, Friedemann Kirn, Lou Martin, Peter Preissler, Jörg Wießmann, Manfred Wieland, Waldemar da Rin, Rolf Zimmermann

Mit besonderem Dank an Monika Schneider, Manfred Arnold und Frieder Harbusch

ISBN 3-613-01594-3

1. Auflage 1994
Copyright © by Motorbuch Verlag, Postfach 103743, 70032 Stuttgart.
Ein Unternehmen der Paul Pietsch Verlage GmbH + Co.
Sämtliche Rechte der Speicherung, Vervielfältigung und Verbreitung sind vorbehalten.
Satz: Vaihinger Satz + Druck, 71665 Vaihingen an der Enz.
Druck: Maisch + Queck, 70839 Gerlingen.
Bindung: Karl Dieringer, 70839 Gerlingen.
Printed in Germany

Teams und Fahrer 1994

Wayne Rainey **Raineys größter Sieg**
erholte sich in Rekordzeit von seiner Rückgratverletzung – und kehrte als Teamchef in die Motorrad-Weltmeisterschaft zurück.

Mit 68 Meilen pro Stunde glitt der »Ranger Comanche« über das spiegelglatte, in den ersten Strahlen der Morgensonne glitzernde Wasser. Wayne Rainey duckte sich hinter die Windschutzscheibe, um dem 200 PS-Außenborder von Yamaha vielleicht doch noch mehr Tempo abzutrotzen, und lächelte selig, weil er endlich wieder Kraft und Beschleunigung spürte und ihn die Handgriffe für Steuer und Gas, Trimmung und Lenzpumpe bis hin zum Nebelhorn für ein paar Augenblicke vergessen ließen, daß er seine Beine nicht bewegen konnte.

Man schrieb den 11. Januar 1994, und dieser Tag am McClure-Stausee im Norden Kaliforniens war für den dreifachen Weltmeister der schönste, seit er bei seinem verhängnisvollen Sturz vier Monate zuvor in Misano jenen stechenden Schmerz im Rücken spürte, der das Ende seiner Karriere bedeuten sollte. »Ich erinnere mich, wie ich in die Kurve einbog, eine Dritter Gang-Rechtskurve, die mit etwa 200 km/h durchfahren wird. Ich war etwas zu schnell, deshalb hatte ich in der Kurvenmitte etwas mehr Schräglage als ich eigentlich wollte. Als ich begann, aufzurichten, brach die Hinterhand aus. packte abrupt wieder zu und schob das Vorderrad aus der Spur. Es war kein Highsider, sondern ein Sturz übers Vorderrad. Doch wenn du bei diesem Tempo zu Boden gehst, weißt du sowieso nicht, was oben und unten ist. Es ist alles dasselbe.«

»Während ich stürzte, war ich zunächst nur wütend darüber, daß ich den Titel Schwantz in die Hände gespielt hatte. Doch an einer bestimmten Stelle spürte ich einen Stich. Als ich dalag, schmerzte es ziemlich stark, ich hatte ein heftiges Brennen in meinem Rücken. Ich versuchte, aufzustehen, und es ging nicht. Ich versuchte es wieder – nichts. Dann tastete ich nach meinen Beinen und fühlte nichts. Jetzt wußte ich, daß ernsthaft etwas nicht mehr in Ordnung war.«

»Ich spürte die Nähe des Todes, und noch heute glaube ich, daß ich sterbend auf der Rennstrecke lag. Ich wurde nicht bewußtlos, doch mein Augenlicht schwand, obwohl ich während der ganzen Zeit bei Sinnen war. Ich dachte, Gott wird mich am Leben halten, doch es ist meine Aufgabe, weiterzuatmen. Ich schlief nicht in jener Nacht. Ich hatte Angst, wenn ich einschlafen würde, würde ich aufhören zu atmen. Also blieb ich wach. Ich blieb wach, bis Shae in Italien eintraf.«

»Im Krankenhaus zerbrach ich mir wieder und wieder den Kopf, ob irgendetwas am Motorrad gewesen sein könnte, was den Sturz auslöste. Ich wußte, daß ich einen Fahrfehler gemacht hatte, aber ich überlegte trotzdem weiter, ob vielleicht, vielleicht nicht doch irgendetwas am Motorrad gebrochen war. Aber mir wurde gesagt, daß nichts daran kaputt war. Ich hab's verbockt, das ist alles«, sagte Rainey.

Es gab kein Foto und kein Video, das eindeutig zeigte, in welcher Phase des Sturzes sein Rückgrat so schwer verletzt wurde, und es gab keinen Arzt, der schlüssig erklären konnte, warum nach vielen weitaus spektakuläreren Crashs ein vergleichsweise harmloser Unfall so verheerende Folgen hatte und welche Rolle der vorhergegangene Sturz in England spielte, bei dem Rainey bereits fünf Wochen zuvor zwei Wirbel anknackste. Fest stand nur die niederschmetternde Diagnose: Daß das Rückgrat förmlich durchgebrochen, der Wirbel zerschmettert und das Rückenmark so vollständig durchtrennt war, daß keinerlei Hoffnung darauf bestand, daß Rainey je wieder würde gehen können.

Um die Wirbelsäule zu stabilisieren und ein aufrechtes Sitzen zu ermöglichen, wurde Rainey mehrmals operiert und mußte sechs Wochen nahezu regungslos im Bett liegen, bevor er eine mühsame Therapie in Angriff nehmen und zu Weihnachten endlich zu seiner Familie nach Monterey zurückkehren konnte.

Die Moral, die er dabei bewies, gab all jenen in der Welt Hoffnung, die irgendwo in der Anonymität ein ähnliches Schicksal durchmachen mußten. »Ich bin in Führung liegend gestürzt und habe nichts zu bereuen. Ich kann zwar meine Beine nicht mehr bewegen, aber ich bin nicht behindert. Macht euch um mich keine Sorgen, es geht mir gut,« ließ er seinen Fans erklären,

Wayne Rainey und das Anglerglück: So intensiv leben, wie es nur geht

und wenn die Wände auf ihn zuzufallen drohten, schaffte er es immer wieder, auf positive Gedanken zu kommen. »Nun – auch ich habe ziemlich schlechte Tage. Manche Tage bin ich wirklich am Boden zerstört. Doch mir war schon immer klar, immer, wenn ich den Helm festzurrte und auf die Strecke ging, daß Rennfahren mit einem hohen Risiko verbunden ist. Nicht unbedingt einer Querschnittslähmung, aber doch eines Sturzes, denn wenn du rausgehst und am Limit um den Sieg kämpfst, hey, dann ist das alles Teil der Sache. Ich war nie aufgebracht darüber, daß der Rennsport mir das angetan hat. Mir war nur klar, daß ich die Querschnittslähmung genauso angehen muß wie früher den Rennsport auch, daß ich sie so schnell wie möglich verstehen und die Konsequenzen daraus ziehen muß.«

»Aber die schlechten Tage gibt es eben. Diese Woche hatte ich einen, und ich mußte Kenny anrufen, um mich auszusprechen. Ich war nicht soweit, mit dem Rennfahren aufzuhören, das steht fest, und all das, was passiert ist, war unglücklich, weil ich noch nicht an dem Ziel war, das ich im Auge hatte. Auf der anderen Seite habe ich in meiner Karriere eine Menge erreicht, und ich stürzte bei dem Versuch, mir nochmals diese Weltmeisterschaft zu holen. Für mich ist das ein bißchen besser als für die meisten anderen Leute in einer solchen Situation, denn zumindest passierte es bei einer Tätigkeit, die ich liebte. In diesem Licht betrachtet, kann ich es akzeptieren. Es ist trotzdem hart, darüber hinwegzukommen, und es wird eine ganze Zeit dauern.«

Die Berge von Fanpost, die ihm aus aller Welt ans Krankenbett gebracht wurden, waren eine wichtige Hilfe. »Erst wurden mir die Briefe von meiner Familie und Freunden vorgelesen, dann erhielt ich sie selbst. Alle waren sehr nett, und viele berichteten von den Tragödien, die die Briefschreiber selbst durchmachten. Viele davon waren viel schlimmer als das, was ich erlebte. Das half mir, und manchmal half es mir auch nur, zu hören, daß Zeit heilt und ich mich irgendwann besser fühlen würde. Denn du liegst da drin und wünschst dir, Gott, wenn es nur nicht ganz so schlimm wäre…«

Viel Beistand von Kollegen wie Kevin Schwantz erhielt er nicht. »Rennfahrer respektieren einander, doch man kommt einander nicht wirklich nahe, weil man gegeneinander antreten muß. Es ist schwer, unter solchen Voraussetzungen eine Freundschaft aufzubauen. Mein Unfall hat aber viele Leute aufgeweckt, die sich nun sagen: Das könnte auch mir passieren. Im Krankenhaus gab es niemanden außer mir, der als Motorradrennfahrer eine Querschnittslähmung davontrug. Es kann jedermann jederzeit im täglichen Leben passieren.«

»In der Reha gab es Jungs, die in eine Ozeanwelle hüpften, mit dem Kopf auf einer Sandbank aufschlugen und querschnittsgelähmt blieben. Es gab andere, die vom Fahrrad fielen und verkehrt am Boden landeten. Es gab Mitglieder von Gangs, die von einer Kugel getroffen wurden und unter ihnen sogar solche, deren Rückenmark nicht einmal berührt wurde und nur durch die Wucht und Vibration des Aufpralls so schwere Schäden erlitt. Es war interessant, all diese Typen zu sehen. Einer von ihnen war aus einer Rummelplatzbahn gefallen! Merkwürdige Sachen, du weißt eben nie, was dir blüht. Und auch wenn mit mir eine Menge nicht in Ordnung ist, gibt es doch vieles, was bei den anderen Jungs dort schlimmer ist. Ich sah sie und dachte, Jesus, ich bin querschnittsgelähmt, doch ich kann zumindest meine Hände benutzen. Einer von den Jungs dort konnte gehen, aber seine Hände nicht bewegen. Dem geht's schlechter als es mir geht.«

»Ich hatte eine Menge Zeit, darüber nachzudenken, ob der Rennsport all das wert war, was ich mir damit angetan habe. Ich habe 24 Jahre Rennsport und drei Weltmeisterschaften hinter mir, und am Ende passiert nun das. Angesichts der Art und Weise, wie ich an den Rennsport herangegangen bin, kann ich es immer noch akzeptieren. Denn es hätte auch bei der Anfahrt zu diesem See hier passieren können. Wenn deine Zeit kommt, kommt sie, und es gibt nichts, was du dagegen tun kannst. Alles kann im Leben passieren, weshalb du es so intensiv leben und genießen mußt, wie es nur geht.«

Am liebsten mit Frau Shae und Sohnemann Rex, der im Oktober 1993 ein Jahr alt wurde. »Meine Familie war für mich immer die Nummer eins. Rennfahren war Selbstbefriedigung, ich brauchte es, um selbst glücklich zu sein. Ich war süchtig danach, zu gewinnen, und das ging so weit, daß ich nach Siegen manchmal nicht einmal mehr Befriedigung spürte, es war wirklich seltsam. Doch sowie ich die Rennstrecke verließ, war meine Familie da, und sie war immer das ein und alles für mich. Rex gibt mir eine Menge Kraft. Er hält meine Turnübungen für ein großartiges Spiel, versteht nicht, was vor sich geht und erkennt trotzdem genau das Wesentliche: Er sieht mich im Rollstuhl – und lacht, weil er seinen Daddy sieht.«

Auch Kenny Roberts war ein Teil der Familie. »Wir sind Freunde seit den frühen 80er Jahren und sind uns immer näher gekommen. Er wollte mich niemals verletzt sehen, und ich wollte stets unseren Erfolg sicherstellen. Ich glaube, kein Fahrer und Teambesitzer haben ein Verhältnis, wie wir es zueinander haben. Wir denken über viele Dinge gleich, mögen dieselben Dinge, lachen über dieselben Witze, verbringen einfach eine gute Zeit zusammen. Wir können in einem lausigen Flughafen sitzen und immer noch eine Menge Spaß haben. Andere Fahrer sehen den Teambesitzer nur an der Rennstrecke. Ich betrachte Kenny mehr als einen Bruder als als jemanden, für den ich arbeite. Wir können einander nach einem Training angiften und das Ganze sofort wieder vergessen.

Und jetzt hat er mir dieses verdammte Boot gekauft, so daß wir zusammen fischen gehen können!«

Eine Woche vorher hatte Kenny seinen Freund mit verbundenen Augen in die Garage gebracht und ihn mit dem schnittigen Ranger Comanche überrascht, zu dem Yamaha den Außenborder beisteuerte, und bei der Jungfernfahrt machten sie sich schon über jedes Detail Gedanken, das Wayne den Umgang mit seinem neuen Spielzeug erleichtern könnte. Sie plauderten über ein paar zusätzliche Leinen, über den Schwebesitz im Bug und darüber, daß man einen zusätzlichen Griff montieren sollte, damit sich Wayne in diesem Sitz würde drehen können. So, wie sie zuvor ein störrisches Federbein am Rennmotorrad manipulierten, analysierten sie nun fehlende Haltegriffe, und so direkt, unsentimental und

Wayne Rainey mit Shae und Sohnemann Rex: Die Familie war immer die Nummer eins

pragmatisch, wie sie einst das Set-Up von Waynes 500er besprachen, versuchten sie nun, eine neue Abstimmung für Waynes Alltagsleben herauszufinden.

In Kennys Truck rumpelten sie über einsame Landsträßchen zurück nach Modesto, Plastikbecher mit dampfendem Kaffee aus der Warmhaltekanne in der Hand. Dann kam der Abend mit den typischen Nebelschwaden des kalifornischen Winters, und je dichter sie sich über die Einsamkeit des Farmlands legten, desto gemütlicher wurde es unter den mächtigen, aus vollen Stämmen gehauenen Dachbalken der Kenny Roberts-Ranch, und desto besser schmeckten die Stücke der Salamipizza, die Pam aus einem gewaltigen Rad herausschnitt.

Ein Hollywood-Streifen über das Leben von Babe Ruth, der es als Baseball-Star in den 20er Jahren dank purem Talent und trotz eines ausschweifenden Nachtlebens mit legendären Eß- und Trinksitten zu Weltruhm brachte, flimmerte über den Großbildfernseher. Wayne Rainey nippte an einem Glas Milch und krümmte sich in der weichen Polstergarnitur vor Lachen, bevor er sich frühzeitig von seinen Freunden verabschiedete, weil selbst simple tägliche Prozeduren wie das Zu Bett-Gehen eine halbe Stunde Kraft und Konzentration erforderten.

Am nächsten Tag machte Rainey nochmals deutlich, daß mit einem Berufsethos, wie ihn ein Babe Ruth zur Schau trug, heutzutage kein Blumentopf mehr zu gewinnen sei. »Es gibt viele Rennfahrer, die sagen: Dieses Jahr greife ich voll an. Ich frage mich: Was haben sie dann im letzten Jahr gemacht?« schüttelte Wayne den Kopf. »Für mich wäre es unerträglich, ein Jahr einfach so zu verplempern, ohne mein Bestes zu geben. Ich war immer nur aufs Siegen eingestellt, und das bin ich auch jetzt«. Weshalb er auch in der Therapie sein Bestes gab, seinem Körper ständig mehr abverlangte, als der mit Stahlstiften und sechs Haken stabilisierten, kaum verheilten Wirbelsäule eigentlich zuzumuten war und den Schicksalsschlag alsbald als neue Herausforderung betrachtete. »Gott hat mir die Augen geöffnet für die Dinge, die es sonst noch gibt auf der Welt. Jetzt ist mein Leben vollkommen anders, ein ganz neues Spiel.«

Er stemmte sich in den Sattel eines Yamaha-Quad, fuhr an den Rand einer der Dirt Track-Pisten, um sich den Fahrstil von Kenny Roberts junior und dem Spanier Sete Gibernau Bulto, Enkel des Bultaco-Firmengründers und Mitglied des spanischen Marlboro Roberts-Teams, anzusehen. Mit Falkenaugen und wenigen, präzisen Sätzen erklärte er dem Rennsport-

Wayne Rainey,
Sete Gibernau:
Da ist die Ideallinie

Wayne Rainey, Kenny Roberts junior:
So schlagfähig wie King Kenny und Rainey selbst

Nachwuchs, wo sie Sekundenbruchteile gewinnen konnten.

Kenny junior und Sete lasen ihrem Idol jede Silbe von den Lippen ab, doch sein Wissen und seine Erfahrung weitergeben zu können, half auch Wayne Rainey selbst. »Jetzt, wo ich mit dem Rennfahren aufhören muß, stellt sich die Frage: Was fange ich mit meinem Leben an? 1994 läuft mein Vertrag mit Kenny weiter. Ich kann ihn zwar nicht mehr als Fahrer erfüllen, werde dafür aber alles tun, junge Piloten auf den Weg zu bringen. Little Kenny hat die erste volle Grand Prix-Saison vor sich, und ich werde ihm bei allen Fragen helfen und versuchen, ihm meine Erfahrung weiterzugeben. Ich kenne alle Rennstrecken, auf denen er fahren wird, kenne also auch alle Ideallinien. Ich will ihn lernen und besser werden sehen und dabei keinen Druck auf ihn ausüben, denn den legt er sich schon selber auf. Es freut mich, wenn er mir Fragen stellt. Er ist ein konkurrenzfähiger kleiner Kerl, so schlagfähig wie Kenny und ich, und wir werden wohl mehr damit zu tun haben, ihn zurückzuhalten, als ihn zu noch mehr Tempo anzustacheln.«

»Ich möchte Kennys Team, Luca, Daryl und Junior, wieder gewinnen sehen und ein Teil dessen sein. Das ist alles, was für mich momentan zählt.«

Doch Anfang Februar, knapp zwei Monate vor dem Saisonauftakt, schlug das Schicksal schon wieder zu. KR junior versuchte beim Dirt Track-Fahren etwas zu energisch, an Sete Gibernau außen herum vorbeizukommen, brach sich den linken Oberarm und hatte kein Gefühl mehr für den Daumen, was auf eine Verletzung des sensiblen Radialisnerves hindeutete. Kein Arzt konnte voraussagen, wie lange die Heilung dauern würde, woraufhin das 250 cm³-Projekt vorläufig auf Eis gelegt wurde.

Wenige Tage später kribbelte es plötzlich in KR juniors linker Hand, und er reckte den Daumen steil wie eine eins in die Luft: Der Nerv war nur gequetscht und nicht ernsthaft beschädigt gewesen. Voller Euphorie wurde das Team wieder zusammengetrommelt, und weil Wayne Raineys Tatendurst seit Januar erheblich gestiegen war, entschied er sich für ein spektakuläres Comeback: Er traf alle Vorbereitungen, bereits zum ersten Grand Prix nach Australien anzureisen, um dort mit Channel 9-Reporter Barry Sheene den Halbliter-Grand Prix zu kommentieren, von FIM-Präsident Jos Vaessen die »Goldene Verdienstmedaille«, den höchsten Orden der internationalen Motorradsportföderation, entgegenzunehmen und sein neues »Marlboro Team Rainey« vorzustellen. »Kenny sagte mir schon im Hospital, hey, sobald du soweit bist, wird ein Team für dich da sein. Hier bin ich nun, und ihr werdet mich künftig regelmäßig sehen«, strahlte Rainey bei der Pressekonferenz und nahm minutenlange Ovationen mit sichtlicher Rührung entgegen.

Nur die Premiere des neuen Teams auf der Rennstrecke wurde vertagt: KR junior konnte zwar die Finger bewegen, doch sein gebrochener Oberarm ließ sich mit der Heilung Zeit.

Flop des Jahres:
Die neue Werks-Yamaha

Bei Yamaha blickte man aber auch sonst in eine ungewisse Zukunft. Luca Cadalora und Daryl Beattie waren gute Rennfahrer, aber kein Ersatz für Wayne Rainey, der so manche technische Schwäche der Yamaha YZR 500 durch seinen überlegenen Fahrstil wettgemacht hatte.

Die neue, mit einer unausgereiften Benzineinspritzung versehene Yamaha YZR 500, bei Übersee-Tests im Januar erstmals eingesetzt, erwies sich überdies als verhängnisvoller Flop: Dem abgebrühten Testfahrer Randy Mamola blieb das Gas zweimal auf Vollgas stecken, wegen des untauglichen Fahrwerks weigerte er sich, die Maschine im Nassen zu testen. Luca Cadalora kletterte nach ersten, angsteinflößenden Proberunden nicht mal mehr im Trockenen in den Sattel. Tief deprimiert griff das Team auf Standardmotoren und ROC-Fahrwerke des Jahrgangs 1993 zurück.

Keineswegs vielversprechender war die Situation in der 250 cm³-Klasse. Little Kenny war außer Gefecht, bevor die Saison überhaupt begonnen hatte. Der Schwabe Jochen Schmid hätte zwar nochmals eine Yamaha-Werksmaschine haben können, verlor nach der frustrierenden Saison 1993 jedoch den deutschen Yamaha-Importeur Mitsui als Sponsor, beschloß notgedrungen eine Rennpause und hatte mit einem Kawasaki-Vertrag für die deutsche Superbike-Meisterschaft noch in letzter Minute Glück, als Rennfahrer nicht vollständig von der Bildfläche zu verschwinden.

Noch kälter wurde das Yamaha-Team des Italieners Alessandro Valesi erwischt. Hauptsponsor Telkor, eine südafrikanische Telekommunikationsfirma, wurde im Herbst 1993 von der deutschen Siemens AG gekauft, die Tetsuya Haradas WM-Titel ungeachtet andere Werbestrategien aussheckte und einen Ausstieg aus dem Motorradsportengagement befahl. Haradas Teamkollege Pierfrancesco Chili, der schon im Frühjahr 1993 rund eine Million Dollar bei einer zwielichtigen Investition in den Sand setzte, mußte abermals seinem Geld hinterherjagen und begann, sich mit Valesi vor Gericht wegen eines gültigen Vertrags und der vereinbarten Gage für 1994 zu streiten.

Mangels internationaler Erfahrung und Sprachkenntnissen unfähig, aus seinem Titel Kapital zu schlagen, war selbst das Schicksal des Weltmeisters selbst lange unklar. Weil Kenny Roberts angesichts seines Juniors auch kein Interesse zeigte, Harada in sein Team zu integrieren, kam der Japaner schließlich im Team Yamaha Motor France des ROC-Besitzers Serge Rosset unter, der sich schon 1984 als Teamchef des damaligen 250 cm³-Weltmeisters Christian Sarron Meriten erworben hatte und bei den Japanern hohes Ansehen genoß, weil er für die Yamaha YZR 500 bessere

Bitter enttäuscht: Luca Cadalora griff nach niederschmetternden Erfahrungen mit der neuen Werks-Yamaha auf ROC-Fahrwerke des Vorjahres zurück

Fahrwerke baute, als es die japanische Entwicklungsabteilung selbst zustandebrachte. Das Werk selbst finanzierte den Einsatz in den blauen Farben von Yamaha Motor France, Harada konnte sogar seine vertrauten Mechaniker ins neue Team mitnehmen.

Trotzdem bestand kein Zweifel, daß Honda technisch alles in die Waagschale werfen würde, um den verlorengegangenen WM-Titel in der 250 cm³-Klasse zurückzuholen. Das Chassis, wegen einer am Kurvenausgang wegratternden Vorderpartie 1993 noch von allen Werksfahrern gleichermaßen geschmäht, wurde über Winter gründlich überarbeitet und der Motor höher und weiter nach vorn versetzt. »Honda hat in Sachen Fahrwerk gewaltige Fortschritte gemacht. Bei den Frühjahrs-Tests in Jerez war ich auf der Geraden fünf km/h langsamer als im Vorjahr, trotzdem war meine Rundenzeit um eine Sekunde schneller. Das spricht für sich«, schwärmte Italiens Marlboro-Pileri-Star Loris Capirossi. »Der neue Rahmen hat eine bessere Geometrie als der alte«, bestätigte Capirossis Erzrivale, der von seinem Schienbeinbruch in Assen 1993 genesene HB Team Italy-Pilot Doriano Romboni. »Sitzposition und Gewicht sind weiter nach vorn verlagert, das macht Richtungswechsel einfacher und präziser. Du darfst nur nicht zu zaghaft sein beim Einlenken, sondern mußt die Kiste energisch umklappen. Im letzten Jahr war das Motorrad vorn zu leicht und zu weich, jetzt habe ich endlich das nötige Gefühl für die Vorderpartie.«

Sepp Schlögl über Waldi: »Der überreißt das schon«

Daß die neue Honda so gut war und auch das neuerdings vorgeschriebene niederoktanige und weniger bleihaltige Aviation Gasoline problemlos verdaute, machte auch Ralf Waldmanns Job einfacher. In einem spektakulären Transfer vom 125 cm³-Team Marlboro-Aprilia ins deutsche HB Honda 250 cm³-Team übergelaufen, legte er über Winter nahezu 5000 sturzfreie Testkilometer zurück, bevor er sich bei den Tests der Teamvereinigung IRTA in Australien eine

Woche vor dem Saisonauftakt den ersten, harmlosen Ausrutscher leistete.

Noch frappierender als die Sattelfestigkeit des 250 cm³-Neulings waren die Rundenzeiten, bei denen er auf vier Grand Prix-Strecken rund um die Welt kaum mehr als eine halbe Sekunde auf den erfahrenen Romboni einbüßte. »Der überreißt das schon«, stellte der mit einem Vierteljahrhundert Rennsporterfahrung gesegnete Cheftechniker Sepp Schlögl schon bei den ersten Probefahrten auf der gebrauchten Werksmaschine von Helmut Bradl fest, puzzelte mit dem österreichischen Ex-GP-Piloten Mike Leitner, den Bayern Robert Reich und Horst Brichta sowie dem schwäbischen Data Recording-Spezialisten Thomas Thimm eine ganz neue Mannschaft zusammen und fühlte sich in einer vergnügten Arbeitsathmosphäre so wohl wie seit den Zeiten von Reinhold Roth nicht mehr. »Unglaublich, wie sich der Waldi in die Technik eindenkt und welch präzise Angaben er nach kürzester Zeit bereits machen konnte«, zollte er seinem neuen Schützling Respekt.

»Merci allen Honda-Dealern«:
Der Schweizer Adrian Bosshard trommelte zur Finanzierung seiner Werks-Honda einen Sponsorpool zusammen

HB-Techniker Sepp Schlögl (rechts), Mike Leitner:
Waldi »überreißt das schon«

Genoß Waldi ein professionelles Team, genügend Geld und auch noch das Glück, als erster 250 cm³-Neuling auf Anhieb ein Set der kostbaren Honda NSR 250 zu erhalten, so mußten andere um ihre Existenz verbissen kämpfen. Den schlausten Überlebenskampf führte der Schweizer Adrian Bosshard: Um das Werks-Leasing von rund einer Million Mark berappen zu können, trommelte er den Großteil aller Schweizer Honda-Händler zu einem Sponsorpool zu-

Schon nach ersten Tests obenauf:
Ralf Waldmann und seine neue Werks-Honda

sammen. Kaum war der Coup geglückt und die ersten Testfahrten mit der Aufschrift »Merci allen Honda-Dealern« absolviert, half ihm der Schweizer elf-Importeur und IRTA-Präsident Michael Métraux mit einem elf-Vertrag und einem Budget seiner Entsorgungsfirma »Thommen« endgültig über den Berg.

Ebenfalls in letzter Minute präsentierte der Spanier Luis d'Antin die neben der Elektronikfirma »Mx Onda« auftretenden neuen Hauptsponsoren Pepsi und Repsol, dagegen traten Carlos Cardús und Helmut Bradl endgültig zurück. Cardús war schon Mitte der Saison 1993 bankrott ausgestiegen und betrieb nun bei seiner Heimatstadt Sitges eine Repsol-Tankstelle, ohne je seine Mechaniker bezahlt zu haben. Bradls Vertrag war nach fünf Jahren im deutschen HB-Team aus Erfolgsmangel nicht mehr verlängert worden. Weil sich keine verlockende Alternative auftat, trat Bradl offiziell vom Rennsport zurück und beschloß, eine freie Motorradhandlung aufzubauen.

Der Japaner Nobuatsu Aoki, Sieger des Malaysia-Grand Prix 1993, stand lange ohne Sponsor da, kam dann beim kleinen japanischen Rennstall »Jha« unter, mußte sich jedoch mit nur einer Werksmaschine begnügen.

Deutlich enger wurde der Gürtel auch im ruhmreichen Team von Erv Kanemoto geschnallt: Ohne das Budget des aus dem Motorradsport ausgestiegenen Tabakhauses Rothmans betreute er nur noch den japanischen HRC-Werkspiloten Tadayuki Okada und bekam dafür zwar technische Hilfe, mußte aber für die laufenden Betriebskosten des Teams eigenes Geld investieren.

Stratege Carlo Pernat: Biaggi und Sakata

Kanemotos Star Massimiliano Biaggi ging zurück zu Aprilia, jenem Team, dem er Ende 1992 schmählich und unter Bruch eines gültigen Vertrags den Rücken gekehrt hatte.

Mit der Honda NSR 250, vor allem aber mit den Michelin-Reifen war Mad Max 1993 nie richtig zurechtgekommen, doch schon bei den ersten Tests auf der mit aktiver Hinterradfederung versehenen Aprilia und den gewohnten Dunlops flog der 22jährige Römer förmlich um die Rennstrecken, fuhr seinen Teamkollegen Jean-Philippe Ruggia und Jean-Michel Bayle um Längen davon und legte in Malaysia Rundenzeiten vor, die bei den 500ern 1993 für die erste Startreihe gereicht hätten. »Die Vergangenheit ist Vergangenheit. Biaggi ist wieder zuhause, denn wir sind seine Familie«, predigte der schlaue Aprilia-Teamdirektor Carlo Pernat salbungsvoll, nicht jedoch ohne den in Gnaden aufgenommen verlorenen Sohn mit einer empfindlichen Gehaltskürzung zu strafen und von seinem persönlichen Anwalt einen wasserdichten Zweijahreskontrakt aufsetzen zu lassen, der Biaggi bei einem neuerlichen Vertragsbruch definitiv arbeitslos gemacht hätte.

Carlo Pernat fädelte auch die Sensation in der 125 cm³-Klasse ein: Schon vor Saisonende 1993 hatte der japanische Honda-Star und Vizeweltmeister Kazuto Sakata für vergleichsweise bescheidene 300000 Mark Jahresgage im Aprilia-Team von Giorgio Semprucci unterschrieben, das mit technischer sowie finanzieller Unterstützung des Werks und dem Basken Herri Torrontegui als zweitem Piloten über Winter in aller Stille zu einem Top-Team hochgerüstet wurde. Bei den ersten offiziellen Frühjahrstests im Februar in Jerez erklärte Sakata zwar noch mit japanischer Höflichkeit, Weltmeister Dirk Raudies sei klarer Favorit auch in der neuen Saison, legte dann aber eine Fabelbestzeit von 1.50,91 Minuten hin, die der Konkurrenz die Schweißperlen auf die Stirn trieb.

Vor allem Dirk Raudies. »Sakata wird eine Waffe sein! Waldi war am Ende der

Der Tiefstapler:
Kazuto Sakata titulierte Dirk Raudies höflich zum WM-Favoriten – und schlug in Jerez mit einer überragenden Bestzeit zu

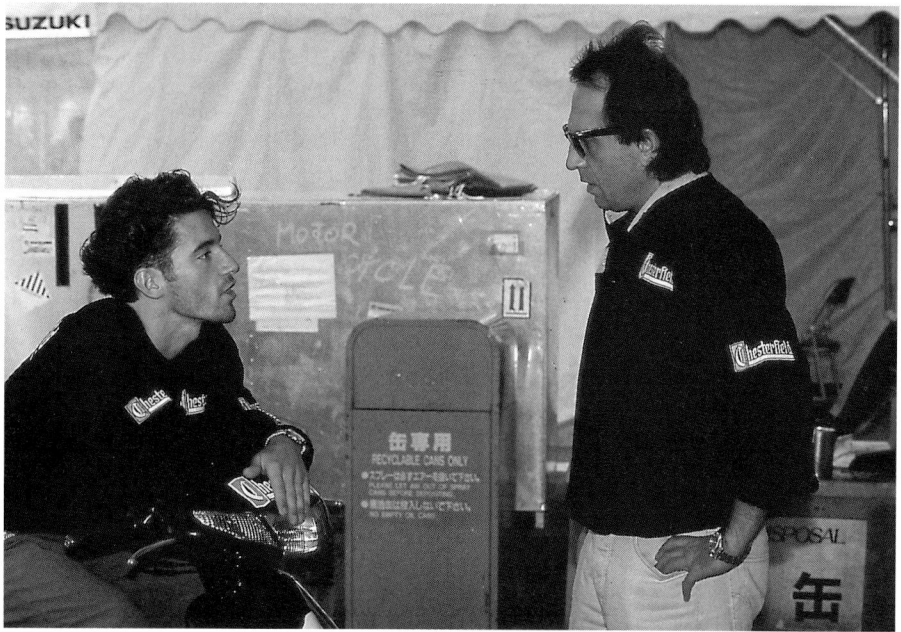

**Max Biaggi, Aprilia-Teamdirektor Carlo Pernat:
Der verlorene Sohn kehrt nach Hause zurück**

Saison trotz 15 kg Mehrgewicht so schnell wie ich, dazu kommt noch Sakatas Kampfwille: Diesmal muß ich den Raudies schlagen,« argwöhnte er und hing selbst deprimierende drei Sekunden hinter Sakatas Bestzeit zurück.

**Dirk Raudies, Schwager Ulli Maier bei Calafat:
Die erste Pause nach turbulenten Wochen**

Denn an sportliche und technische Vorbereitung für die neue Saison war zunächst nicht zu denken gewesen. Nach seinen Triumphen in der Welt- und in der offenen spanischen Meisterschaft hatte Raudies einen heißen Herbst erlebt, in dem er von einer Feier zur anderen durchgereicht wurde und kaum eine freie Minute hatte. »Jeder tatscht und sprudelt dich aus 15 Zentimetern Entfernung an, jeder denkt, du gehörst ihm alleine. Das war noch stressiger als die Saison, noch anstrengender als der Rennzirkus. Davon habe ich jetzt die Schnauze voll.«

Erst kam die Ehrung beim ADAC Württemberg, dann die der Stadt Biberach und des Biberacher Wochenblatts. Bei der Wahl zum »Sportler des Jahres« wurde Dirk Raudies Zweiter und wunderte sich, daß der Boxsport und dessen deutsches Aushängeschild Henry Maske nach wie vor mehr Reputation genießen, »obwohl die sich die Birne matschig hauen und gleich drei WM-Verbände für ein heilloses Durcheinander sorgen.« Die Ehrung zum ADAC-Motorsportler des Jahres in München folgte dann die Sport-Gala in Ludwigsburg.

Auch bei der Vorstellung des neuen Porsche 911 zählte Dirk Raudies zu den Ehrengästen, und dann kam »die schlimmste Ehrung von allen, völlig trocken und ohne jeden Pep«, die FIM-Weltmeisterehrung in Paris nämlich, zu der er nur ganz widerwillig anreiste. »Auf der Einladungskarte habe ich angekreuzt, daß ich nicht kommen werde. Darauf hieß es, dann sei eine hohe Geldstrafe fällig. Worauf mir das Ganze nicht als Ein-, sondern als Vorladung vorkam.«

Erst danach kam er dazu, im spanischen Calafat mal wieder ein paar Runden auf seiner Rennmaschine zu drehen und dabei käufliches Avgas und seine neue Kayaba-Gabel auszuprobieren. Während der Motor mit dem bleiarmen Benzin hustete, funktionierte die japanische Gabel auf Anhieb besser als das italienische Pendant von Ceriani, mit der Raudies seinen WM-Titel errungen hatte. »Ein richtiges Schlagloch schluckt die Kayaba-Gabel besser, weil es ein zweites Hydraulikventil gibt, das in einer solchen Situation auch noch öffnet. Und wenn Kevin Schwantz mit einer solchen Gabel Weltmeister geworden ist, kann sie so schlecht ja nicht sein«, rieb er sich die Hände und hatte fortan einen belgischen Kayaba-Techniker zur Seite, der ihm vor Saisonbeginn auch noch einen passenden Kayaba-Dämpfer fürs Hinterrad liefern sollte.

Doch in Sachen Motorleistung schrillten die Alarmglocken bei den IRTA-Tests in Jerez weiter. »Mein Motor lief zäh – gegenüber dem Vorjahr haben wir zehn km/h Topspeed verloren«, zeterte Raudies, der zu diesem Zeitpunkt im Februar, sechs Wochen vor dem Saisonstart, immer noch auf altes Material angewiesen war: Ein eiliges Fax aus dem Honda-Werk ordnete an, den eben erst eingebauten A-Kit, einer verbesserten Version des alten B-Kits ohne Auslaßsteuerung, schleunigst wieder auszubauen – die Auflaufscheiben des unteren Pleuellagers waren zu dünn dimensioniert, brachen und richteten kapitale Motorschäden an.

Baute Raudies die Honda-Werksteile in letzter Minute wieder aus, so nahm Peter Öttl seine Aprilia-Werksmaschine in letzter Minute in Empfang. Erst machte die Hiobsbotschaft die Runde, Marlboro werde sich als Sponsor komplett zurückziehen, worauf Teamchef Harald Eckl bereits drauf und dran war, die Mechaniker zu entlassen und das Team aufzulösen.

Philip Morris-Promotionmann Arthur Thill aus München ließ daraufhin die Telefondrähte glühen und eiste wenigstens 250 000 Mark los, ein Drittel des ursprünglich vereinbarten Budgets, worauf sich die Truppe unverzüglich in den Transporter setzte, im italienischen Noale die bestellte Werksmaschine abholte und mit wenigstens einem taufrischen Motorrad bei den IRTA-Tests in Spanien aufkreuzte. »Wir haben eine Menge Abstimmungsarbeit vor uns, weil wir statt der teuren Whitepower-Federung preiswertere Öhlins-Elemente verwenden«, erläuterte Öttl, »doch eins kann ich jetzt schon sagen: Im Vergleich zu meinem Production Racer vom Vorjahr fühlt sich die Werksmaschine an, als ob du von einem VW Golf in einen Mercedes umsteigst.«

Als hochmoderne Neukonstruktion sammelte auch die neue Yamaha TZM 125 reichlich Vorschußlorbeeren. »Wenn ich eine käufliche Honda, Aprilia und Yamaha auf den Prüfstand stelle, besteht gar kein Zweifel darüber, welche Maschine den höchsten Standard mitbringt. So habe ich auch Stefan Prein von der Yamaha überzeugt«, schilderte der österreichische Techniker Harald Bartol, im Vorjahr noch im aufgelösten Gilera-Rennstall beschäftigt und nun in Jorge Martínez' Cepsa-Yamaha-Team für PS-Suche zuständig.

Stefan Prein setzte bei seinem Yamaha-Engagement nicht nur auf seinen bisherigen Tuner Manfred Wittenborn, sondern auch auf elektrische Energie: Er hatte sich den Batteriehersteller »Energizer« als Sponsor geangelt.

Vereint posieren, getrennt marschieren: Werksfahrer Ralf Waldmann, Peter Öttl, Dirk Raudies

TEAMS UND FAHRER 1994

Team	Fahrer	Marke	Reifen
500 cm³:			
Lucky Strike-Suzuki	Kevin Schwantz (1) USA	Suzuki RGV	Michelin
	Alexandre Barros (6) BR	Suzuki RGV	Michelin
Marlboro Team Roberts	Darryl Beattie (3) AUS	Yamaha YZR	Dunlop
	Luca Cadalora (5) I	Yamaha YZR	Dunlop
HRC Honda Team	Michael Doohan (4) AUS	Honda NSR	Michelin
Honda Racing Team	Shinichi Itoh (7) J	Honda NSR	Michelin
	Alex Crivillé (8) E	Honda NSR	Michelin
Cagiva Team Agostini	Doug Chandler (10) USA	Cagiva C-594	Michelin
	John Kocinski (11) USA	Cagiva C-594	Michelin
López-Mella Racing Team	Juan López-Mella (12) E	ROC-Yamaha 94	Michelin
Aprilia Racing Team	Loris Reggiani (13) I	Aprilia RSV	Dunlop
Team Millar	Jeremy McWilliams (14) GB	Yamaha YZR	Michelin
Padgetts Motorcycles	John Reynolds (15) GB	Harris-Yamaha 94	Dunlop
Euro Team	Laurent Naveau (16) B	ROC-Yamaha	Dunlop
Ducados Honda Pons	Alberto Puig (17) E	Honda NSR	Michelin
Yamaha Motor France	Bernard Garcia (18) F	ROC-Yamaha	Michelin
Shell Harris Grand Prix	Sean Emmet (19) GB	Harris-Yamaha	Dunlop
B & M Racing	Kevin Mitchell (20) GB	Harris-Yamaha 92	Dunlop
Racing Team Doorakkers	Cees Doorakkers (21) NL	Harris-Yamaha 92	Dunlop
Team Pedercini	Lucio Pedercini (23) I	ROC-Yamaha 93	Michelin
	Cristiano Migliorati (24) I	ROC-Yamaha 92	Michelin
Team Elit	Marco Papa (25) I	ROC-Yamaha 92	Michelin
Red Wing Marlboro	Bernard Haenggeli (27) CH	ROC-Yamaha 93	Michelin
Miralles Racing Team	Julian Miralles (28) E	ROC-Yamaha 93	Michelin
ARC Austrian Racing Co	Andreas Leuthe (29) D	ROC-Yamaha	Dunlop
Team Paton	Vittorio Scatola (30) I	Paton	Michelin
Sachsen Racing Team	Lothar Neukirchner (31) D	Harris-Yamaha 92	Dunlop
MTD Objectif 500	Bruno Bonhuil (34) F	ROC-Yamaha	Michelin
Jean Foray Racing Tram	Jean Foray (36) F	ROC-Yamaha 92	Dunlop
D. R. Team Shark	Marc Garcia (44) F	ROC-Yamaha 93	Michelin
World Champion Motorsport	Niall Mackenzie (50) GB	ROC-Yamaha 94	Dunlop
J. P. J. Racing	Jean Pierre Jeandat (51) F	ROC-Yamaha 92	Dunlop
250 cm³:			
Yamaha Motor France	Tetsuya Harada (1) J	Yamaha TZM	Dunlop
Marlboro Team Pileri	Loris Capirossi (2) I	Honda NSR	Dunlop
	Giuseppe Fiorillo (40) I	Honda RSK	Dunlop
Chesterfield Aprilia	Massimiliano Biaggi (4) I	Aprilia RSV	Dunlop
	Jean Philippe Ruggia (17) F	Aprilia RSV	Dunlop
	Jean Michel Bayle (22) F	Aprilia RSV	Dunlop
HB Racing Team Italy	Doriano Romboni (5) I	Honda NSR	Dunlop
Dolly Buster/Preining	Andy Preining (6) A	Aprilia RS 94	Dunlop
Kanemoto Honda	Tadayuki Okada (8) J	Honda NSR	Michelin
Jha Racing	Nobuatsu Aoki (11) J	Honda NSR	Dunlop
DC Racing Team	Wilco Zeelenberg (12) NL	Honda NSR	Michelin
Tech 3	Frédéric Protat (13) F	Honda RSK	Michelin
	Noel Ferro (37) F	Honda RSK	Michelin
SSP Competición	Luis d'Antin (15) E	Honda NSR	Dunlop
Racing Team v.d. Goorbergh	Patrick v.d. Goorbergh (16) NL	Aprilia RS 94	Dunlop
Aprilia Mohag	Eskil Suter (19) CH	Aprilia RS 94	Dunlop
Team Bosshard	Adrian Bosshard (20) CH	Honda NSR	Dunlop
Givi Racing	Carles Checa (23) E	Honda RSK	Dunlop
Marlboro Team Rainey	Jim Filice (24) USA	Yamaha TZM	Dunlop
	Kenny Roberts jr. (25) USA	Yamaha TZM	Dunlop
Racing Team Munich	Bernd Kassner (26) D	Aprilia RS 93	Michelin
Veitinger Honda	Adi Stadler (27) D	Honda RSK	Bridgestone
HB Honda Germany	Ralf Waldmann (28) D	Honda NSR	Dunlop
Team Hernández	Juan Bta. Borja (29) E	Aprilia RS 93	Michelin
PR2	José Luis Cardoso (30) E	Aprilia RS 92	Michelin
Tecno Racing	Quique de Juan jr. (31) E	Aprilia RS 93	Michelin
J. van der Goorbergh Racing	Jürgen v.d. Goorbergh (32) NL	Aprilia RS 94	Yokohama
KKN Racing	Kristian Kaas (33) SF	Yamaha TZ	Yokohama
Promoto Sport	Christian Boudinot (34) F	Aprilia RS 93	Yokohama
Team Cotoni	Rodney Fee (35) USA	Aprilia RS	Yokohama
	Alan Patterson (36) GB	Aprilia RS	Yokohama
Maurel Competición	Luis Carlos Maurel (38) E	Honda RSK	Dunlop
Gramigni Gass	Alex Gramigni (39) I	Aprilia RSV 93	Michelin
Team Hernández	Manuel Hernández (43) E	Aprilia RS 93	Michelin
125 cm³:			
HB Team Raudies	Dirk Raudies (1) D	Honda RSA	Dunlop
Team Semprucci-Krona	Kazuto Sakata (2) J	Aprilia 94	Dunlop
Technical Sports	Takeshi Tsujimura (3) J	Honda RSK	Bridgestone
Team Aspar	Yoshiaki Katoh (4) J	Yamaha TZM	Dunlop
	Jorge Martínez (8) E	Yamaha TZM	Dunlop
Givi Racing	Noburu Ueda (5) J	Honda RSA	Dunlop
	Lucio Cecchinello (22) I	Honda RSK	Dunlop
ELF Team Kepla	Akira Saito (6) J	Honda RSR	Dunlop
Marlboro Aprilia	Oliver Petrucciani (7) CH	Aprilia RS 94	Dunlop
	Daniela Tognoli (20) I	Aprilia RS 94	Dunlop
Team Semprucci-Krona	Herri Torrontegui (9) E	Aprilia 94	Dunlop
Aprilia Eckl	Peter Öttl (10) D	Aprilia RS 94	Bridgestone
	Manfred Geissler (30) D	Aprilia RS 93	Birdgestone
Scot Racing Team	Fausto Gresini (11) I	Honda RSK	Dunlop
	Bruno Casanova (23) I	Honda RSK	Dunlop
Moto BUM Honda	Haruchika Aoki (12) J	Honda RSR	Dunlop
GP Team Ditter Plastic	Oliver Koch (14) D	Honda RSR	Dunlop
Team Energizer Elf & Co	Stefan Prein (15) D	Yamaha TZ	Dunlop
Team Baumann	Manfred Baumann (16) A	Yamaha TZ	Dunlop
Team Unemoto	Masafumi Ono (18) J	Honda RSR	Bridgestone
AGV Attac Racing	Garry McCoy (19) AUS	Aprilia RS 94	Dunlop
Ducados Aprilia	Carlos Giró (21) E	Aprilia 94	Dunlop
Arie Molenaar Racing	Hans Spaan (24) NL	Honda RSK	Dunlop
Burnett Racing	Neil Hodgson (25) GB	Honda RSA	Dunlop
Marlboro Team Pileri	Emilio Alzamora (26) E	Honda RSA	Dunlop
	Vittorio Lopez (33) I	Honda RSK	Dunlop
FCC Technical Sports	Tomoko Igata (27) J	Honda RSR	Dunlop
Jha Racing	Hideyuki Nakajyo (28) J	Honda RSR	Dunlop
Team Elit	Gabriele Debbia (29) I	Aprilia RS 94	Dunlop
Team Italia IPA Corse	Gianluigi Scalvini (31) I	Aprilia RS 94	Dunlop
	Stefano Perugini (32) I	Aprilia RS 94	Dunlop
LB Zwafink Racing	Loek Bodelier (35) NL	Honda RSR	Dunlop
Racing Supply	Masaki Tokudome (36) J	Honda RSR	Dunlop
Yamaha Motor France	Frédéric Petit (37) F	Yamaha TZ	Dunlop

Die kleinste Klasse bot die größten Überraschungen: Garry McCoy (19) erbeutete bei seinem Heimspiel in Australien auf der deutschen agv-Attac-Aprilia sensationell den dritten Platz, stieg später ebenso spektakulär aus und wurde durch Maik Stief (50) ersetzt. Erst in letzter Minute brachten

Peter Öttl (10) und Tex Geissler (30) ihr Budget unter Dach und Fach, setzten sich aber prompt als Dream Team Aprilia Deutschland in Szene. Aprilia-Star Kazuto Sakata war schon nach dem ersten Rennen Favorit, das schnelle Fräulein Tomoko Igata und Yamaha-Star Yoshiaki Katoh mit den magischen Augen am Helm blieben hingegen bunte Außenseiter.

Max Biaggi fuhr in Assen auf und davon, wurde zum Idol und von Loris Capirossi (2) und Tadayuki Okada (8) vergebens verfolgt. Ralf Waldmanns Premiere im HB-Honda-Team, nicht nur von den Eltern in Hockenheim aufmerksam verfolgt, war ebenso aufregend und spektakulär

Die Klasse der Prinzen und Könige:
Alexandre Barros (6) in Le Mans, John Kocinski (11), Norick Abe (56), Weltmeister Mick Doohan, Doug Chandler (10), ROC-Besitzer Serge Rosset, das Team Sachsen (31), Loris Reggiani (13), Udo Mark (63) – und der zurückgetretene Familienvater Michi Rudroff

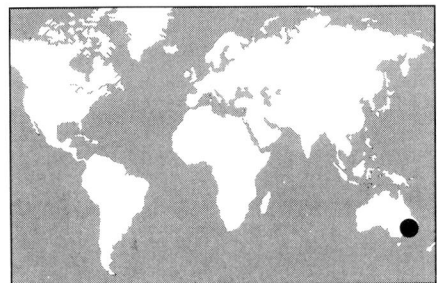

**27. März 1994:
Grand Prix Australien in Eastern Creek**

Cagiva und Aprilia # Bella Italia
triumphierten in allen Klassen - und feierten nach dem Saisonauftakt in Australien eine italienische Nacht.

Eine Woche vor dem Grand Prix stieg bereits die dreitägige Generalprobe mit den letzten offiziellen Tests der Teamvereinigung IRTA auf dem Eastern Creek Raceway. Luca Cadalora unterbot Michael Doohans zwei Jahre alten Rundenrekord mit einem inoffiziellen neuen Bestwert von 1.30,86 Minuten und frohlockte, man bekomme die verheerenden Fahrwerksprobleme, die das Team bei Vorsaisontests frustrierten, allmählich in Griff. »Wir haben die Abstimmung vorn seit den letzten Tests hier in Eastern Creek komplett geändert, außerdem hat uns Dunlop enorm weitergeholfen. Das Feeling für den Vorderreifen wird immer besser. Was uns derzeit am meisten fehlt, ist Höchstleistung.«

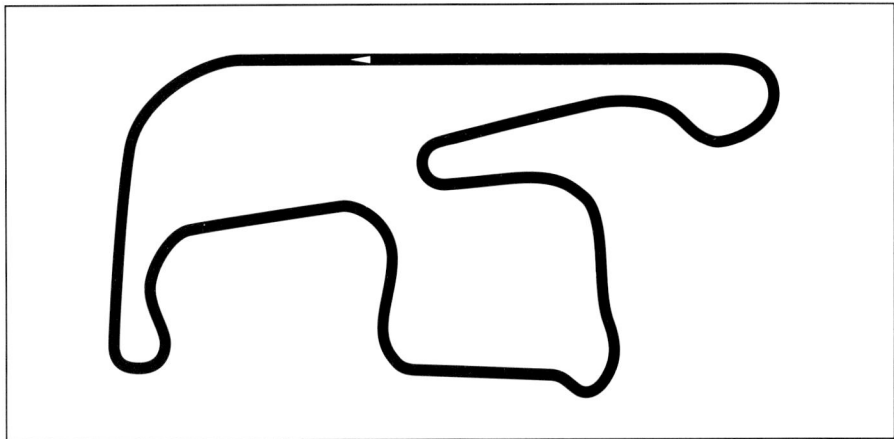

Doch die spielte auf der winkligen Eastern Creek-Piste nur eine untergeordnete Bedeutung, und deshalb konnte das Marlboro Team Roberts auch einigermaßen mit der Tatsache leben, daß die Motoren das neue, niederoktanige Benzin schlecht vertrugen und im mittleren Drehzahlbereich unter Detonationen litten.

Auch das Cagiva-Team sah nach erfolgreichen Winter-Tests so blendend aus, daß Teammanager Giacomo Agostini in seiner Begeisterung schon mal höchstperönlich Pasta für die ganze Mannschaft aufsetzte und in der Öffentlichkeit vor Liebenswürdigkeit nur so sprühte.

**John Kocinski gewann –
und Teamchef Agostini
kochte begeistert Pasta**

Dank der angenehmen Familienathmosphäre und den Cagiva-Besitzern Claudio und Gianfranco Castiglioni, die ihn nicht nur mit vier Millionen Dollar Jahresgage verwöhnten, sondern auch in allen anderen Belangen buchstäblich auf Händen trugen, fühlte der neue Star John Kocinski wie ein Fisch im Wasser und hatte schon in den Monaten zuvor überall, wo er mit dem roten Renner auftauchte, inoffizielle Rekordzeiten aufgestellt. »Es ist das erste Mal, daß ich von einem Team so umfassend betreut werde. Ich bekomme jede Unterstützung, die ich brauche, aber vor allem habe ich Freunde gefunden, mit denen ich mich herumtreiben und auch abseits der Rennstrecken meinen Spaß haben kann. So etwas habe ich noch nie erlebt«, behauptete Kocinski. »Mit Laufen, Fahrradfahren, Gewichtheben und Moto Cross habe ich mich über Winter fitgehalten, aber dieses spezielle Ambiente ist die beste Motivation für mich. Ich glaube, daß wir konkurrenzfähig sein und mit den Besten dieser Klasse mithalten werden.«

Kocinski blieb nur eine Zehntelsekunde unter Cadaloras Bestwert, radierte seine Top-Zeiten aber so lässig herunter wie Mathematiker das kleine Einmaleins. Wenn er auf die Strecke ging, brauchte er gerade eine Aufwärmrunde, um dann schon nach der ersten Zieldurchfahrt Vollgas zu geben und regelmäßig unter 1.32 Minuten pro Runde zu bleiben.

Was ihm dabei half, war die neue Fahrwerkstechnik der Cagiva, bei der die Ingenieure mit und um Ezio Mascheroni und den Formel 1-erfahrenen Riccardo Rosa bewährte und exotische Materialien clever miteinander kombinierten. In Zusammen-

**Oben Kohlefaser, unten Aluminium:
Das neue Cagiva-Chassis**

arbeit mit Ferrari Engineering wurde ein neuer, leichterer und dabei trotzdem stabilerer Rahmen entwickelt, dessen Vorderteil samt Lenkkopf und Rückgratprofilen aus Kohlefaser, dessen Heck mit Schwinge und Schwingenaufnahme jedoch weiterhin aus Aluminium bestand. In einem bereits in der Formel 1 bewährten Verfahren wurden die beiden Materialien kombiniert, nun ergänzten sich die Steifigkeit von Kohlefaser an entscheidenden Stellen mit der Zugänglichkeit der Aluminiumtechnologie, die im heiklen Bereich der Schwingenaufnahme immer noch Modifikationen und Umbauten erlaubte. »Ich bin happy über die jüngsten Entwicklungen. An der neuen Öhlins-Federung sind noch Verbesserungen nötig. Wir brauchen mehr Zeit, damit Erfahrungen zu sammeln und sie besser zu verstehen, doch die dringlichsten Probleme mit dem Motorrad sind gelöst. Was die Motoren betrifft, liegt der größte Schritt noch vor uns; die Leistung war unser schwacher Punkt 1993, und es sieht noch nicht danach aus, als seien wir auf dem Niveau der besten Motorräder 1993 angelangt. Ich kann nur hoffen, daß die anderen Werke uns in diesem Punkt nicht schon wieder ein Stück in der Entwicklung davonmarschiert sind«, meinte John Kocinski.

»Das alte Motorrad wackelte, vor allem bei schnellen Richtungswechseln. Das neue liegt gut und läßt sich trotzdem schneller und leichter von einem Eck ins andere schwenken. auch sind die Fahrwerksreaktionen viel vorhersehbarer geworden. Zu der 93er Maschine hatte ich nie das nötige Vertrauen«, bestätigte Doug Chandler, hatte aber dennoch Probleme, die Stürze des Jahres 1993 und den vor die Nase gesetzten, kapriziösen neuen Superstar im Team zu verkraften.

Auch mit dem erfahrenen Weltmeister-Macher Kel Carruthers als Cheftechniker und Vertrauensperson fehlten ihm über anderthalb Sekunden zu Kocinskis Bestzeit, weshalb er von der Vergangenheit der alten Saison zu träumen begann, wo er in Eastern Creek als Dritter auf dem Podest triumphiert hatte. »Hier ist mir letztes Jahr ein gutes Rennen gelungen, und ich weiß, daß ich das Zeug dazu habe, dergleichen zu wiederholen. Ich bin selbst nicht gerade glücklich darüber, daß mich nach dem guten Auftakt 1993 Unfälle und andere Mißgeschicke so weit zurückgeworfen haben. Das Motorrad wurde im Lauf des Jahres immer besser, meine Resultate hingegen immer schlechter«, sinnierte er, ohne einen Ausweg aus der Krise in Sicht zu haben.

Den hatte dafür Michael Doohan gefunden. Nach seinem Sturz bei Laguna Seca-Grand Prix 1993 war er gleich in Amerika geblieben, um ein kalifornisches Ärzteteam um den berühmten Dr. Arthur Ting zu konsultieren und seinen krumm zusammengewachsenen rechten Knöchel mit einem speziellen, alle paar Tage nachzustellenden Fixateur allmählich geraderichten zu lassen. Wenngleich er wußte, daß er die uneingeschränkte Beweglichkeit des Fußgelenks nie vollständig wiederbekommen würde – wegen verkümmerter Muskeln und beschädigter Nerven als Folge der verheerenden Kurpfuscherei nach seinem Assen-Unfall 1992 konnte er den Fuß nicht aus eigener Kraft hochziehen – war die Therapie ein Erfolg und wurde von Doohan mit so ehrgeizigem Körpertraining unterstützt, daß er austrainiert wie ein Zehnkämpfer in Eastern Creek eintraf.

Natürlich genoß der Superstar auch das Jet-Set-Dasein. Um nicht zu lange in seiner Heimat Queensland zu bleiben und dort etwa noch Steuern zahlen zu müssen, dehnte der Monaco-Resident seinen Amerika-Aufenthalt auf über drei Monate aus. »Vier Wochen davon habe ich mich in Florida herumgetrieben und Powerbootrennen angeschaut, die restliche Zeit war ich in der Gegend von Los Angeles. Dabei habe ich auch Wayne Rainey besucht und festgestellt: Es gibt Schlimmeres als ein schlecht verheiltes Fußgelenk«, erzählte Doohan, der rechtzeitig zu Weihnachten und zum australischen Hochsommer an die Gold Coast zurückkehrte, um mit seinem 170 km/h schnellen Douglas Marine-Katamaran ein paar Tage lang am Great Barrier Reef sein Unwesen zu treiben.

Nachdem er noch durch die Trennung von Freundin Kelly und einen Flirt mit einer »Penthouse«-Schönheit für Schlagzeilen gesorgt hatte, ging er an die Testarbeit und nahm ebenso wie seine Teamkollegen Alex Crivillé und Shinichi Itoh auf einem in rot-weißen Farben der Honda Racing Corporation HRC lackierten Motorrad Platz, weil es Honda sage und schreibe nicht gelungen war, rechtzeitig vor der Saison 1994 einen potenten Hauptsponsor unter Dach und Fach zu bekommen.

**Ralf Waldmann, Michael Doohan:
Der Fuß ist fast okay**

**Im Schatten von John Kocinski:
Doug Chandler suchte verlorene Sekundenbruchteile –
und das verlorene Selbstvertrauen**

Das Problem wurde zum Skandal, als HRC-Direktor Yoichi Oguma im Februar mit einer Delegation hochrangiger Honda-Vertreter nach Barcelona reiste, im guten Glauben, dort einen Vertrag mit Marlboro, Pepsi und Repsol unterzeichnen zu können. Vor Ort wurde ihm von den Marlboro-Managern beschieden, man bedaure, nun doch kein Geld zu haben, worauf der vom Langstreckenflug gestreßte Oguma einen Tobsuchtsanfall bekam.

Für Doohan hatte der Sponsormangel keine Kosequenzen. »Mir persönlich ist es egal. Weil ich meinen Vertrag schon immer bei HRC direkt unterschrieben habe, mußte ich durch den Ausstieg von Rothmans keinerlei finanzielle Einbußen hinnehmen. Im Gegenteil: Auf dem Helm sind ein paar zusätzliche Quadratzentimeter privater Werbefläche für mich freigeworden«, grinste er.

Und gab so gutgelaunt Gas, daß man über ganze Kurvenpassagen hinweg hören und sehen konnte, wie sein Hinterrad durchdrehte. »Die Hinterradbremse bediene ich immer noch mit dem linken Daumen, das hatte ich nie vor zu ändern und werde es wohl bis zum Ende meiner Karriere beibehalten. Auch sonst hat sich nichts Daramtisches an unserem Motorrad getan, wir arbeiten lediglich an der Rückkehr zum Bewährten, also im Prinzip an dem Set-Up, mit dem ich 1992 vier Rennen hintereinander gewonnen habe«, schilderte Doohan nach der drittbesten Zeit bei den IRTA-Tests. »1993 ging man zurück zur alten Honda-Theorie, man müsse zum Gewinnen nur genügend Topspeed haben. Es fühlt sich sicherer an, mit qualmenden Reifen auf ein Eck zuzubremsen und mit aufgerichtetem Motorrad wie irr herauszubeschleunigen, doch mit dieser Fahrtechnik haben wir den Speed in der Kurvenmitte verloren und sind deshalb fast überall langsamer geworden. Die Motorräder funktionierten nur noch bis zu einer bestimmten Schräglage, weshalb wir daran arbeiten, harmonische Übergänge zwischen Einlenken, Kurvendurchfahrt und Herausbeschleunigen zurückzugewinnen«.

Doohan versicherte, auf Zukunftstechnologien wie Einspritzung oder Traction Control dabei vorläufig völlig verzichten zu wollen. »Was für mich einzig und allein zählt, ist, daß sich das Motorrad gut anfühlt und dank bewährter Komponenten problemlos über die Renndistanzen kommt. Denn in diesem Jahr möchte ich unter allen Umständen wieder voll angreifen und Kevin Schwantz im Titelkampf das Leben schwermachen. Hinten im Feld herumzurollen, ist nämlich viel zu langweilig«.

Zog Doohan sein Programm mit Cheftechniker Jerry Burgess ohne den Pomp und PR-Rummel eines großen Geldgebers durch, so verwandelte das Lucky Strike-Suzuki-Team den Eastern Creek Raceway bei den IRTA-Tests in ein kleines Hollywood. Am Samstag um zwölf Uhr mittags war High Noon am Ende der Boxengasse, vor mächtigen Kamerastativen und blendendhellen Spotlights scharten sich alle verfügbaren Halbliter-Privatfahrer, die sich für ein paar gemütliche Runden im Schlepp der Lucky Strike-Suzuki 1000 Dollar extra verdienen wollten.

Ein kleiner, nachdenklich und konzentriert wirkender Herr stand zwischen der geballten Ladung PS-starker Zweitakter,

63 Mann, 1,5 Millionen Dollar:
Michael Mann (Mitte mit Brille) filmte für Lucky Strike

Kevin Schwantz fiel vom Fahrrad –
und fehlte bei den Drehs

schien von der allgemeinen Hektik nicht im mindesten infiziert und behielt über seine Brillengläser hinaus die Befestigung einer kleinen Onboard-Kamera und das Bild eines Kontrollmonitors im Auge. Gewohnt, komplizierte Abläufe mit sparsamen Handbewegungen zu dirigieren, gab er gelegentlich leise, knappe Befehle von sich, worauf Heerscharen wichtigtuerischer Assistenten in alle Richtungen davonsprinteten.

63 Mann Crew hatte Michael Mann um sich versammelt, um mit einem Budget von 1,5 Millionen Dollar einen Lucky Strike-Werbefilm zu kreieren. Eine interessante Aufgabe für den Motorradfan, aber doch nicht mehr als ein Nebenjob für den Regisseur, der mit der Kultserie »Miami Vice« und Filmepen wie »Der letzte Mohikaner« weltberühmt wurde. Nur, daß er diesmal auf den Hauptdarsteller verzichten mußte und statt Weltmeister Kevin Schwantz mit dessen Teamkollegen Alexandre Barros für die Fahr-Stunts vorlieb nehmen mußte.

Denn Kevin trug wieder einmal einen Gips am linken Arm. »Es war ein typischer Highsider – aber mit dem Fahrrad bei wenig mehr als Schrittempo«, berichtete Kevin leicht verlegen. »Am letzten Wochenende vor dem Saisonstart treffe ich mich immer mit denselben vier Jungs für eine 30 bis 40 Kilometer lange Runde mit Mountain Bike, um Kraft und Ausdauer auf die Probe zu stellen. Ich radelte steil bergab auf eine enge Linkskurve zu, als plötzlich das Heck zu rutschen anfing. Ich stellte den inneren Fuß auf den Boden, hatte dort aber wenig Platz, weil ein Baum im Weg stand. Das Bike kam quer und versuchte mich abzuwerfen. Es gelang mir noch, den rechten Fuß aus dem Pedalclip zu befreien, aber durch den Schwung war ein Sturz nach rechts trotzdem unvermeidlich. Mit der rechten Hand hätte ich mich gegen einen Kaktus abstützen können, doch ich hatte keine Lust, die nächsten fünf Stunden mit einer Hand voller Stacheln weiterzufahren. Also drehte ich mich, um den Sturz mit dem linken Arm abzufangen.«

Erst dachte Kevin, die halbe Saison sei ruiniert, weil er den linken Unterarm schon bei einem gemeinsamen Sturz mit Eddie Lawson in Assen 1992 gebrochen hatte. »Damals war der Unterarm ziemlich komisch verbogen. Diesmal war er extrem komisch verbogen«, verdeutlichte Schwantz und war heilfroh, daß sich nur eine glatte Radiusfraktur herausstellte, die am selben Tag noch mit einer Platte fixiert wurde. Weil sich Kevin gleich nach dem Finale 1993 wegen chronischer Sehnenscheidenbeschwerden den Karpaltunnel der rechten Hand hatte operieren lassen, begann die neue Saison des Weltmeisters so, wie die alte aufgehört hatte: Unter dem Messer eines Chirurgen.

Der Zeitpunkt war denn auch das Schlimmste an der Verletzung. Denn nach ausführlichen Wintertests auf verschiedenen Prototypen war die endgültige, von japanischen Testpiloten vorbereitete RGV 500 Jahrgang 1994 erst zu einem Sonder-Testeinsatz zwei Wochen vor Saisonstart fertiggeworden. Alexandre Barros mußte die Probefahrten alleine erledigen und schlug Alarm: Wegen unerwarteter Probleme mit Federung und Dämpfung kam er nicht auf die gewohnten Rundenzeiten, das mit dem Vorgängermodell erarbeitete Set-Up paßte hinten und vorne nicht. »Wir hätten die Aussagen Kevins dringend gebraucht«, seufzte Barros.

Der für einen Tag aushilfsweise als Testfahrer eingesprungene australische Superbike-Pilot Peter Goddard war keine große Hilfe, auch die IRTA-Tests verstrichen weitgehend ungenutzt, und als Schwantz sich zu Beginn des GP-Trainings schließlich einen Teil des Gipsverbandes wegsägen ließ und erstmals wieder in den Sattel stieg, fuhr er als Vierter ebenso wie Barros auf Rang neun hinterher. »Mein Arm macht mir keine Sorgen, ich habe keine Schmerzen. Doch auf diesem Motorrad fehlen mir sechs Stunden kostbarer Abstimmungsarbeit«, grübelte er und mußte hilflos mitansehen, wie seinem Intimfeind Kocinski die Pole Position in die Hände fiel. Wenigstens war Kevin nicht um einen passenden Kommentar verlegen: »Nach sechs Stunden Training mehr hat jeder Trottel einen Wissensvorsprung.«

Deutlich peinlicher noch war die Situation des Sachsen Racing Teams mit dem dreifachen DDR-Meister Lothar Neukirchner. Während der urige Bayer Michael Rudroff aus Geldmangel hatte aufhören müssen und auf einer Honda RC 45 in der deutschen Superbikemeisterschaft weiterfuhr, hatte der im Westen mit Gewerbeimmobilien reich gewordene Teamchef Uwe Nebel ein derart stattliches Budget für den 35jährigen Neukirchner aufgetrieben, daß man wie die Stars der Branche in der Business Class einschweben konnte. »Ich könnte das ganze Motorrad mit Sponsoren vollpflastern. Die Leute aus dem Osten sind mit dem Herzen dabei«, beteuerte Nebel – und grämte sich, daß einige der Herzen schon beim ersten großen Auftritt des neuen Teams gebrochen wurden.

Neukirchner stürzte nämlich im ersten freien Training, weil das Getriebe beim Herunterschalten vom dritten direkt in den ersten Gang hakte, und weil das Getriebe im Abschlußtraining am Samstagnachmittag immer noch nicht richtig funktionierte, verpaßte er die Qualifikation. Keiner, auch die zu Rate geholten britischen Privatteams schafften es nicht, dem Fehlerteufel auf die Spur zu kommen. Erst am Samstagnachmittag entdeckte ein findiger Techniker des Marlboro Team Roberts einen winzigen, nahezu unsichtbaren Grat auf der Lagerlaufbahn des zweiten Gang-Rads.

Tetsuya Harada trug zu diesem Zeitpunkt bereits die Hand in Gips. Der Weltmeister kam im ersten Zeittraining der 250 cm^3-Klasse genau dreieinhalb Runden weit, bevor er beim Herausbeschleunigen zuviel Gas gab und ein Ambulanzfahrzeug den Weitertransport ins Spital übernahm, wo vier gebrochene Mittelhandknochen rechts verarztet und eine Rennpause bis zum Japan-Grand Prix verordnet wurden.

»Er ist genau vor mir gestürzt. Ich wußte gar nicht, wohin ich ausweichen sollte und verpaßte die Bruchstücke seiner Maschine

Das neue Sachsen Racing Team: Auf den gefeierten Stapellauf in der Heimat folgte die Bruchlandung in der neuen Welt

nur mit viel Glück. Das hat mich sicher auch beeinflußt, ich war nämlich nervös und bin herumgerollt wie sonst beim Einfahren neuer Motoren«, grübelte Rald Waldmann, warum er bei der ersten echten Bewährungsprobe auf seiner HB-Honda NSR 250 über eine Sekunde auf seinen eigenen Bestwert bei den IRTA-Test der Vorwoche verlor.

»Unser Teamkoch sollte mich vielleicht in einen großen Topf aufs Feuer setzen und kochen, damit ich locker werde«, schlug er vor, ging tags darauf dann aber doch ungekocht ins Abschlußtraining und verteidigte immerhin Platz acht. »In meinem allerersten 250 cm³-Grand Prix aus der zweiten Reihe zu starten, ist nicht schlecht, ich glaube, ich kann stolz auf mich sein. In der Hitze des Gefechts kann ich morgen sicher noch eine Sekunde pro Runde schneller fahren«, meinte er. »Was Loris Capirossi und Nobuatsu Aoki bei den undefinierbaren Streckenverhältnissen zum Schluß noch angestellt haben, ist mir allerdings unbegreiflich«.

**Doriano Romboni:
Rätselhafte Kolbenklemmer**

Zwischendurch hatte es nämlich leicht genieselt, und tatsächlich trumpften der italienische und der japanische Honda-Star auf, als hätten sie die feuchten Flecken auf der Strecke schlicht übersehen. Capirossi verteidigte seine Pole Position mit einer neuen Bestzeit von 1.32,200, Aoki steigerte sich von Runde zu Runde und eroberte schließlich in 1.32,584 Minuten Rang zwei.

Auch Waldis Kollege Doriano Romboni im HB-Team-Italy fuhr schneller als am Vortag und eroberte als Vierter hinter Max Biaggi noch einen Platz in der ersten Startreihe, war aber trotzdem alles andere als zufrieden. »Kurz vor dem Abwinken ist mein Motor, der schon gestern zweimal gestreikt hat, abermals festgegangen. Meine Mechaniker haben in einer langen Nachtschicht alles Menschenmögliche analysiert und ausgetauscht, sind dem Problem aber offensichtlich nicht auf die Schliche gekommen. Mir ist die Sache ein Rätsel«, schüttelte Rambo den Kopf. Bei einer Feinanalyse im japanischen Werk wurde wenige Tage später eine krumme Kurbelwelle als Übeltäter ausgemacht.

Rätselhaft verlief das Wochenende auch für Dirk Raudies in der 125 cm³-Klasse. Gerade noch rechtzeitig zu den IRTA-Tests hatte Honda die ersehnten, revidierten A-Kits ausgeliefert, endlich freute sich Dirk Raudies über den erhofften zusätzlichen Schub, der sich in fünf km/h mehr Topspeed auf der Zielgeraden ausdrückte.

Doch dann spielte die Zündung verrückt. Als sitze ein Gespenstervirus im Rechner, gingen die Motoren sämtlicher A-Kit-Piloten gelegentlich aus, um dann genauso unmotiviert wieder anzuspringen. Honda testete die Zündung des Weltmeisters in Japan auf Herz und Nieren, allerdings ohne Erfolg. Denn genauso schlagartig, wie es gekommen war, verschwand das Phänomen wieder, nur noch am Data Recording ließen sich gelegentliche Zündaussetzer feststellen – aus akutem Erklärungsnotstand machte Raudies später die reichlich vorhandenen Starkstromleitungen in Streckennähe verantwortlich.

Als nächstes gingen die Sorgen mit dem elf-Benzin los. Raudies' A-Kit-Motor hatte zwar Leistung, aber auch Detonationen, was dem handelsüblichen elf-Avgas angelastet wurde. Nach einem Motorschaden und mehreren abgebrannten Kolben kam »Bel-Ray«-Werbeträger Raudies dank Nachbarschaftshilfe noch rechtzeitig vor dem Abschlußtraining an den exklusiven »Team elf«-Sprit, und plötzlich war das Kolbenbild einwandfrei.

Auch die neue Kayaba-Federung vorne und hinten war mittlerweile perfekt abgestimmt, Dirk Raudies fuhr locker auf den zweiten Trainingsplatz und hatte in all der Hektik nur eines vergessen: Rechtzeitig nach einem Reifen Ausschau zu halten, der die 26 Runden-Schlacht in der Hochsommerhitze heil überstehen würde.

125 cm³: Bombe McCoy

Als Einziger der Dunlop-Piloten entschied er sich für den weichen Typ 622, weil er sich ausrechnete, daß der im Rennverlauf zwar allmählich nachlassen, in der Anfangsphase dafür jedoch wie Kaugummi haften und einen beruhigenden Vorsprung ermöglichen würde.

Doch nach dem gewohnten Blitzstart fiel der Weltmeister bereits in der ersten Kurve auf Platz zwei zurück, um nach und nach immer weiter nach hinten durchgereicht und nach 26 deprimierenden Runden auf Platz zehn endlich von der schwarzweiß karierten Flagge erlöst zu werden. »Ich habe gepokert – und verloren«, seufzte Raudies nach dem klassischen Fehlstart in die neue Saison, »im Training hatte dieser Reifen wenigstens ein paar Runden lang Grip, doch im Rennen hat er schon von der ersten Kurve an nicht funktioniert und dann immer weiter abgebaut. Am Schluß schimmerte die Leinwand durch! Wenn du nirgends Grip hast, stimmt auch sonst nichts mehr beim Fahren, ich hatte keine Chance. In Zukunft werden wir uns bei jedem Rennen so frühzeitig wie möglich auf die Reifenwahl konzentrieren und solche Fehler sorgfältig vermeiden.« Ätzte Mario Rubatto: »Nirgends auf der Welt war die Reifenwahl einfacher als hier in Australien: Du brauchtest bloß die Hand auf den Asphalt zu halten ...«

Raudies' früherer Fahrwerksspezialist, der dem Weltmeisterteam nach einem Streit im Frühjahr 1993 den Rücken drehte, konnte sich kesse Sprüche leisten. Denn nach einer langen Sommerpause hatte er sich für die neue Saison dazu überreden lassen, den für das schwäbische agv-Attac-Team fahrenden Garry McCoy zu betreuen. Und während Raudies im Rennen sang- und klanglos unterging, legte McCoy mit seiner privaten, von Herbert Rittberger getunten Aprilia derart los, daß er vor 45000 begeisterten Fans zum Volkshelden wurde.

Im Training Zehnter, würgte er seine blau-weiße Maschine in der dritten Startreihe auch noch ab, mußte sie wieder anpaddeln und fuhr als einer der Allerletzten los, worauf keiner mehr eine Pfifferling auf die Barry Sheene-Entdeckung gewettet hätte. Doch dann zettelte er eine Aufholjagd an, die die Fans von den Sitzen riß und mit einem phantastischen dritten Platz endete. »Keine Ahnung, ob ich mit einem besseren Start hätte gewinnen können. Auf jeden Fall hatte ich nach dem verpatzten Start die Wut der Verzweiflung und wollte um jeden Preis nach vorn. Wenn du am Start schlecht wegkommst, hast du in einem 125 cm³-Rennen normalerweise deine Chance verspielt«, schilderte McCoy.

Sein Coach Rubatto saß inzwischen lachend und weinend gleichzeitig im Wirtshauszelt und konnte soviel Glück gar nicht fassen. »Heute morgen stand mir das Messer am Hals, weil das Fahrwerk immer noch ratterte. Um halb elf haben wir herausgefunden, daß es am Reifen lag, und dann gab's kein Halten mehr. Garry ist eine Grand-Bombe!« Was derselbe auch bei der Grand Prix-Party am Abend bewies: Er umarmte mindestens zehnmal dieselben Leute, sang mit Daryl Beattie auf der Bühne im Duett, hatte nie weniger als zwei Flaschen Bier in den Händen und wachte am andern Morgen unter einem Baum im elterlichen Garten auf, ohne sich zu erinnern, wie er dort hingekommen war.

Peter Öttl feierte mit einem langen Plausch am Telefon. Kurz vor der Abreise nach Australien hatte er nämlich noch mal eben geheiratet, statt Flitterwochen schenkte er seiner am Fernseher ausharrenden Gemahlin Ingrid einen grandiosen zweiten Platz, für den er mit seiner Marlboro-Aprilia ebenso kompromißlos gefochten hatte wie McCoy für seinen dritten. Nach ebenfalls verpatztem Start nur Zehnter, boxte sich Öttl alsbald an die dritte Stelle durch und begann mit dem Japaner Takeshi Tsujimura um Platz zwei zu kämpfen. Tsujimuras A-Kit-Honda gab nach Hälfte der Distanz den Geist auf, Öttl blieb daraufhin bis zum Rennende unbehelligt. »Ich bin superhappy«, strahlte er begeistert.

Und das war auch Kazuto Sakata. Obwohl er mit seinem bei den IRTA-Tests in Jerez verletzten rechten Zeigefinger nicht einmal in die Bremse langen konnte, glühte er mit dem harten Reifentyp 680 am Hinterrad binnen einer Runde von Platz sechs an die Spitze, zischte am Schluß mit fünf Sekunden Vorsprung über die Linie und bewies, daß er die Umstellung auf italienische Pasta, auf das Leben mit dem Team von Giorgo Semprucci in Pesaro und auf die Werks-Aprilia blendend bewältigt hatte. »Sakata ist ein Europäer. Noch zwei Monate, dann spricht er fließend italienisch«, behauptete der stolzerfüllte Aprilia-Teamdirektor Carlo Pernat, um dann in seiner Begeisterung vom Fach Soziologie ins Fach Statistik überzuwechseln. »Er ist der erste Japaner, der auf einem europäischen Motorrad einen Grand Prix gewinnt. Stell' dir vor, was passiert, wenn er in Suzuka

Start in die neue Saison: Peter Öttl (10) war superhappy, Dirk Raudies (1) hatte Reifensorgen

Ein toller dritter Platz – und eine noch tollere Feier: Garry McCoy

Oliver Koch:
Platz 23 mit tropfendem Bremsflüssigkeitsbehälter

Jorge Martínez:
Nach fünf Kolbenklemmern war Feierabend

Stefan Prein (vor Tex Geissler):
Der beste aller Yamaha-Fahrer

Kazuto Sakata:
Ein überlegener Sieg

wieder vorausfährt…«. Sein Coup war einmalig, und einmalig war auch, daß gleich drei Aprilia auf dem Siegerpodest den im Vorjahr so drückend überlegenen Hondas die Show stahlen.

Auch für das ehrgeizig angetretene Grand Prix Team Ditter Plastic verlief der Saisonstart mit der B-Kit-Honda niederschmetternd: Mit Fahrwerks- und Reifensorgen rutschte Pilot Oliver Koch auf Platz 23 und schielte nach einem Rempler am Start die ganze Renndistanz über argwöhnisch zu seinem Bremsflüssigkeitsbehälter, aus dem es verräterisch tropfte. »Gegen Ende fühlte sich die Bremse immer teigiger an, lange hätte die Fahrt nicht mehr dauern dürfen«, atmete er nach Erreichen des Zielstrichs auf.

Von der Premiere der Yamaha TZM 125 war nur am Anfang Spektakuläres zu sehen. Der japanische Meister Yoshiaki Katoh ging zwar zügig in Führung, legte sich aber anschließend umgehend auf die Nase. Sein Cepsa-Teamkollege Jorge Martínez bestand vor dem Start mit einem 45 Grad kalten Motor darauf, auch die letzten Klebestreifen vom Kühler wegzureißen und wunderte sich dann, warum sein Fahrzeug fünfmal zwickte, um ihn dann endgültig mit feststeckendem Kolben abzuwerfen.

Weil der Österreicher Manfred Baumann in Australien aus Versehen denselben Reifen aufzog wie Dirk Raudies und ausschied, rühmte sich Stefan Prein mit gewohntem PR-Talent, bester Yamaha-Fahrer gewesen zu sein: Er landete vor Peter Öttls Teamkollegen Manfred Geissler auf Platz 19.

250 cm³:
Sieg des verlorenen Sohns

Das 250 cm³-Rennen fand nach Haradas Trainingssturz ganz ohne Beteiligung von Yamaha statt, Honda hatte aber auch ohne den Weltmeister nichts zu lachen. Loris Capirossi stürmte zwar von der Pole Position

Max macht´s: Zur Feier der Rückkehr ein überlegener Sieg

Reifensorgen und Leichtsinnsfehler:
Loris Capirossi verspielte den Sieg

Platz sieben im ersten 250 cm³-Grand Prix:
Waldi (28) war »noch ein bißchen nervös«

Der Fehler kam in der letzten Spitzkehre der letzten Runde: Capirossi verpaßte wegen nachlassender Reifen die Ideallinie und machte einen weiten Bogen, Biaggi huschte innen vorbei und strich zur Feier seiner Rückkehr ins alte Team den ersten Saisonsieg ein. »Im Rennen war es wärmer als an den Trainingstagen, deshalb hatte ich nicht genügend Grip und bekam in den engen Ecken zunehmend Probleme«, entschuldigte sich Capirossi.

Denn wo ihm schon der erste Leichtsinnsfehler unterlaufen war, leistete er sich prompt den nächsten: Ein halber Kilometer später in der Zielkurve rutschte ihm beim Einbiegen auf die Zielgerade das Hinterrad weg, ein gewaltiger Slide verschaffte nach Biaggi auch noch Doriano Romboni den nötigen Raum, sein Vorderrad vor der Zielflagge an Capirossi vorbeizuschieben. »Das war Glück«, triumphierte »Rambo« über den zweiten Platz, »nach den drei Klemmern im Training hätte ich nie im Leben an einen solchen Erfolg geglaubt. Erst heute morgen haben wir einen Ersatzmotor aus der Kiste gekramt, ich habe ihn gerade eine Runde lang eingefahren«.

Den Franzosen Jean-Philippe Ruggia auf der zweiten Chesterfield-Aprilia hatte Romboni längst abgeschüttelt, er brachte seinen vierten Platz mit vier Sekunden Rückstand, aber auch beruhigenden 20 Sekunden Vorsprung vor den erbittert fightenden Tadayuki Okada und Nobuatsu Aoki nach Hause.

Nach einem »Granatenstart« von Ralf Waldmann war das japanische Duo zunächst hinter dem 250 cm³-Neuling, brauste aber dankend vorbei, als sich Waldi vor lauter Glück in der ersten Spitzkehre verbremste. »Ich dachte, uuups, was machst du denn da vorne. Wahrscheinlich war ich ein bißchen nervös«, schmunzelte Waldi, der trotz des Beinahe-Ausritts beherzt weiter am Gas drehte. »Ein paar Runden später bin ich wieder an die beiden herangekommen, erlebte aber einen gewaltigen Rutscher und wäre fast neben dem Motorrad gelegen«, erläuterte er seiner begeisterten Boxencrew, warum er seinen siebten Platz dann lieber ungefährdet über

in Führung und verteidigte die Spitze fast das ganze Rennen hindurch, doch Max Biaggi folgte ihm auf seiner schwarzen Chesterfield-Aprilia wie ein Schatten und lief in manchen Kurven derart dicht hinter die Marlboro-Honda auf, daß er weite Linien wählen mußte, um einer Kollision zu entgehen. »Wir waren mit dem Set-Up weit vom Optimum entfernt, und ich wußte, daß ich nur eine Waffe hatte: Capirossi so oft wie möglich mein Vorderrad zu zeigen, ihn unter Druck zu setzen, nervös zu machen und auf einen Fehler zu warten«, schilderte Biaggi später.

Nach Traumstart (mit Lydia Guglielmi)
Zwölfter: Andy Preining

die Linie brachte.

Mit diesem stolzen Resultat war er in seinem ersten 250 cm³-Grand Prix weit vor seinen deutschsprachigen Landsleuten: Der österreichische Aprilia-Werksfahrer Andy Preining und der Schweizer Honda-Werkspilot Adrian Bosshard mußten sich von dem australischen Wild Card-Piloten Craig Connell abledern lassen und belegten die Plätze zwölf und 13, ein völliges Desaster erlebten die deutschen Privatfahrer: Adi Stadler stürzte in der achten Runde, Bernd Kassner wurde eine halbe Runde vor Schluß an 15. Stelle vom blockierenden Getriebe seiner Aprilia aus dem Sattel geschleudert, überschlug sich spektakulär und trug eine dick geschwollene rechte Hand davon.

500 cm³: Kocinskis Blitzkrieg

Auf der Rennstrecke, auf der ein guter Start mehr zählt als irgendwo sonst, beherrschte John Kocinski die blitzartige Reaktion beim Erlöschen des Rotlichts und das feindosierte Spiel mit Gas und Kupplung am besten und entzückte sein Cagiva-Team mit etlichen Metern Vorsprung, noch bevor er überhaupt den zweiten Gang reingetreten hatte. »Ich habe mal irgendwo gelesen, daß man auf dieser Piste schlecht überholen kann. Deshalb habe ich mich in der Anfangsphase besonders angestrengt«, landete er später einen Seitenhieb auf den geschlagenen Michael Doohan, der eben das in einem Interview von sich gegeben hatte.

Und John Kocinski gab sich auch für den Rest der schweißtreibenden 29 Runden-Di-

Bella Italia: John Kocinski und Giacomo Agostini jubeln, Mick Doohan (rechts) verpaßte den Heimsieg

Außenherum an Doohan vorbei:
Luca Cadalora erbeutete Platz zwei

stanz nicht eine einzige Blöße. Seine Cagiva war gut ausbalanciert und dank dem kräftigen Kohlefaser-Steuerkopf auch mit vollem Tank leicht zu beherrschen, ihr Leistungsmanko im Kurvenlabyrinth von Eastern Creek kaum zu spüren. Und so legte sich Kocinski scheinbar mühelos sieben Sekunden Vorsprung zurecht, um das letzte Renndrittel schließlich etwas gemütlicher anzugehen und am Ende den ersten Sieg der Saison und den dritten Sieg der Cagiva-Historie zu feiern. »Cagiva ist das erste Team, das mich versteht«, schoß er grinsend in Richtung seines ehemaligen Arbeitgebers Kenny Roberts, außerdem gönnte er sich eine letzte Abrechnung mit der Suzuki RGV 250, mit der er ein Jahr zuvor in Eastern Creek knapp den Sieg verpaßt hatte. »Damals bin ich mit einer 175er Zweiter geworden. Doch diesmal war mein Motorrad perfekt, der für mein Motorrad zuständige Techniker Fiorenzo Fanali hat großartige Arbeit geleistet, Michelin zog die richtigen Reifen auf, und ich brauchte nichts weiter zu tun, als mich hinter die Verkleidung zu ducken«.

Die Konkurrenz war jedenfalls stehend k.o. Kevin Schwantz folgte John Kocinski zwei Runden lang, bevor er wegen seiner Armverletzung und wegen seines schlecht liegenden Motorrads zurückfiel, und die Komik daran war, daß ausgerechnet der Weltmeister und Kocinski-Feind den drängelnden Doohan aufhielt, Kocinski schon in der ersten Runde um eine volle Sekunde entwischen ließ und so zum Steigbügelhalter wurde. »Der Arm wurde zwar immer müder, war aber nicht das Problem. Das Motorrad funktionierte nicht, und ich hatte ständig im Hinterkopf, daß ich meinen Arm beschädigen könnte, wenn es ausschlagen würde und ich mit ihm kämpfen müßte. In Runde zehn hatte ich einen heftigen Slide, den ich mit Knie und Stiefel gerade noch abfangen konnte. Das hat mir gereicht«, meinte Schwantz nach dem vierten Platz.

Eingangs der dritten Runde war Doohan mit seiner Honda-Power am Weltmeister vorbei auf Platz zwei vorgestoßen, in Runde sechs sauste schließlich auch Luca Cadalora an der Werks-Suzuki vorbei und zettelte ein Katz- und Maus-Spiel mit Doohan an, ohne die ideale Überholspur eingangs der schnellen Linkskurve am Ende der Zielgeraden nutzen zu können – selbst aus dem Windschatten heraus führte an Doohans bärenstarker Honda kein Weg vorbei.

In Runde 13 nahm Luca deshalb das Herz in beide Hände und zirkelte in der ersten Spitzkehre außenherum an Doohan vorbei, was ihm Platz zwei bescherte, aber nicht die Hoffnung, den längst über alle Berge entschwundenen John Kocinski noch einholen zu können. »Ich hätte mich früher anstrengen sollen. Wenn ich in den ersten Runden nicht geschlafen hätte, hätte ich John besiegt«, grübelte Luca nach dem Zieleinlauf.

Michael Doohan wurde am Ende Dritter und verpaßte den geplanten Heimsieg, weil seine Honda erbärmlich wackelte. »Ich wußte schon nach der zweiten Runde, daß ich nicht gewinnen konnte. Vielleicht hätte ich eine Spur härter fahren können, aber etwas mit der Federung funktionierte nicht konstant genug. Doch es ist eine lange Saison, und wir haben genügend Zeit, die Dinge auszusortieren«, blieb Doohan gewohnt unterkühlt. Mehr Pech hatte sein erwartungsfroh gestarteter Landsmann Daryl Beattie: Cadaloras Marlboro-Yamaha-Teamkollege tuckerte nach sechs Runden mit einem versteckten, erst bei einer späteren genauen Analyse ausfindig gemachten Zündungsdefekt zur Box.

Die Honda wackelte: Mick Doohan wußte schon nach zwei Runden, daß er nicht gewinnen konnte

500 cm³:

Ergebnisse

1. John Kocinski	USA	Cagiva C-594	44.37.026
2. Luca Cadalora	I	Yamaha YZR	44.43.506
3. Michael Doohan	AUS	Honda NSR	44.46.272
4. Kevin Schwantz	USA	Suzuki RGV	45.03.680
5. Shinichi Itoh	J	Honda NSR	45.07.855
6. Alex Crivillé	E	Honda NSR	45.10.345
7. Alberto Puig	E	Honda NSR	45.10.756
8. Alexandre Barros	BR	Suzuki RGV	45.10.762
9. Doug Chandler	USA	Cagiva C-594	45.22.630
10. John Reynolds	GB	Harris-Yamaha	45.59.088
11. Bernard Garcia	F	ROC-Yamaha	46.04.771
12. Scott Doohan	AUS	Harris-Yamaha	46.09.568
13. Juan López-Mella	E	ROC-Yamaha	46.09.795
14. Sean Emmett	GB	Harris-Yamaha	46.10.364
15. Christian Migliorati	I	ROC-Yamaha	– 1 Rde.

16. Laurent Naveau (B) ROC-Yamaha, 17. Jeremy McWilliams (GB) Yamaha, 18. Jean-Pierre Jeandat (F) ROC-Yamaha, 19. Bernd Haenggeli (CH) ROC-Yamaha, 20. Marc Garcia (F) ROC-Yamaha, 21. Julian Miralles (E) ROC-Yamaha, 22. Bruno Bonhuil (F) ROC-Yamaha, 23. Andreas Leuthe (D) ROC-Yamaha, 24. Vittorio Scatola (I) Paton – 2 Rdn.

WM-Stand Pkt.

1. Kocinski 25
2. Cadalora 20
3. M. Doohan 16
4. Schwantz 13
5. Itoh 11
6. Crivillé 10
7. Puig 9
8. Barros 8
9. Chandler 7
10. Reynolds 6
11. B. Garcia 5
12. S. Doohan 4
13. López-Mella 3
14. Emmett 2
15. Migliorati 1

Schnellste Runde: Cadalora in 1.31.615 = 154,429 km/h

Rekord: Michael Doohan (Honda) in 1.31.41 = 154,773 km/h (1992)

Durchschnitt Sieger: 29 Runden oder 113,970 km in 44.37.026 = 153,264 km/h

Ausfälle: L. Pedercini (I) ROC-Yamaha, Strafminute; J. Foray (F) ROC-Yamaha, Kupplung verbrannt; D. Beattie (AUS) Yamaha YZR, Zündungsschaden; M. Papa (I) ROC-Yamaha, Aufgabe wegen Verletzung; K. Mitchell (GB) Harris-Yamaha, Elektrik defekt; N. Mackenzie (GB) ROC-Yamaha, Kupplung verbrannt

Trainingszeiten: 1. Kocinski 1.30.394 = 156,515 km/h, 2. Cadalora 1.30.523, 3. M. Doohan 1.30.755, 4. Schwantz 1.31.404, 5. Puig 1.31.524, 6. Itoh 1.31.527, 7. Beattie 1.31.603, 8. Chandler 1.32.151, 9. Barros 1.32.278, 10. Crivillé 1.32.455, 11. Mackenzie 1.33.014, 12. Reynolds 1.33.316, 13. Emmet 1.33.421, 14. López-Mella 1.33.956, 15. S. Doohan 1.33.959, 16. B. Garcia 1.34.288, 17. McWilliams 1.34.392

250 cm³:

Ergebnisse

1. Max Biaggi	I	Aprilia	43.42.148
2. Doriano Romboni	I	Honda NSR	43.42.805
3. Loris Capirossi	I	Honda NSR	43.42.844
4. Jean-Philippe Ruggia	F	Aprilia	43.46.528
5. Tadayuki Okada	J	Honda NSR	44.04.738
6. Nobuatsu Aoki	J	Honda NSR	44.04.784
7. Ralf Waldmann	D	Honda NSR	44.14.117
8. Luis d'Antin	E	Honda NSR	44.28.092
9. Wilco Zeelenberg	NL	Honda NSR	44.28.124
10. Jean-Michel Bayle	F	Aprilia	44.29.517
11. Craig Connell	AUS	Honda RS	44.39.069
12. Andy Preining	A	Aprilia	44.39.458
13. Adrian Bosshard	CH	Honda NSR	44.39.617
14. Carlos Checa	E	Honda RS	44.54.242
15. Eskil Suter	CH	Aprilia	44.54.384

16. Jürgen v. d. Goorbergh (NL) Aprilia, 17. Alessandro Gramigni (I) Aprilia, 18. Frédéric Protat (F) Honda – 1 Rde., 19. José-Luis Cardoso (E) Aprilia, 20. Christian Boudinot (F) Aprilia, 21. Luis Carlos Maurel (E) Honda, 22. Juan Borja (E) Aprilia, 23. René Bongers (AUS) Honda, 24. Alan Patterson (GB) Honda – 2 Rdn., 25. Kristian Kaas (SF) Yamaha

WM-Stand Pkt.

1. Biaggi 25
2. Romboni 20
3. Capirossi 16
4. Ruggia 13
5. Okada 11
6. Aoki 10
7. Waldmann 9
8. d'Antin 8
9. Zeelenberg 7
10. Bayle 6
11. Connell 5
12. Preining 4
13. Bosshard 3
14. Checa 2
15. Suter 1

Schnellste Runde: Biaggi in 1.32.658 = 152,691 km/h (Rekord)

Alter Rekord: Tetsuya Harada (Yamaha) in 1.32.894 = 152,303 km/h (1993)

Durchschnitt Sieger: 28 Runden oder 110,040 km in 43.42.148 = 151,076 km/h

Ausfälle: B. Kassner (D) Aprilia, Getriebeschaden/Sturz; A. Stadler (D) Honda, Sturz; P. v. d. Goorbergh (NL) Aprilia, Motorschaden; E. de Juan (E) Aprilia, Motorschaden; R. Fee (CDN) Aprilia, Sturz

Trainingszeiten: 1. Capirossi 1.32.200 = 153,449 km/h, 2. Aoki 1.32.584, 3. Biaggi 1.32.629, 4. Romboni 1.32.765, 5. Okada 1.32.958, 6. Ruggia 1.32.977, 7. d'Antin 1.33.790, 8. Waldmann 1.34.123, 9. Preining 1.34.286, 10. Bosshard 1.34.340, 11. Zeelenberg 1.34.496, 12. Checa 1.34.596, 13. Suter 1.34.632, 14. Bayle 1.34.888, 15. J. v. d. Goorbergh 1.34.968, 16. Kassner 1.35.214, 17. Connell 1.35.246, 18. Gramigni 1.35.274, 19. Cardoso 1.35.616, 20. Maurel 1.35.737, 21. Stadler 1.36.108, 22. Harada 1.36.532, 23. Protat 1.36.895, 24. Ferro 1.37.188

125 cm³:

Ergebnisse

1. Kazuto Sakata	J	Aprilia	43.05.474
2. Peter Öttl	D	Aprilia	43.10.673
3. Garry McCoy	AUS	Aprilia	43.17.011
4. Fausto Gresini	I	Honda RS	43.21.014
5. Oliver Petrucciani	CH	Aprilia	43.30.067
6. Akira Saito	J	Honda RS	43.32.946
7. Noboru Ueda	J	Honda RS	43.33.431
8. Herri Torrontegui	E	Aprilia	43.33.467
9. Masaki Tokudome	J	Honda RS	43.33.937
10. Dirk Raudies	D	Honda RS	43.41.697
11. Loek Bodelier	NL	Honda RS	43.41.818
12. Gianluigi Scalvini	I	Aprilia	43.41.822
13. Gabriele Debbia	I	Aprilia	43.52.946
14. Tomoko Igata	J	Honda RS	43.53.748
15. Hideyuki Nakayo	J	Honda RS	43.53.970

16. Bruno Casanova (I) Honda, 17. Haruchika Aoki (J) Honda, 18. Lucio Cecchinello (I) Honda, 19. Stefan Prein (D) Yamaha, 20. Manfred Geissler (D) Aprilia, 21. Giuseppe Fiorillo (I) Honda, 22. Frédéric Petit (F) Yamaha, 23. Oliver Koch (D) Honda, 24. Hans Spaan (NL) Honda, 25. Glen Richards (AUS) Aprilia, 26. Carlos Giró (E) Aprilia

WM-Stand Pkt.

1. Sakata 25
2. Öttl 20
3. McCoy 16
4. Gresini 13
5. Petrucciani 11
6. Saito 10
7. Ueda 9
8. Torrontegui 8
9. Tokudome 7
10. Raudies 6
11. Bodelier 5
12. Scalvini 4
13. Debbia 3
14. Igata 2
15. Nakajyo 1

Schnellste Runde: Sakata in 1.37.908 = 144,503 km/h

Rekord: Dirk Raudies (Honda) in 1.37.819 = 144,634 km/h (1993)

Durchschnitt Sieger: 26 Runden oder 102,180 km in 43.05.474 = 142,275 km/h

Ausfälle: M. Baumann (A) Yamaha, Motorprobleme; S. Perugini (I) Aprilia, Sturz; T. Tsujimura (J) Honda, Motorschaden; K. Fisher (AUS) Honda, Sturz; J. Martínez (E) Yamaha, Sturz; N. Hodgson (GB) Honda, Motorschaden; D. Tognoli (I) Aprilia, Motorschaden; Y. Katoh (J) Yamaha, Sturz

Trainingszeiten: 1. Sakata 1.37.528 = 145,066 km/h, 2. Raudies 1.37.904, 3. Öttl 1.38.016, 4. Gresini 1.38.049, 5. Martínez 1.38.196, 6. Tsujimura 1.38.237, 7. Torrontegui 1.38.252, 8. Kato 1.38.298, 9. Ueda 1.38.322, 10. McCoy 1.38.500, 11. Tokudome 1.38.527, 12. Petrucciani 1.38.676, 13. Giró 1.38.858, 14. Saito 1.38.899, 15. Casanova 1.38.905, 16. Scalvini 1.39.016, 17. Baumann 1.39.087, 18. Perugini 1.39.098, 19. Aoki 1.39.192, 20. Nakajyo 1.39.251, 21. Debbia 1.39.404

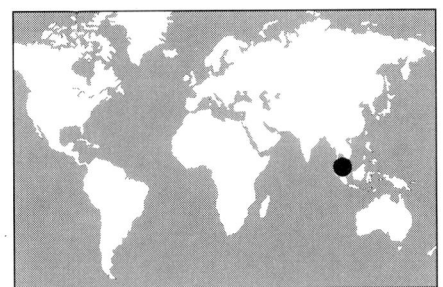

**10. April 1994:
Grand Prix Malaysia in Shah Alam**

Der König des Dschungels

Max Biaggi wurde im malaysischen Dschungel zum Großwildjäger. Und nahm den zweiten Sieg der Saison als Trophäe mit.

So sonnig und warm wie das Wartezeit auf den nächsten Grand Prix, die die Teams an Hotelpools oder den Stränden des Pazifischen Ozeans verbummelten, so sorglos und unbeschwert badete die ganze motorradbegeisterte italienische Nation im Ruhm des Saisonauftakts, der den italienischen Werken triumphale Siege in allen drei Klassen beschert hatte.

Bei Aprilia wurden der Listenreichtum von Teamdirektor Carlo Pernat, der Kazuto Sakata und Max Biaggi mit schlauen Schachzügen auf seine Seite gebracht hatte, ebenso gefeiert wie der nüchterne, zielstrebige, wissenschaftliche Pragmatismus des holländischen Cheftechnikers Jan Witteveen, der Ordnung in die einst so störanfälligen Drehschiebermotoren und die früher mit herzhaftem Spontaneismus wirtschaftende Rennabteilung des kleinen venezianischen Werks gebracht hatte. »Witteveen ist der Herzschlag unseres Erfolgs. Kein anderer hätte erreicht, was er mit unserer Firma erreicht hat. Du weißt, wie es ist, Italiener sind hingebungsvolle Leute, wir lieben den Rennsport. Aber wir sind nicht immer perfekt organisiert«, gestikulierte Pernat. »Witteveen löst Probleme allein, an denen in japanischen Firmen 20 Ingenieure knabbern, und jeder unserer italienischen Me-

**Max Biaggi
in Champagnerlaune:
Zwei Rennen, zwei Siege**

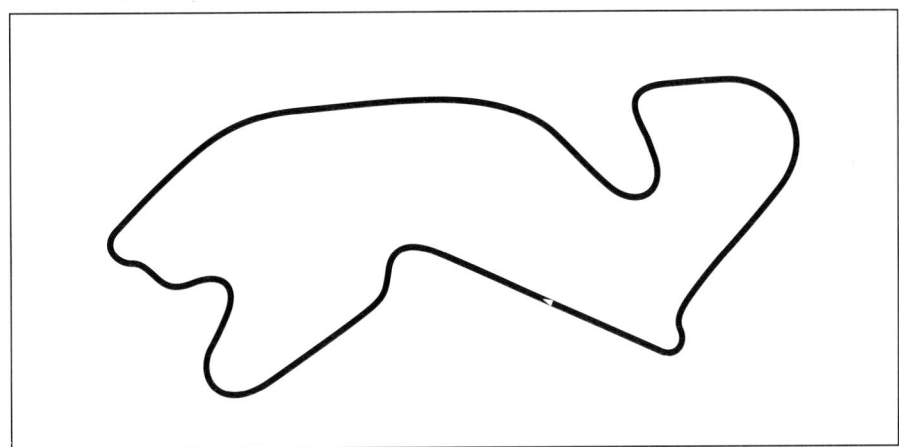

chaniker arbeitet so effektiv wie drei japanische Mechaniker. Deshalb schaffen wir es mit einer Rennabteilung von nur 52 Mann, Honda herauszufordern.«

Und wo Carlo Pernat, glänzender Schauspieler, brillanter Redner, Charmeur oder Geschäftsmann, Opportunist oder Rebell ganz nach Bedarf und Sachlage, sowieso schon auf der Erfolgswoge surfte, ließ er die Wellen gleich noch etwas höher schlagen: Von der brandneuen Aprilia RSV 400, einer Zweizylindermaschine auf Basis der erfolgreichen 250er, die dank des 30 kg-Gewichtsvorteil im Vergleich zu den Vierzylinderboliden trotz erheblich geringerer Leistung im Feld der Königsklasse mitschwimmen und später als Production Racer angeboten werden sollte, verbreitete er erste Fotos und erste Erfolgsmeldungen.

Loris Reggiani, Pionier auch auf der ersten 250 cm^3-Grand Prix-Aprilia im Jahr 1985, habe mit dem Prototypen nach fünf Testtagen in Mugello bereits die 1.56-Minuten-Marke unterschritten und den 250 cm^3-Rundenrekord eingestellt, außerdem sei auf über 1000 Kilometern nichts an dem 400 cm^3-V 2 zu Bruch gegangen. »Loris ist hocheuphorisch und wäre am liebsten schon in Suzuka gestartet. Momentan haben wir mit der zweiten Motorengeneration noch weniger als 115 PS und sind deutlich vom Halbliter-Rekord mit 1.53,8 Minuten entfernt, doch nun zünden wir bei zwei weiteren Tests die dritte Entwicklungsstufe – und wenn die hält, steht der geplanten WM-Premiere beim Jerez-Grand Prix am 8. Mai nichts im Wege. Dann sind wir in allen drei Klassen vertreten«, rieb sich Pernat

John Kocinski vor Cadalora, Doohan (4) und Itoh (7): Diesmal schlug Honda zurück

auch angesichts des bevorstehenden Prestigekampfs mit Cagiva die Hände.

Der zweite große italienische Rennstall hatte 14 Jahre gebraucht, um endlich einmal die Weltmeisterschaft anzuführen und weltweit als ernstzunehmende Konkurrenz gegen die japanischen Werke anerkannt zu werden, und nach dem überlegenen Sieg in Malaysia wurden der coole, Formel 1-erfahrene Ingenieur Riccardo Rosa, der anerkannt schnelle Pilot John Kocinski, sein verantwortlicher Cheftechniker Fiorenzo Fanali und der charismatische Teamchef Giacomo Agostini von den italienischen Medien bereits zum Dream Team und Favoriten für die Weltmeisterschaft 1994 hochstilisiert.

»Nach einem Winter der Rekordzeiten, die uns gewisse Leute nicht glauben wollten«, goß Ago mit einem Seitenhieb auf Marlboro-Yamaha-Teamchef Kenny Roberts zusätzliches Öl ins Feuer, »haben wir allen gezeigt, daß wir im Kampf um die Weltmeisterschaft zur Stelle sind und bis zum Saisonende auch zur Stelle sein werden. Denn Kocinski ist die Pest: Fähig, immer noch mal eine halbe Sekunde wegzufeilen, wenn es um die Pole Position geht. Fähig, 20 Runden jeweils im Rekordtempo zu drehen, um das Rennen zu gewinnen. Fähig, im Training rauszufahren und auf der Suche nach dem besten Set-Up sofort ans Limit zu gehen. Es gibt wenig Piloten, die ihr Motorrad so verstehen und dabei so schnell sind. John ist ein Phänomen«...

Es ist immer gut, die Feste so zu feiern, wie sie fallen, denn manchmal fehlt später der Grund dazu. In dem ganzen Jubel darüber, daß der schmächtige Außenseiter sich in der ersten Runde durchgesetzt und den Giganten Honda wie einen 250 Kilogramm schweren Sumoringer mit einer unerwarteten Drehung zu Fall gebracht hatte, kam keiner auf die Idee, daß der Muskelberg in der zweiten Runde besser auf beiden Beinen stehen könnte.

500 cm^3: Beattie ohne Bremse

Zunächst schien es noch, als sei die Bastion von Kocinski und Cagiva, die auf der Shah Alam-Piste zwei Monate zuvor schon den bestehenden Rekord unterboten hatten, weiterhin unangreifbar.

John raubte sich die nächste Pole Position, und als er noch vor Aufflammen des Grünlichts davonstob, machte sich sein Team allenfalls wegen einer drohenden Strafminute Gedanken. Sie blieb aus, und ein später veröffentlichtes Startfoto zeigte, wie knapp Kocinski der Verurteilung entgangen war: Im entscheidenden Moment eilte er den Kollegen bereits um eine halbe Länge voraus, hatte das in diesem Fall entscheidende Hinterrad aber gerade noch eine Handbreit hinter seiner Startlinie.

John führte er gleich in der ersten Kurve mit bekömmlichem Abstand, keiner schien hinterherzukommen. Vor allem Daryl Beattie nicht: Fröhlich ließ der Yamaha-Werksfahrer aus seiner zweiten Startreihe die Kupplung schnalzen und zog leicht nach rechts, wo Kocinski eine vermeintlich geräumige Lücke freigemacht hatte und die beste Position vor der ersten Linkskurve zu sein schien. Leider zielte Kevin Schwantz ins gleiche Loch, die Suzuki und die Yamaha kamen sich kurz ins Gehege.

Daß die Suzuki dabei in seinen Bremshebel einfädelte und das federleichte Magnesiumteil nach vorn abknickte, ahnte Daryl Beattie nicht und langte vor der ersten Kurve verdutzt ins Leere. »Es war einfach nichts mehr da! Ich trat auf die Hinterradbremse, daß der Reifen rauchte, riß den Handbremshebel wieder zu mir her, erwischte aber die Kurve nicht mehr und mußte durch den Kies. Ich pumpte immer wieder, um den Bremsdruck wieder aufzubauen, es dauerte eine Runde oder so, dann war er wieder da«. Natürlich waren die anderen inzwischen über alle Berge, Beattie fand als Allerletzter auf die Strecke zurück und kämpfte sich noch tapfer an die zehnte Stelle durch.

Sein Kontrahent Kevin Schwantz berichtete, Beatties Bremshebel habe ein Loch in seiner Sitzbank hinterlassen, doch das war nicht der Grund für seine Niederlage. Sein Arm war zwar viel besser als zwei Wochen zuvor in Australien, nicht aber seine Suzuki, worauf der Texaner im Training nahezu anderthalb Sekunden auf Johns Bestzeit verlor und als Zehnter auf dem schlechtesten Startplatz aller seiner bisherigen Grand Prix-Saisonen landete. »Etwas stimmt nicht mit unserem neuen Bike«, grübelte er, »es hätte exakt das gleiche sein sollen wie der Prototyp, den wir vor Saisonbeginn testeten, funktioniert aber nicht so. Jeder Dreh am Set-Up verändert das Fahrverhalten radikal, ich brauche von einer Session zur nächsten viel zu lange, um mich darauf einzustellen, was das Motorrad unter mir macht«.

Im Rennen brauchte er genauso lange, um sich mit seinem Motorrad anzufreun-

**Schrecksekunde nach dem Start:
Daryl Beattie mußte durchs Kiesbett**

den, und als er in der Schlußphase endlich auf konkurrenzfähige Rundenzeiten kam, war es zu spät zum Gewinnen. Der Weltmeister verlor als Sechster schon das zweite Rennen der Saison, worauf im Team Alarmstufe rot aufflammte, ein Test im japanischen Ryuyo arrangiert und hinter vorgehaltenen Händen gefordert wurde, die Weltmeistermaschine von 1993 wieder auszumotten.

Luca Cadalora war John Kocinski im Training am eifrigsten auf den Fersen geblieben und hatte nur eine knappe Zehntelsekunde auf die Cagiva verloren, kam den Michelin-Piloten als einziger Dunlop-Topstar im Rennen jedoch auch nicht hinterher und wurde Vierter. »Meine Reifen bauten früher ab als die der andern. Ich mußte zurückstecken und konnte nichts anderes tun als darauf zu hoffen, daß die anderen in der Hitze auch ihre Schwierigkeiten kriegen oder Shinichi Itoh vor mir einen Fehler machen würde. Doch nichts davon passierte«, bedauerte Luca.

Honda hatte eine halbe Armee von Motorentechnikern und Showa-Fahrwerksspezialisten mobilisiert, um den Ursachen für die unerwartete Niederlage von Australien auf die Spur zu kommen, und der Kraftakt trug prompt Früchte. Im Training war Michael Doohan noch Vierter, doch im Rennen drehte er groß auf. Zunächst hielt er sich noch hinter Cadalora bedeckt, und einmal kreuzte Luca auf langen, leicht geschwungenen Gegengeraden durch den Dschungel so vor Doohans Nase auf, daß er den langen Weg nehmen mußte und Itoh für eine Weile als lachender Dritter auf Platz zwei vorstieß.

Doch kurz darauf hatte Doohan die Lust an solchen Rochaden verloren. Als hätte er an einem verborgenen Regler für den Ladedruck gedreht, zischte er an Cadalora vorbei, nahm sich eine Runde später seinen Teamkollegen Itoh zur Brust und lief in Runde acht so energisch auf John Kocinski auf, daß ihn der Amerikaner desillusioniert vorbeiwinkte. »Erst dachte ich, ich sei in einem Rennen. Als Doohan vorbeidüste, dachte ich, ich sei auf einem Flughafen«, verdeutlichte der Cagiva-Star.

Zu Rennmitte nahm Kocinski das Herz in beide Hände und schnupperte nochmals am Hinterrad des Honda-Jets, doch das half ihm am Ende nur bei der Analyse, warum er das Rennen auf seiner Lieblingsstrecke verloren hatte. »Doohan konnte die Traktion besser kontrollieren«, kratzte sich Kocinski nach dem zweiten Platz den Kopf. »Ich war schneller beim Einbiegen in die Kurven, aber er kam besser heraus. Ich rutschte, sowie ich das Gas aufdrehte, Doohan kam trotz allem Wheelspin immer noch vorwärts. Wir wissen, daß wir die Beschleunigung verbessern müssen, das war unser Problem seit Saisonbeginn. Vor dem Japan-Grand Prix werden wir neue Teile testen, ich hoffe, daß uns das weiterhilft.«

Kevin Schwantz: Etwas stimmt nicht mit dem Bike

Doohan richtete seine Maschine früher auf als Kocinski, wählte in manchen Kurven sichtlich andere Linien und verriet nach seinem ersten Saisonsieg, warum. »Wir änderten das Getriebe, um möglichst wenig Wheelspin zu haben und den Hinterreifen schonen zu können. Wo immer es möglich war, bin ich auf der Reifenmitte gefahren.«

Daß er das Rennen in der Waschküchenhitze fehlerfrei wie ein Uhrwerk abspulte, sprach für die erstaunliche Fitneß des genesenen Australiers: Während der Brite John Reynolds nach Platz zwölf angesichts der mörderischen Bedingungen kollabierte, angebotenes Wasser im Delirium ausspuckte und an den Tropf mußte, schien Sieger Doohan auf dem Podest kaum zu schwitzen. Seine NSR 500 hatte nicht weniger Kondition: Bei Topspeedmessungen war der Jet Doohans um bis zu 15 km/h schneller als der Rest der Welt.

Daran hatte auch Alberto Puig seinen Spaß. Behielt sein mit zwei Jahren mehr Halbliter-Erfahrung gesegneter Landsmann Alex Crivillé in Australien noch knapp die Oberhand, so raste der Debütant im Team von Sito Pons dem offiziellen HRC-Piloten in Malaysia davon und wurde noch vor Schwantz Fünfter. »Er hatte schon auf der 250er immer einen spitzen Fahrstil. Er ist für die Halbliterklasse geboren«, anerkannte sein früherer Techniker Harald Bartol.

Jubel an der Honda-Box: Der Massenaufmarsch lohnte sich

Michael Doohan: Der erste Sieg der Saison

Für die Halbliterklasse geboren:
Alberto Puig (17)
schlägt Alex Crivillé (8)

250 cm³: Rambos Rutschpartie

So wie Max Biaggi für die Viertelliterklasse. Im Training holte er sich die Pole Position, und das Einzige, was ihm dabei im fünften Gang bei Vollgas auf der Gegengeraden in die Quere kam, war ein gut ein Meter langer Leguan, der ohne links und rechts zu schauen vor ihm die Fahrbahn querte. »Das Vieh war riesig, ich dachte, es sei ein Krokodil«, schilderte Biaggi. »Du bist an dieser Stelle innen in einer langgezogenen Kurve, und ich sah dieses große schwarze Ding direkt vor mir im Gras. Dann rannte es los, und ich konnte nicht mehr ausweichen.« Die Aprilia schanzte darüber hinweg, Biaggi behielt die Kontrolle, chauffierte aber zur Box zurück. »Eine Flüssigkeit oder sowas muß aus dem Ding rausgekommen sein, die Vorderbremse funktionierte nämlich nicht mehr richtig«, stellte Biaggi fest.

Die Nerven verlor er wegen dieser Begegnung der unheimlichen Art noch lange nicht. Als es vor dem Rennstart etwas kühler war als an den Trainingstagen, zermarterten sich die Dunlop-Piloten den Kopf, welchen von drei tauglichen Hinterreifen sie nun wählen sollten. Biaggi entschied sich für eine weichere Mischung mit viel Grip, machte sich damit sofort aus dem Staub und begnügte sich nach ein paar Runden damit, seine reichlich fünf Sekunden Vorsprung zu kontrollieren, die Reifen soweit möglich zu schonen und am Ende den zweiten überlegenen Sieg abzusahnen. Vor lauter Konzentration und Begeisterung übersah er sogar die Zielflagge und drehte eine Extrarunde mit vollem Speed, bevor er ein zweites Mal abgewunken wurde und dann endlich die Ehrenrunde genoß. »Dieser Sieg ist für meine Freundin Adriana«, strahlte er eine fröhlich winkende italienische Schönheit an, die zum ersten Mal bei einem Grand Prix dabei war und ihren Kavalier um wenigstens anderthalb Köpfe überragte.

Nicht etwa Rivale Loris Capirossi, sondern Tadayuki Okada, Schützling des von chronischen Geldsorgen geplagten Erv Kanemoto, folgte auf Platz zwei. Wie in der Halbliterklasse schienen seine Michelin-Reifen auf dieser Strecke und unter den Wetterbedingungen erste Wahl, alle Dunlop-bereiften Honda-Mitstreiter hatten ihre liebe Not. Sein Landsmann und Vorjahressieger Nobuatsu Aoki beispielsweise fuhr vom Start weg über allen physikalischen Limits und drosch sein geplagtes Motorrad fünf Runden vor Schluß ins Gras, worauf sich der auffallend vorsichtig auf seine Chance lauernde Loris Capirossi für Platz drei bedankte.

Doriano Rombonis HB-Honda fing schon in der vierten Runde erbärmlich zu rutschen an, so daß er am Ende noch froh über Platz fünf sein mußte. Die größte Rutschpartie hatte Rambo freilich schon im freien Samstagstraining erlebt: In einer 200 km/h-Rechtskurve begann sein Motorrad plötzlich wild über die gesamte Fahrbahnbreite hin und her zu schlingern, Romboni brachte es nur mit viel Glück und Können sturzfrei zum Stillstand – und entdeckte einen Plattfuß am Hinterreifen. Ein Stein hatte das Ventil abgebrochen.

Sein deutscher Teamkollege Ralf Waldmann rutschte im gleichen Training auf einem Testreifen aus und trug ein paar Rippenprellungen davon, lief aber im Abschlußtraining vier Stunden später schon wieder zu großer Form auf und wurde erst unmittelbar vor Schluß von Okada um eine Hundertstelsekunde aus der ersten Startreihe verdrängt.

Im Rennen war er nach einem gekonnten Blitzstart kurzfristig Dritter, doch gleich in

Einsam, aber schneller:
Dschungelkönig Max Biaggi

Tadayuki Okada:
Platz zwei vor Loris Capirossi

einer der ersten Kurven drängelten sich Aoki und Okada vorbei, und einer von beiden knallte der HB-Honda ins Heck. Als sich Waldi wieder heranbremsen wollte, hatte er keine Hinterradbremse mehr. »Acht Runden lang hab' ich's immer wieder versucht. Dann ging sie plötzlich wieder. Wenn das nicht gewesen wäre, hätte ich ein Bombenergebnis erzielt«, beteuerte er nach dem sechsten Platz, der dem Rest des Teams fürs zweite 250 cm³-Rennen bombig genug erschien.

Auch die deutschen 250 cm³-Privatfahrer zogen sich in Malaysia bombig aus der Affäre. Adi Stadler quetschte seine Kit-Honda nach verpatztem Start aus nach allen Regeln der Kunst und schaffte den ersten WM-Punkt. »Ich bin happy, zumal ich als einziger Bridgestone-Pilot bislang keine Referenz hatte, wo wir stehen«, atmete er nach dem Sturz beim Saisonauftakt in Australien auf.

Ein vorläufiges Happy-End gab es auch im Drama von Bernd Kassner: Nach der Getriebeexplosion und dem Sturz in Australien verzichtete das Team mit Vater Horst auf den eigentlich geplanten Kurzurlaub, um die zum Schrotthaufen verstümmelte Maschine, an der nur noch Rahmen, Hinterradschwinge und das hintere Federbein verwendbar waren, neu aufzubauen. Der Lohn der Arbeit, die noch durch einen steifen rechten Mittelfinger erschwert wurde: Platz 14 und zwei WM-Punkte.

125 cm³: Öttl mit Sonnenstich

Da lief es bei Peter Öttl nach dem Triumph von Australien genau umgekehrt. Bei einem Thailand-Urlaub saß der Aprilia-Werkspilot eine halbe Stunde unter sengender Sonne auf dem Jetski, lange genug, um sich einen ausgewachsenen Sonnenstich einzufangen.

Bernd Kassner:
Happy-End nach einem langen Drama

Sonnenstich und Sturz: Peter Öttl

Mit Kopf- und Magenschmerzen quälte er sich kreidebleich durchs 125 cm³-Training, nur um im Rennen gleich in der ersten Runde an dritter Stelle abzuschmieren. »Vielleicht war ich durch die Krankheit leicht unkonzentriert«, entschuldigte er sich, nachdem er versuchsshalber noch zwei Runden weitergefahren war, dann aber mit verschwommener Sicht an die Box tuckerte. Er hatte eine schwere Gehirnerschütterung davongetragen.

Wenigstens kam Öttl ohne Verletzung ins Ziel: Der italienische Aprilia-Pilot Luigi Scalvini war bereits im ersten Training gestürzt und hatte einen offenen Unterschenkelbruch erlitten.

Auch Garry McCoy konnte sein Husarenstück von Australien ncht wiederholen. Die Dramaturgie glich zwar dem Saisonauftakt, als Garry nach verheerendem Start als Letzter das Feld vor sich hertrieb, doch in dieser beispiellosen Hitzeschlacht kam er bei seiner Aufholjagd nicht weiter als auf Rang zwölf.

Nach seinem üblichen Blitzstart führte zunächst Dirk Raudies das Kommando. Bei der Reifenwahl hatte er sich diesmal keine Experimente mehr erlaubt, taktierte dafür aber eine Spur zu vorsichtig. Um sich und die Reifen zu schonen, fuhr er dem Feld nicht weit genug davon, wähnte sich in Sicherheit, weil Sakata nicht angriff – und wurde von Noboru Ueda auf der italienischen Givi-A-Kit-Honda kalt erwischt. »Sakata fühlte sich dann auch gleich eingeladen und hat sich auf der Geraden neben mich hingebremst. Ich beschloß, noch später in die Eisen zu langen – zu spät, denn in der Kurve mußte ich mich dann heraustreiben lassen. Und als sich Sakata von außen einfach auf mich legte, habe ich die Panik bekommen«.

Dirk rutschte zwischendurch auf Rang sechs, und als er nach einem Zwischenspurt am Schluß aus Konditionsmangel knapp an Jorge Martínez und dem Podest scheiterte, stellte er erst einmal die Füße in kaltes Wasser und wartete, bis die akute Hitzschlaggefahr abklang. »Hauptsache, mein Moped läuft wieder richtig«, brummte er.

Ueda, Sakata und Martínez hatten sich an der Spitze herzerfrischend und ohne jede Müdigkeit beharkt, wobei Ueda mit geringfügig höherem Topspeed auf der Gegengeraden immer wieder die Lokomotive spielte. Zwischendurch schien Ueda sogar schon entschwunden, wurde von Sakata mit einer Serie besonders schneller Runden jedoch wieder eingefangen.

In der vorletzten Runde büßte Sakata die eben erst gewonnenen Meter mit einem Hinterradslide wieder ein und verpaßte den möglichen zweiten Sieg. »Es war heißer als erwartet. Ich habe mich mit der Reifenwahl vertan und bin nur gerutscht«, entschuldigte sich Sakata.

Händedruck unter Freunden:
Sieger Nobby Ueda,
WM-Leader Kazuto Sakata

…und Yamaha-Kollege Yoshiaki Katoh

**Stürze statt Sekt:
Stefan Prein...**

Sein Landsmann und Freund Ueda behielt hingegen die Nerven und eine fehlerfreie Linie, worauf er auf dem Siegerpodest mit breitem Grinsen und hinter den vom Schweiß angelaufenen Brillengläsern funkelnden Augen seine Freude herausschrie. »Nie hätte ich das gedacht«, strahlte Nobby, »zwei Tage habe ich mich wegen einer Magen-Darm-Infektion todmüde, hundeelend und am Boden zerstört gefühlt, doch dank der Ärzte und meiner tollen Mechaniker kann ich heute schon wieder Party feiern«.

Sein früherer Teammanager Francesco Pileri feierte nicht: Nach der Saison 1993 hatte er Ueda und Fausto Gresini entlassen und mit den Neulingen Vittorio Lopez und Giuseppe Fiorillo einen Neuanfang seines hochdekorierten Marlboro-Teams gesucht, zog aber Nieten. Lopez verpaßte in Malaysia als 18. abermals WM-Punkte, der in Australien an 21. Stelle herumächzende Fiorillo wurde mit höflichem Verweis auf seinen für die größere Klasse besser taugenden Fahrstil auf einen 250 cm³-Production Racer verpflanzt und landete bei der Premiere in Malaysia auf Platz 20. Fiorillos A-Kit-125er erhielt der spanische Draufgänger Emili Alzamora, um sie neben der Shah Alam-Piste sofort im Urwald einzugraben.

Der japanische Meister Yoshiaki Katoh stürzte in Malaysia bereits im Training von seiner Cepsa-Yamaha, worauf ein schlimm zugerichteter rechter Mittelfinger mit einer Hautübertragung verarztet werden mußte. Stefan Prein hüpfte im Rennen von seiner Energizer-Yamaha und entdeckte anschließend, daß eine Handbreit des Karkassen-Unterbaus an seinem Dunlop-Vorderreifen schlicht und ergreifend fehlte. Angeblich verläßt kein Rennreifen ohne vorherige Röntgen-Qualitätskontrolle das Werk.

Der Österreicher Manfred Baumann wurde abgeschlagen 22., und so feierte nur einer der Yamaha-Piloten: Der vierfache Weltmeister Jorge Martínez sorgte als Dritter für den ersten Podestplatz einer 125 cm³-Yamaha seit 1975. »Es tut mir leid für Katoh, daß er nicht fahren konnte, aber er wird bald die Chance haben, sich zu rehabilitieren: Die Yamaha hat ein besseres Fahrwerk als die Honda, das ein geringfügiges Manko ausgleichen kann – so wie bei der Werks-Aprilia«, gab er sich optimistisch.

Oliver Koch hatte mit seiner Ditter-Honda ein Leistungs- und ein Fahrwerksmanko und mußte nach dem mißglückten Saisonauftakt in Eastern Creek auch noch einen Versorgungsengpaß von Dunlop ausbaden. »Nur die Top Ten von Australien werden mit der optimalen Mischung beliefert, für die anderen reicht es nicht«, erläuterte Koch. Sein Whitepower-Spezialkit funktionierte nicht, so daß Cheftechniker Lucas Schmidt die Federung wie die anderen WP-Kunden auf Vorjahresstandard zurückrüstete. Auch die Motorleistung war laut Koch »nicht berauschend«, weil das Team von Honda Deutschland-Sportchef Hanns Eisner beim Rennen um die kostbaren A-Kits vernachlässigt worden war und die 100 000 Mark teuren B-Kit-Teile des japanischen Zulieferers F.C.C. faktisch unbrauchbar waren. »Selbst Aprilia-Privatfahrer wie Stefano Perugini ziehen wie Düsenjäger an mir vorbei. Ich könnte kotzen«, sagte es Olli drastisch und rutschte im Abschlußtraining auf Platz 28 ab.

Schmidt baute danach auch den Motor mit alten B-Kit-Teilen auf den bewährten Vorjahresstandard um, worauf Oliver Koch im Rennen alles auf eine Karte setzte und Platz 13 erbeutete. »In den ersten fünf Runden wäre ich sechsmal am Haaresbreite dagelegen, habe bestimmt sieben Rempler überstanden und bin mit 120 bis 130 Prozent Einsatz jenseits von allen Limits gefahren – hopp oder topp!«

Für die Probleme von Dirk Raudies schien sich eine weniger riskante Lösung anzubahnen: Der Weltmeister checkte mit 40 kg zusätzlichem Gepäck auf den Heimflug ein, weil ihm Honda unter strenger Geheimhaltung ein hochwichtiges Spezialteil anvertraute, das außer Raudies nur noch Takeshi Tsujimura und Noboru Ueda erhielten: Eine Vergaserairbox nach Aprilia-Vorbild, die der A-Kit-Honda mindestens ein zusätzliches PS einhauchen sollte.

Im Enspurt vor dem Weltmeister: Jorge Martínez

500 cm³:

Ergebnisse

1. Michael Doohan	AUS	Honda NSR	47.36.874	
2. John Kocinski	USA	Cagiva C-594	47.42.099	
3. Shinichi Itoh	J	Honda NSR	47.44.852	
4. Luca Cadalora	I	Yamaha YZR	47.45.789	
5. Alberto Puig	E	Honda NSR	47.56.688	
6. Kevin Schwantz	USA	Suzuki RGV	48.00.219	
7. Alexandre Barros	BR	Suzuki RGV	48.01.928	
8. Alex Crivillé	E	Honda NSR	48.10.218	
9. Doug Chandler	USA	Cagiva C-594	48.17.105	
10. Daryl Beattie	AUS	Yamaha YZR	48.45.473	
11. Niall Mackenzie	GB	ROC-Yamaha	48.52.029	
12. John Reynolds	GB	Harris-Yamaha	49.00.709	
13. Sean Emmett	GB	Harris-Yamaha	– 1 Rde.	
14. Jeremy McWilliams	GB	Yamaha	– 1 Rde.	
15. Lucio Pedercini	I	ROC-Yamaha	– 1 Rde.	

16. Jean-Pierre Jeandat (F) ROC-Yamaha – 1 Rde., 17. Bruno Bonhuil (F) ROC-Yamaha, 18. Marc Garcia (F) ROC-Yamaha, 19. Cees Doorakkers (NL) Harris-Yamaha, 20. Cristiano Migliorati (I) ROC-Yamaha, 21. Andreas Leuthe (D) ROC-Yamaha – 2 Rdn.

WM-Stand Pkt.

1. Kocinski 45
2. M. Doohan 41
3. Cadalora 33
4. Itoh 27
5. Schwantz 23
6. Puig 20
7. Crivillé 18
8. Barros 17
9. Chandler 14
10. Reynolds 10
11. Beattie 6
12. B. Garcia 5
13. Mackenzie 5
14. Emmett 5
15. S. Doohan 4

Schnellste Runde: Doohan in 1.25.925 = 146,849 km/h

Rekord: John Kocinski (Yamaha) in 1.25.10 = 148,273 km/h (1991)

Durchschnitt Sieger: 33 Runden oder 115,665 km in 47.36.874 = 145,752 km/h

Ausfälle: J. López-Mella (E) ROC-Yamaha, Motor festgegangen; L. Naveau (B) ROC-Yamaha, Motor defekt; B. Garcia (F) Yamaha, Ölschlauch gelockert; K. Mitchell (GB) Harris-Yamaha, Aufgabe; M. Papa (I) ROC-Yamaha, Motor defekt; B. Haenggeli (CH) ROC-Yamaha, Krampf/rechte Hand; J. Miralles (E) ROC-Yamaha, Sturz; V. Scatola (I) Paton, Nichtstarter/Trainingssturz; L. Neukirchner (D) Harris-Yamaha, ein Zylinder defekt; J. Foray (F) ROC-Yamaha, untauglicher Vorderreifen

Trainingszeiten: 1. Kocinski 1.25.180 = 148,133 km/h, 2. Cadalora 1.25.264, 3. Puig 1.25.672, 4. M. Doohan 1.25.684, 5. Barros 1.25.744, 6. Beattie 1.26.282, 7. Itoh 1.26.289, 8. Crivillé 1.26.294, 9. Chandler 1.26.408, 10. Schwantz 1.26.503, 11. Mackenzie 1.27.681

250 cm³:

Ergebnisse

1. Massimiliano Biaggi	I	Aprilia	45.26.300	
2. Tadayuki Okada	J	Honda NSR	45.32.108	
3. Loris Capirossi	I	Honda NSR	45.35.477	
4. Jean-Philippe Ruggia	F	Aprilia	45.40.272	
5. Doriano Romboni	I	Honda NSR	45.56.083	
6. Ralf Waldmann	D	Honda NSR	45.57.337	
7. Jean-Michel Bayle	F	Aprilia	46.04.252	
8. Luis d'Antin	E	Honda NSR	46.16.418	
9. Wilco Zeelenberg	NL	Honda NSR	46.19.684	
10. Alessandro Gramigni	I	Aprilia	46.28.624	
11. Carlos Checa	E	Honda RS	46.36.742	
12. Adrian Bosshard	CH	Honda NSR	46.37.148	
13. Andy Preining	A	Aprilia	46.37.652	
14. Bernd Kassner	D	Aprilia	– 1 Rde.	
15. Adi Stadler	D	Honda RS	– 1 Rde.	

16. Luis Carlos Maurel (E) Honda, 17. Sharun Nizam (MAL) Yamaha, 18. Frédéric Protat (F) Honda, 19. Noel Ferro (F) Honda, 20. Giuseppe Fiorillo (I) Honda, 21. Meng Heng Kuan (MAL) Yamaha, 22. Alan Patterson (GB) Aprilia, 23. Kristian Kaas (SF) Yamaha – 2 Rdn., 24. Rodney Free (USA) Aprilia

WM-Stand Pkt.

1. Biaggi 50
2. Capirossi 32
3. Romboni 31
4. Okada 31
5. Ruggia 26
6. Waldmann 19
7. d'Antin 16
8. Bayle 15
9. Zeelenberg 14
10. Aoki 10
11. Checa 7
12. Preining 7
13. Bosshard 7
14. Gramigni 6
15. Connell 5

Schnellste Runde: Biaggi in 1.26.847 = 145,290 km/h (Rekord)

Alter Rekord: Nobuatsu Aoki (Honda) in 1.27.415 = 144,346 km/h (1993)

Durchschnitt Sieger: 31 Runden oder 108,655 km in 45.26.300 = 143,476 km/h

Ausfälle: N. Aoki (J) Honda, Sturz; P. v. d. Goorbergh (NL) Aprilia, Sturz; E. Suter (CH) Aprilia, Getriebe defekt; J. Borja (E) Honda, Motor defekt; J. Cardoso (E) Aprilia, Motor defekt; E. de Juan (E) Aprilia, Motor defekt; J. v. d. Goorbergh (NL) Aprilia, Sturz; C. Boudinot (F) Aprilia, Aufgabe

Trainingszeiten: 1. Biaggi 1.26.618 = 145,674 km/h, 2. Capirossi 1.26.962, 3. Ruggia 1.27.124, 4. Okada 1.27.359, 5. Waldmann 1.27.370, 6. Romboni 1.27.714, 7. Aoki 1.27.752, 8. Bayle 1.28.077, 9. d'Antin 1.28.384, 10. Zeelenberg 1.28.517, 11. Bosshard 1.28.955, 12. Gramigni 1.29.136, 13. Suter 1.29.210, 14. Preining 1.29.418, 15. Checa 1.29.538, 16. Kassner 1.29.593, 17. J. v. d. Goorbergh 1.30.071, 18. Maurel 1.30.240, 19. Nizam 1.30.295, 20. Stadler 1.30.368

125 cm³:

Ergebnisse

1. Noboru Ueda	J	Honda RS	45.09.031	
2. Kazuto Sakata	J	Aprilia	45.10.388	
3. Jorge Martínez	E	Yamaha	45.13.806	
4. Dirk Raudies	D	Honda RS	45.15.756	
5. Takeshi Tsujimura	J	Honda RS	45.23.038	
6. Fausto Gresini	I	Honda RS	45.33.256	
7. Olivier Petrucciani	CH	Aprilia	45.36.836	
8. Akira Saito	J	Honda RS	45.41.564	
9. Herri Torrontegui	E	Aprilia	45.41.751	
10. Haruchika Aoki	J	Honda RS	45.41.918	
11. Hideyuki Nakajyo	J	Honda RS	45.42.566	
12. Garry McCoy	AUS	Aprilia	45.58.081	
13. Oliver Koch	D	Honda RS	45.58.244	
14. Masaki Tokudome	J	Honda RS	45.58.409	
15. Bruno Casanova	I	Aprilia	46.00.930	

16. Manfred Geissler (D) Aprilia, 17. Neil Hodgson (GB) Honda, 18. Vittorio Lopez (I) Honda, 19. Masafumi Ono (J) Honda, 20. Chee Kieong Soong (MAL) Yamaha, 21. Lucio Cecchinello (I) Honda, 22. Manfred Baumann (A) Yamaha, 23. Hans Spaan (NL) Honda – 1 Rde.

WM-Stand Pkt.

1. Sakata 45
2. Ueda 34
3. Gresini 23
4. Öttl 20
5. McCoy 20
6. Petrucciani 20
7. Raudies 19
8. Saito 18
9. Martínez 16
10. Torrontegui 15
11. Tsujimura 11
12. Tokudome 9
13. Aoki 6
14. Nakajyo 6
15. Bodelier 5

Schnellste Runde: Ueda in 1.32.583 = 136,289 km/h (Rekord)

Alter Rekord: Dirk Raudies (Honda) in 1.32.821 = 135,939 km/h (1993)

Durchschnitt Sieger: 29 Runden oder 101,645 km in 45.09.031 = 135,075 km/h

Ausfälle: Y. Katoh (J) Yamaha, Sturz; P. Öttl (D) Aprilia, Sturz; S. Prein (D) Yamaha, Sturz; D. Tognioli (I) Aprilia, Aufgabe; C. Giró (E) Aprilia, Nichtstarter/Trainingssturz; E. Alzamora (E) Honda, Sturz; T. Igata (J) Honda, Aufgabe; G. Debbia (I) Aprilia, Sturz; G. Scalvini (I) Aprilia, Nichtstarter/Trainingssturz; S. Perugini (I) Aprilia, Sturz; L. Bodelier (NL) Honda, Kupplung defekt

Trainingszeiten: 1. Sakata 1.31.685 = 137,623 km/h, 2. Tsujimura 1.32.814, 3. Raudies 1.32.858, 4. Martínez 1.32.887, 5. Öttl 1.32.896, 6. Gresini 1.33.118, 7. Ueda 1.33.178, 8. Alzamora 1.33.184, 9. Petrucciani 1.33.264, 10. Torrontegui 1.33.274, 11. McCoy 1.33.394, 12. Tokudome 1.33.439, 13. Nakajyo 1.33.496, 14. Aoki 1.33.502, 15. Prein 1.33.529

Ein Sturz zur Premiere: Emili Alzamora

Endlich WM-Punkte: Oliver Koch, Techniker Lucas Schmidt

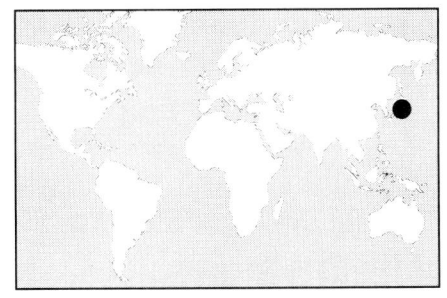

**24. April 1994:
Grand Prix von Japan in Suzuka**

Abes Abenteuer

Der 18jährige Grünschnabel Norifumi Abe fuhr bei seinem ersten Grand Prix mit Kevin Schwantz und Michael Doohan um die Wette – und geradewegs in die Herzen der Fans.

Einst war es der Stolz des japanischen Volkes, die besten Rennmaschinen zu bauen und den Helden aus Europa, Amerika und Australien mit dem besten Material zum Sieg zu verhelfen.

Japanische Rennfahrer blieben Außenseiter, die sich den Duft der großen weiten Welt nur einmal im Jahr beim Suzuka-Grand Prix um die Nase streichen lassen durften und dort von den Stars aus Übersee als Kanonenfutter belächelt oder als Kamikaze gefürchtet wurden, weil es nur selten einer schaffte, auf einen der drei ersten Plätze vorzustoßen und diesen sturzfrei über den Zielstrich zu retten.

Doch die Zeiten hatten sich geändert, seit Glücksritter wie Noboru Ueda und Kazuto Sakata auf eigene Faust ins ferne Europa auswanderten und seit die japanischen Werke auserwählte Stars in die Weltmeisterschaft einzuschleusen begannen und mit Tetsuya Harada nicht nur einen japanischen Weltmeister, sondern auch ein ganz neues Selbstbewußtsein feierten.

Namen wie Ueda und Sakata, Harada, Okada, Aoki und Itoh bekamen eine magische Kraft, die die Gefechte in den überfüllten japanischen Nachwuchsklassen noch erbitterter machten und die den Grand

**Norick Abe vor Kevin Schwantz:
Ein Neuling greift den Weltmeister an**

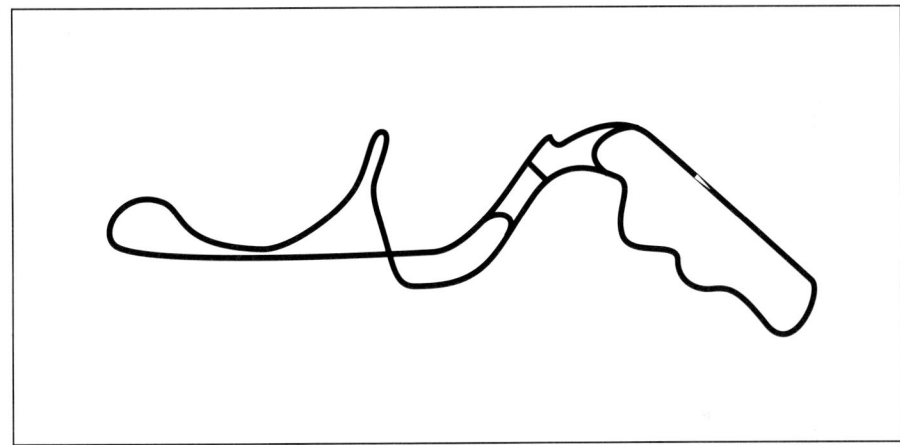

Prix in Suzuka vom Gastspiel eines europäischen Sommertheaters zur internationalen Drehscheibe für neue, hoffnungsvolle Karrieren machte. Etablierte japanische Stars fuhren mit den vielversprechendsten Wild Card-Piloten um die Wette, um die vermeintliche europäische Übermacht dann gemeinsam zu demütigen: Am Schluß des Suzuka-Grand Prix 1994 hielten die Japaner sechs von neun möglichen Podestplätzen besetzt und verpaßten drei Siege in allen drei Klassen nur um Haaresbreite.

Nur der lebenslustige Yoshiaki Katoh hatte keine Chance, mit seiner Yamaha TZM 125 an der fröhlichen Treibjagd teilzunehmen. Rennarzt Dr. Claudio Costa hatte den in Malaysia gebrochenen und aufgeschliffenen Ringfinger noch vor Ort verarztet und verbunden. Doch statt frischer Haut kam am Montag vor dem Suzuka-Grand Prix die nackte Strecksehne zum Vorschein, außerdem stand der Knochen wieder falsch. Statt seinem Team im Fahrerlager vertraute sich Katoh einer handchirurgischen Abteilung in Tokio an, wo der Knochen erneut eingerichtet und Mittel- und Ringfinger zur Hautübertragung mit einer Overcross-Überlappung aneinandergenäht wurden.

Wenigstens für ein paar Minuten wurde er auf der Suzuka-Piste würdig vertreten: Freundin Momoko Ikuchi, die auf einer 125 cm^3-Honda in der japanischen Meisterschaft mitfuhr, hielt für seinen Teamkollegen Jorge Martínez am Startplatz den Cepsa-Sonnenschirm.

Loris Capirossi, Weltmeister Tetsuya Harada:
Der Hand ging's besser – aber noch längst nicht gut

Trotz Sturzeskapaden immer fröhlich:
Nobby Ueda

Dafür, daß es den europäischen Kollegen auf der Piste nicht zu wohl wurde, sorgten andere. Haruchika Aoki, kleinster der drei als Piloten anwesenden Aoki-Brüder, qualifizierte sich zwar nur als 18. des 125 cm^3-Feldes, verteidigte dafür aber den Jugendrekord: Geboren am 28.3.1976, war er kurz nach seinem 18. Geburtstag der jüngste Fahrer im Paddock von Suzuka.

Da Lächeln, das die Konkurrenten für Aoki übrighatten, gefror so manchem von ihnen angesichts der 29jährigen Tomoko Igata, die schon bei den beiden Rennen zu Saisonbeginn beherzt am Gas gedreht, aber Pech mit der Technik ihrer Honda gehabt hatte und sich jetzt im Training mit dem zehnten Rang ins Rampenlicht schob – zwei Plätze vor ihrem F.C.C.-Honda-Teamkollegen Takeshi Tsujimura und weniger als eine Sekunde hinter WM-Favorit Kazuto Sakata auf der Werks-Aprilia.

Fuhr der schon in strammen 2.19,933 Minuten um den schwierigen, 5,9 Kilometer langen Kurs, so war Noboru Uedas Trainingsbestzeit von 2.19,133 das Maß aller Dinge. Daß er bereits im ersten Training mit einem perfekt abgestimmten Motorrad ausrückte, hatte einen triftigen Grund: Pfiffig hatte der Wahl-Italiener, zur Abwechslung mit orangefarbenen Strähnen im dichten Schopf geschmückt, schon im März einen Lauf zur japanischen Meisterschaft in Suzuka absolviert.

Alles wäre reibungslos weitergelaufen, hätte sich Ueda nicht schon zum Ende des ersten freien Trainings mit einem fürchterlichen Sturz neben die Piste gelegt. Bewußtlos wurde er von der Strecke geschleift und ins Hospital am Ende der Boxengasse verfrachtet, wo sein Freund Dr. Claudio Costa eine schwere Aduktorenzerrung diagnostizierte.

Mit ein paar schmerzstillenden Spritzen wieder auf Trab gebracht, ließ er sich am Nachmittag von seinen Mechanikern in den Sattel hieven und zauberte vor seinen Landsleuten Sakota und Saito unverdrossen die Pole Position aufs Parkett. Den verregneten Samstag verbrachte er im Rollstuhl, ließ sich am frühen Abend mit vergnügtem Lächeln zu einer Pressekonferenz tragen und erklärte treuherzig, an einen Startverzicht sei wegen einer solchen Lappalie nicht zu denken.

Dieser Auffassung schloß sich auch Tetsuya Harada an. Am Montag vor dem Grand Prix ließ er den Gips von seiner in Australien gebrochenen rechten Hand entfernen, doch waren die vier beschädigten Mittelhandknochen längst noch nicht richtig ausgeheilt. Obwohl er keine starken Schmerzen hatte, schwoll die Hand nach jeweils wenigen Runden so an, daß er die meiste Zeit mit Eispackungen in der Box verbrachte. Um einen Teil der Bremskräfte auffangen zu können, hatte ihm sein Team Yamaha Motor France spezielle Kniestützen ans Motorrad gebaut. Weil er das Handgelenk noch nicht abwinkeln konnte, drehte er an einem Kurzhubgasgriff.

Trotzdem fehlte ihm vor allem beim Bremsen so viel Gefühl, daß er nicht über den zehnten Trainingsplatz hinauskam und auf Regenfahrten am Samstag völlig verzichtete. »Ich gehe 50 Meter früher als gewohnt in die Eisen, habe aber auch beim Herausbeschleunigen aus Linkskurven meine Schwierigkeiten«, murmelte er. »Der Arzt hat mich unter der Bedingung in den Sattel steigen lassen, daß ich auf keinen Fall herunterfalle. Weil ich wußte, daß es am Samstag regnen würde, habe ich am Freitag trotzdem für zwei Runden lang alles auf eine Karte gesetzt, um mir eine halbwegs aussichtsreiche Startposition zu sichern und für ein paar WM-Punkte im Rennen nicht soviel riskieren zu müssen«.

Tohru Ukawa, 20jähriger japanischer Meister, war bei seinem Grand Prix-Debüt um eine Sekunde schneller und qualifizierte sich als Sechster, wobei er als einziger neben Adi Stadler die Qualitäten der Bridgestone-Slicks unter Beweis stellte.

Der mittlere Aoki-Bruder Takuma stellte seine Honda auf den siebten Startplatz, die schnellsten Japaner waren jedoch auch in der 250 cm³-Klasse diejenigen, die bereits eine komplette WM-Saison hinter sich gebracht hatten: Nobuatsu Aoki, Star der Aoki-Familie und Malaysia-Sieger 1993, verpaßte mit seiner Cup Noodle-Honda als Fünfter nur knapp die erste Startreihe. Tadayuki Okada, der offizielle Pilot der Honda Racing Corporation in der 250 cm³-Klasse, qualifizierte sich als Dritter.

Prominentester japanischer Halbliterpilot war Honda-Werksfahrer Shinichi Itoh auf Trainingsplatz sechs, und das Rätselraten, wann er nun mit herkömmlichen Vergasern oder der exklusiven, 1993 gelegentlich verwendeten und PGM-FI genannten Einspritzanlage an seiner Honda NSR 500 unterwegs war, hatte in Japan ein vorläufiges Ende: Das System entsprach zwar dem Honda-Entwicklungsziel sparsamer, sauberer Motoren, hatte aber eine entscheidende Achillesferse: Itoh vermißte beim Gasgeben das direkte Feingefühl, das die Vergasermodelle vermittelten. »Doohan, Beattie und Itoh haben das System beim Australien-Grand Prix 1993 eingesetzt und uns hinterher um die Ohren gehauen«, lüftete HRC-Präsident Yoichi Oguma etliche Monate später in Le Mans zum ersten Mal mit klaren Worten das Mysterium um die tatsächliche Rennpremiere des Systems. »Und bei allen Versuchen, die PGM-FI auf der bestehenden Basis weiterzuentwickeln, hat sich nur eins gezeigt: Daß wir uns immer tiefer in einen Tunnel graben, an dessen Ende es kein Licht gibt. Deshalb haben wir beschlossen, aus einer ganz anderen Richtung von Neuem loszulegen.«

Doch nicht Itoh und auch nicht der von Yamaha ins Rennen geschickte Toshihiko

Ein tolles Rennen – und wieder kein Glück: Frau Tomoko Igata

Honma, sondern ein 18jähriger Rookie sorgte im Suzuka-Training mit seiner verwegenen Fahrweise für Aufsehen: Norifumi Abe schraubte in einem winzigen Zelt, wirkte mit seinem kindlichen Gesicht und den langen schwarzen Haaren unschuldig wie ein Mädchen, verwandelte sich auf der Strecke jedoch in einen Teufelskerl. Unerschrockener als jeder andere warf er seine Honda NSR 500 durch die Spitzkehre und die enge Schikane vor Start und Ziel, wurde im Regen am Samstag lange als Schnellster geführt und verteidigte auch im Trockenen seinen Startplatz in der zweiten Reihe.

Denn »Norick« war zwar der jüngste Halbliterpilot der Grand Prix-Geschichte, hatte aber trotzdem bereits jede Menge Erfahrung. Sein 45jähriger Vater bestritt schon über 1000 Läufe einer speziellen Formel, die stark an europäische Pferderennen erinnerten, nur daß die Ovals geteert waren und statt wilder Hengste wildgemachte Zweizylindermaschinen am Start standen. Ein halbes Dutzend oder mehr Fahrer traten gegeneinander an, Buchmacher schlossen Wetten ab, die Besten der Branche verdienten stattliche Summen – mehr als die Stars der normalen Renngewerbes.

In dieser Umgebung wurde Norifumi Abe groß, driftete als fünfjähriger Dreikäsehoch bereits mit seinem ersten Minibike, gewann als 16jähriger sein erstes 250 cm³-Straßenrennen und 1993 auf einer Werks-Honda bereits die japanische Halblitermeisterschaft.

Am liebsten hätte er 1994 bereits die erste komplette WM-Saison bestritten, konnte aber keinen potenten Sponsor dafür auftreiben und langweilte sich deshalb in der japanischen Superbikemeisterschaft auf der mit Kinderkrankheiten behafteten RVF 750.

Am liebsten hätte er mit Loris Capirossi getauscht, denn der wurde mit Angeboten überschwemmt und leistete sich, frustriert vom eher enttäuschenden Saisonbeginn, bereits nach zwei Rennen die große Schlagzeile fürs nächste Jahr. »1995 werde ich definitiv in die Halbliterklasse wechseln. So, wie die Dinge liegen, werde ich in diesem

Shinichi Itoh:
Die Weiterentwicklung der Einspritzanlage wurde gestoppt

Jahr zwar wieder nicht Weltmeister, aber das Glück läßt sich nicht zwingen. Und ich habe keine Lust, bei den 250ern als ewiger Zweiter alt und grau zu werden«, erklärte der 21jährige. »Die 500er sind die ultimative Herausforderung, der Traum jedes echten Rennfahrers. Luca Cadalora hat mir bestätigt, daß mein Fahrstil gut zu dieser Klasse paßt. Geld ist für mich keine Motivation, sonst hätte ich im letzten Jahr auch das Gilera-Angebot annehmen können, wo mir das Dreifache meines Gehalts bei Pileri geboten wurde. Was zählt, ist das richtige Motorrad und das richtige Team.«

Überzeugt, beides bieten zu können, lockte Giacomo Agostini mit einem auf zwei Millionen Mark Jahresgage dotierten Cagiva-Vertrag. »Capirossis Einstellung ist goldrichtig. Als ich 1974 ins Halbliterteam von Yamaha wechselte, dachte ich genauso. Bei MV Agusta hielt man mir einen Blankoscheck unter die Nase, um mich zu halten, doch ich schlug ihn aus«, verriet der für seine vorbildliche Bescheidenheit weltberühmte Ago.

Trotzdem stand schon zu diesem Zeitpunkt ziemlich fest, daß das Rotkäppchen dem Honda-Pileri-Rennstall auch in Zukunft die Treue halten würde. »Wir können ihm auch eine NSR 500 anbieten. Derzeit rechnen wir das Budget zusammen«, ging Teamchef Francesco Pileri in die Offensive.

Denn die bärenstarke Honda-Halblitermaschine war wieder das Maß aller Dinge, seit Michael Doohan beim Abstimmen zu jenem gesunden Kompromiß von 1992 zurückgefunden hatte, der hohe Kurvengeschwindigkeiten erlaubte, ohne dabei auf die Vorteile der überlegenen Motorleistung beim Herausbeschleunigen verzichten zu müssen.

Weil die Entwicklung der überzüchteten Vierzylinder 200 PS-Raketen in die falsche Richtung gegangen war, rüsteten auch die anderen Hersteller zurück: Luca Cadalora und Daryl Beattie vertrauten auf französische ROC-Aluminium-Fahrgestelle des Jahres 1993, deren Fahrwerks-Geometrie auf die betagte Yamaha-Konstruktion des Jahres 1991 zurückging. Cagiva baute in Suzuka auf der Suche nach mehr Power hoffnungsvoll eine Kiste voller Neuteile ein und nach John Kocinskis neuntem Trainingsrang deprimiert wieder aus. »Auf dem

Drifts schon als Dreikäsehoch: Norick Abe

Neuteile ein- und gleich wieder ausgebaut: John Kocinski

Prüfstand waren die neuen Teile besser. Auf der Strecke leider nicht«, raufte sich Agostini die Haare.

Hinter der Erfolgsmeldung von Suzuki, bei Tests in Ryuyo sei man den Fahrwerksproblemen der neuesten RGV 500-Generation auf die Schliche gekommen, steckte auch nichts anderes als der Rückgriff auf Bewährtes: Wegen eines Fertigungsfehlers bei den jüngsten Modellen griff man angesichts des alarmierenden Rückstands in der WM-Wertung kurzerhand auf die Gebrauchtmaschinen des alten Jahrgangs zurück.

Um den in Japan als ehrenrührig geltenden Einsatz von Museumsstücken zu vertuschen, wurden die alten Chassis entsprechend modernstem Design sogar in einem Elektrolytbad schwarz beschichtet. Bei einem von Kevin Schwantz parallel eingesetzten Prototypen des vergangenen Winters flog der Schwindel auf: Das edle Schwarz war nichts als äußerlich aufgesprühte Lackfarbe – bei abgenommenem Tank schimmerten die Innenflächen der Alu-Rahmenprofile in ordinärem Silber. »Bei der heute gebotenen Motorleistung ist die Fahrwerkstechnik komplex. Wenn ein Motorrad einmal funktioniert, ist es schwer, noch etwas Besseres zu machen«, zeigte Wayne Rainey Verständnis.

Der gelähmte Champion war zum ersten Auftritt als 250 cm³-Teamchef nach Suzuka angereist und regierte das Tagesgeschehen aus einem mit abgedunkelten Scheiben versehenen Wohncontainer, von dem er sich über eine Rampe jederzeit in die Marlboro-Box und wieder retour chauffieren konnte.

Auf Fahrer Kenny Roberts junior mußte er weiterhin verzichten, weil dessen gebrochener rechter Oberarm immer noch nicht richtig zusammenwachsen wollte. Statt Little Kenny saß der Italo-Amerikaner Jimmy Filice im Sattel, begnügte sich aber mit einem mageren 19. Trainingsrang.

Weil Kenny Roberts selbst am Freitag nach Kalifornien zurückjettete – sein Vater Buster erlitt eine Herzattacke und erhielt einen dreifachen Bypass – übernahm Wayne die Management-Aufgaben im Halbliter-Team gleich mit und tröstete sich mit der Pole Position von Luca Cadalora, dem am Freitag eine einzige überlegen schnelle Runde geglückt war.

Von solchen Kunststücken war der in Technik-Probleme verstrickte Dirk Raudies weiter entfernt denn je. Zwei Nachtschichten hatten seine Mechaniker damit zugebracht, die von Malaysia mitgebrachte neue Vergaser-Airbox auf dem engen Raum zwischen Rahmen und Motorgehäuse unterzubringen, die für ein zusätzliches PS hätte gut sein sollen. Um halb vier am Freitagmorgen saß das Kunststoffteil, mehrfach verklebt und umlaminiert, endlich halbwegs an seinem Platz.

Doch Ulli Maier, Schwager und Chefmechaniker des Weltmeisters, zweifelte schon vor Trainingsbeginn am Effekt der neuen Wunderwaffe. »Das Ding hat noch nie ein Motorrad gesehen. Nach zwei Runden wird es auseinanderbrechen«, argwöhnte er mit schwarzgeränderten Augen.

Tatsächlich kam Raudies im freien Training am Freitagvormittag gerade zwei Runden weit, dann fiel das mit Tapestreifen zusammengehaltene Plastikteil in Stücke. Dafür steckte der Kolben fest.

Im ersten Zeittraining am Nachmittag ließ er die größte Vergaserdüse einbauen, die er nur finden konnte. Jetzt klemmte der

Ärger mit der Airbox: Dirk Raudies stand im Regen

Motor nicht mehr, drehte aber auch 800 Touren zu wenig. Die Kombination von neuer Airbox, neuem Zylinder, Zylinderkopf und Auspuff mit erstmals verwendetem, vermeintlich kostbarem HRC-Spezialbenzin funktionierte nicht. Selbst das zweite Motorrad mit Standardteilen verschmähte das HRC-Benzin und war um satte 15 km/h zu langsam. Raudies qualifizierte sich auf Startplatz 17.

Und als es den ganzen Samstag über in Strömen goß, stand Dirk schlimmer im Regen als jeder andere. Ohne jede Chance, sich auf nasser Piste noch zu verbessern, blieb der Weltmeister in der fünften Startreihe stecken und vermerkte das traurige Ende eine großartigen Serie: Nicht weniger als 17mal hintereinander war er aus vorderster Front gestartet.

125 cm³: Raucher Raudies

»Wenigstens läuft mein Karren wieder«, machte er sich fürs Rennen Mut. Mit dem normalen A-Kit, handelsüblichem elf-Benzin, einer um 30 Nummern kleineren Düse und weiteren entscheidenden Einstellungstips von HB-Cheftechniker Sepp Schlögl hatte er sich den fehlenden Topspeed zurückgeholt und schwor, sich nie wieder ohne ausgiebige Probefahrten auf technisches Neuland zu begeben. Und als er beim Start gleich in die Spitzengruppe vorpreschte, schien er das Unheil gerade noch mal abwenden zu können.

Drei Kurven lang – denn dann merkte er, daß sein Motor schon wieder müde wurde. »Topspeed war gut, nur die Beschleunigung nicht. Ich merkte früh, daß etwas nicht stimmte.« Raudies hielt sich auf Platz zwölf bis zum Ende der vierten Runde, zog aber schon auf der Zielgeraden eine Ölfahne hinter sich her.

Zwei Kurven später war der blaue Dunst so dicht, daß Oliver Koch hinter ihm »zwei Gänge zurückschalten mußte, weil ich nichts mehr sehen konnte«. Dann blieb der Motor des Weltmeisters mit einem letzten Seufzer stehen – ein Simmerring zur Kurbelgehäuseabdichtung hatte sich verflüchtigt, der Motor hatte Getriebeöl gezogen. »Ich bin narret«, raufte sich Raudies die Haare, »wenn eine Sache schiefgeht, kommen gleich fünf andere hinterher. Bei jeder Fahrt irgendein anderer Dreck – das regt mich gnadenlos auf!«

Nur seinen Mechanikern gegenüber sparte er sich das normalerweise in solchen Fällen übliche Donnerwetter: Raudies hatte den Motor nämlich selbst zusammengeschraubt und den Simmerring zwecks leichterer Montage großzügig mit Öl eingeschmiert.

Große Illusionen hatte er nach dem Ausfall nicht mehr. »Der Titel ist weg, da brauche ich mir nichts vorzumachen. Jetzt werde ich ganz nach einzelnen Grand Prix-Siegen gucken, ohne mich um die Tabelle zu kümmern. Vielleicht ist es ganz gut so, denn jetzt kann ich viel lockerer in die Sache hineingehen. Im Prinzip ist dies der erste technische Defekt meiner Laufbahn, und der ist mir lieber dieses Jahr als letztes Jahr – denn diese Saison ist eh' schon verhunzt.«

Ulli Maier hatte am Startplatz spioniert und herausgefunden, daß Konkurrent Takeshi Tsujimura zwar den zugehörigen Lufttrüssel in der Verkleidung spazierenfuhr, auf die verhängnisvolle Airbox jedoch ebenfalls verzichtete. Ohne Probleme und mit gewaltigem Topspeed hielt er sich klettengleich in dem Drei-Mann-Pulk an der Spitze des Feldes, nur seine Teamkollegin Igata hatte wieder einmal Pech: Sie war bereits in die Top Ten vorgestoßen, als ihr Motor nach der Hälfte des Rennens abermals streikte.

Als Noboru Ueda wenige Kurven vor dem Ziel zu Boden ging, quetschte sich Tsujimura kaltblütig an Aprilia-Star Kazuto Sakata vorbei und ersparte dem Honda-Werk die Schmach, einen japanischen Piloten auf einer italienischen Maschine siegen sehen zu müssen. »Nach dem frustrierenden Hin und Her im Training hätte ich nie im Leben an einen Sieg geglaubt«, strahlte Tsujimura, der in Salzburg 1993 seinen ersten GP-Sieg gefeiert hatte. »Ueda ausgenommen, gibt es Piloten, die sich durch äußerst gefährliche Aktionen in Szene setzen«, beschwerte sich der geschlagene Sakata mit stocksaurer Miene über Tsujimura – ausgerechnet Sakata, der Ellbogenchecks und rüde Ausbremsmanöver bislang als das gewöhnliche Standardrepertoire eines anständigen GP-Piloten ansah.

Zunächst hatte sich Noboru Ueda derartigem Elan aus dem Staub gemacht, als sei er nicht dem Rollstuhl, sondern einem

bekömmlichen vierwöchigen Kuraufenthalt entstiegen. Sein überragender Vorsprung nach der ersten Runde schmolz zwar in der zweiten Hälfte des Rennens zusammen, aber den Sieg wollte sich Nobby nach allem, was er durchgemacht hatte, nun doch nicht entgehen lassen und vertrieb Sakata in den letzten drei Runden wieder von der Spitze. Und steckte den anschließenden Sturz mit dem gewohnten strahlenden Lächeln weg: »See you in Spain…«

Peter Öttl empfand es als ratsam, sich nicht in die tollkühnen innerjapanischen Streitigkeiten einzumischen. Den ersten Trainingstag hatte er ebenso wie sein

Sauer trotz Platz zwei: Kazuto Sakata

Zwei Punkte – und Stefan Prein besiegt: Manfred Geissler

Nach Super-GAU bester Europäer: Peter Öttl

Nach überlegenem Vorsprung wieder am Boden: Nobby Ueda (vor Takeshi Tsujimura)

Sieg beim Heim-Grand Prix:
Takeshi Tsujimura

Teamkollege Manfred Geissler zu jeweils zwei Stürzen genutzt, worauf Teamchef Harald Eckl seufzte: »Bei uns in der Box sieht's aus wie nach einem Super-GAU.«

Trotzdem verteidigte Öttl als Vierter einen Startplatz in der ersten Reihe, profitierte nach einer überlegten Fahrt von Uedas Ausfall und wurde auf Rang vier zum besten Europäer gekürt.

Garry McCoy strengte sich genauso an: Nach seinem Sturz beim DM-Lauf in Speyer war der agv Deutschland-Pilot fast eine halbe Stunde bewußtlos, kam mit heftigen Genickschmerzen und einem gerissenen Außenband am linken Knöchel in Japan an, ließ sich den Spaß am Aufholen aber auch diesmal nicht trüben und boxte sich von Platz 21 an die zehnte Stelle durch.

Oliver Koch hatte sich auch Platz zehn ausgerechnet, vermisste mit gebrochenem Auspuffkrümmer aber die rechte Beschleunigung und fand sich auf Platz 13 ein. Öttls Teamkollege Manfred Geissler narrte Stefan Prein in der Schikane und wurde 14., dem Wuppertaler Yamaha-Piloten blieb noch ein WM-Punkt. »Geisslers Aprilia war auf der Geraden schneller. Und in der Schikane hat er mir die Tür zugeschlagen«, vermerkte er.

Heimsieg auch bei den 250ern:
Okada jubelt, Ukawa gratuliert

Blitzstart der Wild Card-Fahrer:
Tohru Ukawa vor Takuma Aoki, dahinter Loris Capirossi (2)

Über Leistungsmangel klagte auch Spaniens Idol Jorge Martínez: In Malaysia nach Platz drei bereits so euphorisch, daß er von bevorstehenden Siegen redete, wurde er im einzigen Trockentraining nur 15. und mußte im Rennen mit Platz sieben zufrieden sein.

250 cm³:
Okada lachender Dritter

Wunder konnte auch Weltmeister Tetsuya Harada beim Comeback auf der Werks-Yamaha TZM 250 nicht vollbringen, steuerte mit seiner verletzten Hand aber auf einen respektablen neunten Platz. Von beschämender Kürze war hingegen der Auftritt von Jimmy Filice auf der Werks-Yamaha des Rainey-Teams: Schon nach zwei Kurven stürzte Adrian Bosshard und löffelte Filice sowie Wilco Zeelenberg mit sich ins Verderben. Weil er kurz bewußtlos war, konnte sich der Schweizer an den Tathergang später nicht erinnern.

Auch für den bislang so sattelfesten Ralf Waldmann war die Reise frühzeitig zu Ende. In Runde sieben klebte er als Siebter bereits am Hinterrad seines italienischen HB-Kollegen Doriano Romboni, wälzte sich dann aber kurz vor der nächsten Zieldurchfahrt im Kiesbett. »Ich habe ein bißchen zu früh ein bißchen zu viel Gas gegeben und wurde abgeworfen. Ein Riesenfehler«, trauerte er. Der sechste Platz von Romboni, der nach dem Mangel an trockenen Trainings am Startplatz noch schnell ein kleineres Hinterradritzel montieren ließ, blieb damit die einzige Ausbeute des Gute Laune-Teams.

Mit dem D-Zug, der an der Spitze davonmarschierte, hatten die Europäer zunächst wenig zu schaffen. Tadayuki Okada kam als Erster in Schwung, erhielt aber sofort Geleitschutz von den Wild Card-Piloten Tohru Ukawa und Takuma Aoki, der seinen älteren Bruder Nobuatsu Aoki auf Platz acht wie einen Anfänger aussehen ließ.

Zur Freude der 72 000 japanischen Fans, die in einem Meer von Kirschblüten über der Strecke thronten, blieb das Trio lange

**Bombenstimmung beim japanischen Sponsor:
Adi Stadler holte Platz 14**

**Als hätte eine Bombe eingeschlagen:
Wracks von Zeelenberg, Bosshard, Filice, dazu der zerzauste Gramigni**

Zeit unbehelligt. Erst in der Schlußphase wagten sich Loris Capirossi und Max Biaggi energischer ins Gefecht und inszenierten den dramatischen Höhepunkt in der letzten Runde: Capirossi hatte mit einer sorgfältig geplanten Attacke die Führung übernommen, bis er Biaggi in der Schikane »wie ein Flugzeug vorbeischweben« sah. Viel zu schnell segelte der Aprilia-Star gleich an drei verdutzten Konkurrenten auf einmal vorbei auf das enge Doppeleck zu und rumpelte Staub und Steine aufwirbelnd durchs Kiesbett.

Lachender Dritter war Okada, der sich geistesgegenwärtig die Führung zurückholte und seinen ersten GP-Sieg buchte. »Ich war zu spät auf der Bremse«, räumte Biaggi, auf Platz vier zurückgeworfen, reumütig ein, »doch die Hauptsache ist, daß ich die WM-Führung verteidigt habe.« Und die Hauptsache für Capirossi war, daß er endlich einmal vor Max das Ziel erreichte – er quittierte den entgangenen Sieg mit Gelassenheit. »Ich bin happy«, stellte er fest.

Adi Stadler war sogar »superzufrieden«. »Zwei Punkte in Japan, damit hätte ich nie gerechnet«, strahlte er nach dem 14. Platz. »Das ist auch für meinen japanischen Sponsor INOAC Sports sensationell. Die Leute haben uns persönlich vom Flugzeug abgeholt und auch sonst nach Strich und Faden verwöhnt, jetzt herrscht natürlich eine Bombenstimmung«, ergänzte Adi, um gleich darauf vor der Boxengasse für ein Erinnerungsfoto mit den Japanern zu posieren.

Bernd Kassner saß nach Platz 19 dagegen mit nachdenklicher Miene in der Box. Bei einer Kollision hatte ihm ein Konkurrent gleich zu Anfang den hinteren Bremshebel und die Fußraste abgebrochen, abgekämpft überlegte Kassner, ob sich der ganze Aufwand überhaupt gelohnt hatte: Nach seinem Sieg in Speyer war die Familie mit einem Zentner Handgepäck (Kassner: »Wie die Aussiedler«) ins Flugzeug gestiegen, um in Suzuka überhaupt genügend Teile zur Verfügung zu haben.

500 cm³:
Schwantz pokert und wirft Münzen

Nachdenklich wirkte auch John Kocinski nach dem ersten Einbruch der neuen Saison. Ohne in Japan zuvor getestet zu haben, verlor er schon mit einem satten Zwei-Sekunden-Rückstand und Platz neun im Training erstmals entscheidend auf die japanischen Werke.

Nach all den Wetterkapriolen blieb das Set-Up fürs Rennen ein reines Glücksspiel, und schon nach kurzer Zeit schmolzen

Johns Hoffnungen ebenso dahin wie seine Kupplungsbeläge. »Es begann in der zweiten Runde und wurde immer schlimmer. Am Schluß ist die Kupplung sogar auf den Geraden durchgerutscht«, erläuterte er nach Platz neun.

Nicht John Kocinski, sondern Norifumi Abe stahl dem gewohnten Establishment der Königsklasse die Show. Erst fiel er über Mick Doohan her, als sei der eigentliche Honda-Star die Nummer zwei im Team. Dann kanzelte er den führenden Luca Cadalora derart ab, daß der mit einem untauglichen Vorderreifen kämpfende Yamaha-Star vor lauter Verwirrung auf Platz fünf zurückfiel. Und als schließlich Kevin Schwantz von hinten kam und für klare Verhältnisse sorgen wollte, legte Norick mit seinen Dunlop-Reifen einen tolldreisten Zacken zu und stritt sich mit dem Weltmeister kaltblütig um den Sieg.

Vier Runden vor Schluß klemmte er sich nochmals energisch an Kevins Hinterrad, tat dann aber eingangs der drittletzten Runde zuviel des Guten und überschlug sich bei vollem Speed genauso spektakulär, wie er zuvor gefahren war. Mit 200 Sachen tauchte er in den Airfence-Polstern unter, schüttelte sich konsterniert den Staub ab und marschierte mit Tränen der Enttäuschung in den Augen davon, wobei er sich den letzten Blick auf seine unsanft zu Grabe getragene Maschine ersparte.

»Derart Gas zu geben, hat mir eine Menge Spaß gemacht«, gab er zu Protokoll, als er sich wieder gefaßt hatte. »Ich bin im Prinzip so gefahren wie immer, habe dann aber zu energisch versucht, Boden auf Schwantz gutzumachen. Die Jungs fuhren einen Tick schneller, als ich das bisher gewohnt war, aber besonders beeindruckt hat mich das nicht«.

Der zweitplazierte Doohan hatte den Sturz aus nächster Nähe miterlebt. »Ich hatte dabei genausoviel Angst um ihn wie um mich. Doch Abe ist ein tapferer Kerl. Ich glaube nicht, daß ich mit 18 Jahren der-

**Gasgeben mit dem Unterarm:
Harada wurde mit steifer Hand Neunter**

**Nach diesem Slide friedlicher Vierter:
Cadalora (vor Abe, Doohan und Schwantz)**

Gerangel um den Sieg: Schwantz vor Doohan, Abe und Itoh

art tapfer war«, meinte er. »Ein toller Bursche, viel weiter, als ich in diesem Alter war. Wenn er auf Platz drei ins Ziel gekommen wäre statt sich bei der Jagd auf mich niederzulegen, wäre er zum Helden geworden«, befand Kevin Schwantz. »Er wäre ein Diamant, den man zum Funkeln bringen könnte«, meinte Beobachter Wayne Rainey, der Abe am liebsten vom Fleck weg für sein neues Team engagiert hätte.

Schwantz ließ sich nach diesem Zwischenfall nicht mehr die Butter vom Brot nehmen und feierte vor Doohan und Shinichi Itoh den ersten Sieg des Jahres. »Wir haben um den vorderen Reifen gepokert und um den hinteren eine Münze geworfen, und bei diesem Spiel hatten wir wohl mehr Glück als die andern«, schmunzelte der Weltmeister, der auf dieser Strecke einst seinen ersten GP-Sieg feierte, »zum Glück haben wir die schlimmsten Fahrwerkssorgen überwunden, ab jetzt gedenke ich in Sachen WM-Punkte kräftig aufzuholen.«

Davon waren die deutschen Teilnehmer weit entfernt: Mit schlechtem Set-Up und frühzeitig verbrauchtem Hinterreifen wurde Lothar Neukirchner 27. – vor dem mit einer Strafminute wegen Frühstart bedachten Daryl Beattie. Andy Leuthe wurde mit Getriebeproblemen 26. und tröstete sich: »Ich bin 50 Sekunden vor Neukirchner. Wenigstens ist die Rangordnung im deutschen Reich wieder hergestellt«.

Die Ordnung im Reich wiederhergestellt: Andy Leuthe hängte Lothar Neukirchner um 50 Sekunden ab

500 cm³:

Ergebnisse

1. Kevin Schwantz	USA	Suzuki RGV	45.49.996
2. Michael Doohan	AUS	Honda NSR	45.53.470
3. Shinichi Itoh	J	Honda NSR	45.57.985
4. Luca Cadalora	I	Yamaha YZR	46.18.012
5. Alexandre Barros	BR	Suzuki RGV	46.26.539
6. Toshihiko Honma	J	Yamaha YZR	46.27.321
7. Alex Crivillé	E	Honda NSR	46.31.943
8. Alberto Puig	E	Honda NSR	46.44.761
9. John Kocinski	USA	Cagiva C-594	46.49.376
10. Doug Chandler	USA	Cagiva C-594	47.01.702
11. Bernard Garcia	F	Yamaha YZR	47.19.834
12. John Reynolds	GB	Harris-Yamaha	47.25.406
13. Jeremy McWilliams	GB	Yamaha	47.44.788
14. Laurent Naveau	B	ROC-Yamaha	47.48.493
15. Juan López-Mella	E	ROC-Yamaha	47.57.612

16. Bruno Bonhuil (F) ROC-Yamaha, 17. Sean Emmett (GB) Harris-Yamaha, 18. Lucio Pedercini (I) ROC-Yamaha, 19. Niall Mackenzie (GB) ROC-Yamaha, 20. Cristiano Migliorati (I) ROC-Yamaha – 1 Rde., 21. Jean-Pierre Jeandat (F) ROC-Yamaha, 22. Marc Garcia (F) ROC-Yamaha, 23. Jean Foray (F) ROC-Yamaha, 24. Julian Miralles (E) ROC-Yamaha

WM-Stand Pkt.
1. Doohan 61
2. Kocinski 52
3. Schwantz 48
4. Cadalora 46
5. Itoh 43
6. Puig 28
7. Barros 28
8. Crivillé 27
9. Chandler 20
10. Reynolds 14
11. Honma 10
12. Garcia 10
13. Beattie 6
14. Mackenzie 5
15. Emmett 5

Schnellste Runde: Schwantz in 2.09.439 = 163,091 km/h (Rekord)
Alter Rekord: Kevin Schwantz (Suzuki) in 2.09.891 = 162,524 km/h (1993)
Durchschnitt Sieger: 21 Runden oder 123,144 km in 45.49.996 = 161,207 km/h
Ausfälle: C. Doorakkers (NL) Harris-Yamaha, Aufgabe; N. Abe (J) Honda, Sturz
Trainingszeiten: 1. Cadalora 2.08.336 = 164,493 km/h, 2. Doohan 2.08.995; 3. Schwantz 2.09.335, 4. Honma 2.09.752, 5. Puig 2.09.814, 6. Itoh 2.09.971, 7. Abe 2.10.465, 8. Barros 2.10.581, 9. Kocinski 2.11.020, 10. Crivillé 2.11.044, 11. Beattie 2.11.078, 12. Mackenzie 2.11.440, 13. Chandler 2.12.132, 14. Reynolds 2.12.706, 15. McWilliams 2.12.949, 16. Garcia 2.13.646, 17. Emmett 2.13.931, 18. Naveau 2.14.478, 19. Jeandat 2.14.551, 20. López-Mella 2.14.559, 21. Pedercini 2.15.042, 22. Miralles 2.15.658, 23. Bonhuil 2.15.824, 24. Haenggeli 2.16.662, 25. Foray 2.17.184, 26. Garcia 2.17.598, 27. Migliorati 2.18.339, 28. Neukirchner 2.19.100, Doorakkers 2.19.615

250 cm³:

Ergebnisse

1. Tadayuki Okada	J	Honda NSR	42.28.242
2. Loris Capirossi	I	Honda NSR	42.28.370
3. Tohru Ukawa	J	Honda NSR	42.28.556
4. Massimiliano Biaggi	I	Aprilia	42.30.351
5. Takuma Aoki	J	Honda NSR	42.32.083
6. Doriano Romboni	I	Honda NSR	42.38.538
7. Jean-Philippe Ruggia	F	Aprilia	42.43.901
8. Nobuatsu Aoki	J	Honda NSR	43.07.349
9. Tetsuya Harada	J	Yamaha TZM	43.17.999
10. Luis d'Antin	E	Honda NSR	43.19.002
11. Jean-Michel Bayle	F	Aprilia	43.40.776
12. Jürgen v. d. Goorbergh	NL	Aprilia	43.49.825
13. Patrick v. d. Goorbergh	NL	Aprilia	43.52.547
14. Adi Stadler	D	Honda RS	43.53.160
15. Eskil Suter	CH	Aprilia	44.11.834

16. Luis Carlos Maurel (E) Honda, 17. Frédéric Protat (F) Honda, 18. Giuseppe Fiorillo (I) Honda, 19. Bernd Kassner (D) Aprilia, 20. Noel Ferro (F) Honda, 21. Andy Preining (A) Aprilia, 22. Enrique de Juan (E) Aprilia – 1 Rde., 23. Kristian Kaas (SF) Yamaha

WM-Stand Pkt.
1. Biaggi 63
2. Okada 56
3. Capirossi 52
4. Romboni 41
5. Ruggia 35
6. d'Antin 22
7. Bayle 20
8. Waldmann 19
9. Aoki 18
10. Ukawa 16
11. Zeelenberg 14
12. Aoki 11
13. Harada 7
14. Checa 7
15. Preining 7

Schnellste Runde: Biaggi in 2.12.187 = 159,701 km/h (Rekord)
Alter Rekord: Loris Capirossi (Honda) in 2.12.281 = 159,588 km/h (1993)
Durchschnitt Sieger: 19 Runden oder 111,416 km in 42.28.242 = 157,402 km/h
Ausfälle: W. Zeelenberg (NL) Honda, Sturz; A. Bosshard (CH) Honda, Sturz; C. Checa (E) Honda, Sturz; J. Filice (USA) Yamaha, Sturz; R. Waldmann (D) Honda, Sturz; J. Borja (E) Aprilia, Motor festgegangen; J. L. Cardoso (E) Aprilia, Sturz; C. Boudinot (F) Aprilia, Sturz; R. Fee (CDN) Honda, Sturz; A. Patterson (GB) Honda, Aufgabe; A. Gramigni (I) Aprilia, Sturz
Trainingszeiten: 1. Biaggi 2.10.876 = 161,301 km/h, 2. Capirossi 2.11.146, 3. Okada 2.11.188, 4. Ruggia 2.12.474, 5. Aoki 2.12.638, 6. Ukawa 2.12.759, 7. Aoki 2.12.779, 8. Romboni 2.13.006, 9. Waldmann 2.13.296, 10. Harada 2.13.702, 11. d'Antin 2.14.505, 12. P. v. d. Goorbergh 2.14.542, 13. Bosshard 2.14.957, 14. Zeelenberg 2.15.320, 15. J. v. d. Goorbergh 2.15.340

125 cm³:

Ergebnisse

1. Takeshi Tsujimura	J	Honda RS	42.13.168
2. Kazuto Sakata	J	Aprilia	42.13.838
3. Hideyuki Nakajyo	J	Honda RS	42.26.520
4. Peter Öttl	D	Aprilia	42.29.091
5. Akira Saito	J	Honda RS	42.31.402
6. Masaki Tokudome	J	Honda RS	42.31.484
7. Jorge Martínez	E	Yamaha	42.53.226
8. Herri Torrontegui	E	Aprilia	42.53.399
9. Garry McCoy	AUS	Aprilia	43.12.534
10. Bruno Casanova	I	Honda RS	43.12.892
11. Loek Bodelier	NL	Honda RS	43.23.887
12. Kunihiro Amano	J	Honda RS	43.30.818
13. Oliver Koch	D	Honda RS	43.34.470
14. Manfred Geissler	D	Aprilia	43.36.800
15. Stefan Prein	D	Yamaha	43.37.424

16. Emili Alzamora (E) Honda, 17. Haruchika Aoki (J) Honda, 18. Fausto Gresini (I) Honda, 19. Stefano Perugini (I) Aprilia, 20. Carlos Giró (E) Aprilia, 21. Gabriele Debbia (I) Aprilia, 22. Manfred Baumann (A) Yamaha, 23. Frédéric Petit (F) Yamaha, 24. Masafumi Ono (J) Honda

WM-Stand Pkt.
1. Sakata 65
2. Tsujimura 36
3. Ueda 34
4. Öttl 33
5. Saito 29
6. McCoy 27
7. Martínez 25
8. Gresini 23
9. Torrontegui 23
10. Nakajyo 22
11. Petrucciani 20
12. Raudies 19
13. Tokudome 19
14. Bodelier 10
15. Casanova 7

Schnellste Runde: Sakata in 2.18.756 = 152,140 km/h (Rekord)
Alter Rekord: Kazuto Sakata (Honda) in 2.20.231 = 150,540 km/h (1993)
Durchschnitt Sieger: 18 Runden oder 105,552 km in 42.13.168 = 150,005 km/h
Ausfälle: D. Raudies (D) Honda, Motor defekt; N. Ueda (J) Honda, Sturz; O. Petrucciani (CH) Aprilia, Sturz; D. Tognoli (I) Aprilia, Motorprobleme; L. Cecchinello (I) Honda, Sturz; H. Spaan (NL) Honda, Motorprobleme; N. Hodgson (GB) Honda, Auspuff gebrochen; T. Igata (J) Honda, Aufgabe; V. Lopez (I) Honda, Aufgabe; H. Kikuchi (J) Honda, Motor festgegangen
Trainingszeiten: 1. Ueda 2.19.133 = 151,728 km/h, 2. Sakata 2.19.933, 3. Saito 2.19.995, 4. Öttl 2.20.054, 5. Nakajyo 2.20.122, 6. Tokudome 2.20.249, 7. Petrucciani 2.20.588, 8. Gresini 2.20.818, 9. McCoy 2.20.876, 10. Igata 2.20.932, 11. Kikuchi 2.21.133, 12. Tsujimura 2.21.182, 13. Perugini 2.21.322, 14. Alzamora 2.21.385, 15. Martínez 2.21.558

2. Mai 1994: WM-Auftakt der Gespanne im Donington Park/GB

Der arme Außenseiter

Weltmeister Rolf Biland schlug einen Salto – und überließ dem armen Außenseiter Derek Brindley seinen größten Triumph.

Mit Gebrauchtmotor zum Sieg: Derek Brindley

Mit 70 Grand Prix-Siegen und sechs WM-Titeln galt Rolf Biland längst als lebende Legende des Seitenwagen-Geschäfts, war aber trotz seiner 43 Jahre alles andere als ein Museumsstück. Noch immer wurde er von seinen Kollegen respektvoll als der Beste von allen gerühmt, wie in seiner ersten Weltmeisterschaftssaison 1974 trieb ihn mit seinem langjährigen Beifahrer Kurt Waltisperg noch immer die Freude am Fahren und die Freude am Gespannsport vorwärts, der in den letzten Jahren aus Mangel an Interesse bei Sponsoren und Veranstalter durch schlimme Krisen ging. »Aber wir haben überlebt«, grinste Rolf Biland.

Denn wie 1994 standen wieder acht WM-Läufe auf dem Kalender, fünf davon im Rahmen der Grand Prix. Die Preisgelder waren ebenso gesichert wie die Sponsoren, weil die Drifts der Gespanne mit halbstündigen Zusammenfassungen der einzelnen Läufe im Montagsprogramm von »Eurosport« endlich auch regelmäßig im Fernsehen zu bewundern waren.

Rolf Biland hatte sich auch die Freude an technischen Experimenten bewahrt, die bei konservativ denkenden Mitbewerbern regelmäßig verständnisloses Kopfschütteln hervorriefen. Mit sechs Siegen und zwei zweiten Plätzen überlegen Champion 1993 geworden, sann er schon wieder über radikal neue technische Lösungen für die durchweg von klassischen Reihenvierzylinder-Zweitaktern angetriebene Dreiradkategorie nach.

Erst schwebte ihm ein neuer Zweizylinder-Viertakter mit 1000 Kubikzentimetern vor, der bei der Schweizer Firma Swissauto mit Formel 1-Technologie gebaut werden sollte. Doch trotz der Lücke im Reglement wurde ihm von FIM und Teamvereinigung IRTA nahegelegt, auf die bei den Grand Prix aus Angst vor Ölflecken ungeliebte Viertakt-Technologie zu verzichten.

Daraufhin stürzte er sich mit Swissauto-Cheftechniker Urs Wenger unverdrossen in die Entwicklung eines neuen V4-Zweitaktmotors, der leichter, vor allem aber billiger als der käufliche Yamaha-V4-Motor für Yamaha-Privatfahrer sein und sowohl in den Gespannen als auch in Solo-Motorrädern eingesetzt werden sollte.

Beim ersten Lauf im englischen Donington Park rückte Biland jedoch noch mit seinem konventionellen LCR-Gespann mit Reihenvierzylinder aus. So blieben die ersten Prototypen des neuen Triebwerks vor einem Totalschaden verschont: Weil die Hinterradbremse streikte, überbremste Biland vor einer Kurve das Vorderrad, worauf sich das Gespann an den Bordsteinen aufstellte, spektakulär überschlug und ziemlich vollständig zerschmettert wurde. »Ein Totalschaden«, stellte Biland angesichts der zerrissenen Verkleidung und des verbogenen Monocoques fest.

Doch nicht nur für den Weltmeister, auch für Ralph Bohnhorst und seinen britischen Beifahrer Peter Brown begann die Saison mit einem Fehlstart. Um mehr Last aufs Seitenwagenrad zu bekommen und in Linkskurven höhere Kurvengeschwindigkeiten zu erzielen, hatte er sich bei Fahrwerkskonstrukteur Louis Christen exklusiv ein zum Seitenwagenrad hin gekrümmtes Chassis bauen lassen, außerdem wirkte die neue Verkleidung mit einer rundlichen kleinen Windschutzscheibe nun schnittig wie ein Flugzeugcockpit.

Mit Exweltmeister und Techniker Rolf Steinhausen experimentierte er außerdem an einer Einspritzanlage, hatte in Donington aber schon mit der konventionellen Motortechnologie seine liebe Not: Nach zwei Schäden im Training streikte sein schnellster Motor im Rennen abermals. »Wenigstens war ich bis zum Ausfall Zweiter«, nahm er das Schicksal auf die leichte Schulter.

Doch auch der britische Exweltmeister Steve Webster fuhr am ersehnten Heimsieg vorbei. Für den zurückgetretenen Beifahrer Gavin Simmons stieg der erfahrene Schweizer Adolf Hänni ins Boot, wie Biland und Bohnhorst begann der Engländer außerdem, an technischen Neuerungen zu tüfteln. Webster schwebte eine Traktionskontrolle und ein Antiblockiersystem vor, doch hatte auch er vorläufig noch ganz profane Alltagsprobleme: In Donington klappte die Abstimmung der erstmals eingesetzten Swissauto-Zündanlage nicht, dem Motor fehlten 800 Umdrehungen, so daß sich Webster beim Heimspiel mit Platz drei zufriedengeben mußte.

Auch der 25jährige Österreicher Klaus Klaffenböck kam wegen eines bei Testfahrten gebrochenen linken Schlüsselbeins nicht über Platz sechs hinaus. Und so geschah es, daß der 34jährige Brite Derek Brindley, der wegen akuter Geldsorgen als einziges Top-Team auf Kohlefaserbremsen verzichtete und mit einem gebrauchten Motor des zurückgetretenen Holländers Theo van Kempen an den Start ging, einen überlegenen Sieg feierte – vor dem Schweizer Markus Bösiger, der überhaupt zum ersten Mal in seiner Karriere auf dem Treppchen stand.

Gespann-WM-Lauf Donington Park / GB:

Ergebnisse

1. Brindley/Hutchinson	GB	LCR-Honda	41.31.89
2. Bösiger/Egli	CH	LCR-ADM	41.41.60
3. S. Webster/Hänni	GB/CH	LCR-Krauser	41.53.93
4. B. Brindley/Whiteside	GB	LCR-Yamaha	41.54.64
5. Güdel/Güdel	CH	LCR-ADM	41.57.27
6. Klaffenböck/Parzer	A	LCR-Bartol	42.03.84
7. Lausletho/Joutsen	SF	LCR-ADM	42.04.25
8. Dixon/Hetherington	GB	LCR-Yamaha	42.05.43
9. Wyssen/Wyssen	CH	LCR-Krauser	42.21.47
10. Abbott/Tailford	GB	Windle-Krauser	42.40.22
11. Koster/Combi	CH/I	LCR-ADM	42.47.18
12. Reddington/Crone	GB	LCR-ADM	43.07.58
13. K. Webster/Coombes	GB	LCR-Krauser	– 1 Rde.
14. Janssen/Kessel	NL	LCR-Yamaha	– 1 Rde.
15. Gälross/Smith	S	LCR-Yamaha	– 1 Rde.

16. Hoskin/James (AUS/GB) LCR-Yamaha – Rde., 17. Body/Peach (GB) LCR-Krauser, 18. Kavanagh/Finnegan (GB/IRL) LCR-Krauser – 2 Rdn.

WM-Stand	**Pkt.**
1. D. Brindley	25
2. Bösiger	20
3. S. Webster	16
4. Brindley	13
5. Güdel	11
6. Klaffenböck	10
7. Lausletho	9
8. Dixon	8
9. Wyssen	7
10. Abbott	6
11. Koster	5
12. Reddington	4
13. K. Webster	3
14. Janssen	2
15. Gälross	1

Schnellste Runde: Abbott in 1.37.59 = 148,40 km/h (Rekord)

Alter Rekord: Webster in 1.37.662 = 148,295 km/h (1994)

Durchschnitt Sieger: 25 Runden in 41.31.89 = 145 km/h

Ausfälle: Bohnhorst/Brown (D/GB) LCR-Steinhausen, Kolbenklemmer; Kumagaya/Prior (J/GB) LCR-ADM, Beifahrer verloren; Knight/Hopkinson (GB) Windle-Krauser, Getriebeschaden; Egloff/Egloff (CH) LCR-Yamaha, Zündungsschaden; Thilloy/Gouger (F) LCR-Yamaha V4, Kolbenklemmer; Biland/Waltisperg (CH) LCR-Swissauto, Bremsdefekt/Überschlag

Trainingszeiten: 1. Biland 1.36.88 = 149,49 km/h, 2. D. Brindley 1.36.98, 3. Abbott 1.37.11, 4. Bösiger 1.37.77, 5. Güdel 1.37.92, 6. S. Webster 1.38.41, 7. Bohnhorst 1.38.44, 8. Lausletho 1.38.81, 9. Kumagaya 1.38.83, 10. Brindley 1.39.11, 11. Dixon 1.39.34, 12. Wyssen 1.39.57, 13. Egloff 1.40.26, 14. Reddington 1.41.10, 15. Koster 1.41.37

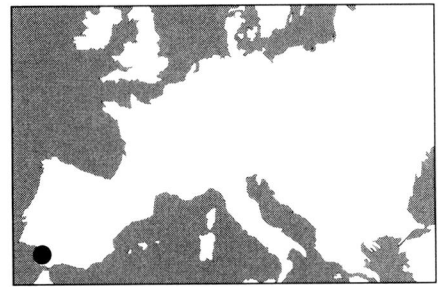

**8. Mai 1994:
Grand Prix Spanien in Jerez de la Frontera**

Der kleine Prinz

Aprilia feierte souveräne Siege bei den 125ern und den 250ern – und schmückte die Königsklasse mit einem kleinen Prinzen.

Spanien war nicht nur das gelobte Land des ersten europäischen Grand Prix, zu dem die Teams endlich mit ihren großen Trucks, den kompletten Werkzeugsätzen und allen nötigen Ersatzteilen anreisen konnten, wo Sherry, luftgetrockneter Schinken und eine einzigartige Kulisse von weit über 100 000, mit Fahnen und Feuerwerkskörpern bewaffneten Fans die traditionelle Volksfeststimmung versprachen, sondern Spanien war in jenem Frühjahr auch ein Land, das von Skandalen erschüttert wurde.

Daß Carlos Cardús in Polizeigewahrsam geriet, war dabei noch eine Posse am Rande. Der bankrotte Ex-Vizeweltmeister hatte sein unverkäuflich gewordenes amerikanisches Motorhome bei einem Importwagenhändler gegen einen großen S-Klasse-Mercedes eingetauscht, konnte es aber nicht lassen, mit einem abgelaufenen Wechselnummernschild des Händlers mal eben an seiner Repsol-Tankstelle in Barcelona vorzufahren.

Das geparkte Fahrzeug fiel der Polizei auf, bei einem Computer-Check wurde das Nummernschild als zu einem Audi gehörig identifiziert. Worauf die Polizisten mit entsicherten Waffen auf den Fahrzeugbesitzer warteten und Cardús ohne Rücksicht auf

**Geglückte Premiere:
Loris Reggiani auf der Aprilia RSV 400**

Namen und Status verhafteten, bis der Hehlereiverdacht nach fünf Stunden auf der Wache endlich aufgeklärt werden konnte. »Fünf Stunden? Fünf Monate wären besser gewesen«, befand Oliver Kochs Cheftechniker Lucas Schmidt, dem Cardús immer noch 80000 Mark an Gehaltszahlungen schuldig war.

Schlimmer war, was auf Regierungsebene passierte. So machte sich Luis Roldan, Generaldirektor der paramilitärischen Geheimpolizei Guardia Civil, mit einem zusammengeplünderten Vermögen von geschätzten 35 Millionen Mark aus dem Staub und erschien auf internationalen Steckbriefen. Manuel de la Concha und Mariano Rubio, der eine Chef der Madrider Börse, der andere Boss der Banco de Espana, waren ebenfalls in dunkle Geschäfte verstrickt und hatten schon Tickets nach Ibiza in der Tasche, um sich von dort aus übers Meer abzusetzen. Gerade noch rechtzeitig wurden sie festgesetzt, trotzdem gab es nach dem Rücktritt der in die Affären verstrickten Minister des Inneren und der Landwirtschaft eine handfeste Regierungskrise.

Schon der Zusammenbruch der von den konservativen Gegnern des sozialliberalen Besitzers Mario Condé in den Bankrott getriebenen Banesto-Bank hatte Ende 1993 für Schlagzeilen gesorgt. Die TV-Agentur DORNA, die auch die Motorrad-Weltmeisterschaft vermarktet und mit der Banesto-Bank als 50 Prozent-Teilhaber über lange Zeit hinweg fidele Geschäfte machte, kam

Rücktritt wegen Depressionen:
Carlos Giró warf nach ein paar verdrießlichen Runden das Handtuch

unversehrt daraus hervor. Langfristige Marketingrechte der Fußballklubs Real und Atletico Madrid wurden für viel Geld an die in Banesto-Besitz befindliche Agentur »Infosa« abgegeben, andere, verlustbringende Geschäftszweige der »Dorna Promocion del Deporte« wurden im Wissen um den bevorstehenden Kollaps der Bank rechtzeitig teuer verhökert, so daß sich die einst weitverzweigte Holding rechtzeitig gesundschrumpfte – im Wesentlichen auf den Geschäftszweig Motorrad-Weltmeisterschaft, wo die Dorna durch den Zukauf der Bernie Ecclestone-Firma Two Wheel Promotions im Kräftedreieck zwischen der internationalen Föderation FIM und der Teamvereinigung IRTA zur alleinigen Großmacht aufstieg.

Als Banesto von der meistbietenden »Banco de Santander« übernommen wurde, schien die Situation schwierig zu werden. Mit Banesto hatte die »Banco de Santander« natürlich auch die 50 Prozent des DORNA-Kapitals und ein entsprechendes Mitspracherecht über die DORNA-Aktivitäten erworben, und offizielle Linie der Banco de Santander war es, Beteiligungen außerhalb des direkten Geldgeschäfts grundsätzlich abzulehnen.

Doch Carmelo Ezpeleta, Manager der Dorna-Motorsportaktivitäten, brauchte sich keine Sorgen zu machen. Dank seiner Verbindungen zur spanischen Hochfinanz hätte er notfalls ein Konsortium aus dem Hut gezaubert, das die Dorna-Aktien bei einem Panikverkauf übernommen hätte.

Freilich hat er auch Freunde bei der Banco de Santander selbst und konnte sie irgendwie davon überzeugen, daß die Dorna mit der Motorrad-WM trotz laufender Kosten von über 20 Millionen Dollar pro Jahr satte Gewinne machen würde. Ein Kompromißpaket mit der Bank sah vor, die Dorna-Aktivitäten weitgehend auf das Grand Prix-Geschäft zu beschränken und dort vor einem Weiterverkauf der Aktien ein Jahr der Bewährung einzuräumen. Das gefiel allen, nur einem nicht: Sauer über die geschrumpften Verantwortlichkeiten nahm der bisherige Dorna-Generalmanager Richard Golding den Hut, Carmelo Ezpeleta führte die Dorna alleine weiter.

Für Carlos Giró gab es dagegen vorläufig keinen Ersatz. Am Freitagmorgen hatte der 21jährige Aprilia-Werksfahrer ein paar verdrießliche Runden gedreht und war dabei volle sechs Sekunden über Kazuto Sakatas späterer Trainingsbestzeit geblieben. Vor zwei Jahren als Aprilia-Privatfahrer in Jerez noch auf dem Podest gestanden, hatte der 21jährige mit den unerklärlichen Sturzeskapaden der letzten anderthalb Jahre Moral und Selbstvertrauen so vollständig zermürbt, daß er am Nachmittag bei Aprilia-Teamdirektor Carlo Pernat vorsprach und seinen Rücktritt vom Rennsport erklärte. »Es ist ein mentales Problem, das ich nicht genau auf den Punkt bringen kann. Doch ich weiß, daß dieser Schritt richtig ist«, meinte Giró.

»Ich habe ihn beschworen, die Rennen in Jerez und Salzburg verstreichen zu lassen, in St. Moritz oder irgendwo sonst gründlich Urlaub zu machen und für ein paar Wochen auf ganz andere Gedanken zu kommen«, erklärte Pernat mit traurigem Kopfschütteln. »Nach Salzburg können wir dann eine endgültige Entscheidung treffen, aber bis dahin rechne ich mit seiner Rückkehr – denn ich glaube noch immer an ihn.«

Der durch Geldnot heraufbeschworene Rücktritt der Franzosen Frederic Petit und Bernard Garcia konnte hingegen gerade noch abgewendet werden. Zwar sprudelte aus dem französischen Regierungsfonds für Geschädigte des Tabakwerbeverbots nur ein Drittel der erwarteten Summe, so daß

Yamaha Motor France-Finanzminister Christian Sarron gegenüber dem Team zahlungsunfähig wurde, seine Agentur »Tracs« bankrott gehen ließ und die Yamaha Motor France-Aktivitäten in der 125 cm³- und der 500 cm³-Klasse offiziell eingestellt wurden.

Doch dann sprang Serge Rosset in die Bresche und ließ Petit und Garcia in den Farben seiner Rennsporttechnik-Firma ROC weiterfahren. »Ich muß verrückt sein«, raufte er sich die Haare und schickte Stoßgebete gen Himmel, »doch ich habe nur die Wahl zwischen Pest und Cholera. Wenn ich sie fahren lasse, kann ich mich daran schwindlig rechnen, wie hoch unsere Verluste bis zum Jahresende sein werden und nur darauf hoffen, daß sich noch irgendeine Lösung des Finanzdebakels anbahnt. Wenn ich sie nicht fahren lasse, sind alle bisherigen Investitionen und die IRTA-Gelder beim Fenster hinausgeworfen. Außerdem kann und möchte ich es mir in meiner Funktion als IRTA-Vizepräsident auf keinen Fall leisten, die von mir selbst im Namen der Teams unterschriebenen IRTA-Verträge zu brechen.«

Das Gerücht, die jetzige Finanzkrise sei bereits im Vorjahr heraufbeschworen worden, hielt sich hartnäckig: Angeblich hatten die Franzosen dem ehemaligen Superstar Freddie Spencer fünf Millionen Francs für sein mißglücktes Comeback überwiesen.

Der Pilot, der beim letzten Hockenheim-Rennen die traurigsten Schlagzeilen machte, tauchte in Jerez übrigens erstmals wieder in einem Grand Prix-Fahrerlager auf: Der sympathische Italiener Corrado Catalano. Nach seinen schweren Kopfverletzungen beim Sturz in der ersten Bremsschikane hatte er mittlerweile zum gewohnten strahlenden Lächeln zurückgefunden, litt aber immer noch unter Bewegungsstörungen der rechten Körperhälfte. »Mit regelmäßigem Training werde ich darüber hinwegkommen«, meinte er tapfer.

War seine Halbliterkarriere definitiv beendet, so gelobte Loris Capirossi nach all den Schlagzeilen um seine Zukunft, auch künftig dem Pileri-Team die Treue zu halten und ab 1995 wahrscheinlich auf einer Honda NSR 500 mit den gewohnten Dunlop-Reifen an den Start zu gehen. Bei einer eigens anberaumten Pressekonferenz hieß es, eine gegenseitige Vertragsoption liege vor, doch das Hauptziel der Veranstaltung war ganz offensichtlich, die lästigen öffentlichen Spekulationen etwas einzudämmen. Der Honda-Vertrag sei nämlich noch nicht unterschrieben, räumte Teamchef Francesco Pileri ein.

Comeback in der Königsklasse: Loris Reggiani

Denn hinter der finanziellen Unterstützung von Marlboro ebenso wie hinter der Unterstützung von seiten des Herstellers standen noch Fragezeichen: Beide sahen höhere Erfolgschancen für Capirossi bei den 250ern, Marlboro hatte bereits ein Top-Team in der Königsklasse, außerdem behauptete Honda, man habe nicht die erforderliche Struktur für weitere Fahrer in dieser Klasse.

Die wahre Sensation des Wochenendes war viel konkreter: Das Aprilia-Team stellte die neue RSV 400 vor, und für Fahrer Loris Reggiani bedeutete das mehr als einen hübschen Fototermin in der Boxengasse. In den schnellen Rechtskurven hinter dem Fahrerlager driftete er über beide Räder bis zu den Kerbs am Kurvenausgang, gab auf seiner Lieblingsstrecke vom ersten freien Training an so unverdrossen Gas, daß er mit wenig mehr als einer Sekunde Rückstand auf die Pole Position Startplatz sieben in der zweiten Reihe erbeutete und mit seiner Zeit von 1.45,168 nur haarscharf an dem eigentlichen Planziel, schneller als die besten 250er zu sein, vorbeischrammte – Loris Capirossi hatte diesen Traum im Abschlußtraining in sagenhaften 1.44,928 zunichte gemacht.

Trotzdem applaudierte das Premierenpublikum begeistert. »Loris geht toll mit diesem Gerät um. Es ist nicht langsam, womit ich nicht sagen will, daß ich ihm auf den Geraden nicht vier, fünf Längen abnehmen kann. Dafür ist er schneller in der Kurvenmitte; in den engeren Sektionen hatte ich alle Mühe, an ihm dranzubleiben«, schilderte Weltmeister Kevin Schwantz, der das Benehmen des neuen V 2 mit 90 Grad Zylinderwinkel und Drehschiebersteuerung im freien Training des Samstagvormittags aus der Nähe auspionierte und am Nachmittag in 1.43,944 Minuten auf die Pole Position fuhr.

Ebenso verblüffend wie die strammen Rundenzeiten Reggianis war auch die Tatsache, daß die 400er lammfromm und störungsfrei ihren Dienst absolvierte. »Bei drei Tests in Mugello erlebten wir im Prinzip keinerlei unangenehme Überraschungen, zumindest nicht in technischer Hinsicht. Ganz ehrlich: Ich hätte gedacht, der Anfang sei schwerer«, erklärte Ingenieur Jan Witteveen.

Denn das Projekt war in Rekordzeit ins Rollen gebracht worden. Witteveen trug diese Idee zwar schon fünf, sechs Jahre mit sich herum, aktuell wurde sie jedoch erst, als Jean-Philippe Ruggia bei seinem 250 cm³-Sieg im Donington Park 1993 insgesamt nicht langsamer fuhr als Luca Cadalora auf seiner 500er. »Im September vergangenen Jahres haben wir die ersten Zeichnungen für die neue Maschine gemacht, im März sind wir bereits damit gefahren. Das ist ziemlich schnell, denn die RSV 400 ist ein völlig neues Motorrad mit völlig neuen Teilen, auch wenn der Aufbau der 250er entspricht.«

**In allen Klassen im Gespräch:
Aprilia-Chefstrategen Jan Witteveen (links) und Carlo Pernat**

Das Fahrverhalten, vor allem die überlegene Handlichkeit einer 250er zu bewahren, war erklärtes Entwicklungsziel. »Die Idee war, daß die 400er wie eine sehr kräftige 250er funktionieren sollte, und das ist auch der Grund, warum wir uns auf 400 cm^3 beschränkt haben. Mit größerem Hubraum hätten wir zwar noch mehr Drehmoment, der Motor würde aber nicht mehr so frei ausdrehen wie jetzt«, erläuterte Witteveen.

Was dies betreffe, sei das neue Motorrad bereits jetzt ein Erfolg, lobte Loris Reggiani. »Es fühlt sich genau wie eine starke 250er an, und genauso fahre ich es auch«, bestätigte der Italiener, der schon in allen drei Soloklassen Erfolge gefeiert hatte und zum letzten Mal 1982 im Suzuki-Rennstall von Roberto Gallina auf einer 500er gesessen war. »Natürlich ist unser Motorrad nicht so schnell wie die besten Vierzylinder, sondern derzeit auf dem Niveau mancher privater ROC-Yamaha. Auf den schnellen Kursen in Salzburg und Hockenheim werden wir die Verkleidung deshalb mit zusätzlichen Schrauben befestigen müssen – damit sie nicht abfällt, wenn Doohan und Schwantz an mir vorbeiflitzen!«

500 cm^3: Barros ehrt Senna

Wie befürchtet, machte sich das Leistungsmanko im Rennen deutlicher bemerkbar: Reggiani lief in den Kurven immer wieder auf andere Fahrer auf, hinkte aber auf den Geraden hinterher, und weil es nicht in jeder Kurve genügend Platz gab, all die geradeaus verlorenen Meter zurückzuholen, wurde er hinter allen Werksmaschinen und hinter Niall Mackenzie auf seiner Slick 50-ROC-Yamaha einsamer Neunter.

Der Kampf an der Spitze büßte hingegen bis zum Schluß nichts von der Spannung ein, die er schon in der ersten Runde gehabt hatte. Alexandre Barros auf der zweiten Werks-Suzuki startete am besten, John Kocinski stürmte auf der Cagiva hinterher und bemühte sich, in seinem Lieblingsland, der Heimat seiner Freundin und Managerin Toti Latorre, einen besonders guten Eindruck zu machen. Eingangs der Spitzkehre vor Start und Ziel versuchte er, Barros innen anzugreifen, langte dabei aber so heftig in die Bremse, daß die Cagiva plötzlich querstand und Barros um ein Haar von der Strecke gelöffelt hätte. Barros gelang es auszuweichen, Kocinski bog als Erster ein, hatte sein Fahrzeug aber nicht richtig unter Kontrolle und beschrieb einen weiten Bogen.

Den nutzten nicht nur Barros und Kevin Schwantz, sondern auch die Honda-Stars Michael Doohan und Alex Crivillé genüßlich aus, weshalb sich Kocinski eingangs der zweiten Runde auf Platz fünf zurechtgestutzt sah.

Kevin Schwantz nahm seinem Teamkollegen nun die Führung ab, wenig später schob sich auch Michael Doohan vorbei, worauf sich Barros nicht mehr in den Kampf um die Führung einmischte: Der mutige Brasilianer hatte den Sturz vom Vorjahr noch in unguter Erinnerung, als er unter vollen Segeln an Kevin Schwantz und Wayne Rainey vorbei in Führung stürmte, um wenig später über Bord zu gehen.

**Sonntagmorgen auf der Zielgeraden:
Gedenkminute für den tödlich verunglückten Ayrton Senna**

Der zweite Sieg:
Michael Doohan hängte Kevin Schwantz um Längen ab

V wie Victory: Die Fans setzten auf Alberto Puig (17) –
doch der blieb hinter Kocinski (11), Doohan und Schwantz (1) zurück

Ehrenrunde mit spanischer Flagge – und trotzdem frustriert: John Kocinski

Außerdem hatte es vor dem Start der Rennen auf der Zielgeraden eine bewegende Zeremonie gegeben, bei der Wayne Rainey auf seinem Quad und Alex Barros mit der brasilianischen Flagge die Hauptrolle spielten: Der in Imola tödlich verunglückte Ayrton Senna wurde mit einer Gedenkminute geehrt.

Kevin Schwantz versuchte nun, abzuhauen, schaffte es aber nicht, und wenig später waren die Positionen an der Spitze vertauscht. Rundenlang vergnügten sich Schwantz und Doohan damit, einander durch schnellste Runden Muskeln zu zeigen, wobei Doohan flotter fuhr als im Training, Schwantz erstaunlicherweise jedoch kein einziges Mal an seine Trainingsbestzeit herankam.

Der Kampf blieb offen, bis Doohan als Erster auf eine Gruppe Überrundeter auflief und heil durchkam, während Schwantz aufgehalten wurde und vier Motorradlängen einbüßte. Im Endspurt baute Doohan seinen Vorsprung auf eine halbe Sekunde aus, Schwantz hatte keine Chance mehr, heranzukommen. »Ich bin so hart gefahren, wie ich nur konnte«, gestand der Sieger, »aber Kevin davonzufahren, war unmöglich. Immer, wenn ich Tempo machte, ging er mit. Ein paarmal hatte er gewaltige Rutscher vor meiner Nase, aber wenn ich in Führung lag, konnte er wahrscheinlich dasselbe beobachten. Mein Glück war, daß ich beim Überrunden vorne lag. Wenn Kevin in diesem Moment Erster gewesen wäre, hätte er das bessere Ende für sich behalten«, vermutete Doohan, der auf dem Vorbeiweg in Jarama neue Showa-Federelemente getestet und für gut befunden hatte.

Schwantz war fair genug, seine Niederlage nicht den Nachzüglern anzulasten. »Es sah vielleicht so aus, als wären sie das Zünglein an der Waage gewesen, aber um ehrlich zu sein, waren nicht sie, sondern Mick mein größes Problem. Ohne die Überrundungen wären wir vielleicht etwas enger zusammengeblieben, doch am Ergebnis hätte sich nichts geändert«, meinte er. »Doohan kam aus manchen Ecken besser heraus als ich, und das waren ausgerechnet die Kurven, in denen ich am dringendsten in seiner Nähe bleiben mußte, um ihn vor dem nächsten Eck auf der Bremse angreifen zu können.«

John Kocinski brachte ein ähnliches Duell mit Alexandre Barros zu einem erfolgreichen Abschluß, war nach dem dritten Platz aber trotzdem enttäuscht. »Ein frustrierendes Rennen! Barros ist von der Sorte Fahrer, die sehr spät bremsen, dann aber langsam durch die Kurve eiern. Er ist im Weg, trotzdem ist es schwer, vorbeizufahren. Am Schluß habe ich es einfach riskiert, auf die Gefahr hin, daß wir beide nicht heil durchkommen«, schnaufte er. »Am Start war ich leicht nervös, weil ich auf der Besichtigungsrunde wieder dasselbe Problem wie in Japan auf mich zukommen sah. Die Mechaniker haben die Kupplung dann am Startplatz untersucht, im Rennen funktionierte sie einwandfrei. Trotzdem ist das nicht die beste Art, ein Rennen zu starten.«

Alexandre Barros beschwerte sich nach Platz vier über einen nachlassenden Hinterreifen, dasselbe tat Alberto Puig, der im Training als Fünfter deutlich vor seinem Landsmann Alex Crivillé qualifiziert war, im Rennen jedoch hinter ihn auf Platz sechs zurückfiel.

Vernichtend ging das Marlboro-Yamaha-Team zugrunde. Luca Cadalora tuckerte wegen eines kaputten Dichtgummis im Ventil des Hinterreifens aus zehnter Position an die Box, Daryl Beattie an elfter Stelle wegen nachlassender Motorleistung und angsteinflößender Rutscher übers Vorderrad, die er bereits im Training gehabt hatte. »Ich spürte das Problem, als ich mir Doug Chandler schnappen wollte. Das Heck meiner Maschine fühlte sich merkwürdig an, und erst dachte ich, es sei etwas auf der Strecke oder etwas mit dem Federbein. In der Box entdeckten wir dann einen Plattfuß«, schilderte Cadalora. »Mein Vorderreifen war gut für drei Runden. Aber als er dann richtig heiß wurde, steckte ich immer übler in der Klemme«, entschuldigte sich Daryl Beattie.

125 cm³: Raudies ohnmächtig

Dirk Raudies hatte die Technik seiner A-Kit-Honda nach dem Ausfall in Japan komplett revidiert. Die funktionsuntüchtige Airbox wurde bis zu Tests des HB-Teams in Brünn nach dem Österreich-Grand Prix in die unterste Schublade gesperrt, ebenso erging es dem A-Kit-Gehäuse, dessen Bohrungstoleranzen mitschuldig am Kollaps des Simmerrings am Primärtrieb gewesen waren.

Mit einem präparierten Standardgehäuse, den Leistungsteilen des A-Kits, gutem Benzin, vor allem aber einer neuen Vergaserabstimmung fand die kleine Maschine zu ihrer emsigen Strebsamkeit beim Beschleunigen zurück.

Worauf der Weltmeister im Abschlußtraining so begeistert am Gas drehte, daß er auf den zweiten Trainingsplatz vorstieß, um sich gleich in der darauffolgenden Runde niederzulegen. »Es war ein Highsider. Ich habe einen Kopfsprung gemacht und bin mit Helm und Schulter zuerst aufgekommen. Mein Helm ist so gut wie nicht mehr vorhanden. Aber immer noch besser ein Sturz im Training als, wie letztes Jahr, im Rennen«, verdeutlichte Raudies.

Die zweite Hälfte des Abschlußtrainings verbrachte er im Clinica Mobile von Dr. Claudio Costa, anschließend spazierte er mit dick verbundenem rechtem Ringfinger und einer Eispackung auf der geschwollenen Hand durchs Fahrerlager. »Der Finger ist bis auf den Knochen durchgeschliffen. Aber das ist bei mir ja keine große Kunst«, übte er sich in Galgenhumor.

Als sein Ringfinger am Sonntagvormittag frisch verbunden wurde, fiel er wegen seiner Gehirnerschütterung sogar kurz in Ohnmacht. Trotzdem gab er nach dem Start Gas wie zu alten Zeiten und führte zwei Runden, bis er den ersten vehementen Slide erlebte, seinen Erzrivalen Kazuto Sakata vorbeilassen mußte und allmählich auf Rang fünf zurückrutschte. »Für die Umstände nicht so schlecht, würde ich sagen«, keuchte er im Ziel, »ich hatte nicht das richtige Gefühl in der Hand, wahrscheinlich habe ich zu zackig Gas gegeben, denn ich bin bestimmt fünf, sechsmal so brutal weggerutscht. Den Ueda hätte ich zum

Um Platz neun und ein paar wichtige Erfahrungen reicher: Loris Reggiani

Ein kräftiger Schluck vor dem Start: Dirk Raudies tat alles weh

Im Rennen zeigte das Stehaufmännchen des Zweiradsports eine ähnlich erfolgreiche Aufholjagd: Nur Zehnter nach der ersten Runde, hangelte er sich kaltblütig nach vorn, drehte die schnellste Runde und war schon zur Hälfte der Distanz Zweiter.

Anstatt nun alles für eine aussichtslose Jagd auf den längst auf und davongebrausten Sakata zu riskieren, begnügte er sich abgebrüht damit, den Basken Herri Torrontegui auf Distanz zu halten. Mit dem zweiten Rang im Rennen eroberte er am Schluß auch Platz zwei in der Weltmeisterschaft, worauf die Gespräche mit Marlboro, in Sachen Sponsorgeld für die Zukunft vielleicht doch noch etwas lockerzumachen, erheblich an Intensität gewannen.

»Das war eines der härtesten, aber auch der besten Rennen, die ich je gefahren bin«, jubelte Öttl. »Insgeheim hatte ich auf einen Podestplatz gehofft, aber das kann man in unserer Klasse bekanntlich nie voraussagen. Mit einem besseren Start hätte ich mit Kazuto Sakata mitfahren können, aber ich bin auch so überglücklich«, ergänzte der Star des Aprilia Deutschland-Teams, das den glimpflich verlaufenen Rennsturz von Nachwuchsmann Manfred Geissler als einzigen Wermutstropfen vermerkte.

Daß sich drei Aprilia an der Spitze tummelten, bewies, wie sehr die eleganten italienischen Renner auf winklige Pisten zugeschnitten sind. »Hier gibt es kaum Geraden, und je kurvenreicher es wird, desto mehr können wir unseren Fahrwerksvorteil ausspielen«, erläuterte der überlegene Sieger und WM-Leader Kazuto Sakata.

Schluß mit viel Risiko wieder gepackt, aber das wollte ich heute nicht eingehen – Platz fünf war mir lieber, als mir schon wieder die Gräten zu verbiegen.«

Taten dem Weltmeister Hand, Hüfte, Steißbein, Schulter, Genick und Kopf weh, so herrschte bei Peter Öttl trotz eines leichten Schnupfens eitel Sonnenschein. Im ersten freien Training wegen Defekten an beiden Motorrädern noch zwei Sekunden langsamer als der Vorletzte, steigerte sich der Aprilia-Werksfahrer im Abschlußtraining auf Platz drei.

Wie entscheidend die Fahrwerksabstimmung ist, demonstrierte aber auch Oliver Koch: Nach sorgsamen Vergleichsfahrten mit den gewohnten Whitepower-Teilen ging er mit einem Bitubo-Federbein fürs Hinterrad ins Rennen und schlug sich auf seiner Ditter-Honda trotz geringerer Motorleistung wacker durch die Verfolgergruppe

Das härteste und beste Rennen: Peter Öttl (mit Kazuto Sakata)

Nach Moto Cross-Einlage trauriger Elfter: Jorge Martínez (vor Yoshiaki Katoh)

auf Rang sieben, wobei er einen gewaltigen Highsider in der vorletzten Runde ungerührt wegsteckte und am Schluß noch frech an Jorge Martínez vorbeiglühte.

Das spanische Idol und sein Ingenieur Harald Bartol zogen für den Heim-Grand Prix alle Register und testeten an der Yamaha-Werksmaschine alles, was ihnen nur unter die Finger geriet. Öhlins lieferte eine neue Vorderradgabel mit weniger Reibung, in der Verkleidung schlürften zusätzliche Aussparungen Frischluft zur Gehäusekühlung, an einem Motorrad ragte der Auspuff rechts, am andern links ins Freie, außerdem probierte »Aspar« neue Vergaser und eine halbe Wagenladung neuer Reifen. Das Ergebnis war ein formidabler vierter Startplatz in der ersten Reihe und Platz zwei im Rennen bis zur siebten Runde. Dann gönnte sich der Exweltmeister eine Moto Cross-Einlage, verbremste sich nach einem Zwischenspurt ein zweites Mal und blieb auf dem traurigen elften Platz hängen.

Auch sonst wurde Yamaha unter Wert geschlagen. Martínez Teamkollege Yoshiaki Katoh hatte die in Japan zusammengenähten Mittel- und Ringfinger drei Tage vor Trainingsbeginn auftrennen lassen und zwängte die offene Hand mit zusammengebissenen Zähnen in einen Lederhandschuh. Doch das ganze Heldentum nutzte nichts, weil er in Runde 16 von seinem Landsmann Akiro Saito ins Gras geschubst wurde.

Nicht erfolgreicher Stefan Prein: Am Anfang schaffte er es zwar gerade noch, dem vor ihm gestürzten Lucio Cecchinello auszuweichen, doch in Runde drei war endgültig Feierabend: Kolben gebrochen.

250 cm³: Der Fehler des Rennleiters

Nicht viel besser erging es Yamaha in der 250 cm³-Klasse. Team Rainey-Ersatzfahrer

Trotz PS-Mangel Siebter: Oliver Koch

Jimmy Filice, in Japan gleich nach dem Start von der Strecke geschubst, überstand diesmal elf Runden heil, bevor er sich in einer Spitzkehre übers Vorderrad verabschiedete.

Als Direktangestellter von Yamaha blieb Tetsuya Harada zwar von der Finanzkrise des Teams Yamaha Motor France verschont, plagte sich dafür aber weiterhin mit seiner geschwollenen rechten Hand. Weil die eingebaute Platte die Beweglichkeit einschränkte, plante Harada eine weitere Operation nach dem Österreich-Grand Prix, denn der unter Schmerzen erkämpfte

Freundschaftliche Begegnung am Start: Streithähne Max Biaggi (4), Loris Capirossi (2)

Mit Super-Schräglagen zu einem tollen Sieg: Jean-Philippe Ruggia (vor Capirossi und Biaggi)

achte Platz im Rennen war für den überlegenen Sieger des letzten Jahres nicht mehr als ein Achtungserfolg.

Zumal er nie in die Nähe der Spitze kam, wo sich ein halbes Dutzend Fahrer gleichzeitig von Kurve zu Kurve warf und 150000 begeisterte Zuschauer gespannt darauf warteten, wie die Erzrivalen Loris Capirossi und Max Biaggi das Knäuel entwirren und am Ende ihr Duell um den Sieg ausfechten würde.

Doch es sollte ganz anders kommen. Vier Runden vor Schluß langte Mad Max vor der Zielkurve an zweiter Position zu spät in die Bremsen, worauf seine Chesterfield-Aprilia einen Handstand machte und zu guter Letzt das Vorderrad wegrutschte. »Eine Schande«, jammerte der 21jährige Römer, der zwar einen neuen Rundenrekord aufgestellt hatte, die WM-Führung jedoch an Tadayuki Okada verlor.

Loris Capirossi führte nun unangefochten, konnte sich aber kaum eine Runde daran freuen, bevor sein Motor mit einem mahlenden Geräusch sein Leben aushauchte. »Ein unglaubliches Rennen. Ich dachte, ich hätte es in der Tasche«, seufzte er, nachdem er mit allerletztem Schwung noch seine Box erreicht hatte.

Jean-Philippe Ruggia hatte mit seinen aberwitzigen Schräglagen bis zur entscheidenden Phase den Ton angegeben und freute sich natürlich über den geerbten Sieg. »Es war das erste Mal, daß mein Motorrad perfekt funktionierte, doch ich wäre auch mit Platz zwei oder drei happy gewesen«, grinste der Franzose.

Und Doriano Romboni, durch die Zwischenfälle auf Platz zwei nach vorne gespült, grinste mit. »Ich habe sogar damit geliebäugelt, dieses Rennen zu gewinnen. Ich wollte Ruggia in der letzten Runde überholen, hatte aber einen gewaltigen Slide und mußte zurückstecken. Trotzdem bin ich nach all unseren Problemen mit dem Set-Up heilfroh über dieses Resultat.«

Doch es sollte noch toller kommen. Denn Ralf Waldmann, der auf seiner Lieblingsstrecke ein Dutzend Testtage absolviert hatte und das ganze Rennen inbrünstig in der Spitzengruppe mithielt, war zunächst nur unglücklicher Vierter, weil er den sichergeglaubten dritten Platz in der letzten Runde an Tadayuki Okada verlor. »Bei Rombonis Rutscher direkt vor meiner Nase hätte ich vorbei auf Platz zwei fahren können, aber ich wollte auf Nummer sicher gehen und habe deshalb das Gas zurückgedreht. Ich kam mit zuwenig Schwung auf die Gegengerade, und Okada hat das ausgenützt«, wurmte sich die Hoffnung des deutschen HB-Honda-Teams, freute sich dann aber doch über den vermeintlichen vierten Platz und tauschte mit seiner Crew Umarmungen und Bruderküsse aus.

Eispackungen und Platz acht: Tetsuya Harada

Doch zu diesem Zeitpunkt zerbrach sich der verantwortliche FIM-Rennsteward längst den Kopf, wie er den Lapsus des Rennleiters ausbügeln könnte. Der hatte nämlich zu früh die schwarzweiß-karierte Flagge geschwenkt und eine Gruppe von Nachzüglern noch vor der eigentlichen Rennspitze abgewunken, weshalb die letzte Runde im Nachhinein annulliert wurde. Während Ruggias Sieg und Rombonis zweiter Platz davon unbeeinflußt blieben, wurde Waldi am grünen Tisch Dritter und freute sich diebisch. »Verdient hab ich's ja«, grinste er, »jetzt werden wir uns vor lauter Glück sinnlos betrinken...«

Ähnlich happy war auch Bernd Kassner. Erstmals in diesem Jahr mit allen beiden Aprilia-Production Racern unterwegs, holte er stolze drei WM-Punkte. »Dabei haben wir noch längst nicht alles ausgeschöpft. In Salzburg haben wir noch zwei PS mehr«, versprach er.

Adi Stadler freute sich ebenfalls schon über greifbar nahe WM-Punkte, als er unversehens und unschuldig ins Aus geschubst wurde. »Der Protat, dieser Depp, ist mir voll hinten reingefahren. Am liebsten hätte ich ihm links und rechts eine reingewischt und bin ihm bereits hinterhergelaufen. Doch er konnte weiterfahren – ich nicht«, beschwerte er sich, kam aber immerhin unverletzt davon: Der bedauernswerte Schweizer Honda-Werksfahrer Adrian Bosshard brach sich bei seinem Sturz die linke Kniescheibe und einen Mittelhandknochen der rechten Hand.

Abends wurde der dritte Platz von Ralf Waldmann so ausgiebig gefeiert, daß einige weniger trinkfeste Mitglieder des HB-Teams den für Montagmorgen um halb acht gebuchten Rückflug nach Madrid verpaßten.

Doch der Katzenjammer hielt sich auch dann noch in Grenzen, als das FIM-Berufungsgericht neun Tage später alles umschmiß, Tadayuki Okada wieder zum Renndritten und den ursprünglichen Zieleinlauf nach 26 Runden endgültig zum offiziellen Ergebnis machte. »Sportlich geht die Sache völlig in Ordnung. Tadayuki Okada hat den dritten Platz im Rennen erkämpft und verdient es auch, dafür belohnt zu werden. Und ich bin zuversichtlich, bald wieder um einen Platz unter den ersten drei mitkämpfen, und dann auch wirklich auf dem Podest feiern zu können«, tröstete sich Ralf Waldmann.

Längst hatte sich die ganze Aufregung um die zu früh abgewunkenen drei Piloten als unbegründet entpuppt. Weder Patrick van den Goorbergh auf Platz 20 noch Luis Carlos Maurel auf Platz 19 und Frédéric Protat auf Platz 18 hatten IRTA-Gelder oder WM-Punkte eingebüßt. Und selbst die Tatsache, daß Maurel in der besagten letzten Runde noch von Protat überholt wurde, hatte am Ende keine Bedeutung mehr. »Ich habe die schwarzweiß karierte Flagge beim ersten Mal überhaupt nicht gesehen«, gab Maurel freimütig zu.

Weshalb Okadas Teamchef Erv Kanemoto mit seiner Berufung auch leichtes Spiel hatte. »Wenn in der letzten Runde ein Unfall oder sonst etwas Gravierendes passiert wäre, wäre die Streichung der letzten Runde zu akzeptieren gewesen. Doch der Fehler des Rennleiters hatte für niemanden ernsthafte Konsequenzen – außer für uns!« machte Kanemoto klar und nahm mit Erleichterung zur Kenntnis, daß jedermann einschließlich des HB-Teams auf seiner Seite war.

Denn trotz der WM-Führung Okadas hatte es Kanemoto schwer genug. Für die Saison 1994 bot ihm Honda zwar Material, technische Unterstützung und einen Teil des erforderlichen Budgets, für den großen Rest sprang Kanemoto jedoch persönlich in die Bresche. »Ich hätte mich irgendwo als Chefingenieur anstellen lassen können, aber dann wäre es mit meinem eigenen Team womöglich für immer vorbei gewesen«, erklärte der Mann, der schon Freddie Spencer, Wayne Gardner und Eddie Lawson zu Weltmeistern gemacht hat und trotz der beiden 250er Titel von Luca Cadalora 1991 und 1992 stets von der Rückkehr in die 500er Königsklasse träumte. »Deshalb habe ich mich dafür entschieden, auf eigenes Risiko weiterzumachen, obwohl die Sponsorsuche nicht einfacher geworden ist. Früher wurde mir hin und wieder gesagt, wenn ich einen Monat eher gekommen wäre, hätte ich eine Chance gehabt. Heute sagen die Firmen angesichts der schwierigen Wirtschaftslage schon von vornherein ab. Wenn man sich vor Augen führt, daß nicht einmal das offizielle 500er Honda-Werksteam einen Geldgeber gefunden hat, spricht meine Entscheidung gegen jeden gesunden Menschenverstand, zumal ich viel weniger anzubieten habe als ein Werk, das ganze Fahrzeug-Sonderserien in Sponsorfarben produzieren und riesige Promotion-Kampagnen auf die Beine stellen kann. Trotzdem gebe ich die Hoffnung nicht auf, daß es wie im Märchen doch noch einmal Goldtaler vom Himmel regnet«.

Unschuldig ins Aus geschubst: Adi Stadler trauert greifbar nahen WM-Punkten nach

500 cm³:

Ergebnisse

#	Fahrer	Land	Maschine	Zeit
1.	Michael Doohan	AUS	Honda NSR	47.31.082
2.	Kevin Schwantz	USA	Suzuki RGV	47.31.571
3.	John Kocinski	USA	Cagiva C-594	47.40.347
4.	Alexandre Barros	BR	Suzuki RGV	47.44.340
5.	Alex Crivillé	E	Honda NSR	47.45.907
6.	Alberto Puig	E	Honda NSR	47.52.204
7.	Doug Chandler	USA	Cagiva C-594	48.09.874
8.	Niall Mackenzie	GB	ROC-Yamaha	48.11.441
9.	Loris Reggiani	I	Aprilia RSV	48.16.748
10.	John Reynolds	GB	Harris-Yamaha	48.56.374
11.	Jeremy McWilliams	GB	Yamaha YZR	49.07.476
12.	Cristiano Migliorati	I	ROC-Yamaha	– 1 Rde.
13.	Juan López-Mella	E	ROC-Yamaha	– 1 Rde.
14.	Jean-Pierre Jeandat	F	ROC-Yamaha	– 1 Rde.
15.	Julian Miralles	E	ROC-Yamaha	– 1 Rde.

16. Marc Garcia (F) ROC-Yamaha, 17. Jean Foray (F) ROC-Yamaha, 18. Andreas Leuthe (D) ROC-Yamaha, 19. Cees Doorakkers (NL) Harris-Yamaha, 20. Bernard Haenggeli (CH) ROC-Yamaha, 21. Lothar Neukirchner (D) Harris-Yamaha – 2 Rdn.

WM-Stand (Pkt.)

1. Doohan 86
2. Kocinski 68
3. Schwantz 68
4. Cadalora 46
5. Itoh 43
7. Barros 41
6. Puig 38
8. Crivillé 38
9. Chandler 29
10. Reynolds 20
14. Mackenzie 13
11. Honma 10
12. Garcia 10
14. McWilliams 10
15. Reggiani 7

Schnellste Runde: Schwantz in 1.44.186 = 152,857 km/h (Rekord)

Alter Rekord: Alexandre Barros (Suzuki) in 1.44.659 = 152,140 km/h (1993)

Durchschnitt Sieger: 27 Runden oder 119,421 km in 47.31.082 = 150,790 km/h

Ausfälle: D. Beattie (AUS) Yamaha, mangelnde Motorleistung; L. Cadalora (I) Yahama, Aufgabe/Plattfuß; S. Itoh (J) Honda, Aufgabe/Grund unbekannt; L. Naveau (B) ROC-Yamaha, Aufgabe; B. Garcia (F) Yamaha, Sturz; S. Emmett (GB) Harris-Yamaha, Elektrik defekt; K. Mitchell (GB) Harris-Yamaha, Bremsen defekt; L. Pedercini (I) ROC-Yamaha, Aufgabe/Trainingssturz; M. Papa (I), ROC-Yamaha, Aufgabe; V. Scatola (I) Paton, Aufgabe

Trainingszeiten: 1. Schwantz 1.43.944 = 153,186 km/h, 2. Kocinski 1.44.103, 3. Doohan 1.44.192; 4. Barros 1.44.363, 5. Puig 1.44.440, 6. Chandler 1.44.738, 7. Reggiani 1.45.168, 8. Crivillé 1.45.174, 9. Cadalora 1.45.340, 10. Itoh 1.45.461, 11. Beattie 1.45.718, 12. Mackenzie 1.46.562, 13. Reynolds 1.46.647

250 cm³:

Ergebnisse

#	Fahrer	Land	Maschine	Zeit
1.	Jean-Philippe Ruggia	F	Aprilia	44.29.850
2.	Doriano Romboni	I	Honda NSR	44.29.945
3.	Tadayuki Okada	J	Honda NSR	44.30.310
4.	Ralf Waldmann	D	Honda NSR	44.30.870
5.	Nobuatsu Aoki	J	Honda NSR	44.37.144
6.	Luis d'Antin	E	Honda NSR	44.59.887
7.	Jean-Michel Bayle	F	Aprilia	45.00.070
8.	Tetsuya Harada	J	Yamaha TZM	45.00.512
9.	Wilco Zeelenberg	NL	Honda NSR	45.01.006
10.	Eskil Suter	CH	Aprilia	45.04.726
11.	Carlos Checa	E	Honda RS	45.15.887
12.	Jürgen v. d. Goorbergh	NL	Aprilia	45.18.184
13.	Bernd Kassner	D	Aprilia	45.37.351
14.	Miguel Castilla	E	Yamaha	45.37.539
15.	José-Luis Cardoso	E	Aprilia	45.40.097

16. Oscar Sainz (E) Yamaha, 17. Alessandro Gramigni (I) Aprilia, 18. Luis Carlos Maurel (E) Honda, 19. Frédéric Protat (F) Honda, 20. Patrick v. d. Goorbergh (NL) Aprilia, 21. Giuseppe Fiorillo (I) Honda – 1 Rde., 22. Jamie Robinson (GB) Honda, 23. Christian Boudinot (F) Aprilia, 24. Enrique de Juan (E) Aprilia, 25. Kristian Kaas (SF) Yamaha

WM-Stand (Pkt.)

1. Okada 72
2. Biaggi 63
3. Romboni 61
4. Ruggia 60
5. Capirossi 52
6. Waldmann 32
7. d'Antin 32
8. Aoki 29
9. Bayle 29
10. Zeelenberg 21
11. Ukawa 16
12. Harada 15
13. Checa 12
14. Aoki 11
15. Suter 8

Schnellste Runde: Biaggi in 1.45.628 = 150,744 km/h (Rekord)

Alter Rekord: Tetsuya Harada (Yamaha) in 1.46.303 = 149,787 km/h (1993)

Durchschnitt Sieger: 25 Runden oder 110,575 km in 44.29.850 = 149,098 km/h

Ausfälle: L. Capirossi (I) Honda, Kurbelwelle gebrochen; M. Biaggi (I) Aprilia, Sturz; A. Preining (A) Aprilia, Kolben gebrochen; A. Bosshard (CH) Honda, Sturz/Kniescheibe gebrochen; J. Filice (USA) Yamaha, Aufgabe nach Sturz; A. Stadler (D) Honda, Sturz; A. Patterson (GB) Honda, Aufgabe/Trainingssturz; N. Ferro (F) Honda, Kupplung verbrannt; M. Hernández (E) Aprilia, Kupplung defekt

Trainingszeiten: 1. Capirossi 1.44.928 = 151,750 km/h, 2. Biaggi 1.45.434, 3. Okada 1.45.440, 4. Ruggia 1.45.817, 5. Romboni 1.46.031, 6. Waldmann 1.46.069, 7. Aoki 1.46.071, 8. d'Antin 1.46.576, 9. Zeelenberg 1.46.886, 10. Bosshard 1.47.000, 11. Bayle 1.47.012, 12. J. v. d. Goorbergh 1.47.036, 13. Preining 1.47.614, 14. Checa 1.47.633, 15. Harada 1.47.802

125 cm³:

Ergebnisse

#	Fahrer	Land	Maschine	Zeit
1.	Kazuto Sakata	J	Aprilia	43.05.188
2.	Peter Öttl	D	Aprilia	43.11.990
3.	Herri Torrontegui	E	Aprilia	43.15.236
4.	Noboru Ueda	J	Honda RS	43.16.838
5.	Dirk Raudies	D	Honda RS	43.17.371
6.	Takeshi Tsujimura	J	Honda RS	43.31.546
7.	Oliver Koch	D	Honda RS	43.32.169
8.	Loek Bodelier	NL	Honda RS	43.32.510
9.	Jorge Martínez	E	Yamaha	43.33.075
10.	Masaki Tokudome	J	Honda RS	43.34.651
11.	Garry McCoy	AUS	Aprilia	43.41.087
12.	Stefano Perugini	I	Aprilia	43.41.336
13.	Olivier Petrucciani	CH	Aprilia	44.06.721
14.	Haruchika Aoki	J	Honda RS	44.11.663
15.	Bruno Casanova	I	Honda RS	44.11.746

16. Frédéric Petit (F) Yamaha, 17. Hans Spaan (NL) Honda, 18. Gabriele Debbia (I) Aprilia, 19. Antonio Sanchez (E) Honda, 20. Juan Maturana (E) Yamaha, 21. Vittorio Lopez (I) Honda, 22. Manfred Baumann (A) Yamaha, 23. Masafumi Ono (J) Honda, 24. Nicolas Dussauge (F) Honda

WM-Stand (Pkt.)

1. Sakata 90
2. Öttl 53
3. Ueda 47
4. Tsujimura 46
5. Torrontegui 39
6. Martínez 32
7. McCoy 32
8. Raudies 30
9. Saito 29
10. Tokudome 25
11. Gresini 23
12. Petrucciani 23
13. Nakajyo 22
14. Bodelier 18
15. Koch 15

Schnellste Runde: Öttl in 1.51.333 = 143,020 km/h (Rekord)

Alter Rekord: Ralf Waldmann (Aprilia) in 1.51.989 = 142,182 km/h (1993)

Durchschnitt Sieger: 23 Runden oder 101,729 km in 43.05.188 = 141,663 km/h

Ausfälle: Y. Katoh (J) Yamaha, Sturz; A. Saito (J) Honda, Sturz; F. Gresini (I) Honda, Sturz; S. Prein (D) Yamaha, Kolben gebrochen; D. Tognoli (I) Aprilia, Sturz; L. Cecchinello (I) Honda, Sturz; N. Hodgson (GB) Honda, Sturz; E. Alzamora (E) Honda, Sturz; T. Igata (J) Honda, Sturz; H. Nakajyo (J) Honda, Sturz; M. Geissler (D) Aprilia, Sturz

Trainingszeiten: 1. Sakata 1.50.210 = 144,477 km/h, 2. Raudies 1.51.422, 3. Öttl 1.51.474, 4. Martínez 1.51.562, 5. Ueda 1.51.658, 6. Torrontegui 1.51.863, 7. Tsujimura 1.51.930, 8. Saito 1.51.969, 9. Gresini 1.51.976, 10. Petrucciani 1.52.106, 11. Tokudome 1.52.288, 12. Koch 1.52.422, 13. McCoy 1.52.426, 14. Bodelier 1.52.584, 15. Prein 1.52.672, 16. Alzamora 1.52.734, 17. Perugini 1.52.966, 18. Debbia 1.52.988

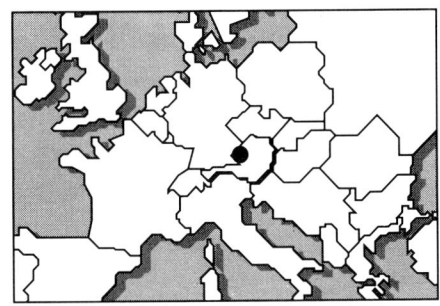

22. Mai 1994: Grand Prix Österreich in Salzburg

Mit neuer Aerodynamik **Luftangriff**
und neuen Airboxvarianten rüsteten die Top-Teams für den schnellen Salzburgring. Dirk Raudies landete im Luftkampf den ersten Volltreffer der Saison.

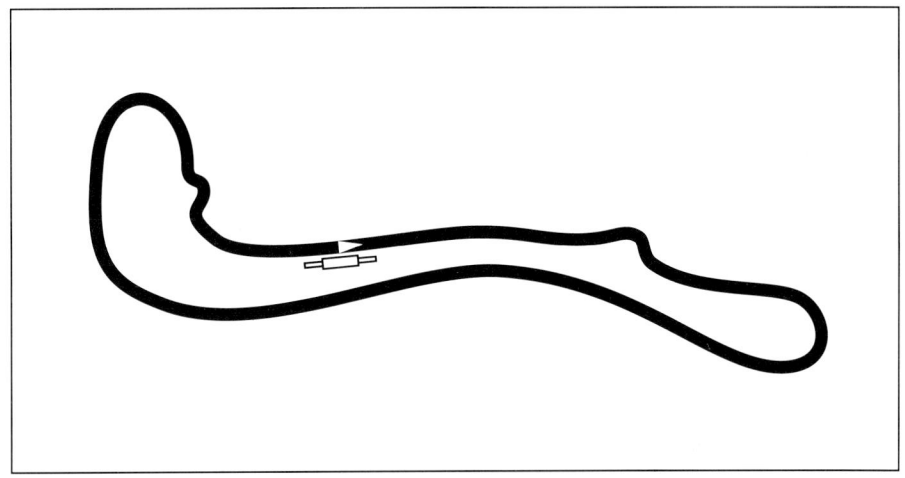

Pittoresk und einzigartig lag der Salzburgring in die majestätische Bergwelt des Voralpenlandes gebettet, doch anstatt sich auf die landschaftlichen Reize zu freuen, zerbrachen sich die Konstrukteure über die lange Zielgerade und das noch längere Bergaufstück nach der Nocksteinkehre den Kopf.

Topspeed zählte genauso wie die schiere Kraft beim Beschleunigen, und weil die Zeit nach dem Europaauftakt in Spanien zu knapp gewesen war für gründliche Motorrevisionen, griff Aprilia auf der Suche nach mehr Tempo zu einem altbewährten Mittel: Dem der Aerodynamik. Sowohl der 250er als auch der 400 wurden statt der üblichen keilförmigen, aggressiv wirkenden Verkleidung eine neue, rundliche Außenhaut verpaßt, die den Fahrer besser integrierte und über dessen Rücken hinweg bis zum tief heruntergezogenen Heckbürzel für eine nahezu perfekte Tropfenform sorgte.

Eroberte Max Biaggi bei den 250ern mit sieben Tausendstelsekunden Vorsprung die Pole Position, so hinkte Loris Reggiani mit der RSV 400 in der Halbliterklasse trotzdem wie erwartet hinterher. Er war zwar eine Sekunde schneller als Biaggi, aber auch drei Sekunden langsamer als Michael Doohan auf der Honda NSR 500 und wurde

**Sieg im Luftkampf:
Dirk Raudies vor Nobby Ueda und
Garry McCoy**

nach dem stolzen siebten Startplatz bei der Premiere in Spanien diesmal nur Elfter in der Qualifikation.

»Es ist frustrierend«, brummte er. »In den letzten Ecken vor dem Ziel sah ich, daß ich mit Doohan mithalten und den Abstand sogar verringern konnte. Das zeigt, daß ich fahrerisch gut genug bin, aber daß ich auf den Geraden mehr verliere als ich in den Kurven wettmachen kann. Mir war klar, daß ich nicht gegen die Werks-Maschinen von Cagiva, Suzuki, Yamaha und Honda bestehen kann, doch ich hatte schon gehofft, etwas deutlicher vor den besten 250ern zu liegen. Unser Motorrad ist schlank, der Topspeed macht uns weniger Sorgen als die Beschleunigung. Wir könnten dringend 20 PS mehr vertragen.«

Yamaha und Suzuki suchten ihr Heil in neuen Airbox-Systemen, um den Vergasern genügend frische, beruhigte und gleichzeitig leicht komprimierte Luft zuzuführen. Das Marlboro Team Roberts arbeitete daran, eine neue Airbox-Variante von Yamaha zum Laufen zu bringen, die die Luft nach Honda-Vorbild durch zwei Einläße an beiden Verkleidungsseiten in Kühlerhöhe schnorchelte und dann durch ein Labyrinth strömen ließ, um den Luftstrom nicht direkt an die Ansaugstutzen der Vergaser zu lenken. Um den Überdruck im Ansaugsystem auch bei der Benzinversorgung auszugleichen, wurde sogar eine Benzinpumpe installiert.

Suzukis neue Interpretation der weitverbreiteten Airbox-Philosophie sah dieser, ohnehin von Honda kopierten Version ziemlich ähnlich. Auch die RGV 500 hielt plötzlich zwei Schnorchel links und rechts unterhalb des Verkleidungsbugs in die Luft, gleichzeitig waren die traditionellen Lufteinlässe an den Verkleidungsseiten etwa in Vergaserhöhe verschwunden. Hatten sie zwar Frischluft zu den Vergasern geführt und warme Kühlerluft sorgsam ferngehalten, so bedeutete die neue Airbox doch den ersten ernsthaften Versuch, das System komplett abzudichten und für den erwünschten Überdruck zu sorgen.

Außerdem machte Suzuki ein Geheimnis um eine neue Hinterradfederung. Um das System zu verstecken, scheuten die Techniker nicht einmal die Mühe, einer kleine Kohlefaserverschalung direkt vor dem Hinterrad zu plazieren, außerdem versuchten sie alles, die Hinterhand der Suzuki vor neugierigen Blicken zu verstecken.

Ein in der offenen Boxenanlage des Salzburgrings hoffnungsloses Unterfangen: Keinem aufmerksamen Beobachter konnte auf Dauer entgehen, daß die Mechaniker an einem zweiten, etwa 35 Millimeter dicken Dämpfer hantierten, der parallel zum eigentlichen Federbein zwischen der Schwinge direkt vor dem Hinterrad und der oberen Federbeinaufhängung montiert war.

Wozu die zweite Einheit gut sein sollte, wurde strikt geheimgehalten – entweder, so wurde gemutmaßt, war es tatsächlich ein zweiter Dämpfer, was einer Bankrotterklärung der Kayaba-Techniker gleichgekommen wäre. Oder es war eine Niveauregulierung, die beispielsweise das Einsacken des Hecks beim Beschleunigen reduzieren half. Dann war es das Vorzeichen eines neuen Trends.

Auch Cagiva machte Fahrwerksexperimente, benötigte dafür jedoch ein ganz neues Chassis und nahm deshalb vorläufig Abschied von der im Frühjahr vorgestellten Kohlefaser-Aluminium-Mischbauweise. »Der neue Rahmen ist ganz aus Aluminium, weil wir dieses Material einfacher modifizieren können. Sowie er sich bewährt, werden wir wieder eine Karbon-Alu-Kombination so wie bei unseren anderen Rahmen herstellen«, erklärte Renningenieur Riccardo Rosa. »Wir wollen herausfinden, wie sich verschieden hohe Schwerpunkte aufs Fahrverhalten auswirken. Wir versuchen, genau das Motorrad zu bauen, das John braucht, um schnell durch Links-Rechts-Kombinationen flitzen zu können. Das alte Motorrad untersteuerte, jetzt will er mehr Gewicht auf dem Vorderrad. Nicht, daß das vorhandene Motorrad schlecht wäre – wir wollen nur etwas entwickeln, das 110 Prozent zu seinem Fahrstil paßt.«

Cagiva verwendete in Salzburg einen Motor, der auf Kosten des Durchzugs etwas mehr Spitzenleistung entwickelte, außerdem wurde gleich in zwei Windkanälen die Verkleidung überarbeitet, um am Kühler einen harmonischeren Luftstrom und weniger Turbulenzen zu haben.

Luca Cadalora zu Michael Doohan: Gebt mir auch eine Honda!

Trotzdem gelang es John Kocinski nicht, in die erste Startreihe vorzustoßen. »Es waren zu viele Leute unterwegs, und manche von Ihnen machten verrückte Dinge wie ihren Motor oben am Berg unverhofft für einen Kerzencheck abzustellen. Das ist nicht gerade angenehm, wenn du mit Tempo 300 hinterherfährst«, nörgelte er.

Vor allem litt Cagiva jedoch an dem Syndrom, mit dem auch das Yamaha-Werksteam kämpfte: Im Vergleich zu Honda drastisch mangelnder PS-Leistung. Reifenhersteller Dunlop hatte es zwar in der Rekordzeit von einer Woche geschafft, einen komplett neuen 17 Zoll-Vorderreifen samt zugehöriger Backform zu bauen, womit Daryl Beattie etwas Vertrauen zum Grip in der Kurve zurückgewann. »Doch ein neuer Reifen treibt ein lahmes Motorrad auch nicht schneller den Berg hinauf«, meinte ein Dunlop-Sprecher hinter vorgehaltener Hand. Beattie qualifizierte sich als Zehnter, Luca Cadalora als Siebter. »Dabei hat mir Kocinski geholfen. Ohne seinen Windschatten war ich eine gute halbe Sekunde langsamer. Etwas stimmt auch mit der Balance des Motorrads nicht, doch als wir mehr Gewicht aufs Vorderrad verlagerten, fing es hinten an zu rattern«, seufzte der Italiener und ließ durchblicken, daß er 1995 besser auf einer Marlboro-Honda aufgehoben als sein Landsmann Loris Capirossi, der eine entsprechende Offerte des Pileri-Teams in Spanien offiziell verlautbart hatte.

»Ich bin kein Märtyrer, ich werde mich mit Marlboro darüber unterhalten. Wenn sie mir mitteilen, daß ich ihnen nicht von Nutzen bin, bin ich bereit zu gehen«, erklärte Cadalora frustriert. »Capirossi hat noch nie eine 500er gefahren. Wenn er eine ausprobieren wil, ist er herzlich willkommen, im Team Roberts eine solche Erfahrung zu machen. Die Honda ist eine Siegermaschine und verdient einen Fahrer, der damit gewinnen kann. Die Möglichkeit, eine solche Maschine zu fahren, hatte ich nicht, als ich vor zwei Jahren die Klasse wechselte. Ich halte es nicht für fair, daß er eines solche Chance bekommt, er hat bislang nicht einmal den 250 cm³-Titel geholt.«

Cadalora hütete sich freilich, von Roberts offen einen Markenwechsel zu verlangen. »Alles, was ich sagen kann, ist, daß ich um jeden Preis die Halbliter-Weltmeisterschaft gewinnen will. Ich denke, das Team Roberts ist das beste Team im Fahrerlager, und das Team, das das beste Equipment verdient, ist das von Kenny. Marlboro ist der beste Sponsor und verdient beides: Das beste Equipment und das beste Team«. Ein Irrglaube: Ein Überlaufen von Kenny Roberts zu Honda hätte den WM-Ausstieg von Yamaha bedeutet und war in dem von den Japanern selbst austarierten Kräftegleichgewicht der Weltmeisterschaft undenkbar.

Im ersten Training hatte Cadalora noch die schnellste Runde gedreht, stellte damit aber nur sein Feingefühl auf nasser Piste unter Beweis. Am Donnerstag vor Veranstaltungsbeginn hatte es nämlich so sintflutartig geregnet, daß sich die Unterführung der Fahrerlagerkurve in einen Strom verwandelte und unvorsichtig an tiefergelegenen Stellen geparkte Autos bis zu den Lenkrädern mit Wasser vollschwappten und wegzuschwimmen begannen.

Auch am Freitag war das Wetter noch kalt und regnerisch wie im April, auf der tückisch glatten Piste verblüffte Alberto Puig hinter Cadalora mit der zweitbesten Zeit noch vor Michael Doohan und Kevin Schwantz. Im trockenen Abschlußtraining lag Doohan zwar vor Schwantz an erster Stelle, Puig blieb aber hartnäckig und sicherte sich Startplatz drei.

Das erste Training der 250 cm³-Klasse begann im Trockenen, und als nach wenigen Minuten die ersten schweren Tropfen niedergingen, waren die Fahrer fein raus, die von Anfang an beherzt am Gas gedreht hatten. Loris Capirossi und Tadayuki Okada erwischten die Gunst der Stunde am besten und qualifizierten sich auf den Plätzen eins und zwei, Ralf Waldmann wurde ohne Salzburgring-Erfahrung mit einer 250er auf Anhieb Sechster. »Ich habe mich zu Anfang beeilt, bin bei einsetzendem Regen aber frühzeitig zum Reifenwechsel an die Box gefahren«, berichtete er. »Letztes

Dank Honda-Power Dritter im Training: Alberto Puig

Jahr bin ich mit der 125er im Nassen zu schnell in die Fahrerlagerkurve eingebogen und habe mir das Schlüsselbein gebrochen, das ist mir in unguter Erinnerung. Im Regen ist es mordsglatt in dieser Sektion, deshalb habe ich nicht weiter forciert und mich lieber darauf konzentriert, verschiedene Regenreifen auszuprobieren und eine passende Regen-Abstimmung zu suchen«.

Seinem italienischen HB-Teamkollegen wurde die Fahrerlagerkurve frühzeitig zum Verhängnis: Auf bereits feuchter Piste drehte Doriano Romboni die fünftschnellste Runde, krachte aber wenig später spektakulär in die Böschung. »Ich hatte eigentlich trotz des leichten Nieselregens noch das Gefühl von gutem Grip. Doch dann schlug die Hinterhand blitzartig aus, ich konnte nichts dagegen tun«, schilderte der Italiener, der im Klinikmobil mit zwei dicken Eispackungen für seine geprellten Hände versorgt wurde.

Im Abschlußtraining war er aus anderen Gründen hilflos: Mit einem schlappen Motor fiel er auf Rang sieben zurück, Biaggi und Capirossi waren über eine Sekunde schneller und fochten die Pole Position unter sich aus; selbst Neuling Waldi stahl Romboni als Sechster die Show.

Noch dicker waren freilich die Überraschungen, die es in der 125 cm³-Klasse ha-

gelte. Agv-Attac-Teamchef Wolfgang Koch traf in der Nacht zum Freitag mit von Herbert Rittberger neu gefertigten Zylindern und Auspuffanlagen im Fahrerlager ein, woraufhin sich Garry McCoy auf der glitschigen Piste im ersten Zeittraining wie ein Fisch im Wasser bewegte und das Establishment mit der Bestzeit erschreckte. Erst bei den Windschattenspielen des Abschlußtrainings fiel er auf Rang zehn zurück.

Einer der Stars, dem er dabei Platz machen mußte, war der tüchtige Peter Öttl. Schon bei der Rückfahrt nach dem großartigen zweiten Platz von Spanien hatten Teamchef Harald Eckl und er beschlossen, notfalls unter Plünderung aller vorhandenen Sparbücher die zweite bereitstehende Werks-Aprilia in Italien abzuholen. »Bis jetzt hatten wir Glück, doch auf Dauer geht es mit einem Motorrad einfach nicht. Ein einziger Defekt, und schon kann ein komplettes Rennwochenende zu Ende sein«, erklärte Eckl.

Und rannte damit längst offenstehende Türen ein. Denn der deutsche Aprilia-Importeur Erhard Just war angesichts der Erfolge und der blendenden Laune seiner Truppe nicht nur »wahnsinnig glücklich«, sondern hatte bislang auch das Risiko für das Millionenspiel übernommen. Und als Philip Morris Deutschland eine auf Anfang Mai vereinbarte Entscheidungsfrist für weitere Sponsorgelder zögerlich verstreichen ließ, wandte sich Just nochmals an die Europadirektion des Tabakkonzerns in Lausanne, wo Öttl als bislang bester WM-Teilnehmer in Marlboro-Farben gefeiert wurde.

In Salzburg wurde mit Marlboro-Mann Leo de Graffenried ein neuer Pakt besiegelt. Das bisherige Notprogramm von 250000 Mark wurde aufs Doppelte aufgestockt und erreichte damit wenigstens zwei Drittel der ursprünglich im Herbst vereinbarten Summe. »Damit ist der Rennbetrieb bis zum Saisonende gesichert«, atmete Just auf.

Mit letztem Einsatz gegen die Honda-Übermacht: Aprilia-Privatfahrer Garry McCoy

In letzter Minute verteidigte Carlos Giró auch den Etat der spanischen Tabakmarke Ducados. In Jerez noch wegen Depressionen vorläufig vom Rennsport zurückgetreten, meldete sich der 21jährige bereits in Salzburg mit den blumigen Worten, der Motorradsport sei sein Leben, bei seinem Aprilia-Werksteam zurück.

Wahrer Hintergrund des frühen Comebacks waren die Schachzüge von Sito Pons: Der Teamchef von Halbliter-Star Alberto Puig machte seinem Ruf als Finanzhai alle Ehre und war bereits drauf und dran, Girós Budget für seinen derzeit bei den »Open Ducados« antretenden Schützling Juan Bautista Borja zu verschlingen. Frischen Kampfgeist mobilisierte die Entscheidung allerdings nicht: Giró wurde im Training 33. und hatte nur noch die Wild Card-Piloten Gerwin Hofer und Georg Scharl hinter sich.

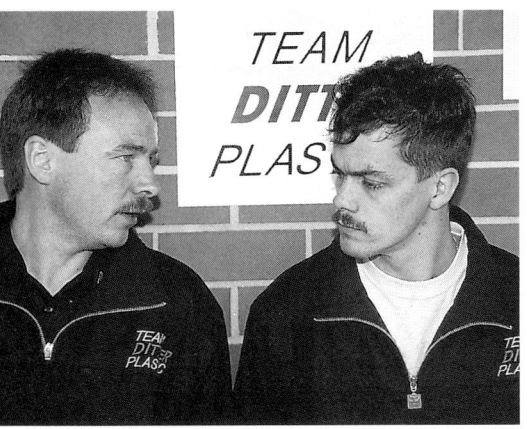

Materialsorgen: Oliver Koch, Techniker Lucas Schmidt (links)

Daß Oliver Koch mit seiner Ditter-Honda auch nur als deprimierter 26. in der Startaufstellung auftauchte, hatte technische Gründe. Sowohl im trockenen freien Training am Freitagvormittag als auch in der ersten, verregneten Qualifikation am Nachmittag erstaunlicher Dritter, erlebte er im Abschlußtraining am Samstag ein völliges Desaster. Kochs bester Motor gab schon beim Anwärmen kurz vor Trainingsbeginn alarmierende mechanische Geräusche von sich, worauf ihn die Techniker gleich wieder abstellten: Kurbelwelle kaputt. Mit der zweiten Maschine kam Oliver Koch fünf Runden weit, dann segelte er beim Beschleunigen nach der Fahrerlagerkurve wegen eines blockierenden Hinterrads über den Lenker: Ein abgeplatztes Stück der Nikasil-Zylinderbeschichtung hatte einen Kolbenklemmer verursacht.

Fassungslos standen die Techniker vor den für teures Geld eingekauften Spezialteilen, Teambesitzer Rolf-Peter Ditter platzte der Kragen. »Für das Geld, das ich bisher investiert habe, hätten wir locker zwei Werks-Aprilia kaufen können. Doch was wir von F.C.C. geliefert bekommen, ist Schrott. Es gibt zuverlässige Methoden, Teile vor der Auslieferung genau zu analysieren, doch von einer solchen Endkontrolle hat man dort wohl noch nichts gehört. Wenn ich mir mit meiner Firma solche Scherze erlauben würde, wäre ich längst pleite«, wetterte er, worauf Honda ein Einsehen hatte und für den prestigeträchtigen Hockenheim-Grand Prix einen Satz hochwertiger A-Kit-Zylinder bereitstellte.

Freilich rätselte auch Weltmeister Dirk Raudies lange am launenhaften Benehmen seiner Honda herum. Von den Blessuren seines Trainingssturzes in Spanien erholt, experimentierte er am Freitag wieder mit der neuen Vergaserairbox, weil Noboru Ueda und Takeshi Tsujimura in Spanien ebenfalls damit an den Start gegangen waren und Raudies trotz der mißlichen Erfahrungen bei den ersten Tests in Japan technisch nicht ins Hintertreffen geraten wollte. »Wahrscheinlich war das Desaster in Japan nur eine Vergasersache. Hier läuft der Motor mit Airbox bei Vollgas einwandfrei und beschleunigt besser als die Standardversion. Nur mit dem Ansprechverhalten bin ich noch nicht zufrieden, bei Halbgas ruckelt es«, stellte der Weltmeister nach einem lockeren siebten Platz in der ersten Qualifikation am Freitag fest.

Im Abschlußtraining lief plötzlich das zweite Motorrad ohne Airbox besser, Raudies qualifizierte sich damit als Dritter für die erste Reihe und beschloß, sein konventionelles Motorrad auch im Rennen einzusetzen.

Doch im Warm-Up am Sonntagmorgen war es kurioserweise wieder umgekehrt: Das Standard-Motorrad lahmte, das Modell mit der Airbox hingegen, mit dem er eigentlich nur einen Kolben einfahren wollte, trieb Dirk spontan auf Platz eins in der Topspeed-Hitliste. »Wir stehen vor einem Rätsel«, meinte er lapidar, rollte fürs Rennen aber folgerichtig mit der ominösen Airbox in Richtung Start.

125 cm³: Big Mäc McCoy

Und meisterte endlich den Auftritt, auf den seine Fans, sein Team und er selbst vier Rennen lang mit zunehmender Verdrossenheit gewartet hatten: Sowie Grünlicht aufflammte, machte er sich katapultartig aus dem Staub, brachte sofort 50 Meter Vorsprung zwischen sich und seine Verfolger und feierte endlich den ersten Triumph der Saison. »Ein Sieg in Salzburg ist großartig«, seufzte er dankbar, »man hört und spürt den Jubel und erhöht ständig die Risikobereitschaft. Die Zuschauer haben am Schluß mit Raketen nach mir geschossen, deshalb habe ich so viel Gas gegeben...«

Die Nerven der 50000 Fans hatten aber auch allerhand mitgemacht. Nach dem üblichen Blitzstart lag Dirk Raudies lockere 50 Meter in Führung, doch die Verfolger Noboru Ueda und Garry McCoy übten sich mit ihren ungleichen Motorrädern – Uedas Honda war bergan schneller, McCoys private Aprilia in den Schikanen flinker – in effektivem Teamwork und wälzten sich näher und näher an Raudies heran. Nach zwölf von 24 Runden war der Weltmeister eingefangen, McCoy schnupperte nach einem Ausbremsmanöver sogar für einen kurzen Moment Führungsluft.

Dann gab sich Raudies den zweiten Ruck, duckte sich grimmig hinter die Verkleidung und stellte mit ein paar verbissen schnellen Runden den alten Abstand wieder her. Seine Jungs an der Box hantierten mit der Signaltafel nervös wie die Rumpelstilzchen, doch am Schluß blieb ein satter vier-Sekunden-Vorsprung in die Computerschirme eingebrannt.

Festtag für Dirk Raudies: Endlich der erste Sieg

Festtag für die Zuschauer: Auf den Naturtribünen herrschte Stimmung

Und als der 1,61 Meter große Raudies mit dem Siegerkranz um den Hals auf dem Podest stand, wirkte er nach den Rückschlägen der letzten Monate plötzlich, als sei er um zwei Köpfe größer geworden. »Ich hatte guten Topspeed und gute Beschleunigung, allerdings ruckelte mein Motor bei Halbgas, so daß ich nicht schnell genug durch die Kurven fahren konnte. Doch als mein Vorsprung nach der Hälfte des Rennens plötzlich weg war, hat mich der Ehrgeiz gepackt«, grinste Raudies über die Zitterpartie.

Auch Noboru Ueda war wieder mit der Vergaserairbox unterwegs, räumte aber ein, daß gegen den Weltmeister in der Form des Jahres 1993 nichts zu machen war. »Mein einziges Problem: Raudies war zu schnell«, strahlte Nobby treuherzig und beschränkte sich darauf, seine Honda-Power im Finale des Rennens gegen die private Aprilia von Garry McCoy auszuspielen. »Er war sehr schnell in den Kurven, manchmal besorgniserregend schnell. Aber ich wußte, daß er mir am Ende ins Netz gehen würde: Ich hatte deutlich mehr Topspeed«, verriet Ueda und wurde von McCoy bestätigt: »Mein Fahrwerk war überlegen, ich bin so hart gefahren wie ich nur konnte und in den Kurven immer wieder nähergekommen. Mit einem privaten Motorrad auf dieser Strecke ist Platz drei das höchste der Gefühle«, freute sich der Australier über sein zweites Husarenstück nach dem tollen dritten Platz von Eastern Creek.

Peter Öttl, dessen Heimatgemeinde Ainring nur 20 Kilometer entfernt jenseits der deutschen Grenze lag und der bei besserem Wetter mit dem Mountain Bike angereist wäre, fuhr mit seiner Werks-Aprilia genauso entfesselt, hatte mit einem Leichtsinnsfehler am Start aber bereits alle Chancen auf einen Podestplatz verspielt. »Ich habe den linken Fuß hochgezogen, bin dann jedoch nochmals auf den Schalthebel getreten und habe den zweiten Gang eingelegt. Der ist 44 km/h schneller als der erste, weshalb ich den Motor beim Losfahren abwürgte«, schilderte Öttl. »Ich mußte neu starten und machte mich mit verzweifelter Wut an die Verfolgung. Erst habe ich ge-

Am Anfang Drittletzter, am Ende Vierter vor Sakata: Peter Öttl

dacht, es sei unmöglich, noch nach vorn zu kommen. Doch das Motorrad lief gut, ich habe vor Ehrgeiz innerlich gebrannt und alles niedergerungen, was irgendwie erreichbar war«.

Als Drittletzter bog er in die Emco-Schikane ein, war nach fünf Runden bereits Elfter, hatte zu Rennmitte schon den wild balgenden Verfolgerpulk in Sichtweite und schaffte es mit bestechender Fahrweise und brillanten taktischen Manövern, einen modernen Fünfkampf zu gewinnen und dabei keinen Geringeren als Kazuto Sakata abzuschütteln.

Der WM-Leader war allerdings auch schwer angeschlagen. Im Training hechtete er sich erst in der Fahrerlagerkurve, wenig später auch noch in der Nocksteinkehre vom Motorrad und trug einen angebrochenen Wirbelfortsatz davon, der ihn zwar nicht am Fahren hinderte, aber sehr schmerzhaft war. »So etwas habe ich bereits letztes Jahr in Hockenheim durchgemacht. Trotzdem kam es mir vor, als sei ich das härteste Rennen meines Lebens gefahren«, brummte er nach dem fünften Platz.

Nicht weniger als acht Mann balgten sich in der zweiten großen Gruppe, und hier hieß der Sieger Oliver Koch. Mit einem Motor, der nach dem Debakel im Training aus lauter gebrauchten B-Kitteilen des Vorjahres zusammengesetzt war, hangelte sich der Schwarzwälder immer weiter nach vorn, wurde im Schlußspurt Zehnter und nötigte seinem Cheftechniker Lucas Schmidt mit Windschattentricks Respekt ab. »Er hat die alte Salzburgringtaktik komplett supergut hingekriegt. Und mit seinen Rundenzeiten hätte er fünf Plätze weiter vorne mitfahren können«, meinte er befriedigt.

Nur die Yamaha-Truppe wurde wegen PS-Mangels wieder durch die Bank gebügelt. Yoshiaki Katoh erreichte als Bester noch Rang zwölf, Stefan Prein wurde 15., wobei der von Tuner Manfred Wittenborn aufgebaute Motor mit quadratischem Bohrung-Hub-Verhältnis anstatt des serienmäßigen Kurzhubers bereits die erste Feuertaufe überstand.

Jorge Martínez' österreichischer Techniker Harald Bartol verschob die geplante Premiere seines Pendants auf Hockenheim. »Die Teile aus dem Werk haben heutzutage einen solchen Standard, daß du mit halbfertigen Sachen nicht anzutreten brauchst«, verdeutlichte Bartol, der das Innenleben seiner Rennmotoren in seiner nur eine halbe Autostunde vom Salzburgring entfernten Werkstatt in Straßwalchen mit einem hochmodernen Strömungsprüfstand analysierte.

Am 17. Platz von Martínez wegen eines kaputten Drehzahlmessers war er ebensowenig schuld wie am 30. Rang des überrundeten Yamaha-Privatfahrers Manfred Baumann, der am Donnerstag noch gewettet hatte, er werde vor Martínez ins Ziel kommen. »Es ist ein Wahnsinn. Ich bin

Bernd Kassner: Platz 14 vor
Alessandro Gramigni (39)

Tetsuya Harada (1):
Ausfall wegen Kolbenklemmers

Ralf Waldmann (vor Romboni und Okada):
Statt Zweiter am Ende nur Fünfter

Eskil Suter:
Platz zehn mit gebrauchtem Werksmotor

noch nie mit so konkurrenzlos unterlegenem Material in ein Rennen gegangen«, schüttelte Baumann müde den Kopf.

250 cm³: Stadlers und Kassners Privatvergnügen

Da waren die deutschen Privatfahrer in der 250 cm³-Klasse schon besser versorgt. Von den ehemaligen HB-Teamtechnikern Max

Bradl und Konrad Hefele schon zu Saisonbeginn mit einer Vergaserairbox und etlichen weiteren Tricks nach Vorbild der NSR 250 auf Trab gebracht, schaffte Adi Stadler auch auf der Salzburger Hochgeschwindigkeitsstrecke einen erstaunlichen 13. Platz. »Ich bin lange mit Jean-Michel Bayle und Andy Preining mitgefahren, aber gegen die Werks-Aprilia fehllte mir am Ende dann doch der Schub. Trotzdem sind Punkte für mich immer ein riesiges Erfolgserlebnis«, freute sich Adi.

Bernd Kassner lief mit etwas Verspätung als 14. ein, genoß aber den Triumph, den mit Werksteilen wie einer elektrischen Auslaßsteuerung verwöhnten Aprilia-Piloten Alessandro Gramigni zermürbt zu haben. »Wir waren ziemlich gleichwertig, doch ich bin gefahren, was das Zeug hält«, berichtete er voller Stolz.

Fast wäre sein Mentor Martin Wimmer auf einer Werks-Honda mit ihm um die Wette gefahren. Er hatte beim seit Jerez verletzten Adrian Bosshard nachgefragt, ob er für ihn einspringen könne. Doch Wimmer scheiterte am starken Mann des Teams: Weil Bosshard das rechte Bein drei Tage nach der Verdrahtung seiner Kniescheibe schon wieder 70 Grad weit abwinkeln konnte und bereits in Hockenheim wieder anzutreten gedachte, entschied Sponsor und Teammanager Michel Métraux, für ein einziges Rennen lohne der Aufwand nicht.

Wo er schon Schicksal spielte, erkor er den bewährten Cheftechniker Heinz Röhrich auch gleich zum Sündenbock für die bisherigen Mißerfolge und schickte ihn in die Wüste. Das Werks-Material wurde nach Italien verfrachtet – zu Metrauxs altem Spezi Jörg Möller, der dem Geldgeber phantastische Versprechungen in Sachen Topspeed machte. Ein paar Wochen zuvor war Möller wegen Erfolglosigkeit vom Aprilia-Mohag-Team des Schweizers Eskil Suter gefeuert worden.

Mit einem hastig und für teures Geld besorgten Werksmotor wurde Suter in Öster-

Loris Capirossi:
Ein Sieg auf dem Silbertablett

reich Zehnter, hatte mit den echten Werksfahrern aber nur in der Startphase des Rennens zu tun. Denn Max Biaggi, auf Geheiß seiner Freundin Adriana elf Stunden mit dem Zug von Rom nach Salzburg angereist, hatte solche Bummelfahrten offensichtlich satt und machte sich in Windeseile aus dem Staub, wurde nach zwei Renndritteln allerdings von seinem Erzrivalen Loris Capirossi gestellt.

Dabei war Capirossis Honda keineswegs schneller, sondern bergauf sogar langsamer als Biaggis aerodynamisch verfeinerte Aprilia. Capirossi führte acht Runden vor Schluß, Biaggi glühte in der letzten Runde bergauf wieder vorbei und sah eingangs der Fahrerlagerkurve mit etlichen Längen Vorsprung schon wie der Sieger aus.

Doch vor jener langgezogenen, überhöhten Kehre ging er zu spät in die Bremsen, begann übers Vorderrad zu rutschen und brachte sein Gefährt nur mit einem weiten Bogen unter Kontrolle. Um den mittlerweile innen längsseits gegangenen Capirossi wieder los zu werden, drehte er energisch am Gas und brockte sich einen Hinterradslide ein, der ihn den Sieg und beinahe auch noch das Gleichgewicht kostete. »Ohne diesen Fehler hätte ich ihn nicht gekriegt«, räumte Capirossi ein und nahm den auf dem Silbertablett servierten ersten Saisonsieg mit Vergnügen an.

So spannend wie das Duell um den Sieg war auch der Dreikampf um Platz zwei. Ralf Waldmann hatte die Nase dabei genauso oft im Wind wie Tadayuki Okada und Doriano Romboni, wurde unmittelbar vor einem sorgfältig eingefädelten Schlußangriff jedoch unschuldiges Opfer des überrundeten Giuseppe Fiorillo und landete auf Platz fünf. »In der vorletzten Runde war ich hinter Romboni und hatte ihn mir bereits genau passend zurechtgelegt, als plötzlich Fiorillo vor mir auftauchte und mich durch die Wiese schickte. Er hat mich nicht gesehen und kann nichts dafür, aber ich bin trotzdem enttäuscht«, meinte Waldi, der nun schon zum zweiten Mal hintereinander um Haaresbreite an dem längst verdienten Podestplatz vorbeischrammte.

Tadayuki Okada verteidigte mit Platz vier seine WM-Führung, brachte als einsamer Michelin-Mann unter lauter Dunlop-Fahrern aber ein Stück harter Arbeit hinter sich. »Schon zur Hälfte der Distanz fing mein Hinterreifen das Rutschen an. Deshalb wartete ich bis zum Ende mit meinem Angriff. Bergab vor der Fahrerlagerkurve war ich vorn, doch Romboni quetschte sich außen vorbei. In der zweiten Schikane zeigte ich ihm nochmals mein Vorderrad, doch er machte alle Luken dicht.«

Damit feierte der italienische HB-Honda-Star und Vorjahressieger als Dritter das tröstliche Happy-End eines düsteren Wochenendes. »Ich habe nicht mit einem so guten Ergebnis gerechnet, weil ich aus der zweiten Reihe starten mußte und du nach einem solchen Sturz wie am Freitag auch nicht mehr ganz so unbeschwert am Hahn drehst«, sinnierte er. »Im Schlußspurt bin ich dann trotzdem am heikelsten Punkt der Strecke an Okada vorbeigezischt und habe mich hinterher so breit wie möglich gemacht. Es war ein hartes Rennen – wir haben einander millionenfach überholt!

500 cm³: Doohan einsam, aber schneller

Das konnte man von dem recht einseitigen Geschehen in der Halbliterklasse nicht behaupten: Michael Doohan schob sich schon vor der ersten Schikane an Alberto Puig vorbei in Führung, hatte die Gegner nach zwei Runden aus dem Windschatten geschüttelt und gewann am Ende einer überlegenen Alleinfahrt mit zwölf Sekunden Vorsprung.

»Ich gebe zu: Für die Zuschauer war es nicht gerade die große Show. Aber ich wollte schnellstmöglich abhauen, um einer drohenden Windschattenschlacht zu entgehen«, berichtete der Australier. »Ich hatte übrigens keine Ahnung, wo Schwantz war. Ich sah seine Boxentafel und bemerkte, daß sie nichts mit mir zu tun hatte, also wußte ich, daß er nicht mein direkter Verfolger war. Ich wußte nicht, ob er mich irgend-

**Mit Tempo 300 bergan:
Sieger Michael Doohan**

Reifenwechsel nach 16 katastrophalen Runden: Luca Cadalora (5)

wann von hinten überraschen würde, deshalb ließ ich auch bei vier, fünf Sekunden Vorsprung noch nicht locker«.

So sehr hätte sich Mick gar nicht anzustrengen brauchen. Kevin Schwantz benötigte nach einem desaströsen Start vier Runden, um sich auf Platz zwei durchzuwühlen, damit war der Kampf um den Sieg längst entschieden. »Die ersten 50 Meter bin ich ganz gut weggekommen, doch dann nahm die Kiste nicht mehr richtig Gas an, und ich sah die Jungs aus der zweiten und sogar der dritten Reihe an mir vorbeifliegen. Ich kenne das Problem schon länger: Manchmal startet das Motorrad sauber, manchmal nicht«, erklärte der Texaner. »Platz zehn in der ersten Runde, das war nicht gerade nach unserem Geschmack. Mick fährt hingegen wieder richtig gut und hat jede Menge Vertrauen zu seiner Honda, was ich von meiner Suzuki nicht behaupten kann.«

Am Schluß mußte der Weltmeister wegen verbrauchter Reifen sogar noch froh sein, Alex Crivillé auf Distanz gehalten zu haben. »Ich hoffte, an Schwantz dranbleiben und bergauf überholen zu können, dann hätte ich ihn besiegt. Doch eine Horde Überrundeter hat mir einen Strich durch die Rechung gemacht«, erklärte der Katalane.

Trotzdem fiel ihm nach dem ersten Podestplatz des Jahres ein zentnerschwerer Stein vom Herzen. Bislang war Alex nämlich den Beweis, daß er zu recht ins offizielle HRC-Aufgebot gehört, schuldig geblieben.

Auch über Daryl Beattie als Werksfahrer des Marlboro Team Roberts würden längst die größten Fragezeichen schweben – wenn Teamkollege Luca Cadalora mit seiner Werks-Yamaha nicht ebenfalls durch schwere Zeiten gehen würde. Nach 16 katastrophalen Runden tuckerte Luca zur Box, um gleich beide Reifen wechseln zu lassen, dabei verlor er sechs Runden und

Platz zwei nach verheerendem Start: Kevin Schwantz

wurde am Ende abgeschlagen als 22. gewertet. »Die Kiste war gut für Platz zehn und rutschte wie beim Speedway. Auf einer so gefährlichen Strecke keineswegs angenehm. Durch den Reifenwechsel hoffte ich, wenigstens etwas für die Zukuft lernen zu können«, knirschte er mit den Zähnen.

Beattie wurde wenigstens Achter, beschwerte sich aber über mangelnde Handlichkeit und mangelnden Drive beim Beschleunigen. »Ich fuhr gleich schnell wie Doug Chandler durch die Nocksteinkehre und öffnete das Gas am gleichen Punkt. Trotzdem zog er mir bergauf gnadenlos davon.«

Wegen Doohans Fabelzeiten und einem gebrochenen Auspuff im Abschlußtraining verpaßte Sachsens Hoffnung Lothar Neukirchner knapp die Qualifikation. Andy Leuthe rollte nach fünf Rennrunden mit verbrannter Kupplung aus, damit war die deutsche Teilnehmerschar aufgerieben.

Loris Reggiani blieb mit der für möglichst hohen Topspeed mit einer weiteren Tuningstufe aufgerüsteten Aprilia RSV 400 gleich nach der ersten Runde wegen eines Kolbenklemmers stehen. »3000 Testkilometer habe ich ohne den geringsten Defekt zurückgelegt – und nun das«, jammerte er.

Doug Chandler mußte zwei Runden vor Schluß aus achter Position wegen heißer werdendem Motor und dramatischem Leistungsverlust an die Box, sein Teamkollege John Kocinski rettete sich gerade noch über den Zielstrich: Wegen einer lockeren Schelle war ein Wasserschlauch am Kühler von John Kocinskis Motorrad abgegangen, ohne Kühlwasser spuckte und hustete der überhitzte Motor in der letzten Runde kurz vor dem Herzinfarkt, woraufhin Kocinski den vierten Platz noch an Shinichi Itoh abtreten mußte.

»Ich bin enttäuscht«, stellte der Amerikaner mißmutig fest, »ich hatte Itoh sicher im Sack, ich war in allen Kurven schneller als er und konnte ihm an manchen Stellen sogar außen vorfahren. Doch dann ging das Motorrad aus, und Itoh huschte vorbei. Der Motor sprang zwar nochmals an, aber ich stellte mich schon seelisch darauf ein, die Fuhre schiebend über den Zielstrich zu bringen. Wenigstens haben mich die andern nicht auch noch erwischt«, spielte er auf den Trainingsdritten Alberto Puig an, der das Rennen nach dem Start kurzfristig anführte, dann jedoch mit einem anschwellenden rechten Unterarm zurückfiel.

Glück im Unglück hatte auch Cagiva-Teambesitzer Claudio Castiglioni: Auf der Anreise verendete bei Trient sein Alfa 164. Fans erkannten das prominente Gesicht am Straßenrand – und nahmen den Millionär wie einen armen Tramp nach Salzburg mit.

Glück oder Unglück? John Kocinski erreichte den Zielstrich mit kollabierendem Motor

500 cm³:

Ergebnisse

1. Michael Doohan	AUS	Honda NSR	37.54.120	
2. Kevin Schwantz	USA	Suzuki RGV	38.06.730	
3. Alex Crivillé	E	Honda NSR	38.09.552	
4. Shinichi Itoh	J	Honda NSR	38.15.350	
5. John Kocinski	USA	Cagiva C-594	38.18.426	
6. Alberto Puig	E	Honda NSR	38.23.048	
7. Alexandre Barros	BR	Suzuki RGV	38.29.979	
8. Daryl Beattie	AUS	Yamaha YZR	38.48.597	
9. Niall Mackenzie	GB	ROC-Yamaha	39.05.026	
10. John Reynolds	GB	Harris-Yamaha	–1 Rde.	
11. Hervé Moineau	F	ROC-Yamaha	–1 Rde.	
12. Sean Emmett	GB	Harris-Yamaha	–1 Rde.	
13. Jean-Pierre Jeandat	F	ROC-Yamaha	–1 Rde.	
14. Cristiano Migliorati	I	ROC-Yamaha	–1 Rde.	
15. Laurent Naveau	B	ROC-Yamaha	–1 Rde.	

16. Jeremy McWilliams (GB) Yamaha, 17. Marc Garcia (F) ROC-Yamaha, 18. Julian Miralles (E) ROC-Yamaha, 19. Bruno Bonhuil (F) ROC-Yamaha, 20. Jean Foray (F) ROC-Yamaha, 21. Kevin Mitchell (GB) Harris-Yamaha, 22. Luca Cadalora (I) Yamaha –6 Rdn.

WM-Stand / Pkt.

1. Doohan 111
2. Schwantz 88
3. Kocinski 79
4. Itoh 56
5. Crivillé 54
6. Barros 50
7. Puig 48
8. Cadalora 45
9. Chandler 29
10. Reynolds 26
11. Mackenzie 20
12. Beattie 14
13. Honma 10
14. Garcia 10
15. McWilliams 10

Schnellste Runde: Doohan in 1.17.696 = 196,226 km/h (Rekord)

Alter Rekord: Michael Doohan (Honda) in 1.18.021 = 195,409 km/h (1993)

Durchschnitt Sieger: 29 Runden oder 122,815 km in 37.54.170 = 194,420 km/h

Ausfälle: D. Chandler (USA) Cagiva, nachlassende Motorleistung; J. López-Mella (E) ROC-Yamaha, mangelnde Motorleistung; L. Reggiani (I) Aprilia, Motor defekt; C. Doorakkers (NL) Harris-Yamaha, Motor defekt; L. Pedercini (I) ROC-Yamaha, Motor defekt; M. Papa (I) ROC-Yamaha, Aufgabe/Hand verletzt; B. Haenggeli (CH) ROC-Yamaha, Auspuff gebrochen; A. Leuthe (D) ROC-Yamaha, Kupplung verbrannt; V. Scatola (I) Paton, nicht qualifiziert; L. Neukirchner (D) Harris-Yamaha, nicht qualifiziert

Trainingszeiten: 1. Doohan 1.17.126 = 197,677 km/h, 2. Schwantz 1.17.755, 3. Puig 1.17.946, 4. Barros 1.18.126, 5. Crivillé 1.18.268, 6. Kocinski 1.18.308, 7. Cadalora 1.18.715, 8. Itoh 1.18.819, 9. Chandler 1.19.181, 10. Beattie 1.19.590, 11. Reggiani 1.20.338

250 cm³:

Ergebnisse

1. Loris Capirossi	I	Honda NSR	35.29.052	
2. Massimiliano Biaggi	I	Aprilia	35.29.552	
3. Doriano Romboni	I	Honda NSR	35.48.486	
4. Tadayuki Okada	J	Honda NSR	35.48.656	
5. Ralf Waldmann	D	Honda NSR	35.48.715	
6. Jean-Philippe Ruggia	F	Aprilia	36.08.195	
7. Luis d'Antin	E	Honda NSR	36.23.522	
8. Patrick v. d. Goorbergh	NL	Aprilia	36.34.859	
9. Jürgen v. d. Goorbergh	NL	Aprilia	36.34.920	
10. Eskil Suter	CH	Aprilia	36.35.006	
11. Jean-Michel Bayle	F	Aprilia	36.35.036	
12. Andy Preining	A	Aprilia	36.35.436	
13. Adi Stadler	D	Honda RS	36.49.874	
14. Bernd Kassner	D	Aprilia	–1 Rde.	
15. Alessandro Gramigni	I	Aprilia	–1 Rde.	

16. Giuseppe Fiorillo (I) Honda, 17. Frédéric Protat (F) Honda, 18. Alexander Witting (A) Aprilia, 19. Christian Boudinot (F) Aprilia, 20. Alan Patterson (GB) Honda, 21. Enrique de Juan (E) Aprilia, 22. Hannes Maxwald (A) Yamaha, 23. Rodney Fee (CDN) Honda –2 Rdn., 24. Kristian Kaas (SF) Yamaha

WM-Stand / Pkt.

1. Okada 85
2. Biaggi 83
3. Capirossi 77
4. Romboni 77
5. Ruggia 70
6. Waldmann 43
7. d'Antin 41
8. Bayle 33
9. Aoki 29
10. Zeelenberg 21
11. Ukawa 16
12. Harada 16
13. J. Goorbergh 15
14. Suter 14
15. Checa 12

Schnellste Runde: Capirossi in 1.20.916 = 188,418 km/h (Rekord)

Alter Rekord: Helmut Bradl (Honda) in 1.21.269 = 187,599 km/h (1993)

Durchschnitt Sieger: 26 Runden oder 110,110 km in 35.29.052 = 186,184 km/h

Ausfälle: T. Harada (J) Yamaha, Kolbenklemmer; N. Aoki (J) Honda, Motor defekt; W. Zeelenberg (NL) Honda, Zündung defekt; C. Checa (E) Honda, Kupplung verbrannt; J. Filice (USA) Yamaha, mangelnde Motordrehzahl; J.-L. Cardoso (E) Aprilia, Sturz; N. Ferro (F) Honda, mangelnde Motorleistung; L. C. Maurel (E) Honda, Nichtstarter/Trainingssturz; M. Hernández (E) Aprilia, Motor defekt

Trainingszeiten: 1. Biaggi 1.21.312 = 187,500 km/h, 2. Capirossi 1.21.319, 3. Okada 1.22.172, 4. Aoki 1.22.197, 5. Harada 1.22.210, 6. Waldmann 1.22.253, 7. Romboni 1.22.343, 8. Ruggia 1.22.574, 9. d'Antin 1.22.845, 10. Suter 1.23.394, 11. Preining 1.23.869, 12. J. v. d. Goorbergh 1.23.884, 13. Zeelenberg 1.23.943, 14. Stadler 1.24.119, 15. Kassner 1.24.210

125 cm³:

Ergebnisse

1. Dirk Raudies	D	Honda RS	35.55.273	
2. Noboru Ueda	J	Honda RS	35.59.274	
3. Garry McCoy	AUS	Aprilia	35.59.505	
4. Peter Öttl	D	Aprilia	36.11.280	
5. Kazuto Sakata	J	Aprilia	36.11.320	
6. Stefano Perugini	I	Aprilia	36.11.960	
7. Akira Saito	J	Honda RS	36.12.178	
8. Fausto Gresini	I	Honda RS	36.12.274	
9. Emilio Cuppini	I	Aprilia	36.17.870	
10. Oliver Koch	D	Honda RS	36.18.431	
11. Hideyuki Nakajyo	J	Honda RS	36.19.114	
12. Yoshiaki Katoh	J	Yamaha	36.19.206	
13. Bruno Casanova	I	Honda RS	36.19.217	
14. Herri Torrontegui	E	Aprilia	36.19.338	
15. Olivier Petrucciani	CH	Aprilia	36.19.576	

16. Stefan Prein (D) Yamaha, 17. Jorge Martínez (E) Yamaha, 18. Loek Bodelier (NL) Honda, 19. Lucio Cecchinello (I) Honda, 20. Gabriele Debbia (I) Aprilia, 21. Manfred Geissler (D) Aprilia, 22. Emili Alzamora (E) Honda, 23. Hans Spaan (NL) Honda, 24. Frédéric Petit (F) Yamaha, 25. Haruchika Aoki (J) Honda, 26. Vittorio Lopez (I) Honda

WM-Stand / Pkt.

1. Sakata 101
2. Ueda 67
3. Öttl 66
4. Raudies 55
5. McCoy 48
6. Tsujimura 46
7. Torrontegui 41
8. Saito 38
9. Martínez 32
10. Gresini 31
11. Nakajyo 27
12. Tokudome 25
13. Petrucciani 24
14. Koch 21
15. Bodelier 18

Schnellste Runde: Raudies in 1.28.950 = 171,400 km/h (Rekord)

Alter Rekord: Takeshi Tsujimura (Honda) in 1.29.241 = 170,841 km/h (1993)

Durchschnitt Sieger: 24 Runden oder 101,640 km in 35.55.273 = 169,772 km/h

Ausfälle: T. Tsujimura (J) Honda, Sturz; M. Ono (J) Honda, nicht qualifiziert; T. Igata (J) Honda, Sturz/Knöchel doppelt gebrochen; M. Tokudome (J) Honda, Kolbenklemmer

Trainingszeiten: 1. Ueda 1.29.076 = 171,157 km/h, 2. Sakata 1.29.474, 3. Raudies 1.29.625, 4. Cuppini 1.29.772, 5. Petrucciani 1.29.882, 6. Martínez 1.29.888, 7. Öttl 1.30.003, 8. Torrontegui 1.30.020, 9. Gresini 1.30.054, 10. McCoy 1.30.088, 11. Katoh 1.30.119, 12. Perugini 1.30.167, 13. Prein 1.30.203, 14. Tsujimura 1.30.338, 15. Tokudome 1.30.351, 16. Casanova 1.30.428, 17. Saito 1.30.449, 18. Debbia 1.30.731, 19. Geissler 1.31.166, 20. Nakajyo 1.31.223, 21. Cecchinello 1.31.237, 22. Bodelier 1.31.527, 23. Dussauge 1.31.791, 24. Igata 1.31.802

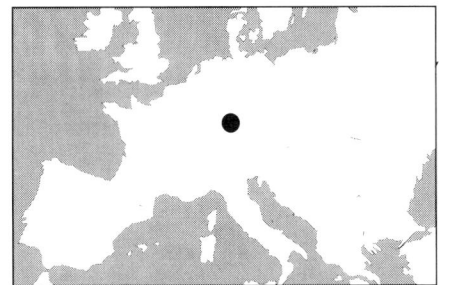

**12. Juni 1994:
Grand Prix Deutschland in Hockenheim**

Die Antwort weiß der Wind

In den Soloklassen sorgten die Windschattenspiele für spannende Unterhaltung. Bei den Gespannen mündeten sie in eine Katastrophe.

Regenschleier zogen über das Motodrom hinweg, es war kalt, ungemütlich und so düster unter dem bleigrauem Himmel, daß sogar die bunten Regenschirme ihre Farbe zu verlieren schienen. Wer das Pech hatte, den Schutz der Box, des Sattelaufliegers oder eines der Hospitalityzelte verlassen zu müssen, tat es fröstelnd und mit hochgeklapptem Kragen.

In der Box von Dirk Raudies herrschte trotzdem gute Laune. Sponsor Willi Balz, Chef einer Finanzconsultingfirma und begeisterter Hobby-Segelflieger, hatte dem Weltmeister eine neue Verkleidung mit zentralem Lufteinlaß für die Vergaserairbox gebaut, die das System zwar nicht effektiver machte, dafür aber eleganter aussah als der ordinäre Rüssel an der Seite.

Nach Tests in Brünn, bei denen sein Team einigen Vergasertricks auf die Schliche gekommen war, sauste die kleine Honda im Regen beruhigende sechs km/h schneller als der Rest der Welt an den Lichtschranken vorbei, worauf sich Raudies mit Rang vier und einer schnellen Runde kurz vor dem Abwinken des ersten Zeittrainings begnügte, ohne sich angesichts der etwas optimistischeren Wetterberichte fürs Abschlußtraining auf fahrerische Risiken einzulassen.

**Überlegen wie einst im Mai:
Sieger Dirk Raudies**

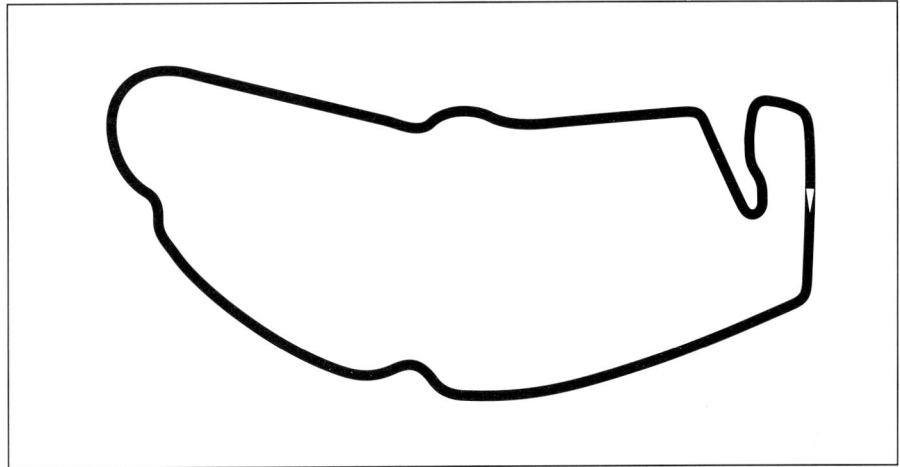

»Mein einziges Problem: An beiden Motorrädern juckt der fünfte Gang zurück in den vierten. Das bedeutet eine Nachtschicht für meine Mechaniker«, bedauerte er.

Doch der Sondereinsatz nutzte nicht viel: Obwohl das Getriebe komplett gewechselt wurde, sprang der fünfte Gang am Samstag weiterhin eigensinnig heraus, außerdem war bereits nach sieben Runden auf trockener Piste im zweiten Zeittraining der Kolben abgebrannt. »Durch den Regen haben wir fürs Trockene keine richtige Vergaserabstimmung gefunden. Irgendetwas ist faul. Leider haben wir haben schon die zweitgrößte Hauptdüse eingebaut, viel größer können wir nicht mehr gehen«, kratzte sich Raudies am Kopf und tröstete sich mit der Hoffnung, seine Maschine irgendwie über die Runden zu bringen. »Durch die Detonationen wird der Motor zwar langsamer, doch kaputtgehen wird er auf den 15 Rennrunden nicht«, gab er sich optimistisch.

Erbeutete Raudies immerhin noch Startplatz zwei hinter Noboru Ueda, so wurde Peter Öttl Opfer einer riskanten Regie. Auf allmählich abtrocknender Piste des ersten Tages hatte der Star des Dream Teams Aprilia Deutschland das Risiko am besten im Griff und setzte sich mit der vorläufigen Bestzeit in Szene. »Hier in Hockenheim Trainingsschnellster zu sein, ist natürlich ein Traum«, jubelte er. »Ich hatte schon am

Anfang bei strömendem Regen Bestzeit und machte dann Pause. In den letzten 20 Minuten bin ich wieder herausgefahren, die Bedingungen wurden von Runde zu Runde besser. Weil mein Fahrwerk und meine Bridgestone-Reifen perfekt waren, konnte ich mich von Runde zu Runde besser ans Limit tasten und bin ohne jedes Risiko so schnell gefahren«.

Doch am nächsten Tag spielte ihm das Wetter einen Streich. Anstatt bei guten Bedingungen gleich zu Beginn des Abschlußtrainings herzhaft am Gas zu drehen, kam er bereits nach einer Runde an die Box zurück, weil der Motor nicht die gewünschte Betriebstemperatur erreichte. Später fand er keinen geeigneten Windschatten und wurde bei seiner schnellsten Runde von Wild Card-Pilot Maik Stief aufgehalten. Als dann plötzlich wieder Regen einsetzte, hatte Öttl keine Chance mehr, seinen neunten Platz zu verbessern und rutschte damit in die undankbare dritte Reihe zurück. Sogar Wild Card-Pilot Stefan Kurfiss, im Vorjahr noch Öttls Teamkollege und wegen Geld- und Erfolgsmangel aus der GP-Starterliste gerutscht, war als Achter ein Quentchen schneller.

Selbst Honda-Privatfahrer Oliver Koch war als Zehnter nur Sekundenbruchteile von Peter Öttl entfernt. Honda hatte dem Grand Prix Team Ditter Plastic nach dem Desaster von Salzburg zwei A-Kit-Zylinder und Kolben zugeschoben, die der schwarzen Maschine einen prompten Muskelzuwachs von rund einem PS bescherten. Ohne die anderen Spezialteile wie Kurbelwelle, Motorengehäuse, Auspuffanlage und CDI-Zündanlage klaffte zu den Schnellsten der Klasse zwar nach wie vor eine Lücke. »Doch von allen Privatmaschinen im Feld habe ich nun die schnellste«, stellte Oliver Koch erleichtert fest und war so begeistert, daß er nicht weniger als drei Ausrutscher im Regen des ersten Trainingstages mit einem Lächeln wegsteckte. »Es war harmlos, am Ende war nur der Kupplungshebel krumm. Ich bin mit dem Motorrad zur Box zurückgetuckert, habe mich mit dem Gartenschlauch abspritzen lassen und die Reise fortgesetzt«, versicherte Koch.

Zuwenig Felgen: Wild Card-Pilot Jürgen Fuchs

**300 km/h:
Die magische Marke der Honda-Asse**

Als es vor dem Abschlußtraining dann endlich trocken war, dachte er »nichts wie raus« unter den tiefhängenden Wolken und erwischte gleich zu Anfang eine »sehr glückliche Runde« mit idealem Windschatten, bei der er als Drittschnellster in den Charts der Topspeedliste nach oben stürmte.

Bei den 250ern schien Max Biaggis Aprilia, ausgestattet mit neuen Vergasern und Auspuffanlagen, zunächst das Maß aller Dinge. Mit sagenhaften Topspeedwerten jenseits von 271 km/h trug sie ihn am ersten Tag zur vorläufigen Bestzeit. Der mit einer Halsentzündung und Fieber durchs Fahrerlager taumelnde Loris Capirossi hatte als Zweiter ebenso das Nachsehen wie der drittplazierte Doriano Romboni. »Biaggi war auch bei Tests in Mugello deutlich schneller als die besten Hondas. Doch so beeindruckend das auch im Training ist: Bei den Windschattenschlachten im Rennen wird er diesen Vorteil kaum ausspielen können«, kalkulierte Rambo.

Schon das Abschlußtraining bewies, wie eng es im Rennen zugehen würde. Vollgestopft mit fiebersenkenden Medikamenten erwischte Capirossi im rechten Moment den Windschatten von Biaggis Teamkollegen Jean-Michel Bayle, ließ sich die Gengerade nach der Ostkurve entlangziehen und wagte im Motodrom die riskantesten Schräglagen, worauf sein Name kurz vor dem Abwinken mit beeindruckenden sechs Zehntelsekunden Vorsprung in der ersten Zeile der Zeitenmonitore aufflimmerte und seine italienischen Rivalen auf die Plätze zwei und drei zurückgeworfen wurden. »Morgen wird´s eine Fahrt geben wie im Shinkansen-Express«, verglich er die Windschattenspiele mit dem japanischen Superschnellzug, »wir werden alle dicht beieinanderbleiben, und es wird keinem gelingen, sich davonzustehlen.«

Ralf Waldmann war als 250 cm³-Neuling in Hockenheim durch die Wetterlaunen besonders gehandicapt, qualifizierte sich am ersten Tag aber trotzdem als Siebter. »Beim Rausfahren aus den Kurven stempelt das Hinterrad und bringt Unruhe ins Fahrwerk, morgen müssen wir mit der Federung ebenso wie mit den Reifen eine Stufe härter gehen. Auch meine Bremspunkte sind noch nicht perfekt, vor den meisten Kurven lange ich viel zu früh in die Eisen. Wir sind noch dabei, uns ans Limit heranzutasten«, grübelte er.

Doch dank seinem Talent und der traumwandlerischen Sicherheit des erfahrenen Sepp Schlögl bei der in Hockenheim besonders heiklen Abstimmung der Maschine eroberte er tags darauf im Abschlußtraining schon mal Platz fünf. »Ich bin superzufrieden, denn ich habe mich von Runde zu Runde steigern können. Mit etwas mehr Training im Trockenen und etwas mehr Glück, geeigneten Windschatten zu finden, hätte ich auch die erste Reihe erreicht«, strahlte Waldi.

Bernd Kassner qualifizierte sich mit seiner privaten Aprilia als erstaunlicher Zwölfter, Adi Stadler erreichte mit seiner Honda Rang 14 und stellte nicht ohne Stolz fest, daß die von seinen Technikern Max Bradl und Konrad Hefele in Pionierarbeit entwickelte Airbox für den Honda-Production Racer mittlerweile von allen anderen privaten Honda-Teams kopiert worden war.

Auch von dem bayerischen Wild Card-Piloten Jürgen Fuchs. Technisch beraten von Sepp Schlögl, boxte sich der 28jährige wacker durch die erste Grand Prix-Qualifikation seiner Karriere, war am Freitag 19. und rutschte nur aus Mangel an genügend Felgen für die angesichts der Wetterkapriolen benötigte Reifenvielfalt auf Platz 26 im Abschlußtraining zurück.

Reifen spielten auf dem Hochgeschwindigkeitskurs vor allem für die 500er eine entscheidende Rolle. Weil die malträtierten Pneus bei Geschwindigkeiten weit jenseits der 300 km/h-Marke in den vergangenen Jahren gelegentlich in Fetzen davongeflogen waren, waren die Halbliter-Teams zu speziellen Tests nach Hockenheim geladen worden, um die Widerstandsfähigkeit der Neuentwicklungen in Ruhe überprüfen zu können.

Zwei Sektionen des Hockenheimrings waren dabei besonders kritisch: Die Gerade nach der ersten Bremsschikane, die bereits vor der Ostkurve auf ein Kilometer Länge in Wirklichkeit eine langgezogene Rechtskurve darstellt, auf der die Hinterreifen im 300 km/h-Tempo mit enormem Schlupf einherradieren und die nach einer besonders harten Mischung verlangt. Und die enge Sachskurve, der bis auf die Schikanen einzige Linksknick auf 6,8 Kilometer Streckenlänge, bei dessen Erreichen die linken Reifenflanken ausgekühlt sind und

Zu ungestüm durchs Motodrom: Luca Cadalora zog sich eine häßliche Handverletzung zu

deshalb eigentlich eine besonders weiche Mischung mit viel Grip auch bei niedriger Betriebstemperatur erfordern würden.

Michelin dachte über einen Zwitter mit verschiedenen Gummimischungen auf jeder Reifenseite nach, verwarf die Idee aber wieder, weil die Konstruktion eines tauglichen Rennreifes für Hockenheim auch so schon schwierig genug war: Die Reifenfirmen hatten herausgefunden, daß sich die üblichen Pneus bei den phantastischen Geschwindigkeiten auf bis zu 150 Grad aufheizen, einem Wert jenseits aller Sicherheitslimits.

Weshalb die Hersteller mit leichteren und dennoch stabileren Reifen in Hockenheim auftauchten. »Normalerweise beginnen die Probleme mit der Belastbarkeit der Reifen bei Rundenzeiten unter 2.00 Minuten. Doch mit den neuen Reifen gingen wir über eine volle Renndistanz bei vollem Tempo und hatten keinerlei größeren Ärger. Noch auf seiner letzten Runde legte Michael Doohan eine Zeit von 1.58,6 Minuten vor«, verriet ein Michelin-Ingenieur nach den Tests erleichtert.

Dunlop verringerte mit dünneren Laufflächen in der Reifenmitte den Aufheizeffekt durch die Walkarbeit und sparte außerdem zehn Prozent an Gewicht pro Hinterreifen. Fürs Vorderrad setzte man auf runder konturierte Karkassen mit stabileren Reifenflanken, die Handlichkeit und Lenkpräzision in engen Kurvenkombinationen und Schikanen verbessern sollten.

Doch für das Aushängeschild von Dunlop, Yamaha-Star Luca Cadalora, war das Hockenheim-Wochenende ebenso wie für Cagiva-Hoffnung John Kocinski bereits nach dem Abschlußtraining erledigt.

Tagelang hatte sich Kocinski mit einer Grippe abgeplagt, zwei Tage im Bett verbracht und wichtige Tests in Mugello seinem Teamkollegen Doug Chandler überlas-

Erst Grippe –
und dann einen gebrochenen Mittelfinger:
John Kocinski

Udo Mark, Team Sachsen-Manager Uwe Nebel: Die vermeintlich neue Harris-Yamaha entpuppte sich als Schrotthaufen

sen. Daß sich Chandler in der Weltmeisterschaft zu jener Zeit unter Wert verkaufte, bewies der Kalifornier im Umgang mit der Ducati 916 des ebenfalls in Mugello anwesenden World Superbike-Stars Fabrizio Pirovano: Schon nach drei freundschaftlichen Proberunden auf Pirovanos Motorrad war Chandler mal eben lockere zwei Sekunden schneller als der Italiener.

Kocinski tauchte in Hockenheim wieder auf, bemerkte, 300 km/h seien eine signifikante Umstellung nach ein paar Tagen im Bett und unterstrich diese Feststellung mit einem Sturz, der ihm einen gebrochenen linken Mittelfinger einbrockte. Wegen einer solchen Kleinigkeit den Start abzusagen, wäre einem Kevin Schwantz nie in den Sinn gekommen – weshalb der Texaner Kocinski prompt und voller Verachtung als Heulsuse titulierte.

Die Handverletzungen von Luca Cadalora waren schlimmer: Beim Versuch, mangelnden Topspeed durch entsprechende Kurvengeschwindigkeiten wettzumachen, preschte Luca etwas zu ungestüm in den Links-Rechts-Knick nach der Sachskurve, stürzte und erlitt heftige Prellungen der rechten Hand. Die linke Hand jedoch wurde unter dem Motorrad eingeklemmt und so böse zugerichtet, daß die Ärzte 90 Minuten mit Reinigen und Nähen der Schnittwunden zubrachten. »Keine Ahnung, ob ich in Assen werde fahren können. Ich hoffe es, aber ich kann nichts tun außer abwarten«, seufzte der Italiener.

Udo Mark stöhnte derweil unter einer geballten Anhäufung technischer Unzulänglichkeiten. Voller Optimismus hatte die Reutlinger Firma »Speer Racing« den Wild Card-Einsatz des Superbike-Stars finanziert und von Team Sachsen-Manager Uwe Nebel eine angeblich neu aufgebaute Harris-Yamaha des Jahrgangs 1993 besorgen lassen.

Doch in Wirklichkeit war die Maschine noch ein Jahr älter und klappriger. Als Mark zu zweieinhalbtägigen Vorbereitungsfahrten in Assen in den Sattel stieg, verzögerte die Vorderradbremse nicht, die Hinterradbremse war undicht, im Gehäuse steckten falsche Membranplättchen, die Kupplung rutschte, ein Vergaser war kaputt, das Getriebe ließ sich nicht schalten, das Hebelsystem am hinteren Stoßdämpfer war ausgeschlagen, und am Ende riß ein Pleuel.

Auch am ersten Trainingstag in Hockenheim stand der Star der deutschen »Pro Superbike«-Serie meist an der Box. Erst ersoff die Zündung im Regen, beim nächsten Startversuch ging der Motor bereits beim Warmlaufen im Stand fest, weil sich die Kurbelwelle in ihre Bestandteile auflöste. »Da hat der Harris wieder mal 'nen Schrotthaufen geliefert«, feixte Nebel und schlug »490 Kreuze«, daß Mark seine eigene Crew mitgebracht hatte und Nebels Mechaniker an dem wenig prestigeträchtigen Geschehen unbeteiligt waren. »Ich bin angelogen worden von vorne bis hinten«, stellte Mark fest, was sich keineswegs nur auf Harris, sondern auch auf das Management von Uwe Nebel bezog.

Weil die Maschine vor der ersten Qualifikation am Nachmittag nicht rechtzeitig repariert werden konnte, wollte Mark mit einer hastig umgeklebten Startnummer auf Lothar Neukirchners Maschine wenigstens ein paar Runden drehen, um die vorläufige Qualifikation sicherzustellen. Einsetzender Regen machte dieses fragwürdige Manöver

Kevin Schwantz:
Für Tempo 300 ist nur Doohan Experte

unnötig, doch auch im trockenen Abschlußtraining blieb die Qualifikation mit der reparierten Maschine auf Messers Schneide: Ganze sechs zusammenhängende Runden brachte Mark zusammen, bevor der Motor wieder stotterte. Daß er danach als 19. und mit Abstand bester Deutscher qualifiziert war, verschaffte ihm Respekt im Fahrerlager.

Zumal er die meiste Zeit nicht im Motodrom vertrödelte, sondern auf den langen Geraden verlor: Marks Harris-Yamaha erreichte schlappe 280 km/h, die schnellste Privat-Yamaha von Niall Mackenzie wurde mit exakt 303,4 km/h gemessen. Die Power der Honda NSR 500 katapultierte Alberto Puig hingegen auf 315,8 km/h, Michael Doohan sicherte sich eine souveräne Pole Position mit 316,6 km/h Topspeed.

In einer Pressekonferenz gefragt, wie es sich denn so anfühle, mit mehr als Tempo 300 durch den Wald zu blasen, reagierte der an Platz zwei qualifizierte, nur 306,4 km/h schnelle Kevin Schwantz mit trockenem Humor. »Da mußt du unseren Experten Michael Doohan fragen. Ich fahre nicht so oft Tempo 300 …«

500 cm³: Beatties Benzinmangel

Eine glatte Sekunde hatte der Texaner bei den Alleinfahrten des Trainings auf Michael Doohan eingebüßt und hoffte, sich beim Rennen etwas erfolgreicher im Windschatten der bärenstarken 200 PS-Rakete anklammern und am Ende vielleicht doch noch eines seiner berühmten Ausbremsmanöver landen zu können.

Anders als in Österreich, startete Kevin perfekt und steuerte Seite an Seite mit Puig und Doohan auf die erste Kurve zu. Durch den Wald übernahm der Spanier das Kommando, zurück ins Motodrom und bei der ersten Zieldurchfahrt hatte Schwantz die Nase vorn.

Doch dann trug Michael Doohan die Nase als Erster durch den Wind. Bis zur Halbzeit des Rennens sah es noch so aus, als könne Schwantz die Entscheidung dank etlicher waghalsiger Manöver bis zur letzten Runde hinauszögern, dann jedoch zog Doohan scheinbar mühelos und ohne einen einzigen größeren Slide auf und davon, nutzte den Speed-Vorteil seiner Honda fehlerlos und kaltblütig, bis er am Ende mit komfortablen 14 Sekunden Vorsprung den dritten Sieg hintereinander einstrich. »Mein Reifen war vom Typ Fred Feuerstein, so hart, daß ich in den wenigen Linkskurven nicht besonders viel Vertrauen hatte. Deshalb drehte ich friedlich meine Runden und ging vorsichtig mit dem Gasgriff um, auch, um den Hinterreifen nicht vorzeitig wegzuradieren«, erklärte Doohan, dem der greifbar nahe Sieg in Hockenheim schon zweimal wegen eines zerfetzten Reifens entglitten war. »Nach und nach fühlte sich der Reifen besser an, und nach zehn Runden beschloß ich, etwas zu unternehmen. Ich wußte, daß ich ihn abschütteln mußte, andernfalls wäre er in der letzten Runde beim Einbiegen ins Motodrom zur Stelle gewesen«.

Doch anders als in früheren Jahren, als Schwantz beim Bremsen schwarze Striche mit dem Vorderrad zog und dabei innen oder außen an seinen verwirrten Gegnern vorbei nahezu beliebige Linien wählen konnte, hatte der Suzuki-Star der überlegenen Honda-Power fahrwerksseitig nichts entgegenzusetzen. »Das Bremsen ist plötzlich unser größter Schwachpunkt«, wunderte er sich, »solange das Motorrad aufgerichtet ist, funktioniert alles wunderbar, doch sowie du aus der Spur gehst und in die Kurve einlenkst, verwandelt sich das Bike in einen Knoten und will weiter geradeaus«.

Start der Halbliterklasse: Schwantz (1) und Puig (17) kamen am besten weg

Ein Unglücksrabe und ein Glückspilz: Beattie (3) ging der Sprit aus, Doohan (4) gewann (Mark stürzte)

Schwantz verlor Doohans Windschatten schon in der Anfangsphase des Rennens, schaffte es aber immer wieder, sich heranzukämpfen. Dabei half ihm der Sog Alberto Puigs, der das Rennen seines Lebens fuhr, tapfer im Kampf um Platz zwei mithielt, erst durch ein paar energische Manöver des Weltmeisters kurz vor Schluß in seine Schranken verwiesen wurde und als Dritter den ersten Podestplatz seiner Halbliterkarriere feierte. »Bis jetzt waren wir nur in den Trainings gut, endlich konnte ich das auch einmal im Rennen umsetzen«, strahlte er, nachdem er seinen Pokal geküßt hatte. »Mein Motorrad war deutlich schneller als das von Kevin, das hat mir geholfen, an ihm dranzubleiben und ein gutes Rennen zu fahren. Aber glaube deshalb nicht, es sei einfach gewesen. Eine halbe Stunde vor

Kolbenklemmer: Garry McCoys Motoren gingen reihenweise fest

dem Start habe ich mich nochmals intensiv mental aufs Rennen vorbereitet. In dieser Klasse ist es nicht so, daß du einfach loslegst und am Ende Dritter wirst...«

Alex Crivillé gratulierte seinem Landsmann in der Auslaufrunde, machte aus seiner Enttäuschung über Platz vier ansonsten jedoch keinen Hehl. »Ich habe mir mehr erwartet«, brummte der Katalane, der den Hockenheim-GP des Vorjahres zeitweilig angeführt hatte, »aber ich hatte Fieber, verpatzte den Start und griff nach dem falschen Reifen.«

Doch das war nichts im Vergleich dazu, was Daryl Beattie durchmachen mußte. Der Australier startete prächtig aus der zweiten Reihe, nachdem er von Trainingsrang neun nach Cadaloras Startverzicht aufgerückt war, mußte aber bereits in der ersten Schikane durchs Gras. »Ich war in Itohs Windschatten und flog so schnell wie nie zuvor auf die Schikane zu. Sie saugte mich förmlich an, ich konnte nicht mehr bremsen und mußte geradeaus.«

Beattie fädelte sich im Hinterfeld wieder ein und beendete die erste Runde als 16. Nach langer Jagd an die achte Stelle gerückt, schnappte er sich dann noch Doug Chandler auf der einzig verbliebenen Cagiva, nur um in der letzten Runde trotz eines speziell für Hockenheim vergrößerten Tanks ohne Sprit liegenzubleiben. »Drei Runden vor Schluß hat die Kiste zu spucken begonnen. Kurz vor Schluß war dann endgültig Feierabend«, erklärte Beattie. »Er muß mehr Benzin verbraucht haben als im Training, und das ist ungewöhnlich. Daß er die meiste Zeit allein gefahren ist und keinen Windschatten hatte, machte es sicher nicht besser. Trotzdem hätte es reichen müssen«, kommentierte Team-Ingenieur Mike Sinclair das jüngste Desaster des einst so erfolgreichen Rennstalls ebenso ratlos wie verlegen.

Das Aprilia-Team hatte Loris Reggianis RSV 400 mit schnelleren Zylindern auf nunmehr 118 PS aufgerüstet und den schnellsten 250ern im Training so immer-

Kolbenbruch: Loris Reggiani kam gerade zwei Runden weit

hin zwei Sekunden abgenommen. Trotzdem war der Hockenheim-Einsatz nichts weiter als ein verkappter Test, bei dem das Risiko eines Ausfalls von vornherein einkalkuliert war. Tatsächlich kam Reggiani mit der neuen V 2-Maschine gerade zwei Runden weit, bevor er mit einem Motorschaden ausrollte.

Auch Udo Marks Fahrt ging vorzeitig zu Ende: Nachdem sich der Motor gerade mal zu materialschonenden 11000 Touren aufraffte, versuchte Mark mangelnden Speed in den Kurven auszugleichen und schmierte vier Runden vor Schluß an 16. Stelle ab. »Wenn du auf einem Scheißhaufen sitzt, kannst du auch auf der Scheiße ausrutschen«, kommentierte er sein Grand Prix-Abenteuer markig.

125 cm³: Ueda mit Handschaltung

Ganz so drastisch mochte sich Stefan Kurfiss nach seinem Ausfall in der 125 cm³-Klasse nicht ausdrücken: Immerhin war er mit seiner Honda fidel an 13. Stelle umhergefahren, bevor eine gebrochene Kurbelwelle seiner Hoffnung auf WM-Punkte ein Ende setzte.

Der Österreich-Dritte Garry McCoy, voller Erwartungen zum Heimspiel seines im schwäbischen Welzheim ansässigen agv-Attac-Teams nach Hockenheim angereist, war bereits im Warm-Up k.o. gegangen. Erstmal hatte die Telefonregie des fahrerlagermüden Tuners Herbert Rittberger versagt, die auf kompromißlose Spitzenleistung getrimmten Aprilia-Productionsmotoren gingen im Training gleich reihenweise fest. Beim vierten Kolbenklemmer des Wochenendes im Warm-Up am Sonntagmorgen stürzte McCoy derart auf die rechte Hand, daß er sich einen komplizierten Bruch des kleinen Fingers zuzog. Die nächste Hiobsbotschaft kam von Aprilia-Chefingenieur Jan Witteveen: Wegen des Comebacks von Carlos Giró war das für Assen in Aussicht gestellte Werksmaterial für McCoy nun doch nicht verfügbar.

Mit dem Sturz von Wild Card-Fahrer Maik Stief, sonst in der Deutschen Meisterschaft fürs agv-Attac-Team unterwegs, war die voller Stolz angetretene Truppe von agv-Importeur Wolfgang Koch endgültig aufgerieben: In Runde sieben rutschte Stief eingangs der Sachskurve das Vorderrad weg, worauf er sich wutschnaubend trollte, ohne Manfred Geissler eines Blickes zu würdigen.

Dem wurde nämlich Stiefs über den Asphalt raspelnde Honda zum Verhängnis. »Stief ging vor mir zu Boden, ich bin erschrocken und habe zu fest in die Bremse gelangt«, seufzte Geissler, der zu diesem Zeitpunkt zwar nur 22. war, aber Boden gutmachte und sich bereits das eine oder andere WM-Pünktchen auszumalen begann.

Doch es waren ja noch ein paar andere da, die Leben in die mit 30000 Zuschauern nur spärlich besetzten Ränge brachten. Als Erinnerung an seinen Trainingssturz in Salzburg hatte Oliver Koch zwar eine Schleimbeutelentzündung im Ellbogen mitgebracht, doch nach der Behandlung durch gleich zwei Ärzte – den Augsburger Chirurgen Dr. Norbert Riedel und Rennarzt Dr. Christoph Scholl aus St. Wendel – ging er so vergnügt ins Rennen, daß er nach einem Blitzstart als Vierter in die erste Kurve einbog, vor der Ostkurve aus dem Windschatten an Fausto Gresini vorbeiging und unter dem Jubel des Publikums als Dritter ins Motodrom zurückkam.

»Bei einem Grand Prix nur zwei Fahrer vor sich zu haben, das ist eine Sache! Davon will ich mehr!«, strahlte Oliver, wenngleich er sich nicht lange auf seinem Platz an der Sonne halten konnte. »Die anderen waren nicht nur auf den Geraden, die waren auch im Motodrom saumäßig schnell. Ich machte dann einen kleinen Fehler, geriet in der Startkurve in eine Senke und rutschte leicht hinten weg, dadurch fiel ich zurück«, kommentierte er seinen elften Platz.

Einer der ganz Schnellen war Aprilia Deutschland-Star Peter Öttl. Wie üblich kam er beim Start schlecht vom Fleck und

steckte nach einer Runde noch als Zwölfter im Mittelfeld, marschierte dann aber binnen fünf Runden an Position drei und verstrickte sich in einen erbitterten Vierkampf gegen Kazuto Sakata, den Italiener Stefano Perugini und den japanischen Newcomer Tomomi Manako auf der F.C.C.-Honda von Tomoko Igata, die sich in Österreich einen Knöchel- und Fersenbeinbruch zugezogen hatte.

In der vorletzten Runde war Öttl Zweiter, schien WM-Leader Sakata sicher unter Kontrolle und den Schlüssel zu einem deutschen Doppelsieg in der Hand zu haben, doch beim Herausbeschleunigen aus der zweiten Schikane kam ihm im Finale der überrundete Holländer Rick van Etten in die Quere. Sakata und Manako nutzten die

Maik Stief gegen Tex Geissler: Der eine stürzte, der andere konnte nicht mehr ausweichen

verlorenen Sekundenbruchteile kaltblütig aus, Öttl schrammte knapp am erhofften zweiten Platz vorbei. »In dieser letzten Runde war alles gegen mich«, meinte er bitter enttäuscht.

Sakata, ebenfalls miserabel gestartet, aber mit dem Talent gesegnet, auch aus aussichtslosen Situationen stets noch das Optimum herauszuholen, sahnte statt Öttl den zweiten Platz ab und baute seine überlegene WM-Führung weiter aus.

Die Entdeckung des Wochenendes war jedoch der 21jährige Manako, der ein Jahr zuvor noch als völliger Nobody in der japanischen Novice-Klasse Erfahrung sammelte. »Unser Teammanager in Japan, Mr. Masakazu Fujii, hat ihn entdeckt. Er hat ein sehr gutes Auge«, schwärmte F.C.C.-Teammanager Toru Furumaya. »Vor dem Rennen hoffte ich, unter die ersten 20 zu kommen. Ich hätte nie im Leben mit einem solchen Erfolg gerechnet«, gab Manako selbst zu Protokoll. »Ich lernte eine Menge von den anderen Fahrern, aber es ist schwierig, alles auf einmal zu begreifen«.

Vor allem bei solchen Trainingsbedingungen: Manako absolvierte nur sieben trockene Runden, und weil er noch nie auf einer Strecke mit derart langen Geraden und einer beängstigend schnellen Vierter Gang-Kurve gefahren war, klagte er noch vor dem Start des Rennens voller Nervosität, er habe keine Ahnung von den richtigen Bremspunkten.

Doch dann war es keineswegs Manako selbst, sondern der japanische Meister Yoshiaki Katoh auf der Cepsa-Yamaha, der den Bremspunkt falsch einschätzte und Manakos F.C.C.-Teamkollegen Takeshi Tsujimura ins Verderben torpedierte. In der Sachskurve krachte er Tsujimura wuchtig ins Heck, worauf er den Sattel kopfüber verließ, die Yamaha selbst jedoch am Heck von Tsujimuras Honda hängenblieb. Ein paar Meter schleppte Tsujimura Katohs

»Davon will ich mehr«: Oliver Koch (14) hatte zeitweilig nur zwei Fahrer vor sich

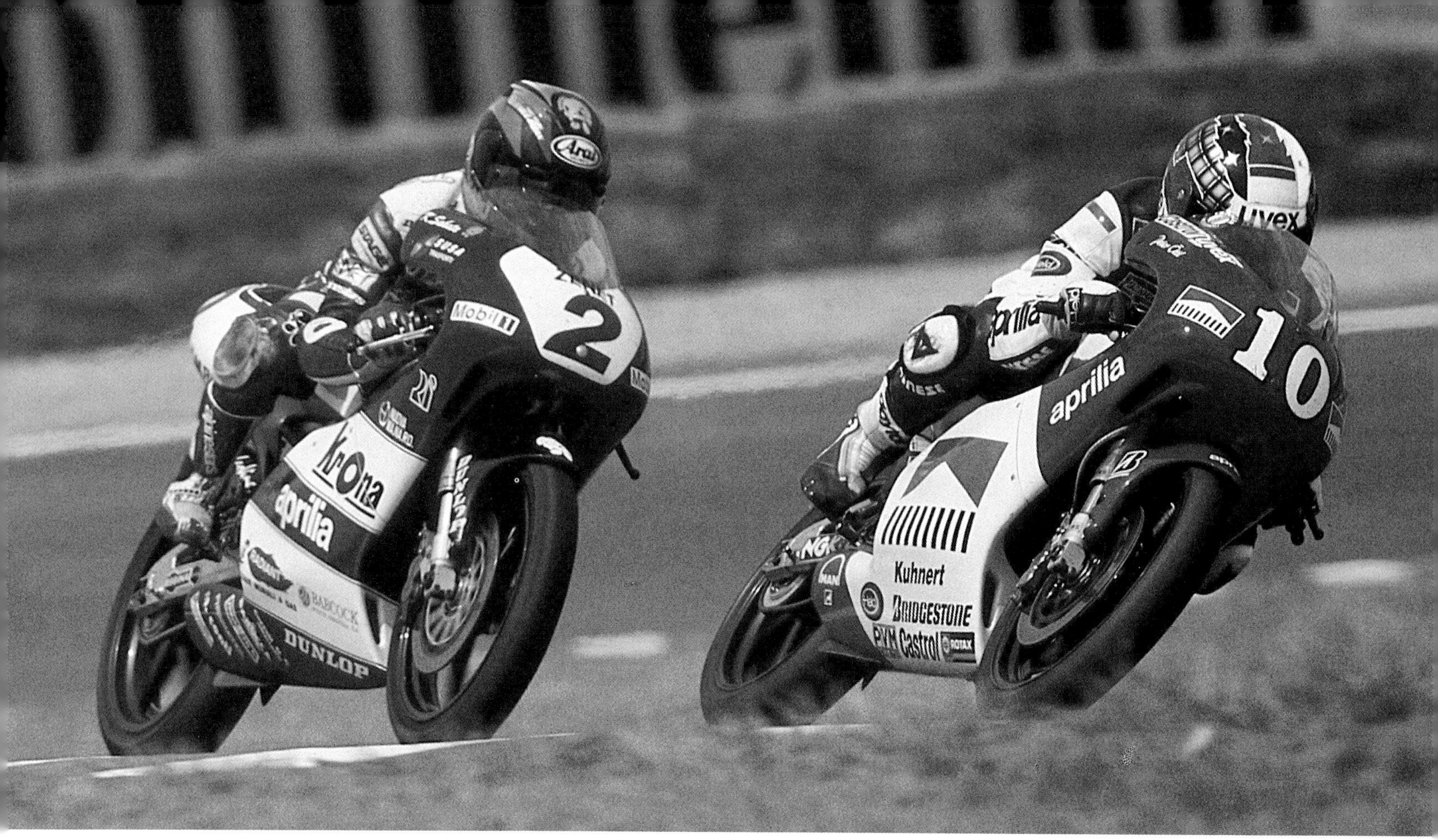
Arai
2
Mobil 1
aprilia
DUNLOP
BABCOCK
uvex
10
aprilia
Kuhnert
BRIDGESTONE
Castrol
ROTAX

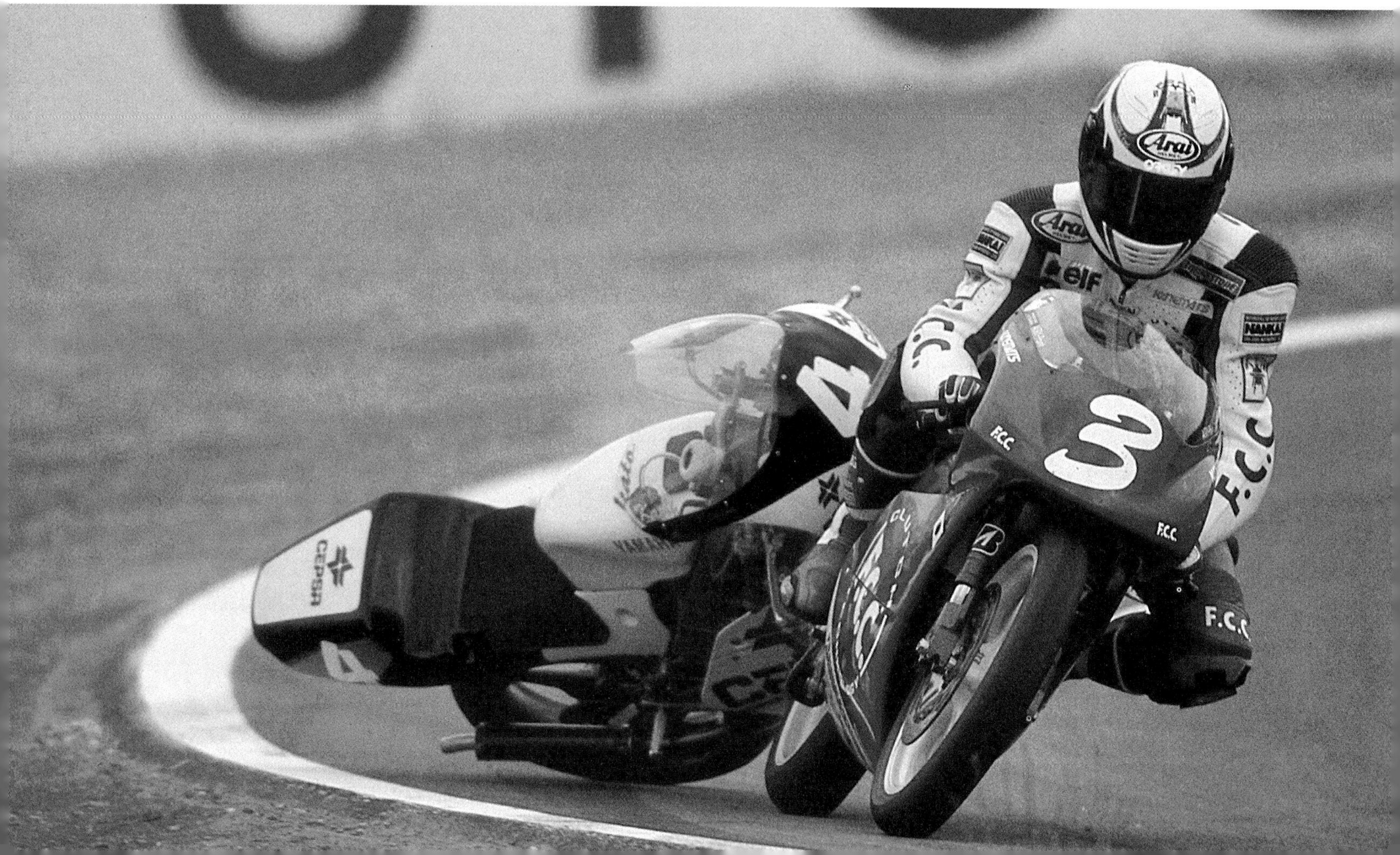
Arai
elf
NANKAI
3
F.C.C.
CEPSA
4

Eine Runde zuviel: Peter Öttl (10) hatte Kazuto Sakata (2) fast schon besiegt

Wrack wie einen Anhänger durch die Gegend, sah dann aber ein, daß mit so viel ärgerlichem Ballast kein Blumentopf zu gewinnen war.

Den überlegenen Spitzenreiter hätte er sowieso nicht erwischt. Mit vom Holländer Loek Bodelier geliehenen Getrieberädern und einer neuen Vergaserabstimmung lief Dirk Raudies´ Honda schon im Warm-Up wie ein Uhrwerk, worauf er nach dem Start des Rennens nach wenigen Runden die Flucht ergriff, seinen Vorsprung bis ins Ziel auf komfortable 17 Sekunden ausbaute und nach dem Triumph in Salzburg den zweiten überlegenen Sieg des Jahres feierte.

Nur der Japaner Noboru Ueda schaffte es, nach dem Start eine Weile mitzuhalten. »Ueda hat mich schon im Training beeindruckt, ich hatte nicht damit gerechnet, ihn so leicht abschütteln zu können. Mein Glück war, daß er hinter mir einen Fehler machte. Ich habe für ein paar Runden alles gegeben und meine Chance genutzt, aus dem Windschatten wegzukommen. Zum Ende hin bin ich durchs Motodrom eine Spur vorsichtiger gefahren, um nicht Kopf und Kragen und doch noch einen Ausrutscher zu riskieren«, atmete Raudies auf und war sichtlich erleichtert, nach der langen Durststrecke seit Saisonbeginn längst überfällige Erfolge aufweisen zu können. »Angesichts von 41 Punkten Rückstand ist die Weltmeisterschaft für mich weiterhin abgeschrieben. Ich will jedoch versuchen, weiter Rennen zu gewinnen, um der Welt zu zeigen, daß ich noch ganz der alte bin. Wenn ich am Ende dann doch noch eine WM-Chance habe, habe ich Glück gehabt – aber wetten würde ich darauf nicht!«.

Ueda hielt sich bis in die neunte Runde an zweiter Stelle auf, bevor ein Teil seines Schalthebels abfiel und der sympathische Publikumsliebling zwischendurch an die

**Zuviel Ballast:
Mit Katohs Yamaha im Schlepp wurde Tsujimuras Honda zu unhandlich**

14. Position absackte. Doch dann hatte sich der unverwüstliche Japaner daran gewöhnt, mit dem linken Arm nach unten zu langen und von Hand weiterzuschalten, worauf er in der letzten Runde an nicht weniger als acht Mann vorbeiglühte und am Ende noch tapferer Sechster wurde.

250 cm³: Rennsport – und nicht klassische Musik

Nicht weniger spannend war die letzte Runde im Rennen der 250 cm³-Klasse. Nahezu das ganze Rennen über hatten sich Capirossi, Biaggi, Romboni und die beiden Japaner Nobuatsu Aoki und Tadayuki Okada einen erbitterten modernen Fünfkampf geliefert, erst in der Schlußphase kristallisierte sich heraus, daß die Entscheidung um den Sieg zwischen den drei Italienern fallen würde. Nur für wen, das war bis zur Gegengeraden der letzten Runde völlig offen.

Denn erst dort warf Loris Capirossi das entscheidende Quentchen mehr in die Waagschale, scherte hinter Doriano Romboni aus dem Windschatten aus, ergriff die Führung und zog Max Biaggi im Schlepp mit sich auf Platz zwei.

Extrem spät auf der Bremse, verteidigte Capirossi seine Führung ins Motodrom, drehte die neue Rekordrunde und blieb fehlerlos bis zum Erreichen des Zielstrichs. Doch Biaggi war in der Sachskurve einen Tick zu spät dran, erwischte eine weite Linie und ließ Romboni innen durch.

Biaggis letzte Chance auf einen Konter kam in der Opelkurve vor der Zielgeraden: Diesmal ließ Romboni eine, wenngleich deutlich kleinere Lücke, und um seinen Fehler kurz zuvor wieder gutzumachen, bohrte sich Biaggi mit aller Hingabe in dieses Loch. Er drängelte ein bißchen, schaute dabei noch frech über die Schulter zu Romboni hinüber, erbeutete Platz zwei und holte die Führung in der Weltmeisterschaft zurück.

Romboni stand kurz vor einem Tobsuchtsanfall, weigerte sich, beim obligaten Kurz-Fernsehinterview vor der Siegerzeremonie mitzuspielen und beschränkte sich in der anschließenden Pressekonferenz auf zwei nicht besonders humorvolle Bemerkungen. »Jeder, der das Rennen im Fernsehen gesehen hat, mag für sich selbst entscheiden, wer im Recht und wer im Unrecht war. Ich ziehe es vor, diese Frage im nächsten Rennen mit Biaggi persönlich zu klären«, zischte er.

»Klar, er ist beleidigt, doch ich sah die Lücke und nutzte sie. Wir machen Renns-

**Die letzte Runde:
Capirossi (2) ist entwischt, doch Romboni (5) und Biaggi (4) streiten sich weiter**

port, nicht klassische Musik«, meinte Biaggi achselzuckend.

Tage später, als sein Zorn verraucht war und er die fragliche Szene am Video studiert hatte, sah Rambo ein, daß er übers Ziel hinausgeschossen hatte.

Loris Capirossi zeigte sich von dem Streit hinter sich unbeeindruckt und war selig über den zweiten Sieg hintereinander. »Heute morgen hatte ich immer noch 38 Grad Fieber, deshalb gehört dieser Sieg Dr. Costa«, schlug er in seiner Begeisterung vor. »Meine Taktik war, beim Start tüchtig Gas zu geben, um ja niemanden entwischen

Enttäuscht vom Schicksal: Tadayuki Okada fiel auf Platz fünf zurück und verlor die WM-Führung

zu lassen, zu Mitte des Rennens jedoch eine Zeitlang kalkulierter zur Sache zu gehen, um die Reifen zu schonen. Das war die Phase, in der uns die beiden Japaner einholten, und es war auch die gefährlichste Phase, weil wir in jeder Kurve als dichtes Bündel aneinanderklebten«.

Es war die Phase, in der auch Tadayuki Okada noch ans Gewinnen dachte, doch am Ende hatte er als Fünfter seine WM-Führung verspielt und war grenzenlos enttäuscht. »Aoki scherte regelmäßig vor den Schikanen aus dem Windschatten aus, war bei Einbiegen in die Kurven aber stets zu langsam. Er bremste mich mit ab, und so verloren wir den Windschatten und hatten keine Chance, den Anschluß wiederherzustellen. Es ist eine Schande, denn mein Motorrad und meine Reifen funktionierten perfekt«, raufte sich der Schützling von Erv Kanemoto die Haare.

Ärgerte er sich über seinen Landsmann, so hatte er zu Anfang des Rennens Ralf Waldmann um alle Chancen gebracht. Drei Runden hielt der 250 cm³-Newcomer souverän mit der Spitzengruppe mit, fiel dann aber plötzlich als Sechster aus der Führungsgruppe zurück.

»Okada ist auf der letzten Rille aus dem Windschatten heraus an mir vorbeigegangen. Es war unmöglich, von außen noch einzubiegen, deshalb mußte ich in der ersten Schikane geradeaus durch den Notausgang und habe den Anschluß verloren. Doch dafür ist es immer noch ein Bombenergebnis geworden«, schilderte Waldi, der danach immerhin den schnellen Franzosen Jean-Philippe Ruggia und Weltmeister Tetsuya Harada erfolgreich auf Distanz hielt. »Mein Motorrad ging wie eine Rakete und war so überlegen, daß ich für die andern zu Anfang die Lokomotive spielte. Ohne den Zwischenfall mit Okada wäre ich hundertprozentig vorne dabeigeblieben«.

Das war bei Toshihiko Honma von vornherein außer Reichweite. Nachdem Jim Filice mit der Yamaha TZM 250 ein sportliches und technisches Desaster erlebt und in drei Rennen kein einziges Mal das Ziel gesehen hatte, zog sein Freund und Teammanager Wayne Rainey angesichts mangeln-

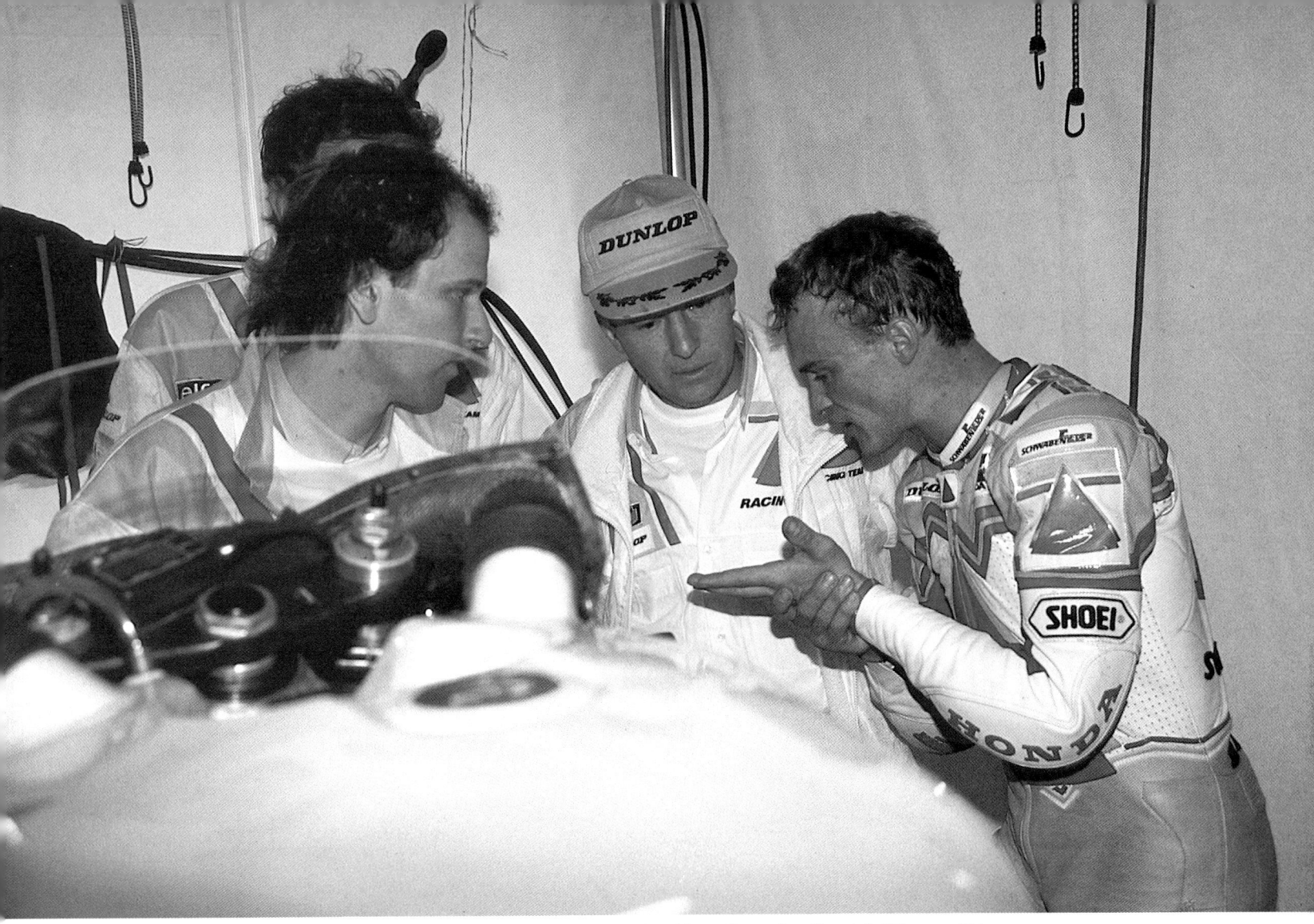

Enttäuscht von Okada: Ralf Waldmann mit Cheftechniker Sepp Schlögl und Data Recording-Spezialist Thomas Thimm

der sportlicher und technischer Unterstützung vom Yamaha-Werk einen Schlußstrich und sagte: »Jimbo, es hat keinen Sinn, das Motorrad ist nicht einsatzfähig«.

Als man sich dann jedoch darauf geeinigt hatte, künftig Yamaha-Testfahrer Toshihiko Honma in den Sattel von Raineys 250er zu setzen, wurden plötzlich drei japanische Ingenieure für das Team abgestellt und freudigst Kisten mit Spezialteilen angeschleppt.

Freilich war auch das vergebliche Liebesmüh´: Honma krebste mit Fehlzündungen am Ende des Feldes durchs Rennen und wurde fünf Runden vor Schluß erlöst, als endlich in beiden Zylindern der Yamaha Funkstille herrschte.

Auch Bernd Kassner und Wild-Card Fahrer Peter Koller mußten ihre Hoffnungen wegen Motorschäden begraben, doch die anderen deutschen Privatfahrer erwirtschafteten eine tadellose Bilanz: Adi Stadler holte als 15. den nächsten WM-Punkt, Jürgen Fuchs wurde beim GP-Debüt tapferer 18.

Gespanne: Trauer um Simon Prior

Rolf Biland und Kurt Waltisperg setzten sich nach acht Runden vom Feld ab und gewannen das Seitenwagenrennen in gewohnt unwiderstehlicher Manier, doch wurde ihr Triumph von einem folgenschweren Unfall überschattet.

Acht Gespanne hingen im Kampf um Platz zwei wie Kletten aneinander, als zwei Runden vor Schluß auf der Gegengeraden vor der zweiten Bremsschikane plötzlich Gespanne, Fahrer und geborstene Wrackteile wie nach einer Explosion durch die Luft stoben und ein grauenvolles Trümmerfeld hinterließen.

Exweltmeister Steve Webster hatte die Gruppe angeführt, sein britischer Landsmann Steve Abbott scherte hinter ihm nach links aus und übersah dabei den Österreicher Klaus Klaffenböck. Bei dem Zusammenstoß wurde Klaffenböck bei Tempo 250 ins Gras geschubst, sein Gespann stellte sich quer und schleuderte Beifahrer Christian Parzer aus dem Boot auf den Asphalt direkt in den Weg der fünf anderen Verfolger. Parzer wurde mit Verdacht auf einen Wirbelbruch per Helikopter nach Ludwigshafen geflogen, hatte aber nur Prellungen und eine Gedächtnislücke, so daß er am frühen Abend wieder entlassen werden konnte.

Beim Versuch, zu bremsen und auszuweichen, krachten zwei weitere Gespanne ineinander. Die Schweizer Gebrüder Wyssen wurden samt ihrem Fahrzeug hoch durch die Luft gewirbelt, Beifahrer Kilian Wyssen prallte aus freiem Flug gegen die Leitplanken und kam durch ein Wunder mit Prellungen davon.

Doch Simon Prior, aus dem Boot von Yoshi Kumagaya geschleudert und von einem durch die Luft fliegenden Rad am Kopf getroffen, erlag in der Klinik von Mannheim am Montagmorgen seinen schweren Kopf- und inneren Verletzungen. Der 41jährige Brite, Immobilienmakler im Hauptberuf und Rennfahrer seit 1971, hinterließ eine Frau und eine Tochter. »Manchmal wird unterschätzt, wie dünn der Faden ist, an dem wir hängen«, sagte Rolf Biland. »Das Windschattenfahren braucht viel Gefühl. Man hat einen eingeschränkten Blickwinkel, und bei der Geschwindigkeit kann man nicht mehr korrigieren.«

Um die Dreiradflundern etwas leichter beherrschbar zu machen, hatte der Schweizer Konstrukteur Louis Christen über Winter eine neue Spurstangenlenkung gebaut, die von etlichen Piloten beim Saisonauftakt in England eingesetzt und für gut befunden, von der internationalen Föderation FIM aber danach als regelwidrig geächtet wurde.

Für das Hockenheimrennen mußten die Gespanne auf die herkömmliche Lenkschwingarmlenkung zurückrüsten, worauf der Schweizer Markus Bösiger schon Tage vor dem Unfall in einem offenen Brief an die FIM auf schwere, nie genau geklärte Unfälle des Vorjahres hinwies – auch auf seinen eigenen mit Tempo 220 in Schweden, von dem sich der damalige Passagier Beat Leibundgut auch ein Jahr später noch nicht erholt hatte.

Eine der Unfallursachen, so Bösiger, sei der mit zunehmender Reifenbreite immer größer gewordene Lenkrollradius der herkömmlichen Steuerung, mit dem die Ge-

---

500 cm³:

Ergebnisse

1. Michael Doohan	AUS	Honda NSR	35.58.994
2. Kevin Schwantz	USA	Suzuki RGV	36.12.976
3. Alberto Puig	E	Honda NSR	36.14.758
4. Alex Crivillé	E	Honda NSR	36.18.530
5. Alexandre Barros	BRA	Suzuki RGV	36.32.114
6. Shinichi Itoh	J	Honda NSR	36.32.287
7. Doug Chandler	USA	Cagiva C-594	36.46.196
8. Niall Mackenzie	GB	ROC-Yamaha	37.05.284
9. Bernard Garcia	F	Yamaha YZR	37.11.974
10. John Reynolds	GB	Harris-Yamaha	37.35.637
11. Sean Emmett	GB	Harris-Yamaha	37.36.056
12. Juan López-Mella	E	ROC-Yamaha	37.53.302
13. Julian Miralles	E	ROC-Yamaha	37.53.549
14. Laurent Naveau	B	ROC-Yamaha	37.53.720
15. Bruno Bonhuil	F	ROC-Yamaha	– 1 Rde.

16. Kevin Mitchell (GB) Harris-Yamaha, 17. Andreas Leuthe (D) ROC-Yamaha, 18. Cees Doorakkers (NL) Harris-Yamaha, 19. Lothar Neukirchner (D) Harris-Yamaha

WM-Stand — Pkt.

1. Doohan 136
2. Schwantz 108
3. Kocinski 79
4. Crivillé 67
5. Itoh 66
6. Puig 64
7. Barros 61
8. Cadalora 46
9. Chandler 38
10. Reynolds 32
11. Mackenzie 28
12. Garcia 17
13. Beattie 14
14. Emmet 14
15. López-Mella 11

Schnellste Runde: Doohan in 1.58.586 = 206,190 km/h (Rekord)

Alter Rekord: Michael Doohan (Honda) in 1.58.852 = 205,728 km/h (1993)

Durchschnitt Sieger: 18 Runden oder 122,256 km in 35.58.994 = 203,855 km/h

Ausfälle: D. Beattie (AUS) Yamaha, Spritmangel; L. Cadalora (I) Yamaha, Nichtstarter/Trainingssturz; J. Kocinski (USA) Cagiva, Nichtstarter/Trainingssturz; L. Reggiani (I) Aprilia, Motorschaden; J. McWilliams (GB) Yamaha, Sturz; L. Pedercini (I) ROC-Yamaha, Motorschaden; C. Migliorati (I) ROC-Yamaha, Sturz; M. Papa (I) ROC-Yamaha, Aufgabe/Schmerzen; B. Haenggeli (CH) ROC-Yamaha, Zylinderkopfdichtung defekt; V. Scatola (I) Paton, nicht qualifiziert; J. Foray (F) ROC-Yamaha, Motorschaden; M. Garcia; (F) ROC-Yamaha, Zündungsschaden; J.-P. Jeandat (F) ROC-Yamaha, Zündungsschaden; M. Erhardt (D) Harris-Yamaha, nicht qualifiziert; U. Mark (D) Harris-Yamaha, Sturz

Trainingszeiten: 1. Doohan 1.58.946 = 205,566 km/h

---

250 cm³:

Ergebnisse

1. Loris Capirossi	I	Honda NSR	33.43.516
2. Massimiliano Biaggi	I	Aprilia	33.43.800
3. Doriano Romboni	I	Honda NSR	33.43.941
4. Nobuatsu Aoki	J	Honda NSR	33.44.808
5. Tadayuki Okada	J	Honda NSR	33.45.141
6. Ralf Waldmann	D	Honda NSR	33.57.082
7. Tetsuya Harada	J	Yamaha TZM	33.57.137
8. Jean-Philippe Ruggia	F	Aprilia	33.57.810
9. Luis d'Antin	E	Honda NSR	34.23.020
10. Wilco Zeelenberg	NL	Honda NSR	34.23.074
11. Jean-Michel Bayle	F	Aprilia	34.23.145
12. Patrick v. d. Goorbergh	NL	Aprilia	34.23.318
13. Andy Preining	A	Aprilia	34.23.808
14. Carlos Checa	E	Honda RSK	34.56.751
15. Adi Stadler	D	Honda RSK	34.56.816

16. Luis Carlos Maurel (E) Honda, 17. Alessandro Gramigni (I) Aprilia, Jürgen Fuchs (D) Honda, Giuseppe Fiorillo (I) Honda; Noel Ferro (F) Honda, José-Luis Cardoso (E) Aprilia, Kristian Kaas (SF) Yamaha, Manuel Hernandez (E) Aprilia

WM-Stand — Pkt.

1. Biaggi 103
2. Capirossi 102
3. Okada 96
4. Romboni 93
5. Ruggia 78
6. Waldmann 53
7. d'Antin 48
8. Aoki 42
9. Bayle 38
10. Zeelenberg 27
11. Harada 25
12. Ukawa 16
13. P. Goorbergh 15
14. J. Goorbergh 15
15. Suter 14

Schnellste Runde: Capirossi in 2.04.820 = 195,892 km/h (Rekord)

Alter Rekord: Loris Capirossi (Honda) in 2.04.889 = 195,783 km/h

Durchschnitt Sieger: 16 Runden oder 108,672 km in 33.43.516 = 193,336 km/h

Ausfälle: F. Protat (F) Honda, Aufgabe/Schmerzen; E. Suter (CH) Aprilia, Aufgabe/mangelnde Motorleistung; A. Bosshard (CH) Honda, Nichtstarter/Schmerzen; B. Kassner (D) Aprilia, Motor festgegangen; E. de Juan (E) Aprilia, Motor nicht angesprungen; J. v. d. Goorbergh (NL) Aprilia, Sturz; C. Boudinot (F) Aprilia, Motorschaden; R. Fee (CDN) Honda, Zündungsschaden; A. Patterson (GB) Honda, Kupplung defekt; T. Honma (J) Yamaha, Elektrikschaden; P. Koller (D) Honda, Kurbelwelle defekt

Trainingszeiten: 1. Capirossi 2.04.853 = 195,840 km/h, 2. Romboni 2.05.468, 3. Biaggi 2.05.670, 4. Okada 2.05.786, 5. Waldmann 2.06.302, 6. Ruggia 2.06.782, 7. Aoki 2.06.896, 8. d'Antin 2.07.670, 9. Harada 2.07.789, 10. Bayle 2.07.816, 11. Preining 2.08.312

spanne beim Bremsen nach rechts zögen und beim Loslassen des Lenkers schlagartig nach rechts abbögen. Die neue LCR-Lenkung erlaube es, den Lenkrollradius auf null zu trimmen, und wenn sie nicht wieder zugelassen werde, erwäge er den Rücktritt schon in Assen.

Ergänzte Louis Christen: »Solche Lenkungen wurden einst verboten, weil sie die alten Motorradgespanne auch nicht hatten. Aber heute hat jeder Hersteller großer Straßengespanne aus Sicherheitsgründen eine Achsschenkellenkung im Programm. Und die Rennfahrer sollen darauf verzichten?«

Sieger Rolf Biland: »Manchmal wird unterschätzt, wie dünn der Faden ist«

125 cm³:

Ergebnisse

1. Dirk Raudies	D	Honda RS	34.44.974
2. Kazuto Sakata	J	Aprilia	35.01.999
3. Tomoko Manako	J	Honda RS	35.02.293
4. Peter Öttl	D	Aprilia	35.02.319
5. Stefano Perugini	I	Aprilia	35.02.920
6. Noboru Ueda	J	Honda RS	35.15.380
7. Jorge Martínez	E	Yamaha	35.15.478
8. Akira Saito	J	Honda RS	35.15.882
9. Masaki Tokudome	J	Honda RS	35.16.030
10. Oliver Petrucciani	CH	Aprilia	35.16.444
11. Oliver Koch	D	Honda RS	35.16.532
12. Bruno Casanova	I	Honda RS	35.16.852
13. Fausto Gresini	I	Honda RS	35.16.886
14. Lucio Cecchinello	I	Honda RS	35.16.970
15. Loek Bodelier	B	Honda RS	35.39.494

16. Neil Hodgson (GB) Honda, 17. Frédérik Petit (F) Yamaha, 18. Manfred Baumann (A) Yamaha, 19. Vittorio Lopez (I) Honda, 20. Carlos Giró (E) Aprilia, 21. Stefan Prein (D) Yamaha, 22. Emili Alzamora (E) Honda, 23. Rick van Etten (NL) Honda – 1 Rde.

WM-Stand Pkt.

1. Sakata	121
2. Raudies	80
3. Öttl	79
4. Ueda	77
5. McCoy	48
6. Tsujimura	46
7. Saito	46
8. Martínez	41
9. Torrontegui	41
10. Gresini	34
11. Tokudome	32
12. Petrucciani	30
13. Nakajyo	27
14. Koch	26
15. Perugini	25

Schnellste Runde: Raudies in 2.17.764 = 177,486 km/h

Rekord: Kazuto Sakata (Honda) in 2.17.301 = 178,085 km/h (1993)

Durchschnitt Sieger: 15 Runden oder 101,880 km in 34.44.974 = 175,910 km/h

Ausfälle: T. Tsujimura (J) Honda, Aufgabe nach Sturz; Y. Katoh (J) Yamaha, Sturz; H. Torrontegui (E) Aprilia, Motorschaden; H. Aoki (J) Honda, nicht qualifiziert; G. McCoy (AUS) Aprilia, Nichtstarter/Warm-up-Sturz; H. Spaan (NL) Honda, Sturz; H. Nakajyo (J) Honda, Motorschaden; G. Debbia (I) Aprilia, Stoßdämpfer hinten defekt; M. Geissler (D) Aprilia, Sturz; N. Dussauge (F) Honda, Sturz; E. Cuppini (I) Aprilia, Sturz; S. Kurfiss (D) Honda, Kurbelwelle defekt; M. Stief (D) Honda, Sturz

Trainingszeiten: 1. Ueda 2.19.260 = 175,579 km/h, 2. Raudies 2.19.410, 3. Gresini 2.19.877, 4. Petrucciani 2.20.631, 5. Cuppini 2.21.246, 6. Saito, 2.21.440, 7. Tsujimura 2.21.483, 8. Kurfiss 2.21.607, 9. Öttl 2.21.719, 10. Koch 2.21.754, 11. Perugini 2.21.818

Gespanne:

Ergebnisse

1. Biland/Waltisperg	CH	LCR	28.35.190
2. Webster/Hänni	GB/CH	LCR-Krauser	28.40.616
3. Abbott/Tailford	GB	Windle-Krauser	28.40.970
4. Klaffenböck/Parzer	A	LCR-Bartol	28.41.168
5. Brindley/Whiteside	GB	LCR-Yamaha	28.41.627
6. Lausletho/Joutsen	SF	LCR-ADM	28.41.678
7. Güdel/Güdel	CH	LCR-ADM	28.42.243
8. Wyssen/Wyssen	CH	LCR-Krauser	28.42.604
9. Kumagaya/Prior	J/GB	LCR-ADM	28.42.641
10. Bohnhorst/Brown	D/GB	LCR	28.49.394
11. Bösiger/Egli	CH	LCR-ADM	29.22.343
12. Reddington/Crone	GB	LCR-ADM	29.41.250
13. Knight/Hopkinson	GB	Windle	– 1 Rde.

WM-Stand Pkt.

1. Webster	36
2. D. Brindley	25
3. Biland	25
4. Bösiger	25
5. B. Brindley	24
6. Klaffenböck	23
7. Abbott	22
8. Güdel	20
9. Lauslehto	19
10. Wyssen	15
11. Dixon	8
12. Reddington	8
13. Kumagaya	7

Schnellste Runde: Güdel in 2.09.838 = 188,321 km/h

Rekord: Biland/Waltisperg (LCR-Krauser) in 2.08.866 = 189,741 km/h (1993)

Durchschnitt Sieger: 13 Runden in 28.35.190 = 185,324 km/h

Ausfälle: Brindley/Hutchinson (GB) LCR-Yamaha, Getriebe blockiert; Dixon/Hetherington (GB) LCR-Yamaha, Plattfuß/Seitenwagenrad; Egloff/Egloff (CH) LCR-Yamaha, Kupplung defekt; Janssen/Kessel (NL) LCR-Yamaha, Kolbenschaden

Trainingszeiten: 1. Biland 2.06.118 = 193,876 km/h, 2. Bonhorst 2.09.894, 3. Brindley 2.10.982, 4. Abbott 2.11.055, 5. Kumagaya 2.11.671, 6. Güdel 2.11.696, 7. Webster 2.12.646, 8. Lausletho 2.12.952, 9. Wyssen 2.13.290, 10. Egloff 2.13.944, 11. Bösiger 2.13.978, 12. Klaffenböck 2.14.716, 13. Dixon 2.15.199, 14. Brindley 2.15.887, 15. Reddington 2.16.966, 16. Knight 2.18.179, 17. Janssen 2.18.470

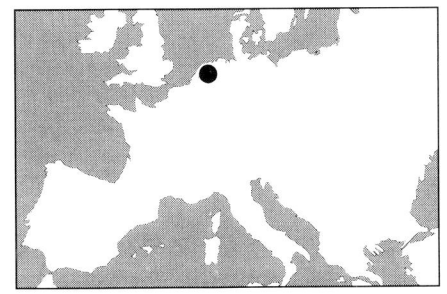

25. Juni 1994: Grand Prix Holland in Assen

Scheiden tut weh

In Assen sagten die Solo-Weltmeister ihren WM-Titeln endgültig adieu: Tetsuya Harada wurde aus dem Sattel geschubst, Dirk Raudies rollte mit kapitalem Motorschaden in den Kies, Kevin Schwantz erlitt eine schmerzhafte Handverletzung.

Ralf Waldmann hatte auf der schwierigen Assen-Strecke schon immer sein Talent ausspielen können und 1991 im Regen souverän gewonnen, doch als er zum ersten Mal mit der Honda NSR 250 auf die Sechs-Kilometer-Strecke ging, fing er ganz von vorne an. »Ich wußte, daß es hier schwierig sein würde. In den vielen überhöhten Kurven mußt du noch präziser fahren als auf den anderen Strecken, beim Rausfahren mußt du früher aufrichten und früher Gas geben als mit der 125er und fährst meist auf dem Hinterrad aus der Kurve«, schilderte er nach dem neunten Trainingsplatz am ersten Tag.

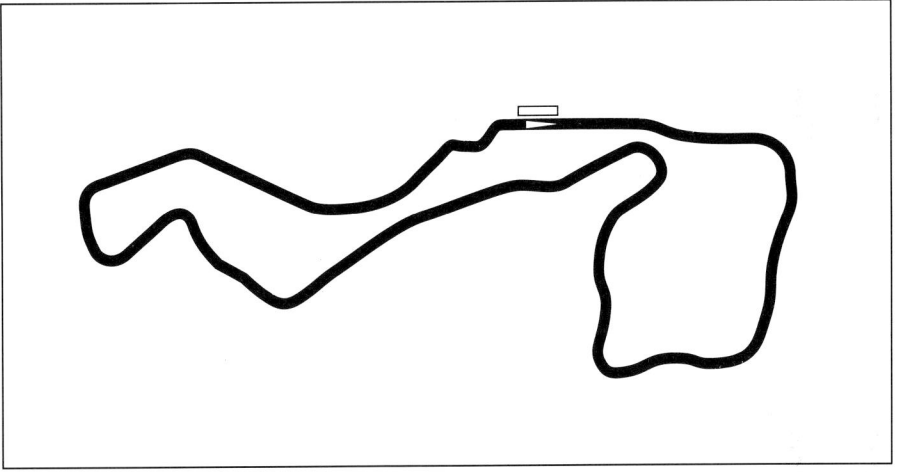

Im Abschlußtraining steigerte sich Waldi um eine gute halbe Sekunde und rückte als Achter in die zweite Reihe auf, erlebte aber auch eine gehörige Schrecksekunde, als er ausgangs der letzten schnellen Linkskurve vor dem Ziel unversehens durchs Gras rumpelte. »Ich war in voller Schräglage, als mir plötzlich der Asphalt ausging. Ich dachte: Huch, was rattert da so…«

Kaum hatte er das Leder mit dem Team-Hemd getauscht, ging er im Truck des Schwarzwälder Teams Ditter Plastic auf Krankenbesuch. Oliver Koch hatte sich bei einem Sturz gleich im ersten freien Vormit-

**Kevin Schwantz:
Handbruch – und Schiffbruch bei der Titelverteidigung**

tagstraining einen Bruch des linken Schlüsselbeins sowie einen Trümmmerbruch von Speiche und Kahnbein des linken Handgelenks zugezogen, hatte die Hand in einer schmerzhaften Prozedur vom Team Dr. Claudio Costas sowie des auf Einladung des Ditter-Teams anwesenden Dr. Christoph Scholl einrichten lassen und machte sich auf eine achtwöchige Pause gefaßt.

Koch stürzte, weil er in den letzten Trainingsminuten noch hastig eine andere Mischung ausprobieren wollte und nicht mehr gewohnt war, mit nicht vorgeheizten Reifen auf die Strecke zu gehen.

Doch bei den vielen anderen Unfällen, die im Clinica Mobile für Hochbetrieb sorgten, zahlten die Piloten für die typischen Eigenarten der Assen-Strecke Tribut. Denn mit seinen großzügigen Sturzräumen suggerierte der Kurs Sicherheit, verlangte mit innen überhöhten, nach außen abflachenden und zum großen Teil nicht richtig einsehbaren Kurven in Wirklichkeit jedoch mehr an genauer Streckenkenntnis und mehr an Präzision beim Einlenken als jede andere Strecke des WM-Kalenders.

»Die Überhöhungen sind hübsch, wenn es regnet, weil dann das Wasser besser abläuft. Aber in manchen Kurvenkombinationen, wenn du von links nach rechts und von rechts nach links die Fahrbahn überquerst, wird das Motorrad auf den Kuppen so leicht, daß beide Räder abheben«, verdeutlichte Michael Doohan.

Und fügte hinzu, die Strecke habe weit weniger Grip als drei Jahre zuvor, als Kevin Schwantz einen überlegenen Rundenrekord von 2.02,443 Minuten aufstellte. »Das war ein Jahr, nachdem die Strecke komplett neu geteert wurde. und der Belag war optimal. Schwantz und Rainey hetzten sich das ganze Rennen über und fuhren ständig derartige Rundenzeiten. Beide hatten Dunlop-Reifen, und ich denke, Assen ist eine typische Dunlop-Strecke mit ständiger Last auf dem Vorderrad. Seit damals ist die Strecke, glaube ich, rutschiger geworden, sie hat nicht soviel Grip, und du spürst deine Reifen nicht so. Das und die Überhöhungen sind schuld an den vielen Stürzen.«

Doohan selbst blieb auch nicht davon verschont. Im freien Training am Freitagmorgen rückte er mit neuen Bremsscheiben aus und spürte, daß die Vorderbremse leicht schliff und das Vorderrad nicht ganz frei lief. In einer 200 km/h-Kurve klappte das Vorderrad dann nach innen weg, Doohan war in voller Schräglage und hatte trotz überragender Fahrzeugbeherrschung keine Chance, die Honda abzufangen.

Wenig später krachte Daryl Beattie noch abenteuerlicher in die Air-Fence-Streckenbegrenzung. Bei vollem Speed im sechsten Gang war er von der Strecke abgekommen, sprang angesichts der auf ihn zurasenden Streckenbegrenzung aber noch rechtzeitig ab, um sich nicht allzusehr weh zu tun. »Es geschah bei Tempo 280«, behauptete der Australier. »Stark übertrieben«, grinste Luca Cadalora, »unser Motorrad läuft bekanntlich gar nicht so schnell...«

Kamen Beattie und Doohan mit dem Schrecken davon, so verletzte sich Kevin Schwantz bereits im ersten Zeittraining am Donnerstagnachmittag. Bei einem klassischen Highsider wurde er über den Lenker seiner Suzuki geschleudert und wäre womöglich unverletzt davongekommen. Doch bei der Landung geriet sein linker Arm unter den Tank, und als sich der Texaner wieder aufrappelte, hielt er sein linkes Handgelenk und richtete sein schmerzverzerrtes Gesicht gen Himmel: Kahnbein und ein Mittelhandknochen waren gebrochen sowie vier weitere Knochen disloziert.

»Ich war happy mit dem Motorrad, weil wir es gerade richtig ausbalanciert hatten, was auf dieser Strecke besonders wichtig ist. Ich hatte gerade einen Platz in der ersten Reihe erreicht und drehte drei Minuten vor dem Abwinken meine letzte Runde, als in einer mittelschnellen Kurve des hinteren Streckenteils plötzlich das Hinterrad ausbrach. Mit der linken Hand habe ich versucht, das Motorrad auf Distanz zu halten, doch leider ist der Tank draufgefallen«, erklärte er.

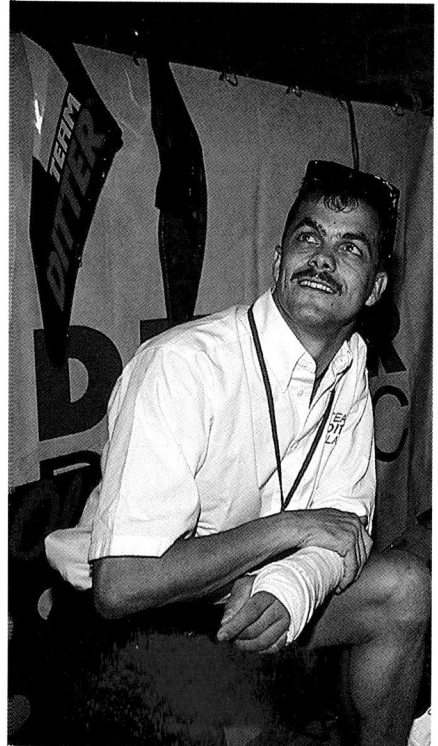

Oliver Koch: Trümmerbruch im Handgelenk

Dr. Claudio Costa verpaßte ihm einen halbelastischen Scotch-Gips, der mehrmals korrigiert wurde, um möglichst viel Stabilität bei möglichst großer Bewegungsfreiheit zu erreichen, doch war wohl auch dem Weltmeister klar, daß er seinen Titel mit diesem Unfall endgültig verspielt hatte.

Alessandro Gramigni war bereits am Donnerstagmorgen kurz nach neun Uhr im ersten freien Training der 250 cm³-Klasse gestürzt. Bei Vollgas im sechsten Gang rutschte ihm in einer der schnellsten Sektionen der Strecke das Hinterrad weg, Gramigni renkte sich die linke Schulter aus, erlitt eine schwere Prellung des rechten Knies und brach sich einen Mittelfußknochen rechts.

Sein Landsmann Bruno Casanova stürzte im ersten Zeittraining der 125er, brach sich das Schienbein rechts, das Kahnbein links und die linke Kniescheibe, worauf er noch am selben Abend nach Italien flog, um sich in Reggio Emilia von Paolo Costa, einem Cousin Claudio Costas, am Knie operieren zu lassen.

Denkbar knapp entging der Franzose Nicolas Dussauge dem Verderben: Bei Sturz von seiner Honda 125 brach er sich den elften Rückenwirbel, hatte aber keine Lähmungserscheinungen.

125 cm³: Kein Deutscher im Ziel

Im Rennen der 125er nahm das Schicksal dann für die deutschen Fahrer seinen Lauf: Fünf waren ursprünglich zum Training angetreten, vier gingen nach Kochs Trainingssturz ins Rennen, doch kein einziger von ihnen sah den Zielstrich.

Tex Geissler krachte wegen einer gebrochenen Bremsscheibe mit Tempo 210 gegen die Streckenbegrenzung und trug gewaltige Prellungen an Oberschenkel und Rücken davon. Wegen seiner starken Rückenschmerzen wurde er ins Krankenhaus von Assen eingeliefert, erhielt aber noch am Samstagabend nach dem Rennen Entwarnung. »Die Ärzte haben Wirbelsäule und Genick erst geröntgt und anschließend zur Sicherheit noch tomographiert. Zum Glück ohne Befund«, zeigte sich Teamchef Harald Eckl erleichtert.

Stefan Prein wurde durch den direkt vor seiner Nase stürzenden Europameister Stefano Perugini ausgangs der berühmten Strubbenkurve schuldlos zu einem Salto gezwungen und grüßte in Siegerpose ins Publikum, weil er bei dem verheerend aussehenden Manöver mit ein paar blauen Flecken und einem verstauchten Handgelenk noch glimpflich davongekommen war.

Peter Öttl hatte einen Startplatz in der ersten Reihe knapp verpaßt, stürmte aber dennoch ausnahmsweise mit der Spitze des Feldes davon. Munter blieb er im Kampf gegen Kazuto Sakata und Takeshi Tsujimura bei der Stange und schien sich auch dann noch nicht einschüchtern zu lassen, als Jorge Martínez und Lokalmatador Loek Bodelier im Endspurt plötzlich auch noch Anspruch auf einen Podestplatz anmeldeten.

Eingangs der letzten Runde führte Öttl, wurde aber aus dem Windschatten heraus von Tsujimura geschnappt, der nur den deutlichen Topspeed-Vorteil seiner Honda auszuspielen brauchte. Drei Kurven vor dem Ziel quetschte sich dann auch noch Jorge Martínez vorbei, weil Öttl nervös geworden war und verdächtig langsam um dieses Eck herumrollte.

Weil dieses Manöver auch Kazuto Sakata wieder heranbrachte, war Öttl gegen den nervenstarken Japaner plötzlich ins Gerangel um Platz drei verstrickt. Leicht versetzt Seite an Seite schossen die beiden auf die Schikane vor Start und Ziel zu, Sakata quetschte sich innen rein und versperrte Öttl den Weg in die Rechtskurve.

Öttl mußte durchs Gras, gab in der darauffolgenden Linkskurve eine Spur zu heftig Gas und kippte um, worauf er tränenüberströmt zur Box zurücktrottete und sein Vehikel keines Blickes mehr würdigte, anstatt es wieder aufzurichten, irgendwie durchs greifbar nahe Ziel zu bringen und wenigstens noch Platz sieben zu retten.

»Den Sturz kurz vor dem Zielstrich kann ich mir wegen des harten Kampfs noch verzeihen. Doch daß ich das Motorrad nicht wieder aufgerichtet und bis zum Zielstrich gebracht habe, das verzeih´ ich mir nicht«, raufte sich der Aprilia-Werksfahrer später die Haare. »Ich habe so oft gesehen, wie andere in der Schikane stürzen und ihr Motorrad noch ins Ziel bringen, doch selbst habe ich nicht dran gedacht, weil ich so sehr auf einen Platz unter den ersten drei fixiert war. Erst als ich anderthalb Stunden später bei einem ZDF-Interview danach gefragt wurde, fiel es mir ein. Mir wurde heiß und kalt...«

Spektakulärer Abflug: Perugini stürzt, Prein kann nicht mehr ausweichen

Mit Teamchef Harald Eckl entspannen sich mehrstündige Debatten, in denen die Pannen im Rennen präzise analysiert wurden. »Da ist Peter in allen bisherigen Rennen der Chef, wo er das Feld von hinten aufrollt. Doch jetzt, wo er von Anfang an dabei ist und die ganz große Chance hat, läßt er innen Bodelier und außen Martínez vorbei«, wunderte sich Eckl. »Der Abschluß ist seine größte Schwäche – wie bei einem Fußballspieler, der allein an zehn Gegenspielern vorbeistürmt und dann über die Querlatte schießt«.

Öttl, der schon die letztmals ausgetragene 80 cm³-Weltmeisterschaft 1989 wegen eines Sturzes in der letzten Runde verspielt hatte, beschloß, sich künftig mental besser aufs Finale vorzubereiten. »Wenn du einen schlechten Start hast, hast du nichts zu verlieren. Du fährst schön locker und ohne Druck nach vorn.

Doch einen Spitzenplatz zu verteidigen ist etwas ganz anderes. Plötzlich hast du den Druck, und in der letzten Runde spielen sich im Kopf enorm viele Dinge ab. Du versuchst, dir eine Taktik zurechtzulegen,

Harte Landung: Öttl scheitert kurz vor dem Ziel – und vergißt, die Aprilia wieder aufzurichten

Nach Blitzstart in die Wiese: An Raudies' Honda verglühte ein Lager zu Kohlenstoffzunder

aber vier, fünf andere Spitzenfahrer legen sich auch eine Taktik zurecht und versuchen alles, deine Pläne zu durchkreuzen«, schilderte Öttl. »Sakata hat ein besonderes Geschick in dieser Hinsicht, und ich habe zwei Fehler gemacht: Erstens war meine Einstellung falsch, nichts außer einem Podestplatz zu akzeptieren. Als ich die Felle davonschwimmen sah, hat das zu übertriebenen Aktionen geführt. Ich versuchte alles, den dritten Platz doch noch zu erreichen, doch so verkrampft darf man nicht an seinem Ziel festhalten. Im Nachhinein wäre Platz vier viel besser als der Sturz gewesen.

Ich bin schon in den Kurven vorher nicht mehr optimal gefahren, und das war mein zweiter Fehler. Du mußt dich zwar psychisch vorbereiten für die letzte Runde und deinen Gegner ausloten, so gut es geht, mußt dabei aber trotzdem auf deiner Ideallinie bleiben und an der Arbeitsgrundlage festhalten, die du dir im Training geschaffen hast.«

Dirk Raudies hatte sich im Abschlußtraining trotz einer ratternden Gabel gewaltig ins Zeug gelegt und überstand einen Sturz mit 130 km/h im dritten Gang noch glimpflich. Bis fünf Minuten vor Schluß zog er Tsujimura im Windschatten hinter sich her und verschaffte dem Japaner unfreiwillig einen Startpatz in der ersten Reihe. »Danach habe ich gedacht: Jetzt ist Schluß, ich spiele nicht mehr länger die Lokomotive für die andern«, schnaufte der Weltmeister. »Drei Minuten vor dem Abwinken habe ich es nochmals probiert, war ein paar Kurven superschnell – und bin dann genauso schnell auf dem Hosenboden gelandet! Das Hinterrad ging weg, ich habe noch gegengelenkt, doch dann warf mich das Motorrad ab.« Im ersten Schmerz ließ er sich den rechten Stiefel abnehmen, zog sich nach einer Untersuchung im Medical Center jedoch bis auf Prellungen und leichte Abschürfungen unversehrt in den Teambus zurück.

Nach einem Blitzstart im Rennen führte er für ein paar Kilometer, fiel aber alsbald hinter Nobby Ueda und Peter Öttl zurück und rollte eingangs der dritten Runde in die Wiese – Motorschaden. »Allerdings ist der Karren keineswegs festgegangen, wie wir zuerst gedacht haben. Ich nehme an, daß am unteren Pleuellager eine der beiden Anlaufscheiben gebrochen ist, denn die Nadeln des Lagers sind durcheinandergekommen und wurden anschließend derart zermahlen und verglüht, daß nur noch Kohlenstoffzunder übrig war! Ein paar der Brocken hat´s ins Kurbelwellenhauptlager gewürgt«, schilderte Raudies nach gründlicher technischer Analyse. »Das war´s dann und das war der WM-Titel. Denn ich habe es zwar nicht öffentlich zugegeben, aber insgeheim habe ich doch noch eine Chance gesehen. Doch bei 54 Punkten Rückstand mußt du dir selber schon viel vormachen, um noch daran zu glauben. Der Sakata hat aber auch immer Glück: Jeder andere wäre über den Öttl gestürzt – und der kommt vorbei.«

Raudies tröstete sich mit einem Prospekt der brandneuen Honda RS 125 R der Generation 1995. »Die jetzige Konstruktion ist acht Jahre alt, doch die neue Honda hat zum gleichen Preis alle Verbesserungen, die ich mir gewünscht habe: Ein modernes

Fahrwerk mit kürzerem Radstand, eine Hebelumlenkung fürs Hinterrad und eine Upside down-Gabel vorn, einen einteiligen Auspuff, ein Getriebe zum Herausnehmen, ohne den kompletten Motor zerlegen zu müssen, außerdem eine Ausgleichswelle gegen die Vibrationen, so daß wir den Motor künftig nicht mehr in Gummi aufhängen müssen. Bis jetzt hatten wir ein schlechteres Chassis als Aprilia, aber mehr Motorleistung. Künftig haben wir ein gleich gutes Fahrwerk und hoffentlich immer noch mehr Power«, schwärmte Raudies unf verfolgte den Rest des Rennens am Monitor.

Der bedauernswerte Nobby Ueda, schon im Training Opfer eines spektakulären Crashs, warf seine Chance auf den Sieg ins Gras, als er sich in Runde zwei in Führung liegend den nächsten Sturz erlaubte. Cepsa-Yamaha-Mann Yoshiaki Katoh holte sich weiter hinten im Feld zeitgleich eine Gehirnerschütterung, Tomomi Manako, die Überraschung von Hockenheim, rollte mit gebrochenem Schaltgestänge an die Box.

Doch das Reservoir an schnellen Japanern war unerschöpflich: Takeshi Tsujimura, der seine F.C.C.-Honda am Start abgewürgt hatte, rauschte wie ein Wirbelwind durchs Feld, fand nach der Hälfte des Rennens den Anschluß nach vorn und feierte am Ende seinen zweiten Saisonsieg. Jorge Martínez wurde durch einige Hauruck-Aktionen – allein in der letzten Runde ließ er drei Konkurrenten stehen – Zweiter und behauptete, mit vier km/h mehr Topspeed hätte er das Rennen gewonnen.

Doch zum Helden des Wochenendes stieg Loek Bodelier empor: Mit seiner privaten Honda bislang stets im hinteren Mittelfeld, klopfte er bei seinem Heim-Grand Prix unter unbeschreiblichem Jubel des Publikums nach einer faszinierenden Jagd im letzten Renndrittel immer energischer bei der Spitzengruppe an und war beim dramatischen Finale in der Schikane vor dem Ziel Vierter hinter Öttl und Sakata. Als Öttl stürzte und Sakata für einen Moment behindert wurde, umkreiste Bodelier die Unfallstelle in elegantem Bogen und bescherte den holländischen Fans einen phantastischen dritten Platz.

Platz zwei und ein Freudenfest für Yamaha: Jorge Martínez

Platz drei und ein Freudenfest für die Fans: Loek Bodelier

Ein Sieg zum 23. Geburtstag: Nach Rombonis Sturz hatte Biaggi keine Gegner mehr

250 cm³: Bayles bestes Rennen

Und die 120000 Zuschauer schrieen sich auch im Rennen der 250 cm³-Klasse die Begeisterung aus dem Leib: Nach dreijähriger Durststrecke erklomm der zu Honda zurückgekehrte Wilco Zeelenberg wieder einen Platz auf dem Podest und strahlte vor Vergnügen. »Ich bin überglücklich! Dieses Ergebnis ist eine Wohltat für unser Team und meine Sponsoren und wird uns im Hinblick auf die Zukunft eine Menge helfen«, atmete Zeelenberg auf, der für dieses Rennen wegen der Fußballweltmeisterschaft Helm und Startnummer im Orange der Oranje-Truppe lackiert hatte.

Sein Endspurt war nicht minder beherzt als der von Bodelier: Lange hielt er sich unauffällig am Ende einer um Platz zwei kämpfenden Fünfergruppe auf, stieß in der vorletzten Runde dann aber plötzlich auf Platz vier vor Nobuatsu Aoki vor. Als der Japaner vor der Schikane gleich vier Fahrer auf einmal auszubremsen versuchte und zur Strafe durch die Wiese mußte, huschte Okada innen durch und wurde Zweiter, Zeelenberg sicherte sich wie schon 1991 in Assen den dritten Platz, Ralf Waldmann wurde Vierter. Bei der Rückkehr auf die Strecke boxte der unerschrockene Aoki den früheren Moto Cross-Champion Jean-Michel Bayle zur Seite und sicherte sich Platz fünf vor dem Franzosen – atemberaubender hätte das Finale auch in diesem Rennen gar nicht sein können.

Aprilia-Teammanager Carlo Pernat versuchte es mit einem Protest gegen den fünften Platz Aokis, scheiterte aber. Trotzdem war Bayle in bislang besten Rennen seiner 250 cm³-Karriere weit unter Wert geschlagen worden – immerhin führte er die Verfolgergruppe zeitweise an und sah dabei stets elegant und so sicher aus, als habe er das Geschehen voll unter Kontrolle.

»Ich wollte keinen Sturz riskieren«, erklärte der Franzose. »Es war ein Kinderspiel, zu Okadas Gruppe aufzuschließen, nur sie abzuschütteln, das war deutlich schwieriger. Einige dieser Jungs fahren um den Titel, und ihre Bikes sind richtig gut. Die letzte Runde war ein bißchen verrückt: Ich machte einen zu weiten Bogen in der ersten Kurve und ließ die andern hindurch, außerdem hatte ich einen Slide, als ich versuchte, Waldmann zu überholen, und dann schickte mich auch nach Aoki ins Gras. Aber ich bin happy, denn an einen Podestplatz habe ich sowieso keinen Gedanken verschwendet. Mir war es wichtig, keinen Fehler zu machen – und zu beweisen, daß ich mit jedem Rennen besser und besser werde.«

Ralf Waldmann hatte ernsthafter mit einem Podestplatz geliebäugelt. Mehr als das halbe Rennen über war der HB-Honda-Star Zweiter und verteidigte sich verbissen gegen Tadayuki Okada und Nobuatsu Aoki, doch der Dreikampf kostete Zeit. »Wir haben uns gegenseitig aufgehalten, dadurch konnten Wilco Zeelenberg und Jean-Michel Bayle von hinten aufschließen«, bedauerte Waldi, der im Getümmel der letzten Runde zum Opfer und plötzlich auf Rang fünf verdrängt wurde. »Der Kampf mit den Japanern war so hart, daß ich damit rechnete, daß am Schluß noch etwas passieren würde. Und siehe da: Als Aoki in der Schikane geradeausfuhr, gab er mir zumindest den vierten Platz zurück«, tröstete er sich. »Ein Podium wäre trotzdem mal nicht schlecht gewesen: Mit den Rundenzeiten vom Training wäre ich souverän Zweiter geworden.«

Nur einer war eine unerreichbare Klasse für sich. Einen Tag vor seinem 23. Geburtstag gönnte sich Max Biaggi einen überlegenen Sieg mit fast einer halben Minute Vorsprung, und sein Tempo war dabei so beängstigend, daß in der Chesterfield-Aprilia-Box immer wieder »tranquilo, tranquilo«-Rufe ertönten.

Nur Doriano Romboni leistete nach dem Start für eine Weile Widerstand und hielt Biaggi zwei Runden lang tapfer in Schach, bis ihm in einer schnellen Linkskurve unversehens das Vorderrad wegrutschte. »Es kam völlig überraschend, ich fühlte mich in allen Linkskurven sicher und komfortabel und habe nichts anderes getan als in den beiden ersten Runden auch. Plötzlich wanderte in der Kurvenmitte das Vorderrad nach außen, und es gab nichts, was ich dagegen tun konnte«, jammerte Romboni, der während seiner gesamten 250 cm³-Karriere in Assen noch nie das Ziel gesehen hatte.

»Ich habe Romboni unter Druck gesetzt, vielleicht hat er deshalb einen Fehler gemacht«, meinte Biaggi. »Nach seinem Sturz duckte ich mich hinter die Verkleidung und gab weiter Vollgas, um Loris Capirossi loszuwerden. Als ich auf meiner Boxentafel las, daß er fehlte, blieb ich in meinem Rhythmus, um nicht die Konzentration zu verlieren. Jetzt bin ich glücklich, denn dies war im Hinblick auf die Weltmei-

Am Anfang Erster: Doriano Romboni führt vor Max Biaggi

Am Ende Fünfter: Ralf Waldmann fiel in der letzten Runde zurück

sterschaft ein wichtiges Rennen. In den letzten zwei Jahren hatte ich hier kein Glück, doch es ist ein gutes Gefühl, auf einer Strecke zu gewinnen, wo Fahrtalent so viel mehr zählt als Motorleistung.«

So einsam und unangefochten Biaggi vorausfuhr, so sehr ging es hinter ihm drunter und drüber. Denn noch in derselben Runde, in der sich Doriano Romboni auf seiner schnellen HB-Honda verabschiedete, verließen Tetsuya Harada und Loris Capirossi unsanft die Strecke. Capirossi war vor der Strubbenkurve zu spät und zu hart auf der Bremse, machte einen weiten Bogen und knallte Harada ins Heck, der damit keine Chance mehr hatte, seine erheblich gestiegene Formkurve unter Beweis zu stellen. »Ich fühlte mich erstmals wieder richtig wohl auf dem Motorrad, war nach Rombonis Sturz schon Zweiter und hätte aufs Podest kommen können. In der Strubbenkurve war ich auf meiner normalen Linie, als ich plötzlich einen heftigen Rammstoß spürte«, beschwerte sich der Japaner, der bei dem Sturz ein steifes Genick davontrug.

Loris Capirossi flog spektakulär über den Lenker seiner Pileri-Honda, war für ein paar Augenblicke, k.o., hüpfte im Fahrerlager aber schon wieder von der Krankentrage. Wegen einer Muskelzerrung trug er den linken Arm in der Schlinge und machte Harada für den Unfall vorlaut mitverantwortlich. »Mein Motor lief nicht so wie gewohnt, deshalb mußte ich viel Zeit durch

Flotter Dreier: Okada (8) wurde Zweiter, Bayle (22) fuhr sein bestes Rennen, Zeelenberg (11) feierte Platz drei

Zwei gegen eins: Loris Capirossi rutscht weg und torpediert Harada, setzt zum Kunstflug an und braucht die erste Hilfe des Japaners

höhere Kurvengeschwindigkeiten wettmachen. Aber Harada hat mich immer wieder behindert. Und als ich nach einem Spätbremsmanöver in der Strubbenkurve auf seiner Höhe war, hatte er einen Rutscher, und wir berührten uns…«

500 cm³: Kevin gibt nicht auf

Nach einem Highsider plumpste Lothar Neukirchner im Rennen der Halbliterklasse derart auf den Sitz seiner Harris-Yamaha zurück, daß alle vier Sitzbankhalterungen abbrachen und er sein Motorrad verärgert den Mechanikern in der Box in die Hände fallen ließ – Teamchef Uwe Nebel hatte statt des ordinären, aber haltbaren Standardsitzes einen gebrauchten Kohlefasersitz montieren lassen.

Kevin Schwantz setzte sich besser in Szene. Der Weltmeister brachte seine Suzuki als erster in Schwung, John Kocinski katapultierte seine Cagiva jedoch mit einem seiner typischen Raketenstarts aus der zweiten Reihe nach vorn und verteidigte die Führung zwei Runden lang.

Schon im Training hatte John über den in Hockenheim gebrochenen Finger der linken Hand geklagt, später behauptete er, die Verletzung habe ihn auch im Rennen behindert. Als sein Strohfeuer erloschen war und Kevin Schwantz an ihm vorbeimarschierte, leistete er jedenfalls keine Gegenwehr – und das, obwohl Kevin das Rennen unter normalen Umständen hätte am Fernsehen verfolgen und sein böse geschwollenes, extrem schmerzendes Handgelenk hätte schonen sollen.

Doch auch Heroismus hat seine Grenzen. Bis zur fünften Runde hielt sich Schwantz

Lothar Neukirchner: Sitz gebrochen

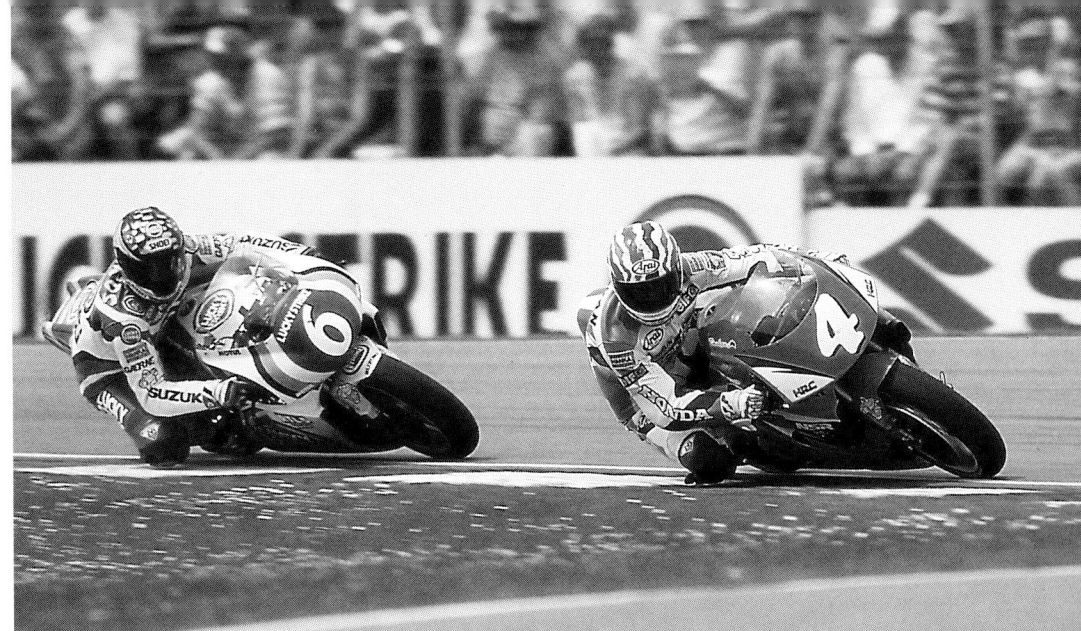
Michael Doohan vor Alexandre Barros: Im Endspurt machte der Honda-Star ernst

an der Spitze, dann konnte er das zunehmende Tempo nicht mehr halten und fiel allmählich zurück. Erst marschierten Michael Doohan und Alexandre Barros vorbei, dann Alex Crivillé und Alberto Puig, schließlich noch einmal John Kocinski.

Kaum hatte er Schwantz überholt, verpaßte Kocinski sehr zur Freude seines Gegners am Ende der Zielgeraden den Bremspunkt, donnerte geradeaus in den Notausgang und fädelte sich als Zwölfter wieder ein. »Ich hatte einen guten Start, fand aber nicht den richtigen Rhythmus«, beschwerte sich der Cagiva-Star nach seinem achten Platz am Ende des Rennens. »Was immer ich in den Kurven gutmachte, verlor ich wieder auf den Geraden. Meine Hand machte mir ebenfalls Sorgen, deshalb auch der Fehler beim Bremsen am Ende der Zielgeraden. Schwantz hat sich bei meinem Überholmanöver allerdings auch gewohnt kameradschaftlich verhalten: Doohan und Barros ließ er vorbei, mir versuchte er den Weg zu versperren«.

Schwantz war danach immer noch Fünfter, geriet aber alsbald unter Druck von Doug Chandler auf der zweiten Cagiva. Statt sich lange zu wehren, hängte sich Kevin in den Windschatten seines früheren Teamkollegen und fuhr in einem Tempo, das die Schmerzen erträglich machte. In der letzten Runde warf er dann nochmals alles in die Waagschale und holte den fünften Platz mit einer übermenschlichen Anstrengung zurück.

Das sicherte ihm den Jubel des Publikums bei der von seinem Geldgeber Lucky Strike gesponsorten Dutch TT, aber der Heroismus und ein Slide während des Rennens bescherte ihm auch neue Schmerzen: Die vier dislozierten Knochen hatten sich ebenso verschoben wie der Kahnbeinbruch, Doohan brauchte für den Rest der Saison nur gesund zu bleiben, um den WM-Titel unter Dach und Fach zu bringen.

Und Doohan blieb gesund, vor allem auf jener Strecke, die ihm 1992 den schlimmen Beinbruch mit all seinen verheerenden Folgen beschert hatte. Er startete schlecht, wartete aber seelenruhig ab, bis sich das Geschehen vor ihm sortiert hatte. In Runde fünf ging Doohan in Führung und rechnete

Leicht verbogen: Itohs Honda

wohl selbst damit, nun unbelästigt seines Weges ziehen und, seinen überlegenen Trainingszeiten entsprechend, locker den fünften Saisonsieg einheimsen zu können.

Doch wo Kevin Schwantz schon als vollwertiger Gegner ausfiel, sprang seine Teamkollege Alexandre Barros umso erstaunlicher in die Bresche. Wann immer sich Doohan mit einem kleinen Zwischenspurt zwei, drei Motorradlängen Vorsprung holte, konterte der Brasilianer, bremste sich wieder heran und ein paarmal sogar an Doohan vorbei. »Ich wußte, daß ich in manchen Sektionen schneller war. Als er mich das erste Mal überholte, sah ich, daß er an ein paar Stellen Probleme hatte. Doch beim zweiten Mal sah es bereits viel besser aus – es war, als hätte er einige meiner Tricks abgeschaut«, wunderte sich Doohan. Vielleicht genoß er aber auch nur das Katz' und Maus-Spiel: Mühelos zog der Australier in den letzten beiden Runden auf lockere zwei Sekunden davon.

Trotzdem war die Leistung von Barros aller Ehren wert. »Ich muß mich vor allem bei meinen Mechanikern bedanken«, lächelte er, »denn gestern hatte ich mit beiden Bikes Motorprobleme, heute morgen schon wieder, und ich war echt in Sorge. Doch im Rennen lief die Maschine wie ein Uhrwerk! Als Doohan das erste Mal vorbeifuhr, dachte ich, ich könne an ihm dranbleiben und hätte eine Chance auf den Sieg.

Ich überhole ihn wieder, doch dann spielte er dasselbe Spiel mit mir. Zwei Runden vor Schluß fuhr er wieder vor, und ich glaubte immer noch an meine Chance. Doch in der letzten Runde hatte ich ein paar Slides und kam nicht mehr nah genug heran – worauf ich angesichts meines Vorjahressturzes beschloß, es mit dem Zweiten Platz gut sein zu lassen«.

Gespanne:
Klaffenböcks Glückstag

Unwiderstehlich wie Michael Doohan bei den 500ern marschierte auch Rolf Biland bei den Gespannen in Richtung WM-Titel. In Assen gönnte er sich fünf lockere Sekun-

500 cm³:

Ergebnisse

1. Michael Doohan	AUS	Honda NSR	41.35.272
2. Alexandre Barros	BR	Suzuki RGV	41.37.172
3. Alex Crivillé	E	Honda NSR	41.42.718
4. Alberto Puig	E	Honda NSR	41.53.228
5. Kevin Schwantz	USA	Suzuki RGV	41.59.131
6. Doug Chandler	USA	Cagiva C-594	41.59.736
7. Daryl Beattie	AUS	Yamaha YZR	42.10.304
8. John Kocinski	USA	Cagiva C-594	42.24.409
9. Luca Cadalora	I	Yamaha YZR	42.31.978
10. Bernard Garcia	F	ROC-Yamaha	42.44.141
11. Jean-Pierre Jeandat	F	ROC-Yamaha	43.08.553
12. Laurent Naveau	B	ROC-Yamaha	43.09.455
13. Julian Miralles	E	ROC-Yamaha	43.31.748
14. Bruno Bonhuil	F	ROC-Yamaha	43.32.033
15. Jean Foray	F	ROC-Yamaha	43.32.825

16. Bernard Haenggeli (CH) ROC-Yamaha, 17. Kevin Mitchell (GB) Harris-Yamaha – 1 Rde., 18. Cees Doorakkers (NL) Harris-Yamaha, 19. Vittorio Scattola (I), Paton

WM-Stand Pkt.

1. Doohan 161
2. Schwantz 119
3. Kocinski 87
4. Crivillé 83
5. Barros 81
6. Puig 77
7. Itoh 66
8. Cadalora 53
9. Chandler 48
10. Reynolds 32
11. Mackenzie 28
12. Beattie 23
13. Garcia 23
14. Emmet 14
15. López-Mella 11

Schnellste Runde: Doohan in 2.03.144 = 176,837 km/h

Rekord: Kevin Schwantz (Suzuki) in 2.02.443 = 177,848 km/h (1991)

Durchschnitt Sieger: 20 Runden oder 120,980 km in 41.35.272 = 174,541 km/h

Ausfälle: J. Reynolds (GB) Harris-Yamaha, Sturz; L. Reggiani (I) Aprilia, Motorschaden, S. Emmet (GB) Harris-Yamaha, Sturz; J. McWilliams (GB) Yamaha, Vergaserprobleme; S. Itoh (J) Honda, Sturz; C. Migliorati (I) ROC-Yamaha, Zylinderkopf gerissen; L. Pedercini (I), ROC-Yamaha, Elektrikschaden; L. Neukirchner (D) Harris-Yamaha, Sitzbankhalterung gebrochen; A. Leuthe (D) ROC-Yamaha, Zündungsschaden; N. Mackenzie (GB) ROC-Yamaha, Ausritt; M. Garcia (F) ROC-Yamaha, Sturz; L. López-Mella (E) ROC-Yamaha, Vergaserprobleme

Trainingszeiten: 1. Doohan 2.03.035 = 176,994 km/h, 2. Puig 2.03.655, 3. Barros 2.03.721, 4. Schwantz 2.04.123, 5. Crivillé 2.04.156, 6. Chandler 2.04.503, 7. Itoh 2.04.754, 8. Kocinski 2.04.996

250 cm³:

Ergebnisse

1. Massimiliano Biaggi	I	Aprilia	38.19.086
2. Tadayuki Okada	J	Honda NSR	38.47.788
3. Wilco Zeelenberg	NL	Honda NSR	38.48.052
4. Ralf Waldmann	D	Honda NSR	38.48.307
5. Nobuatsu Aoki	J	Honda NSR	38.48.818
6. Jean-Michel Bayle	F	Aprilia	38.49.025
7. Luis d'Antin	E	Honda NSR	39.15.716
8. Eskil Suter	CH	Aprilia	39.17.806
9. Jürgen v. d. Goorbergh	NL	Aprilia	39.18.208
10. Patrick v. d. Goorbergh	NL	Aprilia	39.27.822
11. Carlos Checa	E	Honda RS	39.27.909
12. Guiseppe Fiorillo	I	Honda RS	39.27.967
13. Toshihiko Honma	J	Yamaha TZM	39.28.494
14. Bernd Kassner	D	Aprilia	39.37.507
15. Adi Stadler	D	Honda RS	39.58.162

16. Luis Carlos Maurel (E) Honda, 17. Christian Boudinot (F) Aprilia, 18. Noel Ferro (F) Honda, 19. Kristian Kaas (SF) Yamaha, 20. Manuel Hernandez (E) Aprilia, 21. Rudi Markink (NL) – 1 Rde., 22. Rodney Fee (CDN) Honda, 23. Juanlino Kirindongo (NL) Honda

WM-Stand Pkt.

1. Biaggi 128
2. Okada 116
3. Capirossi 102
4. Romboni 93
5. Ruggia 78
6. Waldmann 66
7. d'Antin 57
8. Aoki 53
9. Bayle 48
10. Zeelenberg 43
11. Harada 25
12. Suter 22
13. J. Goorbergh 22
14. P. Goorbergh 21
15. Checa 19

Schnellste Runde: Biaggi in 2.06.357 = 172,340 km/h (Rekord)

Alter Rekord: John Kocinski (Suzuki) in 2.06.951 = 171,534 km/h (1993)

Durchschnitt Sieger: 18 Runden oder 108,882 km in 38.19.086 = 170,492 km/h

Ausfälle: A. Patterson (GB) Honda, Ausritt; J. Cardoso (E) Aprilia, Kurbelwelle gebrochen; E. de Juan (E) Aprilia, Motorschaden; F. Protat (F) Honda, Ausritt; A. Bosshard (CH) Honda, Knieschmerzen; D. Romboni (I) Honda, Sturz; L. Capirossi (I) Honda, Sturz; T. Harada (J) Yamaha, Sturz; A. Preining (A) Aprilia, Grippe; J. Ruggia (F) Aprilia, Motorschaden

Trainingszeiten: 1. Biaggi 2.05.997 = 172,833 km/h, 2. Capirossi 2.06.253, 3. Romboni 2.06.389, 4. Okada 2.07.150, 5. Aoki 2.07.286, 6. Ruggia 2.07.390, 7. Harada 2.07.761, 8. Waldmann 2.07.838, 9. Bayle 2.07.931, 10. Zeelenberg 2.08.716, 11. d'Antin 2.09.372, 12. Suter 2.09.794, 13. J. v. d. Goorbergh 2.09.957, 14. P. v. d. Goorbergh 2.10.000, 15. Honma 2.10.128, 16. Preining 2.10.141, 17. Fiorillo 2.10.447, 18. Bosshard 2.10.530

**Klaus Klaaffenböck, Ralph Bohnhorst:
Jeder entspannt sich auf seine Art**

den Vorsprung und den 72. Sieg seiner Karriere, und das, obwohl er mit einem Riß im Gehäuse seines einzigen Motors ins Rennen gegangen war.

Auch Ralph Bohnhorsts Motor überstand diesmal die Renndistanz, nachdem Teamchef Rolf Steinhausen schlecht gefertigte Pleuel als Ursache der in Hockenheim unentwegt auftretenden Kolbenklemmer dingfests gemacht hatte. Bohnhorst wurde Vierter und profitierte vom Ausfall Steve Websters wegen gerissener Antriebskette, mußte seine Ambitionen auf einen Podestplatz jedoch frühzeitig fallenlassen: Wegen eines Fertigungsfehlers löste sich der Hinterreifen auf und hing nach Rennende in Stücken von der Karkasse.

Statt Bohni feierte Klaus Klaffenböck mit seinem Beifahrer Christian Parzer Platz zwei auf dem Podest, und das umso ausgelassener, nachdem Parzer zwei Wochen zuvor noch mit einer vermeintlich schweren Rückenverletzung in Hockenheim im Krankenhaus gelegen hatte.

Nach dem Schock jener Massenkollision, bei der der Brite Prior sein Leben ließ, atmeten zahlreiche Gespannpiloten wenigstens wegen der technischen Bestimmungen auf: Die internationalen Föderation FIM, die die neue LCR-Spurstangenlenkung vor dem Hockenheim-Lauf noch als regelwidrig ächtete, nahm das Verbot wieder zurück und ließ das System wieder zu.

125 cm³:

Ergebnisse

1. Takeshi Tsujimura	J	Honda RS	39.07.728
2. Jorge Martínez	E	Yamaha	39.07.958
3. Loek Bodelier	NL	Honda RS	39.08.670
4. Kazuto Sakata	J	Aprilia	39.09.082
5. Masaki Tokudome	J	Honda RS	39.24.977
6. Herri Torrontegui	E	Aprilia	39.24.982
7. Oliver Petrucciani	CH	Aprilia	39.39.890
8. Garry McCoy	AUS	Aprilia	39.44.615
9. Hideyuki Nakajyo	J	Honda RS	39.44.750
10. Gabriele Debbia	I	Aprilia	39.47.394
11. Emili Alzamora	E	Honda RS	39.52.866
12. Haruchita Aoki	J	Honda RS	39.53.017
13. Gianluigi Scalvini	I	Aprilia	39.53.134
14. Frédéric Petit	F	Yamaha	39.53.472
15. Lucio Cecchinello	I	Honda RS	39.53.733

16. Fausto Gresini (I) Honda, 17. Manfred Baumann (A) Yamaha, 18. Neil Hodgson (GB) Honda, 19. Vittorio Lopez (I) Honda, 20. Hans Spaan (NL) Honda, 21. Rick van Etten (NL) Honda, 22. Marcel Nooren (NL) Honda

WM-Stand Pkt.
1. Sakata 134
2. Raudies 80
3. Öttl 79
4. Ueda 77
5. Tsujimura 71
6. Martínez 61
7. McCoy 56
8. Torrontegui 51
9. Saito 46
10. Tokudome 43
11. Petrucciani 39
12. Bodelier 35
13. Nakajyo 34
14. Gresini 34
15. Koch 26

Schnellste Runde: Tsujimura in 2.16.586 = 159,434 km/h

Rekord: Kazuto Sakata (Honda) in 2.16.539 = 159,488 km/h (1993)

Durchschnitt Sieger: 17 Runden oder 102,833 km in 39.07.728 = 157,684 km/h

Ausfälle: P. Öttl (D) Aprilia, Sturz; T. Manako (J) Honda, Motorschaden; M. Geissler (D) Aprilia, Sturz; S. Perugini (I) Aprilia, Sturz; S. Prein (D) Yamaha, Sturz; D. Raudies (D) Honda, Motorschaden; B. Smit (NL) Honda, Kolbenklemmer; N. Ueda (J) Honda, Sturz; Y. Katoh (J) Yamaha, Sturz, A. Saito (J) Honda, Sturz; C. Giró (E) Aprilia, am Start gerammt

Trainingszeiten: 1. Ueda 2.15.444 = 160,778 km/h, 2. Sakata 2.16.320, 3. Raudis 2.16.748, 4. Tsujimura 2.16.858, 5. Öttl 2.17.212, 6. Petrucciani 2.17.385, 7. Saito 2.17.513, 8. Bodelier 2.17.755, 9. Aoki 2.17.780, 10. Perugini 2.17.904, 11. Debbia 2.17.965, 12. Manako 2.17.987, 13. Alzamora 2.18.008, 14. Gresini 2.18.073, 15. Katoh, 2.18.097, 16. Tokudome, 2.18.127, 17. Martínez 2.18.226, 18. McCoy 2.18.348

Gespanne:

Ergebnisse

1. Biland/Waltisperg	CH	LCR-Swissauto	37.44.428
2. Klaffenböck/Parzer	A	LCR-Bartol	37.49.000
3. Brindley/Hutchinson	GB	LCR-Yamaha	37.52.645
4. Bohnhorst/Brown	D/GB	LCR-Steinhausen	37.55.239
5. Güdel/Güdel	CH	LCR-ADM	37.58.128
6. Abbott/Tailford	GB	Windle-Krauser	38.02.178
7. Egloff/Egloff	CH	LCR-Yamaha	38.15.248
8. Lauslehto/Joutsen	SF	LCR-ADM	38.22.759
9. Bösiger/Egli	CH	LCR-ADM	38.26.601
10. Kumagaya/Betgens	J/NL	LCR-ADM	38.33.592
11. Webster/Hofsteenge	GB/NL	LCR-Krauser	39.36.740
12. Knight/Hopkinson	GB	Windle-Krauser	39.52.833
13. Schlosser/Cavadini	CH	LCR-ADM	39.55.324
14. Janssen/Kessel	NL	LCR-Yamaha	39.57.767
15. Koster/Combi	CH/I	LCR-ADM	40.01.131

16. Hoskin/James (AUS/GB) LCR-ADM-Yamaha –1 Rde., 17. Kavanagh/Finnegan (GB) LCR-Krauser, 18. Vögeli/Wickli (CH) LCR-Yamaha, 19. Gälross/Smith (S) LCR-Yamaha –2 Rdn.

WM-Stand Pkt.
1. Biland 50
2. Klaffenböck 43
3. D. Brindley 41
4. S. Webster 36
5. Bösiger 32
6. Abbott 32
7. Güdel 31
8. Lauslehto 27
9. B. Brindley 24
10. Bohnhorst 19
11. Wyssen 15
12. Kumagaya 13
13. Egloff 9
14. Dixon 8
15. K. Webster 8

Schnellste Runde: Webster/Hänni in 2.11.423 = 165,697 km/h

Rekord: Biland/Waltisperg (LCR) in 2.08.999 = 168,811 km/h (1993)

Durchschnitt Sieger: 17 Runden oder 102,833 km in 37.44.428 = 163,484 km/h

Ausfälle: Smit/de Rijk LCR-Krauser; Webster/Hänni LCR-Krauser, Kette gerissen; Reddington/Crone LCR-ADM; Brindley/Whiteside LCR-Yamaha; Dixon/Hetherington LCR-Yamaha

Trainingszeiten: 1. Biland 2.09.476 = 168,189 km/h, 2. Bohnhorst 2.10.729, 3. D. Brindley 2.10.838, 4. Güdel 2.11.220, 5. S. Webster 2.11.236, 6. Abbott 2.11.718, 7. Klaffenböck 2.11.902, 8. Lauslehto 2.12.376, 9. B. Brindley 2.12.439, 10. Kumagaya 2.12.894, 11. Egloff 2.13.079, 12. Bösiger 2.13.826, 13. Dixon 2.15.015, 14. Reddington 2.15.640, 15. Janssen 2.16.536, 16. Koster 2.16.830, 17. Gälross 2.17.370, 18. K. Webster 2.17.672, 19. Knight 2.17.676, 20. Hoskin 2.19.006, 21. Schlosser 2.19.041, 22. Smit 2.20.215, 23. Kavanagh 2.21.912, 24. Vögeli 2.21.666

3. Juli 1994: Grand Prix Italien in Mugello

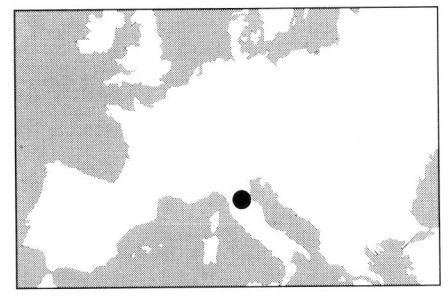

In der Höhle des Löwen

Die Tifosi beweinten einen mittleren Weltuntergang – und Ralf Waldmann feierte den Sieg in der Höhle des Löwen.

Eine der großen Überraschungen von Mugello war Wild Card-Pilot Roberto Locatelli. Bei seinem Grand Prix-Debüt sauste er in letzter Minute des Abschlußtrainings auf die Pole Position, ein Husarenstück, das seit Johnny Cecotto 1975 in Le Castellet keinem mehr gelungen war.

Die etablierte Konkurrenz der 125 cm^3-Klasse war wie vom Donner gerührt – der 20jährige Aprilia-Nachwuchsmann mit dem langen Blondschopf hatte einen nahezu handelsüblichen Production Racer und kam auf dem Weg zu seiner Superzeit sogar ohne Spezialbenzin und Data Recording aus. »Ich teste hier eine ganze Menge, aber das war meine schnellste Runde bisher«, verriet Locatelli, »fürs Rennen bin ich zuversichtlich, ich habe eine ganze Anzahl schneller Runden am Stück hingekriegt, und das Motorrad funktioniert perfekt«.

Locatelli war auch ein perfektes Beispiel für die gründliche Aufbauarbeit, die bei Aprilia geleistet wurde. Schon im Winter köderte Teamdirektor Carlo Pernat den Jüngling mit einem Vertrag bis 1996, nach einem Lernjahr in der Europameisterschaft war sein WM-Einstieg 1995 bereits beschlossene Sache.

Nur auf den Fall Giorgio Semprucci war Pernat weniger gut zu sprechen. Die Möbelfirma des Teamchefs von Kazuto Sakata

Triumphgeheul: Ralf Waldmann, Teammanager Dieter Stappert

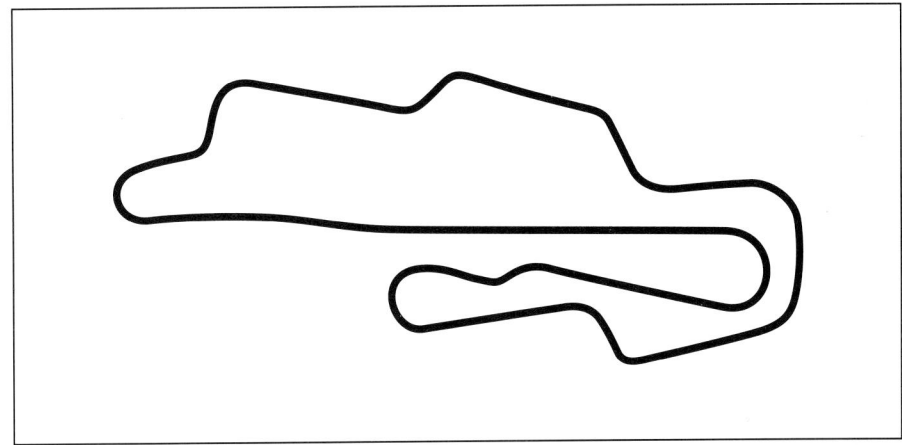

und Herri Torrontegui stand nach einem geplatzten Zwei Millionen Mark-Geschäft mit einem russischen Auftraggeber vor dem Ruin, das Aprilia-Werk sprang für das Rennteam in die Bresche und übernahm sämtliche Kosten, um den greifbar nahen WM-Titel zu retten.

Was nach außen hin wie freundliche Nachbarschaftshilfe dargestellt wurde, war in Wirklichkeit eine feindliche Übernahme: Semprucci hatte mit Geldern des Teams die dringendsten finanziellen Löcher seines eigenen Betriebs gestopft. Als Carlo Pernat dahinterkam, versuchte er zu retten, was zu retten war: Er ließ sofort die Auszahlung ausstehender IRTA-Gelder stoppen und bemächtigte sich neben der Maschinen auch des teameigenen Transportfahrzeugs.

In der 250 cm^3-Klasse zog Aprilia die Register auf der technischen Seite. Wild Card-Pilot Marcellino Lucchi, kein Grünschnabel wie Locatelli, sondern ein 37jähriger, abgebrühter Testfahrer des Werks, stellte einen völlig neuen Werks-Prototypen fürs Jahr 1995 auf den fünften Startplatz.

Äußerlich unterschied sich das neue Modell vor allem mit der stark an Loris Reggianis 400er erinnernden Verkleidungsform von den anderen Werks-250ern, unter der Karbonfiberschale verbarg sich ein deutlich kompakterer V 2-Motor mit dem bewährten Drehschiebereinlaß, aber verbesserter Thermik.

WM-Leader Max Biaggi stellte derweil die Pole Position sicher, und weil Luca Cadalora mit einem »neuen Cocktail aus bereits vorhandenen Motorteilen«, wie er sich ausdrückte, auch bei den 500ern Schnellster war, schien mit Italienern auf Startplatz eins in allen drei Klassen alles auf das erwartete große Volksfest in den Hügeln der Toskana hinzudeuten.

Doch neben Zuversicht und Tatendrang lag auch Streß und Überspannung in der bis zu 40 Grad heißen Luft. So verteilte Biaggi Seitenhiebe und ließ verlauten, sein Gegner Doriano Romboni, der ihn nach dem Deutschland-Grand Prix so beleidigt kritisiert hatte, sei ihm vollkommen gleichgültig, weil er im Kampf um die WM 1994 ohnehin schon verspielt habe. Auf Capirossis Aussagen lege er genausowenig wert, weil der bei Niederlagen ständig nach Ausreden suche oder anderen die Schuld in die Schuhe schiebe – so wie Harada in Assen.

Genick tat, realisierte ich erst, als ich hinterher auf den Roller stieg«, schilderte Biaggi.

Loris Capirossi zeigte sich wenig mitfühlend. »Ist mir egal, ob Biaggi runterhüpft oder nicht. In dieser Klasse fahren sowieso nur blöde Hunde«, knurrte er gereizt.

Doriano Romboni war wie immer bei Problemen mit seinem Motorrad gleich gar nicht zu sprechen. Sauer, daß er nicht auf die eigenen Bestzeiten vorhergegangener Testfahrten kam, hätte er den Schweizer Fotografen Peter Schenk am liebsten mit dem Roller über den Haufen gefahren. Zwischendurch entfuhr es ihm dann schon mal, wie unzufrieden er mit der Politik von Honda war. »Statt Werksmaschinen an acht verschiedene Piloten zu verstreuen, sollten sie sich lieber darauf konzentrieren, den be-

Rückkehr in die Box und nahm jeden seiner Mechaniker einzeln in die Arme.

Denn die hatten die Fußrasten seiner HB-Honda um zehn Millimeter nach hinten, den Lenker um zehn Millimeter nach vorn versetzt und damit für ein völlig neues Fahrgefühl gesorgt. »Endlich bringe ich Ellbogen und Knie auf den Geraden wie angegossen hinter der Verkleidung unter. Ich fühle mich so wohl im Sattel wie noch nie«, meinte Waldi. »Super! Es macht Spaß, das kannst du dir nicht vorstellen«, sprudelte es aus ihm heraus.

Und das machte es auch im heißumkämpften Abschlußtraining. Waldi wurde zwar von Biaggi überrumpelt, steigerte sich aber trotzdem um fast eine weitere Sekunde und verteidigte eisern Platz zwei. Teamchef Dieter Stappert ließ daraufhin einen Korken

Roberto Locatelli: Pole Position

Max Biaggi: Halswirbelprellung

Loris Capirossi: »Blöde Hunde«

Daß die Favoritenrolle in Biaggi nagte und seine Nerven blank lagen, zeigte auch ein unnötiger Crash im Abschlußtraining: Nachdem er bereits die Bestzeit erzielt hatte, quetschte er sich unnötig riskant an Andy Preining vorbei, die beiden berührten sich, Biaggi stürzte und erlitt eine Halswirbelprellung. »Ich landete Kopf voraus im Kies und hatte den Helm und sogar den Mund voller Dreck. Ich fuhr auf dem zweiten Motorrad weiter, doch wie weh mir das

sten davon konkurrenzfähiges Material zu liefern. Wenn sich die Politik nicht ändert, bin ich nächstes Jahr bei Aprilia«, bellte er.

Nur sein Boxennachbar Ralf Waldmann, der im Prestigekampf vor den italienischen Fans nichts zu verlieren hatte, blieb auch bei 35 Grad im Schatten völlig cool und kam nach einer Superrunde von 1.57,484 Minuten völlig überaschend als Schnellster aus dem ersten Zeittraining zurück. »Ich freue mich für zehn«, strahlte Waldi bei der

knallen: Erstmals in seiner jungen 250 cm^3-Karriere hatte Ralf Waldmann einen Startplatz in der ersten Reihe erbeutet. »Ich wußte, daß ich es irgendwann schaffen würde. Doch ausgerechnet hier beim Heimspiel der großen italienischen Stars – das hätte ich mir nie erträumt«, strahlte Waldi und klopfte seiner gelben Honda vor Begeisterung auf den Tank. »Wir haben die schnellste Honda von allen, darauf können wir uns etwas einbilden«.

Luca Cadalora: Schnellster dank einem neuen Cocktail aus bewährten Teilen

Ralf Waldmann: Schnellster im ersten Training dank der Künste Sepp Schlögls (rechts)

250 cm³: Rombonis Hitzschlag

Doch das, was dann geschah, übertraf die kühnsten aller Träume. Ralf Waldmann war Fünfter nach dem Start, was ihn nicht weiter aufregte, weil er einen extra langen ersten Gang hatte einbauen lassen. »Ich wußte, daß ich damit beim Beschleunigen eingehen würde. Aber ich wußte auch, daß in den ersten Runden noch nicht so schnell gefahren wird. Und weil ich mit diesem Getriebe in engen Kurven Vorteile hatte, machte ich mir keinerlei Sorgen«, verriet Waldi.

Sein erstes Opfer war Tetsuya Harada, und das war deshalb bemerkenswert, weil der Weltmeister den bislang besten Tag des Jahres erleben sollte. Fünfter nach der ersten Runde, arbeitete er sich nach der Hälfte des Rennens nach vorn, verdrängte in Runde zwölf schließlich Loris Capriossi von Platz zwei und schaffte es dann auch noch, den Italiener aus dem Windschatten zu schütteln.

»Das ist wie ein neuer Saisonstart«, meinte Harada nach Platz zwei, dem ersten Podestplatz des Jahres, entzückt. »Meine Hand ist zwar immer noch nicht hundertprozentig fit, dafür haben meine Mechaniker alls Menschenmögliche getan, das Motorrad so konkurrenzfähig wie möglich zu machen. Ich hoffe, daß ich diesen Standard in den ausstehenden sechs Rennen halten kann«.

Als nächster gab sich Doriano Romboni geschlagen. Waldis italienischer Teamkollege hatte drei Runden geführt, fiel dann aber allmählich zurück. In Runde sieben räumte er endgültig das Feld, tuckerte in Schlangenlinien zur Box und ließ sich von Dr. Claudio Costa dem Blackout nahe wegen eines Hitzschlags verarzten.

Von sieben zurückgelegten Rennrunden konnte er sich beim besten Willen nur an drei erinnern, seine Mechaniker waren stocksauer: Anstatt sich um ein Mindestmaß an körperlicher Fitneß zu bemühen, hatte Romboni in anderthalb Tagen vor lauter Nervosität nur einen Espresso, eine Banane, dafür aber Dutzende Zigaretten zu sich genommen.

Statt Sieg eine Nulnummer: Romboni erlitt einen Hitzschlag

Start zum 250 cm³-Rennen: Romboni (5), Waldmann (28), Lucchi (66), Ruggia (17) und Bayle (22)

Tetsuya Harada: Platz zwei war wie ein neuer Saisonstart
Luis d'Antin: Sieger im Kampf mit Bayle (22), Okada (8) und Zeelenberg

Auch Loris Capirossi leistete nicht lange Widerstand. »Er hatte zwei, drei Riesenrutscher direkt vor mir, und ich wußte, daß er das Tempo nicht durchhalten würde«. Beim nächsten Hinterradslide Capirossis in einem Bergabstück fühlte sich Waldi zum entscheidenden Überholmanöver eingeladen, das Rotkäppchen fiel schließlich hinter Harada auf Rang drei zurück und klagte über Reifenprobleme, vor allem am Vorderrad. »Ich hatte einen guten Start, merkte aber schnell, daß ich das Tempo an der Spitze nicht würde halten können. Ich denke, für die Umstände bin ich ein intelligentes Rennen gefahren«, sinnierte er.

Denn sein WM-Rivale Max Biaggi war sich nach dem überlegenen Sieg in Assen diesmal selbst im Weg. Mag es an der Hitze, an der Nervosität oder an dem Druck gelegen haben, den der erstaunlich konstant im Zwei Sekunden-Abstand auf Platz zwei hinterherfahrende Ralf Waldmann ausübte, jedenfalls kam der Römer trotz seines Vorsprungs nicht auf die Idee, etwas gefühlvoller am Gas zu drehen, worauf ihm zu Rennmitte in einer Bodenwelle das Vorderrad wegrutschte. »Die Gabel wurde zusammengestaucht, schlug zurück, und zack, lag ich auf der Nase. Hier in Italien hab´ ich wohl niemals Glück«, jammerte der Römer.

Damit war Waldi vorn und demonstrierte die Kunst der kalkulierten Alleinfahrt bravourös. Harada zappelte am ausgestreckten Arm, und wenn immer der Zwei-Sekunden-Vorsprung um ein paar Zehntel schrumpfte, stellte Waldi mit lockerem Dreh am Gas wieder den alten Abstand her. »Zwei Sekunden reichten mir. Ich habe nicht zu hart forciert, denn mehr als in Führung liegen kann man nicht«, frohlockte Waldi.

Als Waldi in die letzte Kurve einbog und jubelnd über seinen ersten Sieg in der 250 cm³-Klasse an der schwarzweiß karierten Flagge vorbeisauste, war es merkwürdig still rund um den Kurs, weil die gedemütigten Tifosi einen mittlerer Weltuntergang beweinten.

Doch in der HB-Box standen die Gratulanten Schlange. »Ich fühle mich großartig, wie bei meinem allerersten Sieg in Hocken-

Perfekt gefahren: Sieger Ralf Waldmann

125 cm³: Raudies mit Plattfuß

Dirk Raudies sehnte sich nach einem ähnlichen Erfolgserlebnis und trat nach der Panne von Assen mit einem frisch revidierten Motor in Mugello an, doch perfekt lief seine kleine Honda deshalb noch lange nicht.

Sein Mechaniker hatten die Airbox umgebaut und besser angepaßt, so daß sie keine Motorvibrationen mehr auf den Vergaser übertragen konnte, außerdem wurde sie besser abgedichtet und sorgte nun für noch höheren Staudruck im Ansaugtrakt, was gleichzeitig höheren Benzindurst des empfindlichen Aggregats bedeutete. »Heute morgen brannte uns ein Kolben ab, weil wir bei der Vergaserabstimmung zu mager lagen. Heute nachmittag war er zu fett und hatte nicht genug Power«, seufzte Raudies nach der viertschnellsten Runde am ersten Trainingstag.

Doch im Abschlußtraining tags darauf wurde es nicht besser. Nach sieben Runden verendete der Motor am Ende der Zielgeraden, worauf Raudies mehr als ein Kilometer in brütender Hitze zur Box zurücksprintete. Nach Trainingsende war er Sechster und so erschöpft, daß er sich erst einmal eine Flasche Wasser über den Kopf kippen ließ. »Mit dem zweiten Motorrad habe ich gekämpft wie ein Stier, aber es hat nur gerutscht und gerattert. Ich fürchte, morgen werde ich mich nicht entscheidend steigern können«, wirkte er erstmals in diesem Jahr deprimiert.

Und obwohl er tags darauf mit einer neuen Gabel und frischem Mut ins Rennen ging, wurde er abermals hart geprüft, weil er nach drei Rutschern immer noch hartnäckig versuchte, näher an den zweitplazierten Peter Öttl heranzukommen. »Bei Rutscher Nummer vier war dann Feierabend«, schilderte er, »ich hatte einen gewaltigen Highsider und ratterte endlos lange durchs Kiesbett«. Bei der Weiterfahrt wunderte er sich, warum die Hinterhand seiner Honda immer bedrohlicher ausbrach. Des Rätsels Lösung: Ein fünf Zentimeter langer und fünf Millimeter tiefer Riß im Reifen, der einen schleichenden Plattfuß

Dirk Raudies: Riß im Reifen

verursachte. »Den muß ich mir beim Rausfahren aus dem Kiesbett zugezogen haben«, staunte Raudies nach dem fünften Platz.

Peter Öttl war nach einem Blitzstart aus der ersten Reihe von Anfang an in den Kampf um die Podestplätze verstrickt. Nach einer Runde Dritter, machte er kurz darauf Roberto Locatelli dingfest und stieß auf Rang zwei vor. Der Grünschnabel hielt sich bis zwei Runden vor Schluß tapfer auf Rang sechs, wurde dann aber noch von drei wilden Japanern und dem erfahrenen Haudegen Jorge Martínez auf Platz zehn zurechtgestutzt.

Dessen japanischer Cepsa-Yamaha-Teamkollege Yoshiaki Katoh befand sich derweil schon auf dem Heimflug nach Japan: Der risikofreudige Kamikaze hatte sich bei einem Trainingssturz die rechte Kniescheibe zerschmettert und mußte sich mit dem vorzeitigen Ende einer glücklosen Saison abfinden.

heim 1991. Der erste Sieg in dieser Klasse ist schon was – doch gleich hier in der Höhle des Löwen zu gewinnen, ist unbeschreiblich«, jubelte Waldi. »Als niemand mehr vor mir herfuhr, brauchte ich zwar eine Weile, um meinen Rhythmus zu finden. Doch dann bin ich im Großen und Ganzen perfekt gefahren, war immer im grünen Bereich, ohne einen Rutscher, ohne eine Schrecksekunde. Mein Motorrad war aber auch super abgestimmt. Ein Riesendank an mein Team – und an das von Doriano Romboni, das eine Menge hier in Mugello getestet und mir mit einigen Getriebekombinationen ausgeholfen hat.«

Rombonis Team war längst abgereist, doch das seines deutschen Teamkollegen feierte bis tief in die Nacht. weil Teamchef Dieter Stappert kurzfristig das Wochenendprogramm änderte und eine wichtige Parole ausgab: »Heute abend fährt von unserem Team keiner nach Hause. Das ist amtlich«, schmunzelte er.

Öttl hielt sich bis zur letzten Runde auf Platz drei, war dann aber klug genug, gegen Takeshi Tsujimura kein übertriebenes Risiko einzugehen und sich mit Platz vier abzufinden. »Ein Rennen ohne Highlights, aber auch kein schlechtes«, urteilte Öttl, »gegen Tsujimuras Honda-Power war ich schlichtweg machtlos, er zog pfeilschnell auf der Zielgeraden an mir vorbei Ich wußte schon zuvor, daß er mich aus dem Windschatten angreifen würde.«

Um flotter die Zielgerade entlangzusausen, hatte Stefan Prein bei Serge Rosset eine neue, windschlüpfrige Verkleidung für seine in Assen zersplittert Yamaha eingekauft, die der ROC-Chef in nur einem Tag entwickelte. »Wie haben sie mit Frederic Petit getestet. Sie bringt zwei bis drei km/h«, rechnete Rosset stolz vor. In eine Rakete verwandelte sich Preins Energizer-Yamaha deshalb noch lange nicht: Der Wuppertaler erreichte Platz 16.

Öttls Teamkollege Tex Geissler erreichte trotz eines gewaltigen, schmerzhaften Hämatoms am Oberschenkel als 20. das Ziel, nur das Ditter-Team mußte sich wieder vorzeitig aus dem Wettbewerb verabschieden.

Trotz schmerzhafter Prellung Platz 20: Aprilia Deutschland-Pilot Tex Geissler

Trotz keilförmiger Verkleidung keine Rakete: Stefan Prein erreichte Platz 16

Frank Baldinger: Tankbelüftung abgeknickt

»Wir hatten erstmals eine Airbox eingebaut. Leider wurde der Verbindungsschlauch zum Tank in der brütenden Hitze derart weich, daß er abknickte«, erläuterte Cheftechniker Lucas Schmidt den Ausfall von Frank Baldinger gleich in der ersten Runde.

Während der 18jährige Nachwuchsmann des Ditter-Teams, sonst mit Vorjahresmaterial in der Deutschen Meisterschaft aktiv, erstmals Grand Prix-Luft schnupperte, rüstete der verletzte Oliver Koch zum baldigen Comeback: Um die avisierte Pause von mindestens acht Wochen zu reduzieren, wurde Olli am Mittwoch nach Assen an der Universitätsklinik von Homburg operiert und das zertrümmerte Handgelenk kunstvoll mit einer Platte und etlichen Schrauben zusammengesetzt.

Mental und körperlich unbelastet hatte Noboru Ueda die Stürze von Assen weggesteckt und stritt sich mit seinem Landsmann Kazuto Sakata erbarmungslos um den Sieg. Rad an Rad kämpften die beiden um jeden Zentimeter, entschieden war das Duell drei Runden vor Schluß, als Sakata mit einem Beinahe-Sturz die entscheidenden Meter verschenkte. »Ich fuhr lange hinter ihm her und sah, daß er Probleme mit dem Hinterreifen hatte. Ohne seine Rutscher wäre es eng geworden. Aber ich muß zugeben: Meine Honda war in Sachen Motorleistung haushoch überlegen«, strahlte Nobby, ohne sich in Sachen Weltmeisterschaft irgendwelchen Illusionen hinzugeben. »Daran verschwende ich keinen Gedanken – Sakatas Vorsprung ist viel zu groß!«

500 cm³: Neukirchner gefeuert

52 Punkte betrug Sakatas Vorsprung nach dem Italien-Grand Prix, und der von Michael Doohan sah nach dem Halbliterrennen mit 51 Punkten nicht minder beruhigend aus.

Auf der Strecke war die Dominanz des Australiers sogar noch deutlicher: Ohne ernsthafte Gegenwehr trieb er seine Werks-Honda zum sechsten Sieg der Saison und

Die nächste High Tech-Stufe im Luftkrieg: Dirk Raudies (1, vor Peter Ottl, 10) sorgte mit neuer Luftführung und besserer Airbox-Abdichtung für höheren Staudruck am Vergaser

zum fünften Sieg in der 500 cm³-Klasse hintereinander, was seit Giacomo Agostini 1972 keiner mehr geschafft hatte.

Dabei spielte er nicht nur sein Fahrkönnen aus, sondern warf auch seine beeindruckende Kondition in die Waagschale, die er sich während der Saison mit stundenlangen Hometrainer-Sessions auf dem Balkon seines Monte Carlo-Appartments aufrechterhielt.

Denn Mugello war nicht nur wegen der Gluthitze, sondern auch wegen der vielen schnellen Richtungswechsel und des ständigen bergauf, bergab ein Kurs, der in die Arme ging. Doohan meisterte das 23 Runden-Rennen fahrerisch und taktisch fehlerlos, indem er seine Gegner bis zur Schlußphase unter Kontrolle hielt und dann auf den letzten vier Runden wieder einmal gnadenlos auf fünf Sekunden davonzog.

Nur Luca Cadalora gelang es für längere Zeit, den Anschluß an die raketenschnelle Honda zu halten. »Hier in Italien auf der Pole Position zu stehen, tut gut. Doch seit wir hier vor einem Monat getestet haben, hat mein Team auch eine Menge geleistet«, meinte der Italiener nach dem Abschlußtraining befriedigt.

Daß seine Yamaha mit anderen Auspuffanlagen, Zylindern und Zylinderköpfen plötzlich genügend Speed hatte, mit der Werks-Honda mitzuhalten, und daß auch der neue Rahmen bestens funktionierte, den Luca in Assen erhalten hatte, bewies er mit einem sehenswerten Rad an Rad-Kampf gegen Doohan, der die Zuschauer immerhin für eine halbe Stunde lang in Atem hielt.

Schlecht gestartet und Neunter nach der ersten Runde, brauchte Cadalora bis Runde acht, um den Honda-Star einzuholen, und folgte ihm daraufhin wie sein eigener Schatten. »Ich bin entzückt«, lächelte Cadalora nach seinem zweiten Platz, »mein Motorrad war tatsächlich schnell genug, um an Doohan dranbleiben zu können. Doch in den letzten Runden ist er unglaublich stark gefahren, ich hatte keinerlei Chance auf einen Angriff, aber ich bin hochzufrieden, wenigstens auf dem Podest zu stehen. Jetzt müssen wir unbedingt bis

Vom zweiten Platz entzückt: Cadalora

Von der Kündigung überrascht: Neukirchner

zum Saisonende so weitermachen. Denn der heutige Tag zeigte: Wenn das Motorrad funktioniert und ich das richtige Feeling dafür habe, kann ich auch aus mir das Maximum herausholen«.

Und trotzdem war nicht Cadalora, sondern Kevin Schwantz der große Held, der jedermann an der Strecke in sprachloses Erstaunen versetzte. Jeden anderen hätten die gebrochenen und während des Assen-Rennens weiter verschobenen Knochen im linken Handgelenk in einen mehrwöchigen Krankenstand versetzt. Kevin beschränkte sich lediglich darauf, vor dem Abschlußtraining einen etwas größeren Gips anpassen zu lassen, der die malträtierten Knochen etwas mehr entlastete und die Schmerzen erträglicher machte.

Und Kevin hatte trotz seines siebten Startplatzes keineswegs im Sinn, hinterherzufahren. Aus der zweiten Reihe schoß er beim Start nach vorn und lag eingangs der ersten Kurve in Front, führte seinen Lieblingsgegner John Kocinski zwei Runden lang an der Nase herum und brachte dann sogar einige Meter zwischen sich und seine Verfolger.

Als Doohan sich binnen drei Runden auf Platz zwei vorgemogelt hatte, kämpfte Schwantz immer noch verbissen, und als Doohan in Runde fünf schließlich in Führung ging, gab Schwantz immer noch nicht auf, sondern hängte sich voller Enthusiasmus an Doohans Hinterrad.

Und als Cadalora von hinten kam und Druck zu machen begann, kämpfte Kevin immer noch, verteidigte Platz zwei bis Runde acht und bremste auch als Dritter noch genauso spät, wenngleich er mittlerweile versuchte, den vor Überanstrengung taub werdenden Arm auf den Geraden auszuruhen.

Doch trotz aller Mühe verlor Schwantz allmählich an Boden, die beiden feuerroten Cagivas auf Rang vier und fünf rückten näher, und es war das Glück des Weltmeisters, daß Doug Chandler ebenso wie John Kocinski in der 17. Runde das Pech ereilte: Chandler, erstaunlicher Trainigszweiter, tuckerte wegen alarmierender Motorvibrationen und deutlichem Leistungsschwund an die Box, gleichzeitig stürzte John Kocinski und jammerte, er habe keine Ahnung, warum. »Erst rutschte das Vorderrad weg, dann überholte mich das Heck, und ich konnte es nicht mehr einfangen«, schilderte er. »Es war kein Problem mit meiner Hand, ich hatte auch sonst keinerlei Vorwarnung und kein Problem in den vorangegangenen Runden. Es war eben eines jener Dinge...«

Wie bei seinem Teamkollegen: Völlig verdattert mußten seine Mechaniker feststellen, daß sich ein Zylinderstehbolzen gelockert hatte. »Sieht aus, als habe ich niemals Glück bei einem Italien-Grand Prix«, seufzte Chandler. »Alles war okay, als plötzlich die Leistung nachließ. Ich war Vierter und fuhr ohne Risiko, weil ich ja wußte, daß Schwantz nicht fit war und nur geduldig auf meinen Podestplatz warten mußte. Mein Start war nicht schlecht, aber ich brauchte eine ganze Weile, um an John vorbeizukommen. Er war schnell in den Kurven, hielt mich aber geradeaus auf. Ich denke, wir sind jetzt konkurrenzfähig. Das Einzige, was uns fehlt, ist ein bißchen Glück«.

Cagiva-Renningenieur Riccardo Rosa hatte für das peinliche Mißgeschick keine passende Erklärung zur Hand. »Wir haben den Motor 60 mal auseinandergenommen und wieder zusammengesetzt, und noch nie gab es ein solches Problem, es existierte nicht einmal als statistische Möglichkeit«, wunderte er sich. »Und natürlich war die Mutter auch diesmal mit einem Drehmomentschlüssel angezogen...«

Statt von dem Cagiva-Duo wurde Schwantz, dessen Motor zu allem hin auch noch Fehlzündungen entwickelte, fünf Runden vor Schluß von Alex Crivillé eingefangen. Doch weil der Weltmeister immer noch nicht aufgab und so verbissen Druck auf den Spanier ausübte, daß der seine Honda in der letzten Runde voller Nervosität fallen ließ, feierte Schwantz als Dritter am Ende das Glück des Tüchtigen.

»Bist du wirklich verletzt?«, fragte Sieger Doohan beeindruckt. Schwantz beschränkte sich darauf, ein paar lästige Durchblutungsstörungen zu erwähnen. »Ich hätte nie an ein solches Resultat geglaubt«, sagte er dann, »doch ich hatte einen Traumstart und Reifen, die von der ersten Kurve an optimal Grip aufbauten. Auch nachdem Mick und Luca überholt hatten, konnte ich noch eine Weile mitfahren, und das fühlte sich gut an. Erst dann ließ ich nach...«

Sachsens Hoffnung Lothar Neukirchner hatte schon im Training nachgelassen. Die erste Qualifikation fiel ins Wasser, weil der nach dem Assen-Grand Prix revidierte V 4-Motor schon beim Warmlaufen derart vibrierte, daß er sofort wieder zerlegt werden mußte.

Gestreßt wartete Neukirchner auf seinen Einsatz, und als er am Samstag bereits beim Einfahren im freien Vormittagstraining vor lauter Nervosität die Kontrolle über sein Gerät verlor, reagierte Teamchef Uwe Nebel mit der fristlosen Kündigung seines Piloten. »Er hat die Maschine absichtlich weggeworfen, denn beim Einfahren mit 8000 Umdrehungen geht nie und nimmer das Vorderrad weg. So fahr´ ich aufrecht mit der linken Hand auf den Rücken gebunden«, kam Nebel zu einer Version des Geschehens, die Neukirchner fassungslos dementierte.

Fahrerisch und taktisch fehlerlos – und wieder um fünf Sekunden voraus: Sieger Michael Doohan

500 cm³:

Ergebnisse

1. Michael Doohan	AUS	Honda NSR	44.20.402
2. Luca Cadalora	I	Yamaha YZR	44.26.186
3. Kevin Schwantz	USA	Suzuki RGV	44.37.738
4. Alberto Puig	E	Honda NSR	44.44.506
5. Shinichi Itoh	J	Honda NSR	44.44.584
6. Daryl Beattie	AUS	Yamaha YZR	44.49.138
7. Alexandre Barros	BR	Suzuki RGV	44.54.962
8. Bernard Garcia	F	Yamaha YZR	45.08.972
9. Niall Mackenzie	GB	ROC-Yamaha	45.21.912
10. Juan López-Mella	E	ROC-Yamaha	45.44.398
11. Jean-Pierre Jeandat	F	ROC-Yamaha	45.46.518
12. Cristiano Migliorati	I	ROC-Yamaha	45.47.376
13. Bernard Haenggeli	CH	ROC-Yamaha	45.48.567
14. Sean Emmett	GB	Harris-Yamaha	45.54.240
15. Jeremy McWilliams	GB	Yamaha YZR	45.54.974

16. Laurent Naveau (B) ROC-Yamaha, 17. Bruno Bonhuil (F) ROC-Yamaha −1 Rde., 18. Ermanno Bastianini (I) ROC-Yamaha, 19. Jean Foray (F) ROC-Yamaha, 20. Lucio Pedercini (I) ROC-Yamaha, 21. Cees Doorakkers (NL) Harris-Yamaha

WM-Stand | **Pkt.**
1. Doohan 186
2. Schwantz 135
3. Barros 90
4. Puig 90
5. Kocinski 87
6. Crivillé 83
7. Itoh 77
8. Cadalora 73
9. Chandler 48
10. Mackenzie 35
11. Beattie 33
12. Reynolds 32
13. Garcia 31
14. López-Mella 17
15. Emmett 16

Schnellste Runde: Cadalora in 1.54.354 = 165,119 km/h

Rekord: Michael Doohan (Honda) in 1.53.829 = 165,880 km/h

Durchschnitt Sieger: 23 Runden oder 120,635 km in 44.20.402 = 163,241 km/h

Ausfälle: A. Crivillé (E) Honda, Sturz; D. Chandler (USA) Cagiva, Stehbolzen gebrochen; J. Kocinski (USA) Cagiva, Sturz; L. Reggiani (I) Aprilia, Motorschaden; J. Reynolds (GB) Harris-Yamaha, Vergaser verschmutzt; K. Mitchell (GB) Harris-Yamaha, Gabel falsch montiert; J. Miralles (E) ROC-Yamaha, Sturz; A. Leuthe (D) ROC-Yamaha, Reifenprobleme; V. Scatola (I) Paton, Motorschaden; M. Garcia (F) ROC-Yamaha, Getriebeschaden

Trainingszeiten: 1. Cadalora 1.53.730 = 166.025 km/h, 2. Chandler 1.53.787, 3. Doohan 1.53.817, 4. Barros 1.54.478, 5. Kocinski 1.55.026, 6. Crivillé 1.55.120, 7. Schwantz 1.55.251, 8. Itoh 1.55.375, 9. Puig 1.55.398, 10. Beattie 1.55.478, 11. Reggiani 1.55.583, 12. Garcia 1.56.400, 13. Mackenzie 1.56.603

250 cm³:

Ergebnisse

1. Ralf Waldmann	D	Honda NSR	41.05.128
2. Tetsuya Harada	J	Yamaha TZM	41.07.188
3. Loris Capirossi	I	Honda NSR	41.10.332
4. Jean-Philippe Ruggia	F	Aprilia	41.13.585
5. Marcellino Lucchi	I	Aprilia	41.14.376
6. Luis d'Antin	E	Honda NSR	41.46.234
7. Tadayuki Okada	J	Honda NSR	41.46.494
8. Jean-Michel Bayle	F	Aprilia	41.46.579
9. Wilco Zeelenberg	NL	Honda NSR	41.46.804
10. Carlos Checa	E	Honda RS	42.04.816
11. Adrian Bosshard	CH	Honda NSR	42.07.872
12. Andy Preining	A	Aprilia	42.18.358
13. Alessandro Gramigni	I	Aprilia	42.18.490
14. Patrick v. d. Goorbergh	NL	Aprilia	42.18.528
15. Bernd Kassner	D	Aprilia	42.21.268

16. J. v. d. Goorbergh (NL) Aprilia, 17. Noel Ferro (F) Honda RS, 18. Adi Stadler (D) Honda RS, 19. Luis Carlos Maurel (E) Honda RS, 20. Frédéric Protat (F) Honda RS, 21. Kristian Kaas (SF) Yamaha −1 Rde., 22. Christian Boudinot (F) Aprilia, 23. Rodney Fee (CDN) Honda RS

WM-Stand | **Pkt.**
1. Biaggi 128
2. Okada 125
3. Capirossi 118
4. Romboni 93
5. Ruggia 91
6. Waldmann 91
7. d'Antin 67
8. Bayle 56
9. Aoki 53
10. Zeelenberg 50
11. Harada 45
12. Checa 25
13. P. Goorbergh 23
14. Suter 22
15. J. Goorbergh 22

Schnellste Runde: Biaggi in 1.56.102 = 162,633 km/h (Rekord)

Alter Rekord: Jean Philippe Ruggia in 1.56.224 = 162,462 km/h

Durchschnitt Sieger: 21 Runden oder 110,145 km in 41.05.128 = 160,852 km/h

Ausfälle: M. Biaggi (I) Aprilia, Sturz; D. Romboni (I) Honda, Hitzschlag; N. Aoki (J) Honda, Nichtstarter/Trainingssturz; E. Suter (CH) Aprilia, Kolbenklemmer; J. L. Cardoso (E) Aprilia, Motorschaden; E. de Juan (E) Aprilia, Getriebeschaden; A. Patterson (GB) Honda, endgültiger Rücktritt; G. Fiorillo (I) Honda, Schalthebel gebrochen; M. Hernandez (E) Aprilia, Sturz; T. Honma (J) Yamaha, Motorschaden; D. Bulega (I) Aprilia, Motorprobleme

Trainingszeiten: 1. Biaggi 1.55.856 = 162,978 km/h, 2. Waldmann 1.56.591, 3. Romboni 1.56.716, 4. Capirossi 1.57.092, 5. Lucchi 1.57.290, 6. Ruggia 1.57.600, 7. Harada 1.57.704, 8. Aoki 1.57.726, 9. Okada 1.57.730, 10. Bayle 1.57.934, 11. d'Antin 1.58.255, 12. Suter 1.58.423, 13. Honma 1.58.489

125 cm³:

Ergebnisse

1. Noboru Ueda	J	Honda RS	41.25.510
2. Kazuto Sakata	J	Aprilia	41.28.980
3. Takeshi Tsujimura	J	Honda RS	41.34.248
4. Peter Öttl	D	Aprilia	41.34.310
5. Dirk Raudies	D	Honda RS	41.43.343
6. Masaki Tokudome	J	Honda RS	41.50.922
7. Jorge Martinez	E	Yamaha	41.50.980
8. Tomomo Manako	J	Honda RS	41.51.006
9. Haruchika Aoki	J	Honda RS	41.51.067
10. Roberto Locatelli	I	Aprilia	41.51.356
11. Oliver Petrucciani	CH	Aprilia	41.51.470
12. Loek Bodelier	NL	Honda RS	41.53.376
13. Herri Torrontegui	E	Aprilia	42.01.269
14. Akira Saito	J	Honda RS	42.08.486
15. Carlos Giró	E	Aprilia	42.08.508

16. Stefan Prein (D) Yamaha, 17. Fausto Gresini (I) Honda, 18. Emili Atzamora (E) Honda, 19. Gabriele Debbia (I) Aprilia, 20. Manfred Geissler (D) Aprilia, 21. Luigi Ancona (I) Honda, 22. Hans Spaan (NL) Honda, 23. Vittorio Lopez (I) Honda, 24. Yasuaki Takahashi (J) Honda, 25. Bertrand Stey (F) Honda

WM-Stand | **Pkt.**
1. Sakata 154
2. Ueda 102
3. Öttl 92
4. Raudies 91
5. Tsujimura 87
6. Martínez 70
7. McCoy 56
8. Torrontegui 54
9. Tokudome 53
10. Saito 48
11. Petrucciani 44
12. Bodelier 39
13. Nakajyo 34
14. Gresini 34
15. Koch 26

Schnellste Runde: Sakata in 2.02.541 = 154,087 km/h (Rekord)

Alter Rekord: Carlos Giró (Aprilia) in 2.03.309 = 153,128 km/h

Durchschnitt Sieger: 20 Runden oder 104,900 km in 41.25.510 = 151,937 km/h

Ausfälle: Y. Katoh (J) Yamaha, Nichtstarter/Trainingssturz; M. Baumann (A) Yamaha, Sturz; G. McCoy (AUS) Aprilia, Sturz; L. Cecchinello (I) Honda, Sturz; N. Hodgson (GB) Honda, Leistungsmangel; H. Nakajyo (J) Honda, Sturz; G. Scalvini (I) Honda, Hitzschlag; S. Perugini (I) Aprilia, Elektrik defekt; F. Petit (F) Yamaha, Sturz; F. Baldinger (D), Honda, Spritzufuhr blockiert; I. Cremonini (I) Aprilia, Sturz

Trainingszeiten: 1. Locatelli 2.02.401 = 154,263 km/h, 2. Ueda 2.02.566, 3. Sakata 2.02.640, 4. Katoh 2.03.700, 5. Öttl 2.03.862, 6. Raudies 2.03.924, 7. Martínez 2.04.194, 8. Nakajyo 2.04.225, 9. Manako 2.04.231, 10. Tokudome 2.04.232, 11. Petrucciani 2.04.271, 12. Giró 2.04.455, 13. Ancona 2.04.503, 14. Tsujimura 2.04.668, 15. McCoy 2.04.804, 16. Perugini 2.04.812

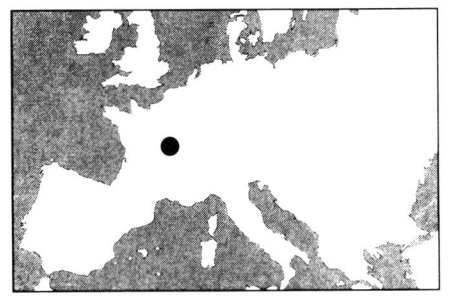

**17. Juli 1994:
Grand Prix Frankreich in Le Mans**

Michael Doohan **Sechs Richtige**
stürmte zum sechsten Sieg hintereinander – und hatte es diesmal ganz besonders eilig.

Langstreckenrennfahrer Hervé Moineau, auf einer ROC-Yamaha erstaunlicher Elfter in Salzburg, mußte auf den geplanten Einsatz in Le Mans verzichten. In einer bislang einzigartigen Aktion wurde Moineau von Journalisten und Fans durch demokratische Wahl zum Wild Card-Piloten ernannt, stürzte aber ein Wochenende zuvor beim 24-Stunden-Rennen von Spa und war fünf Stunden bewußtlos. »Den Bruch meines rechten Handgelenks könnte ich mit Willenskraft wegstecken, nicht aber meine Koordinationsstörungen. Mir wird ständig schwindlig«, sagte er den Grand Prix kurzfristig ab.

Das war nicht nur aus sportlichen Gründen schade: Moineau hätte zumindest im Training einen brandneuen Halblitermotor aus französischer Produktion einsetzen und die Feuertaufe gleich zur Bewährungsprobe im Vergleich zu den käuflichen Yamaha-Aggregaten machen sollen.

ROC-Besitzer Serge Rosset entwickelte das ROC-GP1 genannte V4-Triebwerk mit Geldern aus dem Regierungsfond für Geschädigte des Tabakwerbeverbots auf Basis des existierenden Yamaha-Modells mit 50,5 mm Hub und 56 mm Bohrung und räumte ein, im Innern etliche Yamaha-Teile verwendet zu haben.

Alle fürs Design entscheidenden Teile wie Gehäuse, Zylinder, Zylinderköpfe und

**Mit spektakulären Manövern
zum nächsten Sieg: Michael Doohan**

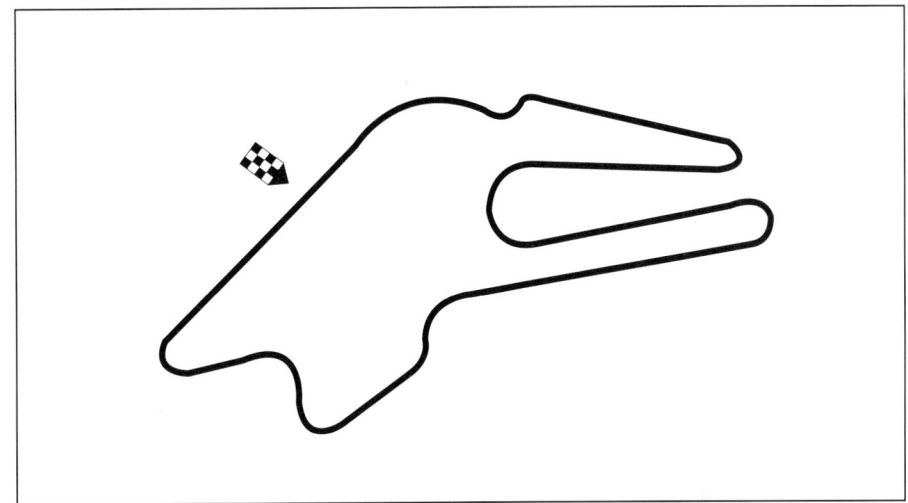

Auspuffanlagen stammten jedoch aus der ROC-Produktion, und das erklärte Ziel für die Zukunft war, dereinst einen komplett aus Teilen französischer Produktion aufgebauten Motor präsentieren zu können. »Für exzentrische technologische Lösungen sahen wir keinen Grund. Uns ging es um einen klassischen Motor mit genügend Power, um sich durchzusetzen, ohne daß wir großartige Begründungen für die Spezifikationen abgeben müssen«, erklärte Serge Rosset.

Ätzte der österreichische Techniker und Yamaha-Spezialist Harald Bartol: »Es gibt nur eine Erklärung, warum Rosset den schwächsten Motor der Halbliterklasse kopierte – weil er den stärksten von Honda nicht gekriegt hat!«

Im Gegensatz zu dem von den Japanern bevorzugten Aluminium waren die beiden ersten Prototypen des neuen ROC-Stars aus Magnesium gefertigt. Der 90 Grad-Zündabstand des Big Bang-Originals wurde weiter auf 84 Grad zusammengerückt, der Zylinderwinkel hingegen von 70 auf 76 Grad gespreizt, um die Vergaser näher ans Kurbelgehäuse setzen zu können und damit kürzere Ansaugwege, gleichzeitig aber mehr Platz für die Vergaserairbox zu schaffen.

175 PS bei 12000/min gab Rosset als Höchstleistung an, ob und wann die beiden vorgestellten Einzelstücke in Serie gehen würden, stand in den Sternen. »Momentan suchen wir einen starken Partner. Es gibt ein immenses kreatives Potential in Frank-

reich, das nur auf die Chance wartet, sich ausdrücken zu können. Wir sind eine dieser dynamischen Unternehmungen, und es wäre schade, wenn niemand auf den Zug aufspringen würde. Natürlich hängt das Projekt auch von der Nachfrage ab. Für drei Interessenten wäre es nicht finanzierbar, bei 20 Käufern hätten wir bereits einen sehr vernünftigen Preis, ab einer Auflage von 50 Stück wäre der Motor konkurrenzlos billig«.

Serge Rosset war gezwungen zu rechnen, denn immer mehr seiner ROC-Teams sprangen aus Geldmangel ab. Jüngster Deserteur war der Spanier Julian Miralles, der die Saison über hoffnungsvoll mit »Coronas«- und »Repsol«-Klebern fuhr, von den vermeintlichen Sponsoren dann aber doch kaum Geld bekam und deshalb auch Rossets Rechnungen unbezahlt liegen ließ.

Fast ganz französisch: ROC-GP 1

Rosset und IRTA-Sekretär Mike Trimby erinnerten sich daraufhin an die starke Fahrt von Udo Mark in Hockenheim und riefen das Superbike-As an, ob er Interesse und Geld habe, für Miralles einzuspringen. Mark antwortete auf die erste Frage mit ja und auf die zweite mit nein, worauf Rosset zauderte und Marks Einsatz tagelang in der Schwebe war.

Zu einer vorläufigen Kompromißformel kam es in letzter Minute: Am Vorabend vor Trainingsbeginn, am Donnerstag um 18 Uhr, rief Serge Rosset bei Udo Mark an und erklärte, er könne die Maschine samt Betreuung durch die ROC-Mechaniker fürs Rennen in Le Mans gratis haben, müsse fürs Weiterfahren bis zum Saisonende dann jedoch noch rund 120000 Mark aufbringen.

Mark setzte sich sofort ins Wohnmobil (»ich hatte die Koffer schon gepackt«), traf nach zwei Stunden Schlafpause in Le Mans ein und bewies mit Trainingsplatz 19 abermals Talent für diese Klasse.

Evren Bischoff hatte weniger Glück. Bislang in der deutschen 250 cm^3-Meisterschaft unterwegs, wurde er von Team Sachsen-Manager Uwe Nebel als Ersatz des gefeuerten Lothar Neukirchner verpflichtet. Neben seinem Bus brachte Bischoff auch Vater Hartmut, einen renommierten Tuner und Zweitakt-Spezialisten mit, im Gegenzug garantierte Nebel, alle Unkosten bis hin zu der beruflichen Ausfallzeit des Vaters zu übernehmen.

Bei ersten Tests in Brünn stimmte Halbliter-Neuling Bischoff die Harris-Yamaha im Handumdrehen auf seine Fahrweise ab, in Le Mans schaffte er bereits im ersten Zeittraining die Qualifikation, erlebte dann aber einen Highsider und trug einen gebrochenen Mittelfußknochen davon. Nebel blies den Le Mans- wie auch den Einsatz in Donington Park am darauffolgenden Wochenende ab, offiziell, um den verletzten Neuling keiner weiteren Gefahr auszusetzen. In Wirklichkeit gab es keinen anderen Grund als akuten Ersatzteilnotstand. »Logisch hätte ich fahren können«, kommentierte Evren Bischoff frustriert.

Vorzeitig Feierabend war auch für Daryl Beattie. In der ersten Runde des ersten freien Trainings stürzte er mit kalten Reifen und brachte bei dem Highsider den linken Fuß unter die Antriebskette. Vom Hinterradritzel schlimm zugerichtet, war zunächst von einer drohenden Fußamputation die Rede, doch nach einem kurzen Zwischenstop im Krankenhaus von Le Mans wurde Beattie in Begleitung von Dr. Claudio Costa per Helikopter ins Boucicaut Hospital im Südwesten von Paris gebracht.

Aus der Spezialklinik für Hand- und Fußmikrochirurgie kam noch am gleichen Abend Entwarnung: Wie Superbike-Star Doug Polen 1989 verlor Beattie zwar alle fünf Zehen, doch blieb vom jeweils ersten Zehengelenk noch genügend übrig, um später normales Gehen zu ermöglichen. Nach einer umfangreichen Hautübertragung wurde Beattie bereits in der darauffolgenden Woche wieder aus dem Spital entlassen.

Sein Pech war das Glück von Norifumi Abe: Nach wochenlangen, unbestätigten Gerüchten um seinen unmittelbar bevorstehenden Einsatz entweder im 250 cm^3-Team von Wayne Rainey oder auf einer 500er des Kenny Roberts-Rennstalls ergab sich nun endlich die Chance, den mit seinem mutigen Suzuka-Auftritt berühmt gewordenen Japaner auf die Probe zu stellen. Der

Mit Tabakfondsgeldern gebaut: ROC-GP 1-Motor

18jährige mit dem Mädchengesicht, der sein schulterlanges Haar neuerdings sogar in Locken trug, wurde als Ersatzfahrer für Beattie nach England bestellt.

Der Yamaha-Einsatz war die Rettung für den unerfahrenen Jüngling, der sich in den Verhandlungen mit seinem bisherigen Honda-Team und seinen neuen Arbeitgebern einen diplomatische Fauxpas nach dem andern geleistet hatte. »Kurz nach dem Japan-Grand Prix kam sein Vater zu mir und bat um vorzeitige Entlassung aus

**Udo Mark, Serge Rosset:
Nach zwei Stunden Schlafpause war das Superbike-As zur Stelle**

seinem Vertrag. Sie hätten von Wayne Rainey ein phantastisches Angebot erhalten«, erklärte Yoichi Oguma, Direktor der Honda Racing Corporation HRC. »Ich habe ihn dann zuständigkeitshalber an sein Team verwiesen«.

Denn »Norick« Abe hatte keine direkte Vereinbarung mit Honda, sondern kam nach dem Gewinn der 1993 letztmals ausgetragenen japanischen Halblitermeisterschaft im »Blue Fox«-Superbike-Team unter. Allerdings war dessen Manager ein Bruder vom Vizepräsidenten des Elektronikspiele-Giganten Sega und pflegte Verbindungen zum Hause Honda auf allerhöchster Ebene, weshalb das hochangesehene »Blue Fox«-Team als einer der wichtigsten Prestigeträger der Honda Motor Company zu sehen war.

Einem solchen Team Mitte der Saison den Rücken zu drehen, war in japanischen Augen eine Beleidigung allererster Ranges, und entsprechend verbittert reagierte Yoichi Oguma, als Abe Anfang Juli die offizielle Trennung von seinem Blue Fox-Team verkündete. »Abe wäre am liebsten schon dieses Jahr zu seiner ersten kompletten Grand Prix-Saison angetreten, aber es ist doch wohl klar, daß er vorher noch etwas mehr an Erfahrung braucht. Im Blue Fox-Team hatte er alles, was er sich wünschen konnte – bis hin zu einer RC 45, die mit sämtlichen Werksteilen genau den Maschinen von Doug Polen und Aaron Slight entsprach«, entrüstete sich Oguma. »Trotzdem hat er mitten in der Saison den Bruch herbeigeführt. So etwas tut man nicht, und deshalb ist das Tischtuch zwischen ihm und der Honda-Familie zerschnitten. Er wird es schwer haben, dereinst einmal zu uns zurückzukehren«.

Das Verblüffendste war, daß Abe alles liegen und stehen ließ, obwohl er zu diesem Zeitpunkt weder von Rainey noch von Roberts ein konkretes Angebot erhalten hatte. »Ich habe ihn auf eigene Faust, unabhängig von Yamaha und Marlboro, gefragt, ob er Lust hätte, im nächsten Jahr bei mir zu fahren. Danach wollte ich nach einem Motorrad und einem Geldgeber Ausschau halten. Weil ich eine Vertretung von Kenny Roberts junior suchte, habe ich ihm auch ein Fax geschickt und nach seinen Verpflichtungen in diesem Jahr gefragt. Er antwortete lediglich, nach den Acht Stunden von Suzuka Ende Juli stünde er zur Verfügung. Konkret haben wir nie verhandelt, deshalb verstehe ich nicht, warum er alles auf eine Karte gesetzt hat«, wunderte sich Wayne Rainey.

Den Honda-Managern konnte es egal sein: Doug Polen und Aaron Slight gewan-

**Sturz und Aus für das Team Sachsen:
Ersatzteilnotstand war der wahre Grund**

133

Doug Chandler: Zuviel Arbeit im Training – und ein Motorschaden im Rennen

nen die prestigeträchtigen Acht Stunden von Suzuka Ende Juli auch ohne Abe, Doohan unterschrieb ebenfalls Ende Juli einen Vertrag bis Ende 1995 und blieb damit auf längere Sicht auch in der Grand Prix-Weltmeisterschaft Garant für den Erfolg.

In Le Mans hetzte er seine NSR 500 zur 19. Pole Position seiner Karriere und zog dadurch mit Wayne Gardner gleich, seinem Vorgänger als Australiens Aushängeschild in diesem Sport. War Doohan Schnellster beider Trainingstage und steckte dabei mit stoischem Gleichmut zwei Stürze weg, so kletterte Luca Cadalora im Abschlußtraining auf Rang zwei, während Kevin Schwantz von Alberto Puig und John Kocinski in die zweite Reihe gedrängt wurde. »Sieht so aus, als sei dieser Kurs ideal für die Honda. Unser Problem ist nur: Wir waren bisher noch auf keinem Kurs, der nicht ideal für die Honda gewesen wäre«, brummte Kevin.

Kocinskis Teamkollege Doug Chandler machte weniger durch schnelle Rundenzeiten als durch die Technik seiner Cagiva C594 von sich reden. Erstmals wurde die von den Italienern seit Jahren halbherzig entwickelte Benzineinspritzung im Rahmen eines Grand Prix eingesetzt, Chandler rückte sowohl am Freitag- als auch am Samstagmorgen damit aus, beschloß aber trotz eines positiven Gesamteindrucks, im Rennen mit konventionellen Vergasern anzutreten. »Der Motor läuft gut, die Leistungsentfaltung ist so sanft, daß du dir langsam vorkommst, obwohl du in Wirklichkeit gut mit den andern mithalten kannst und keiner aus den Ecken raus davonfährt. Nur das Gasaufdrehen funktioniert nicht so butterweich wie beim Vergasermodell, ich denke, es hängt mit den Drosselklappen anstelle der normalen Gasschieber zusammen«.

Chandler merkte schnell, daß die Abstimmung von zwei Motorrädern mit Vergaser und einem dritten mit Einspritzanlage zuviel Arbeit für ein Grand Prix-Wochenende war. Daß er zusätzlich noch eine neue Öhlins-Kohlefasergabel ausprobieren sollte, machte seine Aufgabe nicht einfacher. »Es ist nichts falsch an der Kohlefasergabel, aber es ist auf dieser Strecke mit den vielen engen Kurven und dem vielen Stop-and-Go schwierig genug, Vertrauen zum Vorderrad aufzubauen. Deshalb ließ ich alles wieder abbauen, was für zusätzliche Komplikationen sorgte«, meinte er nach Trainingsplatz sechs.

Das Aprilia-Halbliterteam mit Loris Reggiani war wegen der Komplikationen mit

Doug Chandler: Zuviel Arbeit im Training – und ein Motorschaden im Rennen

der V2-400er gleich gar nicht anwesend. Um der Ursache für die vielen deprimierenden Motorschäden auf die Schliche zu kommen und gleichzeitig nach mehr Leistung zu suchen, zog sich sein Team vorläufig in die Entwicklungsabteilung von Noale zurück und fand sich mit 10000 Dollar IRTA-Vertragsstrafe pro versäumtem Rennen ab.

Schnell unterwegs war Reggiani trotzdem: Auf der Autobahn bei Triest raste er mit seinem Porsche turbo statt mit dem erlaubtem Tempo 130 mit 217 Sachen in eine Radarfalle, zahlte 500000 Lire Strafe und trat ein dreimonatiges Fahrverbot an.

Wenigstens blieb dem Roller-Fan ein niederschmetternder Anblick erspart: Am Samstagabend wurden die Scooter von Sito Pons und Wilco Zeelenberg aus dem Fahrerlager von Le Mans geklaut, am Sonntagmorgen hieß es dann, die Roller seien in der technischen Abnahme wieder aufgetaucht. Doch das freudige Lächeln von Pons und Zeelenberg gefror, als sie ihre Fahrzeuge wiedersahen: Eine Schrottpresse hätte die in blinder Wut zertrümmerten Roller nicht schlimmer verunstalten können.

500 cm³: Schwantz als Torpedo

Wenigstens kam Pons' Fahrer Alberto Puig beim Start des Halbliterrennens optimal in Schwung und tröstete seinen Teamchef mit stolzen sieben Runden Führungsarbeit, bevor er wegen eines zu weichen Hinterreifens am Ende Vierter wurde.

Sein Landsmann Alex Crivillé wurde Dritter, doch so glatt und ohne Zwischenfälle verlief seine Fahrt keineswegs. »Ich hatte Riesenglück, zweimal war ich kurz davor, abzusatteln«, schnaufte der Katalane im Ziel.

Den ersten haarigen Moment erlebte er kurz nach dem Start. Doohan hatte beim Losfahren aus der Pole Position zu früh die Kupplung zubeißen lassen, machte einen kleinen Satz und stoppte wieder. Luca Cadalora hätte vor lauter Schreck ebenfalls fast einen Fehlstart produziert, schoß deutlich als Erster los, hatte aber Glück, mit dem Hinterrad beim Aufflammen des Grünlichts noch hinter der Startlinie zu sein und um eine Strafminute herumzukommen.

Doohan hingegen startete verheerend und versuchte, alles in der ersten Rechts-Links-Schikane wieder gutzumachen. Viel zu schnell donnerte er auf den Rechtsknick zu und verpaßte die Ideallinie, bohrte sich dann ungerührt mitten durch den Pulk, als er nach links umlegte, worauf ihm die Straße ausging und er durch den Dreck mußte. Um ein Haar hätte er wie im Jahr zuvor in England mit dem gesamten Vorderfeld aufgeräumt, beschränkte sich diesmal jedoch darauf, Crivillé mit durch den Staub zu nehmen. Beide hatten Glück, sich unbeschadet wieder einzufädeln.

Während Crivillé brav weiterfuhr, nahm Doohan auch die nächsten Gegner im Sturm, nur daß er sich der Einfachheit halber nun doch lieber der Geraden bediente. Nach einer Runde noch Siebter, brauchte er nur bis Runde acht, um Alberto Puig die Führung abzujagen und unbelästigt dem sechsten Sieg hintereinander entgegenzueilen.

Spannend machte er es nur noch einmal drei Kurven vor dem Ziel. Aus purem Übermut gönnte er sich einen Slide, bei dem das Hinterrad das Vorderrad zu überholen drohte und die aufbäumende Honda nur mit viel Glück zu zähmen war.

Danach gab Doohan zu, daß er seine Rekordserie um ein Haar vermasselt hätte. »Ich hatte zwei Schrecksekunden, eine am Anfang und eine 300 Meter vor dem Ziel. Ich versuchte, den Startmoment verauszuahnen und brachte das Bike schon leicht ins Rollen. Doch diesmal hielt uns der Starter länger als üblich auf und drückte den Knopf just in dem Moment, in dem ich in die Bremse langte.

Ich war links auf der Linie und wußte, daß ich so viele der Jungs so schnell wie nur möglich erwischen mußte. Deshalb zielte ich nach innen und ging an etlichen vorbei, bis Barros plötzlich vor mir in die Kurve lenkte. Für mich blieb kein Platz, deshalb ließ ich die Bremsen loß und schnitt die Schikane geradeaus ab. Ich hatte Glück, daß ich im Sattel blieb.

300 Meter vor dem Ziel dachte ich, ich müsse spaßeshalber das Hinterrad zum Rauchen bringen und ein bißchen durchdrehen lassen. Leider war der Reifen schon ziemlich am Ende, so daß er schlagartig durchdrehte und ich ebenso schlagartig querstand, den Lenker am Anschlag hatte und in die Kupplung greifen mußte. Könnte sein, daß ich solche Späße im Rennen künftig bleiben lasse«, lächelte der WM-Leader leicht verlegen.

Alex Crivillé war zu diesem Zeitpunkt ein paar Kurven weiter hinten und zum zweiten

**Kevin Schwantz (1) gegen Koczinski (11) und Puig (17):
Am Ende war der Weltmeister zu übermütig**

Blitzstart: Kevin Schwantz vor Michael Doohan

Schrecksekunde: Garcia stürzt direkt vor Doohan und Schwantz

Mal schuldlos kurz vor dem knockout. Diesmal lief Kevin Schwantz aus einem schnellen Rechtsbogen auf den an dritter Stelle fahrenden Spanier auf, stach im folgenden Linksknick geradeaus auf den Scheitelpunkt zu und donnerte dem Spanier wie ein Torpedo von innen ins Heck.

Crivillés Honda rückte aus der Spur und machte einen kleinen Umweg übers Gras, das Vorderrad der Suzuki wurde hingegen unrettbar ausgehebelt, weshalb der Weltmeister drei Kurven vor Ende des französischen Halbliter-Grand Prix spektakulär zu Boden ging. »Diesmal hat's ihn erwischt, und ich bin im Sattel geblieben«, grinste Crivillé in Erinnerung an seinen eigenen Sturz in Mugello zwei Wochen zuvor. »Aber ich hatte Riesenglück! Auf der letzten Runde habe ich noch gedacht: Nur nicht schon wieder herunterfallen. Gleichzeitig wollte ich unbedingt aufs Podest und war erleichtert, weil mein Motorrad nach vielen Problemen im Training endlich perfekt funktionierte. Ich denke, ich fuhr heute mein bislang bestes Rennen bei den 500ern«.

Was man von dem bedauernswerten, immer noch mit eingegipstem linkem Arm fahrenden Kevin Schwantz kaum behaupten konnte. »Eigentlich hatte ich mich schon mit Platz fünf hinter Crivillé und Alberto Puig abgefunden, weil mir die beiden zwischendurch davonfuhren. Doch im Endspurt kam ich plötzlich wieder näher. Erst schnappte ich Puig, dann lief ich auf Crivillé auf«, schilderte Kevin. »In jener Linkskurve wollte ich ihn mir zurechtlegen und fuhr auf einer Linie, aus der ich mit viel Drive herausbeschleunigen konnte. Doch Crivillé fuhr plötzlich langsam, und ich konnte nicht mehr ausweichen«. Eine seltsame Ausrede: Die fragliche Szene flimmerte wieder und wieder über die Monitore, und von einer Mitschuld des Spaniers konnte bei aller Sympathie für den verletzten Weltmeister nicht die Rede sein.

Glücklicherweise rutschte Schwantz auf dem Rücken ins Aus, ohne die in Assen ge-

Machtlos gegen die Honda-Power: Alexandre Barros wurde am Ende Sechster

brochenen und dislozierten Knochen der linken Hand noch schlimmer zu beschädigen. Sein Fußmarsch in Richtung Box wurde zum Triumphzug mit stehenden Ovationen Zehntausender Fans auf den vollbesetzten Tribünen, Kevin winkte freundlich zurück und blieb auch später leutselig und gutgelaunt, als sei ihm ein Stein vom Herzen gefallen – vielleicht, weil er sich um die Titelverteidigung nun endgültig keine Gedanken mehr zu machen brauchte.

Zumal nicht nur Michael Doohan, sondern vor allem auch die Honda NSR 500 auf geradezu deprimierende Wiese überlegen war. Selbst Shinichi Itoh schob sich nach der Hälfte des Rennens noch an zwei vermeintlich starken Konkurrenten vorbei und überließ Alexandre Barros und Luca Cadalora einem desillusionierenden Kampf um Platz sechs, nach dem beide über mangelnden Reifengrip klagten.

Einzig John Kocinski konnte sich dank seinem Talent auf der Bremse und in den vielen engen Kurven zwischen die Honda-Phalanx schieben und buchte mit Platz zwei das beste Ergebnis seit dem triumphalen Saisonauftakt in Australien.

Doch an einen zweiten Cagiva-Sieg glaubte auch er zu keiner Sekunde. »Mit der Cagiva kannst du anständig um die Ecken feilen, deshalb wußte ich, daß es ein guter Tag werden würde. Doch als Doohan auf der Geraden an mir vorbeiblies, habe ich beschlossen, mich nicht zu ärgern – denn wenn du dich anfängst, über so etwas aufzuregen, verlierst du nur die Konzentration«.

Kein Glück hatte sein Teamkollege Doug Chandler: Nach dem Ausfall in Italien wegen eines losen Zylinderbolzens blieb er diesmal mit einem kapitalen Motorschaden stehen.

Einen Auftakt nach Maß hatte dagegen Udo Mark: Trotz einer zu weichen Vorderradgabel und eines schlecht eingestellten Hinterraddämpfers eroberte das As der deutschen Pro Superbike-Serie Rang 14 und zwei WM-Punkte.

Zweimal knapp am knockout vorbei: Alex Crivillé wurde von Doohan ins Gras geschickt und von Schwantz torpediert

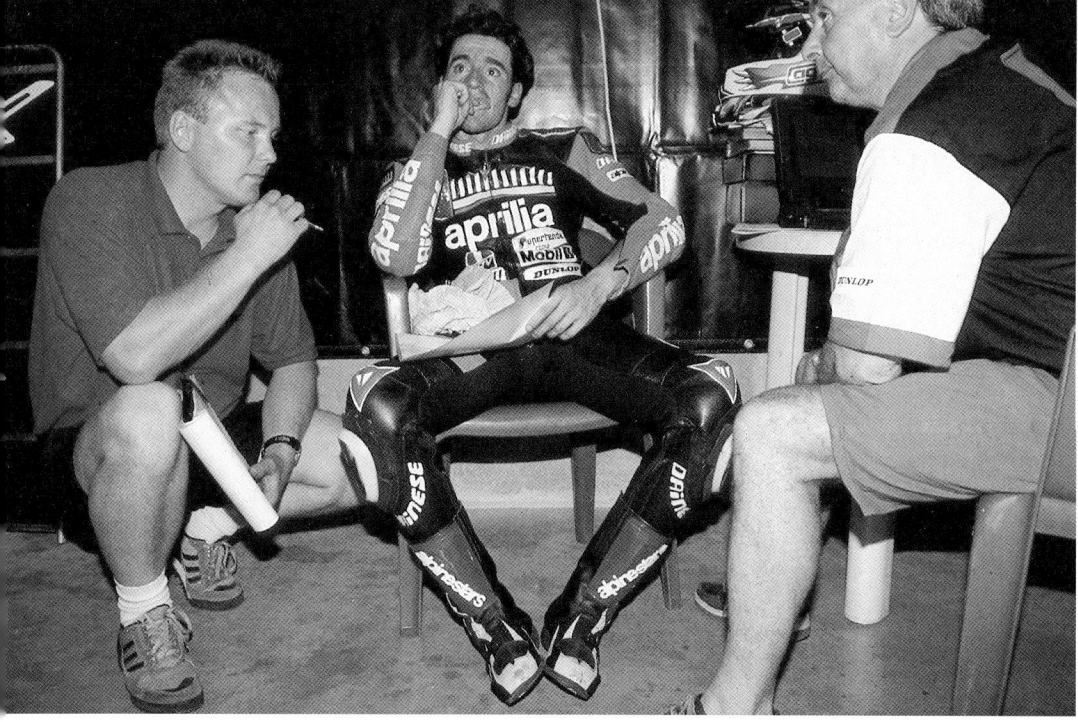

Strategiespiele vor dem Rennen: Max Biaggi

250 cm³: Power durch Power-Jet

Doriano Romboni und Loris Capirossi wurden in Le Mans mit einer neuen elektronischen Zündung, vor allem aber mit neuen Vergasern beehrt. Nach Yamaha-Vorbild waren sie mit einer zusätzlichen Powerjet-Düse ausgerüstet, die das Gemisch im mittleren Drehzahlbereich anreicherte und bei hohen Drehzahlen, in denen Zweitakter generell fetter laufen, wieder abriegelte. So auf Trab gebracht und nach seinem Kreislaufkollaps in Italien von Dr. Claudio Costa auf eine vernünftige Diät gesetzt, schlug Doriano Romboni mit seiner ersten Pole Position des Jahres zu.

Aprilia-Star Max Biaggi, im bisherigen Saisonverlauf nur durch die eigenen Leichtsinnsfehler zu besiegen, war Zweiter im Abschlußtraining und hielt sich erstmals vor einem Rennen mit Strategiespielen auf. »Der Krafteinsatz der Aprilia ist auf diesem Hau-Ruck-Kurs zu abrupt, da werden wir Reifenprobleme kriegen«, schwante ihm, »deshalb werde ich im Rennen auf die Fehler der anderen warten. Wenn Doriano Romboni an der Spitze davonmarschiert, lasse ich ihn ziehen, über ihn mache ich mir keine Sorgen. An Loris Capirossi müßte ich schon energischer dranbleiben«.

Das gelang ihm auch bis zur Hälfte der Renndistanz, doch dann rutschte er wie befürchtet auf einen einsamen dritten Platz zurück und mußte im Finale auch noch miterleben, wie sein WM-Vorsprung auf einen winzigen Punkt zusammenschrumpfte. Romboni führte zwar von der ersten bis zur letzten Runde, doch dann machte sich Capirossi daran, ihm die Wurst vom Brot zu klauen und zwängte sich in der ersten Spitzkehre innen vorbei.

Konnte Romboni diesen Angriff im nächsten Eck noch parieren, so war er machtlos, als das Rotkäppchen die nächste Attacke aus dem Windschatten auf der Geraden ritt. Beim Versuch, an Capirossi dranzubleiben, erlebte Romboni noch einen Rutscher, bei dem er mit beiden Beinen in der Luft herumpaddelte, damit war Capirossis dritter Sieg des Jahres perfekt. »Ich war das ganze Rennen hinter Romboni und konnte ihn deshalb genau studieren. Sein Hauptproblem: Sein Motorrad war einen Tick langsamer als meins«, erklärte Loris Capirossi. »Schon in der Aufwärmrunde habe ich festgestellt, daß der Motor nicht mehr so hoch drehte wie im Training, es fehlten 200 bis 300 Umdrehungen«, bestätigte Romboni nach einem Wetterumsturz, der Le Mans nach heißem Hochsommerwetter im Training Gewitter und einen Wolkenhimmel für den Renntag bescherte. »Mit genügend Leistung hätte ich an Capirossi dranbleiben können. Statt dessen versuchte ich, das Manko durch früheres Beschleunigen wettzumachen und habe dafür bezahlt. Wunder gibt's eben nicht in dem Sport«.

Verlor er das Rennen im Endspurt, so hatte Ralf Waldmann im Finale das Glück des Tüchtigen. Im Training abermals in der ersten Startreihe, beschloß er einen kurzen ersten Gang nur für den Start einzusetzen und das Rennen dan mit den restlichen fünf Gängen zu bestreiten. »Mein Start war

Die erste Runde:
Biaggi (4) führt vor Romboni (5)
und Capirossi (2)

Vorfreude auf 1995: Dirk Raudies mit dem neuen Honda-Prototypen

Freude über den Sieg: Nobby Ueda

Zufriedenheit über das erste GP-Finish: Frank Baldinger wurde 24.

nicht schlecht, doch beim Beschleunigen aus den engen Ecken hatte ich anschließend viel Mühe, an der Spitze dranzubleiben. Im Nachhinein weiß ich nicht, ob die Getriebeidee wirklich so gut war«, kratzte er sich am Kopf, weil er sich nach dem Sensationssieg in Italien um ein Haar mit Platz sechs hätte anfreunden müssen.

Doch nach der letzten Runde war der HB-Honda-Star plötzlich wieder Vierter. »Aoki und Ruggia verhakten sich vor meiner Nase mit ihren Ellbogen und marschierten gemeinsam durch die Wiese. Ich schlüpfte innen durch – das war perfekt«, freute sich Waldi.

Mit ihm bedankte sich auch Jean-Michel Bayle und feierte vor seinen französischen Fans Platz fünf. »Wenn ich in der La Chapelle-Spitzkehre nicht einen gewaltigen Slide gehabt und den richtigen Gang verpaßt hätte, wäre ich bis zum Ende mit der Spitze dabeigeblieben. Aber ich bin auch so überglücklich – und verspreche, mich in den nächsten Rennen weiter zu verbessern«, jubelte der ehemalige Moto Cross-Weltstar.

125 cm^3: Japaner unter sich

Honda-Servicemann Fabio Barchitta hatte den von Dirk Raudies ersehnten Prototyp der neuen RS 125 nach Le Mans mitgebracht, wo das gute Stück endlich leibhaftig angefaßt und begutachtet werden konnte.

Noboru Ueda und Takeshi Tsujimura, die das komplett neukonstruierte und mit lang ersehnten Zutaten wie Wechselgetriebe, Ausgleichswelle, Upside-down-Gabel und Hebelumlenkung fürs Hinterrad ausgestattete Motorrad bereits in Japan probegefahren hatten, gerieten regelrecht ins Schwärmen und behaupteten, auch ohne Spezialteile locker auf dieselben Rundenzeiten gekommen zu sein wie mit ihren alten A-Kit-Modellen.

So motiviert, schlugen sie sich auch mit ihren gewohnten Motorrädern im Sturm und Drang-Stil an die Spitze durch. Bis zum Rennende hingen sie wie das doppelte

Lottchen aneinander, Nobby Ueda gewann schließlich mit einer Zehntelsekunde Vorsprung.

Zu Beginn kämpfte auch Kazuto Sakata mit um die Führung, doch je länger das Rennen dauerte, desto mehr ähnelte es dem Bild der 250 cm³-Klasse: Zwei Honda galoppierten überlegen an der Spitze auf und davon, mit zunehmenden Reifensorgen fiel die beste Aprilia Länge um Längen zurück, landete aber etwas weicher auf dem dritten Platz: Im Gegensatz zu Biaggi freute sich Sakata vor den letzten fünf Rennen über ein beruhigendes 47 Punkte-Polster.

Vor dem Weltmeister hatte er schon lange keinen Respekt mehr. Nachdem Dirk Raudies schon den gewohnten Blitzstart verpaßte und wie die gewöhnliche Menschheit im Pulk davonfuhr, schlug ihm Sakata vor der ersten Kurve auch noch tolldreist die Tür vor der Nase zu und sorgte dafür, daß der etwas besonnenere Raudies gleich in der ersten Runde wertvolle Meter auf die Spitze verlor. »Danach versuchte ich mit allen Mitteln, das Loch nach vorn zuzumachen, bekam aber frühzeitig Ärger mit dem Vorderreifen. Ich hätte eine härtere Mischung nehmen sollen – am Schluß hing das Gummi in Fetzen weg«, schilderte Raudies und hatte noch Glück im Unglück, weil der Japaner Nakajyo und der Italiener Perugini ihren Streit in der letzten Runde auf der grünen Wiese weiterfochten und Raudies dadurch statt des siebten am Ende den fünften Platz erbte.

Regie im Krimi führte jedoch wieder Peter Öttl: Nach bereits bekanntem Drehbuch verpatzte er den Start und war zunächst Elfter, kämpfte sich dann aber wie James Bond auf einer Verfolgungsjagd durch Freund und Feind, hatte fünf Runden vor Schluß Kazuto Sakata und Platz drei in der Tasche, ließ sich dann aber auf einen sicheren vierten Platz zurückfallen. »Ich wollte unbedingt gewinnen«, schilderte Öttl seinen Sturmlauf, mit dem er in der WM-Tabelle wieder zum Vierten und zum besten Europäer wurde, »doch vier Runden vor Schluß begann es leicht zu nieseln. Ich hatte zwei arge Rutscher – und entschied mich, lieber zum fünften Mal Vierter zu werden als den nächsten Sturz zu riskieren«.

Sein Teamkollege Manfred Geissler war nach dem Start Vorletzter, marschierte von Platz 30 nach der ersten Runde dann aber ebenso verheißungsvoll nach vorn und hatte den verdienten WM-Punkt schon greifbar nah vor Augen. Doch dann spielte Stefan Prein seine größere Erfahrung aus und schnappte ihm die Möhre im Endspurt vor der Nase weg. »Das nächste Mal geht's umgekehrt«, schwor Tex Revanche.

Nobby Ueda:
Sieg mit einer Zehntelsekunde Vorsprung

500 cm³:

Ergebnisse

1.	Michael Doohan	AUS	Honda NSR	46.28.917
2.	John Kocinski	USA	Cagiva C-594	46.35.018
3.	Alex Crivillé	E	Honda NSR	46.40.230
4.	Alberto Puig	E	Honda NSR	46.41.244
5.	Shinichi Itoh	J	Honda NSR	46.49.004
6.	Alexandre Barros	BR	Suzuki RGV	46.54.986
7.	Luca Cadalora	I	Yamaha YZR	47.05.790
8.	Jeremy McWilliams	GB	Yamaha	47.41.676
9.	Mark Garcia	F	ROC-Yamaha	48.12.425
10.	Juan López-Mella	E	ROC-Yamaha	– 1 Rde.
11.	Jean Foray	F	ROC-Yamaha	– 1 Rde.
12.	Bernard Haenggeli	CH	ROC-Yamaha	– 1 Rde.
13.	Bruno Bonhuil	F	ROC-Yamaha	– 1 Rde.
14.	Udo Mark	D	ROC-Yamaha	– 1 Rde.
15.	Cristiano Migliorati	I	ROC-Yamaha	– 1 Rde.

16. Kevin Mitchell (GB) Harris-Yamaha, 17. Andreas Leuthe (D) ROC-Yamaha, 18. Phillippe Monneret (F) ROC-Yamaha

WM-Stand — Pkt.

1. Doohan 211
2. Schwantz 135
3. Kocinski 107
4. Puig 103
5. Barros 100
6. Crivillé 99
7. Itoh 88
8. Cadalora 82
9. Chandler 48
10. Mackenzie 35
11. Beattie 33
12. Reynolds 32
13. Garcia 31
14. López-Mella 23
15. McWilliams 19

Schnellste Runde: Doohan in 1.41.759 = 156,836 km/h (Rekord)

Alter Rekord: Kevin Schwantz (Suzuki) in 1.41.95 = 156,425 km/h (1990)

Durchschnitt Sieger: 27 Runden oder 119,610 km in 46.28.917 = 154,395 km/h

Ausfälle: K. Schwantz (USA) Suzuki RGV, Sturz; D. Chandler (USA) Cagiva C-594, Motorschaden; J. Reynolds (GB) Harris-Yamaha, Sturz; L. Naveau (B) ROC-Yamaha, Sturz; B. Garcia (F) Yamaha YZR, Sturz; S. Emmett (GB) Harris-Yamaha, Wasserschlauch gerissen; C. Doorakkers (NL) Harris-Yamaha, Motorschaden; L. Pedercini (I) ROC-Yamaha, Ansaugmembran gebrochen; E Bischoff (D) Harris-Yamaha, Nichtstarter/Trainingssturz; E. Bastianini, ROC-Yamaha, Sturz; N. Mackenzie (GB) ROC-Yamaha, Kurbelwelle gebrochen; J.-P. Jeandat (F) ROC-Yamaha, Motorschaden

Trainingszeiten: 1. Doohan 1.40.759 = 158.279 km/h, 2. Cadalora 1.40.944, 3. Puig 1.41.143, 4. Kocinski 1.41.493, 5. Schwantz 1.41.497, 6. Chandler 1.41.664

250 cm³:

Ergebnisse

1.	Loris Capirossi	I	Honda NSR	43.46.089
2.	Doriani Romboni	I	Honda NSR	43.46.778
3.	Massimiliani Biaggi	I	Aprilia	43.47.270
4.	Ralf Waldmann	D	Honda NSR	43.51.212
5.	Jean-Michel Bayle	F	Aprilia	43.51.617
6.	Nobuatsu Aoki	J	Honda NSR	43.51.910
7.	Jean-Philippe Ruggia	F	Aprilia	43.55.107
8.	Tetsuya Harada	J	Yamaha TZM	44.10.148
9.	Tadayuki Okada	J	Honda NSR	44.15.132
10.	Wilco Zeelenberg	NL	Honda NSR	44.22.362
11.	Toshihiko Honma	J	Yamaha TZM	44.27.876
12.	Adrian Bosshard	CH	Honda NSR	44.38.578
13.	Carlos Checa	E	Honda RS	44.43.295
14.	Eskil Suter	CH	Aprilia	44.47.592
15.	Luis Carlos Maurel	E	Honda RS	44.49.442

16. P. v. d. Goorbergh (NL) Aprilia, 17. Adi Stadler (D) Honda RS, 18. Juan Borja (E) Aprilia, 19. Christian Boudinot (F) Aprilia, 20. Bernd Kassner (D) Aprilia, 21. Andy Preining (A) Aprilia, 22. Noel Ferro (F) Honda RS, 23. Sebastian Scarnato (F) Honda RS, 24. Kristian Kaas (SF) Yamaha TZ – 1 Rde., 25. Donnie Hough (USA) Honda RS

WM-Stand — Pkt.

1. Biaggi 144
2. Capirossi 143
3. Okada 132
4. Romboni 113
5. Waldmann 104
6. Ruggia 100
7. Bayle 67
8. d'Antin 67
9. Aoki 63
10. Zeelenberg 56
11. Harada 53
12. Checa 28
13. Suter 24
14. P. Goorbergh 23
15. J. Goorbergh 22

Schnellste Runde: Capirossi in 1.44.030 = 153,302 km/h (Rekord)

Alter Rekord: John Koncinski (Yamaha) in 1.46.03 = 150,410 km/h (1990)

Durchschnitt Sieger: 25 Runden oder 110,750 km in 43.46.089 = 151,823 km/h

Ausfälle: F. Protat (F) Honda, Trainingssturz/nicht fit; L. d'Antin (E) Honda, Trainingssturz/nicht fit; J. L. Cardoso (E) Aprilia, Kupplungsprobleme; E. de Juan (E) Aprilia, Elektrikschaden; J. v. d. Goorbergh (NL) Aprilia, falsche Reifen/kein Grip; R. Fee (CDN) Honda, Sturz; J. v. d. Goorbergh (NL) Aprilia, falsche Reifen/kein Grip; G. Fiorillo (I) Honda, keine Motorleistung; M. Hernandez (E) Aprilia, Fußraste gebrochen

Trainingszeiten: 1. Romboni 1.42.967 = 154,885 km/h, 2. Biaggi 1.43.322, 3. Capirossi 1.43.701, 4. Waldmann 1.44.265, 5. Ruggia 1.44.312, 6. Harada 1.44.354, 7. Aoki 1.44.626, 8. Bayle 1.44.716, 9. Okada 1.44.760, 10. Honma 1.44.771, 11. Zeelenberg 1.44.984, 12. d'Antin 1.45.009, 13. Checa 1.45.272

125 cm³:

Ergebnisse

1.	Noboru Ueda	J	Honda RS	42.59.000
2.	Takeshi Tsujimura	J	Honda RS	42.59.112
3.	Kazuto Sakata	J	Aprilia	43.02.118
4.	Peter Öttl	D	Aprilia	43.03.034
5.	Dirk Raudies	D	Honda RS	43.08.738
6.	Jorge Martínez	E	Yamaha	43.08.830
7.	Stefano Perugini	I	Aprilia	43.11.029
8.	Herri Torrontegui	E	Aprilia	43.13.428
9.	Masaki Tokudome	J	Honda RS	43.13.721
10.	Fausto Gresini	I	Honda RS	43.20.779
11.	Hideyuki Nakajyo	J	Honda RS	43.26.086
12.	Haruchika Aoki	J	Honda RS	43.28.174
13.	Juan E. Maturana	E	Yamaha	43.41.752
14.	Akira Saito	J	Honda RS	43.41.919
15.	Stefan Prein	D	Yamaha	43.42.360

16. Manfred Geissler (D) Aprilia, 17. Garry McCroy (AUS) Aprilia, 18. Olivier Petrucciani (CH) Aprilia, 19. Gabriele Debbia (I) Aprilia, 20. Neil Hodgson (GB) Honda, 21. Gregory Fouet (F) Yamaha, 22. Betrand Stey (F) Honda, 23. Hans Spann (NL) Honda, 24. Frank Baldinger (D) Honda – 1 Rde., 25. Luigi Ancona (I) Honda, 26. Yasuaki Takahashi (J) Honda

WM-Stand — Pkt.

1. Sakata 170
2. Ueda 127
3. Tsujimura 107
4. Öttl 105
5. Raudies 102
6. Martínez 80
7. Torrontegui 62
8. Tokudome 60
9. McCoy 56
10. Saito 50
11. Petrucciani 44
12. Gresini 40
13. Bodelier 39
14. Nakajyo 39
15. Perugini 34

Schnellste Runde: Nakajyo in 1.50.818 = 143,912 km/h (Rekord)

Alter Rekord: Doriano Romboni (Honda) in 1.54.00 = 139,887 km/h (1990)

Durchschnitt Sieger: 23 Runden oder 101,890 km in 42.59.000 = 142,227 km/h

Ausfälle: M. Baumann (A) Yamaha, Sturz; C. Giró (E) Aprilia, Sturz; L. Cecchinello (I) Honda, Sturz; E. Alzamora (E) Honda, keine Motorleistung; T. Igata (J) Honda, Auspuffreparatur nach Kollision; G. Scalvini (I) Aprilia, Motor festgegangen; V. Lopez (I) Honda, Auspuff gebrochen; L. Bodelier (NL) Honda, Schaltgestänge gebrochen; F. Petit (F) Yamaha, Elektrikschaden

Trainingszeiten: 1. Sakata 1.50.552 = 144,258 km/h 2. Ueda 1.50.638, 3. Tsujimura 1.50.925, 4. Raudies 1.51.130, 5. Martínez 1.51.323, 6. Perugini 1.51.336, 7. Aaoki 1.51.508, 8. Öttl 1.51.623, 9. Nakajyo 1.51.627, 10. Tokudome 1.51.798, 11. Bodelier 1.51.812, 12. Torrontegui 1.51.828, 13. Petrucciani 1.51.903, 14. Giró 1.51.932, 15. Gresini 1.51.935

**17. Juli 1994:
Gespann-WM-Lauf in Zeltweg/A**

Dixieland

Beim ersten Seitenwagen-WM-Lauf der Neuzeit auf dem Österreichring feierte Darren Dixon den ersten Grand Prix-Sieg seiner Karriere.

Nach einem achten Platz und zwei Ausfällen hatte der Brite Darren Dixon vorläufig genug von dem V4-Yamahamotor, den er von Padgetts-Halbliterpilot John Reynolds übernommen hatte, und baute für den Gespann-WM-Lauf auf dem Österreichring im Rahmen der World Superbike-Serie wieder einen ADM-Standardreihenvierzylinder in sein LCR-Gespann.

Kaum war der neue Motor eingefahren, schien Dixon unbezwingbar: Er dominierte vom ersten freien Training bis zur Abschlußqualifikation.

Und als tags darauf bei 30 Grad im Schatten der erste Seitenwagen-WM-Lauf der jüngeren Menschheitsgeschichte gestartet wurde – die geplante Premiere im Vorjahr ging wegen sintflutartiger Regenfälle den Bach runter – brauchte er nur vier Runden, um zu Markus Bösiger aufzuschließen. Der Schweizer war gestartet wie ein geölter Blitz, hatte im Nu fünf Sekunden Vorsprung, doch gegen den von hinten wie eine Rakete heranbrausenden Dixon war er machtlos.

In der fünften Runde schob sich der Engländer vorbei und machte seinen ersten Grand Prix-Sieg mit nahezu zehn Sekunden Vorsprung zu einer Demonstration, wie man sie sonst eigentlich nur von Rolf Biland gewohnt war.

Sieg mit konventionellem Reihenvierzylinder: Darren Dixon

Der hatte einen verheerenden Start und war nur Zwölfter nach der ersten Runde. Auch danach ging es nur mühsam vorwärts, mit ungewohnter Zurückhaltung beendete der Weltmeister das Rennen im Windschatten Markus Bösigers auf Platz drei. »Wir hatten das ganze Wochenende Motorprobleme. Mir fehlten 400 Umdrehungen, um sie wieder herbeizuzaubern, habe ich mir eine Swissauto-Zündung bei Steve Webster ausleihen müssen. Leider fehlten uns die Geräte, sie umzuprogrammieren«, erklärte der Schweizer.

Denn der fünftplazierte Engländer hatte einen völlig anderen Fahrstil: Während er extrem spät bremste und dann durch die Kurven schleuderte, öffnete Biland lieber früher das Gas und driftete beim Herausbeschleunigen. »Es war ein Fehler, keine Ersatzzündung mitzuführen, andererseits hatten wir noch nie Probleme mit der Zündanlage. Ich weiß jetzt noch nicht, ob es wirklich daran lag«, grübelte Biland. »Doch ich gönne Dixon seinen ersten großen Erfolg – eine Woche vor dem Heimspiel im Donington Park hätte ihm nichts Besseres passieren können!«

Derek Brindley und Paul Hutchinson, Sieger des Saisonauftakts im Donington Park, starteten ebenfalls vielversprechend auf dem dritten Platz, hatten ihren Hinterreifen nach wenigen Runden jedoch derart abradiert, daß sie sich mit dem Rückzug an die Box verabschieden mußten.

Noch mehr Pech hatte Volksheld Klaus Klaffenböck: Nach Meinungsverschiedenheiten mit seinem bisherigen Tuner Harald Bartol wieder auf sich selbst gestellt, wollte er das Letzte aus seinen neuen Honda-Zylindern herausquetschen und schlug in der dritten Rennrunde einen Salto. Um die österreichischen Fans nicht allzu sehr zu enttäuschen, warf er sich trotz einer schmerzhaften Handprellung von Passagier Christian Parzer mit einer Runde Rückstand wieder in den Kampf und gab auch nach einem weiteren Boxenstop zur Reinigung des ölverschmierten Seitenwagens noch nicht auf. Als 20. kam Klaffenböck immerhin noch in die Wertung.

Da war die Fahrt von Ralph Bohnhorst weniger spektakulär: Nach gutem Start zunächst in der Spitzengruppe, rutschte er mit nachlassender Motorleistung immer weiter zurück und wurde am Ende Siebter. »Das Moped hatte schon im Training nicht die rechte Beschleunigung. Wir haben fleißig Teile gewechselt, aber es hat nichts genutzt«, kratzte er sich am Kopf.

Gespann-WM-Lauf Zeltweg/A:

Ergebnisse

1. Dixon/Hetherington	GB	LCR-ADM	34.36.887
2. Bösiger/Egli	CH	LCR-ADM	34.46.144
3. Biland/Waltisperg	CH	LCR-Swissauto	34.46.404
4. Güdel/Güdel	CH	LCR-ADM	34.52.095
5. S. Webster/Hänni	GB/CH	LCR-Krauser	35.02.432
6. Lausletho/Joutsen	SF	LCR-ADM	35.02.589
7. Bohnhorst/Brown	D/GB	LCR-Steinhausen	35.08.640
8. Abbott/Tailford	GB	Windle-Krauser	35.08.744
9. Kumagaya/Finnigan	J/GB	LCR-ADM	35.10.909
10. B. Brindley/Whiteside	GB	LCR-Yamaha	35.33.018
11. Egloff/Egloff	CH	LCR-Yamaha	35.41.859
12. Webster/Hofsteenge	GB/NL	LCR-Krauser	35.55.948
13. Gälross/Berglund	S	LCR-Yamaha	35.57.829
14. Wyssen/Wyssen	CH	LCR-Krauser	36.01.384
15. Koster/Combi	CH/I	LCR-ADM	36.06.544

16. Reddington/Crone (GB) LCR-ADM, 17. Janssen/Geuris (NL) LCR-Honda, 18. Hoskin/James (GB) LCR-Yamaha, 19. Kavanagh/Broadly (GB) LCR-Krauser, 20. Klaffenböck/Parzer (A), LCR-Honda, 21. Brindley/Hutchinson (GB) LCR-Honda

WM-Stand Pkt.
1. Biland 66
2. Bösiger 52
3. S. Webster 47
4. Güdel 44
5. Klaffenböck 43
6. D. Brindley 41
7. Abbott 40
8. Lausletho 37
9. Dixon 33
10. Brindley 30
11. Bohnhorst 28
12. Kumagaya 20
13. Wyssen 17
14. Egloff 14
15. K. Webster 12

Schnellste Runde: Dixon in 1.53.810 = 185,139 km/h (Rekord)

Durchschnitt Sieger: 18 Runden in 34.36.887 = 182,609 km/h

Ausfälle: Knight/Hopkinson (GB) Windle-Krauser, Kühlwasserverlust

Trainingszeiten: 1. Dixon 1.53.849 = 185,076 km/h, 2. Biland 1.54.277, 3. Webster 1.54.829, 4. Bösiger 1.54.878, 4. Bohnhorst 1.55.066, 6. Brindley 1.55.416, 7. Klaffenböck 1.55.798, 8. Egloff 1.55.842, 9. Güdel 1.56.899, 10. Kumagaya 1.56.907, 11. Lausletho 1.57.066, 12. Abbott 1.57.272, 13. Wyssen 1.57.492, 14. Gälross 1.58.104, 15. Reddington 1.59.082, 16. Webster 1.59.472, 17. Brindley 1.59.717, 18. Janssen 2.00.097, 19. Koster 2.00.102, 20. Hoskin 2.00.756, 21. Knight 2.00.793, 22. Kavanagh 2.01.865

**24. Juli 1994:
Grand Prix England im Donington Park**

Kevins kühnster Kampf

Nach einem furchteinflößenden Trainingssturz schien Kevin Schwantz am Boden zerstört. Statt dessen wuchs er über sich hinaus.

Eingangs einer schnellen Linkskurve rutschte Ralf Waldmann im ersten Zeittraining das Vorderrad weg, worauf er die Gewalt über seine HB-Honda verlor und ein im Weg stehendes 200 Meter-Bremsschild mit solcher Wucht durchschlug, daß es in tausend Stücke zerbarst.

Data Recording-Spezialist Thomas Thimm fand am Computer heraus, daß Waldi den Schwung von exakt 205 Stundenkilometern für seinen filmreifen Stunt benötigt hatte, trotzdem schüttelte er die Sturzfolgen ab wie die Wassertropfen nach einem Sprung vom Drei-Meter-Brett und saß Minuten später auf seiner Ersatzmaschine. »Ich hatte Glück, daß mich ein freundlicher Motorrad-Marshal zurück zum Fahrerlager chauffierte, dadurch habe ich kaum Zeit verloren«, schmunzelte der 28jährige.

Am ersten Tag noch Neunter, hatte er seine Fahrwerksprobleme tags darauf im Abschlußtraining bereits gelöst und stieß als Dritter in die erste Reihe vor. »Als ich erst mal eine freie Strecke vor mir hatte, bin ich kein einziges Mal mehr vom Gas gegangen. Jetzt bin ich glücklich – vor allem, weil ich den Sturz gestern und etliche Rutscher heute ohne den geringsten Kratzer überstanden habe«.

**Zäher als jede Raubkatze:
Sieger Kevin Schwantz**

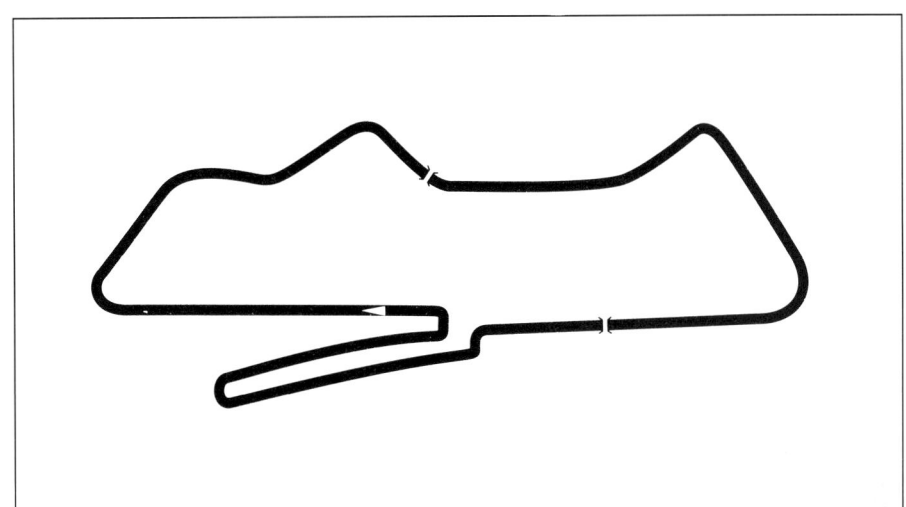

Unmittelbar vor Trainingsende hatte es nämlich Bernd Kassner erwischt: Bei einem gewaltigen Highsider, bei dem der hinterherfahrende Wilco Zeelenberg das Hinterrad Kassners »in Augenhöhe« sah, brach sich der bislang so sattelfeste Aprilia-Privatfahrer das rechte Schlüsselbein und wurde von Team München-Manager und »Eurosport«-Kommentator Martin Wimmer geradewegs ins Krankenhaus zur Operation chauffiert, um seinen Start beim nächsten Lauf zur Deutschen Meisterschaft in Augsburg sicherzustellen.

Erst am Vortag war Wimmer selbst aus einem Spital in München geflüchtet: Er hatte sich das bei einem Autounfall gebrochene Kahnbein zusammenschrauben lassen und verschwand schon, bevor die örtliche Betäubung nachgelassen hatte.

Denn im Kopf war er ja fit, ganz anders als Frank Baldinger nach seinem Highsider im Abschlußtraining der 125 cm³-Klasse. Weil der Ersatzpilot für Oliver Koch im Grand Prix Team Ditter Plastic in einem Pulk schnellerer Fahrer unbedingt den Anschluß halten wollte, drehte er in der berüchtigten »Melbourne Hairpin« etwas zu früh am Gas, wurde über den Lenker geworfen und landete auf dem Kopf.

Baldinger war schwindlig und wurde mit Kopf- und Genickschmerzen ins Medical Center gebracht, außerdem litt er unter Gedächtnislücken. »Es war ganz komisch«, erzählte er, als ihn Dr. Claudio Costa mit

Highsider in den letzten Trainingssekunden: Bernd Kassner brach sich das Schlüsselbein

einer Halskrause wegen seines verschobenen sechsten Wirbels entlassen hatte. »Ich habe mit den Leuten in meinem Team nichts mehr anfangen können und wußte keinen einzigen Namen mehr. Ich schaute auf die Strecke und konnte mich nicht einmal an die Rennrichtung erinnern!«

Ebenso vergeblich grübelte Dirk Raudies über seine Fahrwerksabstimmung nach. Schon nach Platz zwölf in der ersten Qualifikation war er nicht gerade euphorisch und seufzte, er hätte die neu vorgestellte Honda RS 125 Jahrgang 1995 am liebsten schon hier und heute.

Doch nach dem niederschmetternden 16. Rang im Abschlußtraining war er derart erbost, daß er sich wortlos in den Teambus zurückzog und erst einmal ein paar Minuten verstreichen ließ, bevor er einen Kommentar zu seinem Debakel abgab. »Jetzt bin ich narret!« schimpfte der Weltmeister auf gut schwäbisch. »Wir hatten vom ersten Training an Probleme mit der Gabel. Mittlerweile haben wir alles zigmal hin- und hergebaut, aber es ändert sich nichts, die Gabel rattert immer noch ohne Ende. Der Motor geht, aber ich komme trotzdem nicht aus den Ecken raus, ich kann Sakata nicht einmal eine Kurve lang halten. Das gibt´s doch nicht! Für morgen sehe ich schwarz – mit diesem Motorrad mache ich keinen Stich«, schüttelte er den Kopf.

Und gab erstmals zu, daß ihm die anfangs hochgelobte Kayaba-Gabel schon seit Saisonbeginn Kopfzerbrechen machte. »Anfang des Jahres war ich gnadenlos motiviert und habe wegen der Motorprobleme nichts davon gemerkt, vielleicht war ich auch durch das schöne Design und die handwerkliche Perfektion etwas geblendet«, schilderte Raudies. »In Australien war ich zufrieden. Die Strecke dort ist zwar auch wellig, aber unsere Hauptsorge war der Hintrreifen, wegen ihm habe ich ja auch das Rennen verloren. In Japan spürte ich das Problem zum ersten Mal, aber dort bin ich bekanntlich wegen eines Motorschadens ausgefallen. In Salzburg und Hockenheim spürte ich nichts, denn beide Strecken sind unkritisch fürs Fahrwerk. Doch sonst hatte ich die Probleme überall. Jetzt stinkt´s mir gnadenlos. Statt um den Sieg zu kämpfen, gurke ich durchs Mittelfeld. Eine Katastrophe! Unser Kayaba-Mann Jan Bertels kann auch nichts dafür, denn die 125er-Gabel ist ein Prototyp und für alle Beteiligten Neuland. Ich weiß wirklich nicht mehr, was ich machen soll. Soll ich die Gabel vielleicht verkehrt herum einbauen?«

Sorgte er sich um die Technik, so kam es zwischen dem spanischen Idol Jorge Martínez und dessen österreichischem Renningenieur Harald Bartol zu einem erbitterten Streit ums Geld. Über Wochen hinweg war Bartol teamintern ins Abseits gedrängt worden, zu einem ersten Eklat kam es dann in Frankreich, als plötzlich auch noch das von ihm und Dirk Debus betriebene Data Recording-System aus der Cepas-Box verschwunden war.

Von Bartol zur Rede gestellt, empfahl Cepsa-Teammanager Carlos Person dem Österreicher, sich künftig im heimatlichen Straßwalchen um die Entwicklung von Leistungsteilen zu bemühen und die Arbeit des Teams an der Rennstrecke nicht weiter zu stören.

Was nur am Rande mit dem von Bartol konstruierten, auf ein quadratisches Bohrung-Hub-Verhältnis ausgelegten Motor zu tun hatte.

Denn während Stefan Prein eine Parallelentwicklung seines Tuners Manfred Wittenborn als »Keuchhustenmotor« apostrophierte und nach niederschmetternden Prüfstandsergebnissen »auf den Mond schoß«, waren die ersten Testresultate von Bartols Motor zwar deutlich verspätet, aber dabei durchaus vielversprechend. »Am Data Recording läßt sich leicht feststellen, daß mein Motor besser ist als das Yamaha-Original«, behauptete Bartol und vermutete, Martínez' Liebe zu den Yamaha-Originalteilen habe hauptsächlich finanzielle Gründe. »Martínez trat mit der neuen Maschine an, um Weltmeister zu werden, und jetzt, wo ihm die Felle davonschwimmen, ist es ihm wohl egal, ob er Fünfter oder Zehnter wird – er will soviel Geld auf sein Konto retten wie nur möglich.«

Die düstere Vermutung wurde wenige Tage später bestätigt: Ein erster, sowieso schon Monate verspäteter Scheck über ein Drittel der ursprünglich vereinbarten 500000 Mark Gage erwies sich als ungedeckt. Ein nichtsahnender Cepsa-Manager schwor entsetzt, für eine Klärung der Angelegenheit zu sorgen, worauf der als Finanzjongleur berüchtigte Aspar bei Bartol zu Kreuze kroch und um ein klärendes Gespräch in Spanien bat. »Für Scheckbetrug wandert man in unserem Land ins Gefängnis. Um das zu klären, brauche ich nicht nach Spanien zu reisen«, bellte Bartol zur Antwort und verdingte sich bis Saisonende.bei ROC-Pilot Niall Mackenzie.

Dirk Debus, bei dem Martínez mit 15 000 Mark in der Kreide war und bereits zwei Schecks platzen ließ, hielt sich auf andere Weise schadlos: Er schwatzte einem nichtsahnenden Mechaniker das unbezahlte Data Recording-System kurzerhand ab, während der Rest der Truppe beim Essen saß.

Frostig war die Atmosphäre auch im deutschen agv-Attac-Team. »Seit den sechs Kolbenklemmern von Hockenheim läuft mein Motor so fett, daß er nicht mehr festgeht aber auch keine Wurst mehr vom Teller zieht«, seufzte der australische Fahrer Garry McCoy nach einem unlustigen 27. Trainingsrang. »Außerdem habe ich das Gefühl, daß unser Tuner Herbert Rittberger ausschließlich auf Topspeed Wert legt. Statt dessen müßten wir Beschleunigung in den ersten fünf Gängen haben! In Salzburg ging es noch, weil du deinen Schwung dort in die schnellen Kurven mitnehmen kannst. Aber in Le Mans, wo du oft vom ersten bis in den sechsten Gang durchbeschleunigen mußt, war es fürchterlich. Auf die Werksmaschinen habe ich pro Runde fast die Hälfte der Zielgeraden verloren!«

Tuner Rittberger, als bodenständiger Schwabe nicht mehr zu Reisen aufgelegt und laut Vertragstext auch nicht mehr zu Reisen verpflichtet, jettete extra nach England, um einmal vor Ort nach dem rechten zu sehen. McCoy wäre eine Werksmaschine lieber gewesen, glaubte, nur wegen der Sparsamkeit von Teamchef Wolfgang Koch auf dem Production Racer weiterfahren zu müssen und fühlte sich so ungerecht behandelt, daß sein Entdecker Barry Sheene im agv-Zelt vorsprach, um sich nach den entgangenen Werksmaschinen zu erkundigen. »Wenn du bei Aprilia welche loseisen kannst, nehmen wir sie sofort – aber Cheftechniker Jan Witteveen hat mir mehrfach bestätigt, daß er in diesem Jahr keine mehr liefern kann«, antwortete Koch und versuchte, seinen frustrierten Fahrer mit einem Ticket nach Australien wieder aufzubauen. »Vor dem nächsten Lauf in Brünn hat er drei Wochen Zeit für einen Heimaturlaub. Das kann er sich in Ruhe über seine Zukunft und seine Motivation als Rennfahrer Gedanken machen«, plädierte Koch.

»Narret«: Weltmeister Dirk Raudies

Verletzt: Neuling Norifumi Abe

Kevin Schwantz suchte den Abstand vom Fahrerlageralltag bei der Tour de France. Auf drei Etappen von Montpellier über Carpentras und L'Alpe d'Huez nach Val Thorens studierte er den Fahrstil von Miguel Indurain aus allen Perspektiven von Auto, Motorrad und Helikopter und war begeistert von dem spanischen Superstar. »Ich habe noch nie einen schwierigeren und härteren Sport gesehen – und Indurain ist der großartigste, beste und professionellste Athlet von allen, den ich für seine Energie, Hingabe und physische Form nur bewundern kann«, übertraf er sich in Superlativen.

Zumal er selbst wie ein angeschlagener Boxer von Runde zu Runde taumelte. Mittlerweile gab der Suzuki-Star zwar zu, daß der Sturz beim Frankreich-Grand Prix »ganz klar mein Fehler war – ich wollte zuviel.« Schwantz entschuldigte sich sogar bei Alex Crivillé, dem er bei der verhängnisvollen Attacke in der letzten Runde ins Heck gedonnert war.

Doch Kevin selbst kam nicht so leicht über den jüngsten Rückschlag hinweg. Vier ausgerenkte Mittelhandknochen, die immer wieder in die falsche Position gerieten, weil die Hand chronisch überlastet wurde und nie die nötige Ruhe erhielt, waren eine schmerzhafte Sache. Der Kahnbeinbruch, eine von Haus aus schon schlecht heilende Verletzung, barg angesichts der Schwerstarbeit auf Kevins 500er zusätzlich noch das Risiko bleibender Schäden im filigranen Gefüge der Handwurzel.

Der Handbruch passierte zum Auftakt einer Serie von vier schweren Rennen in fünf Wochen, worauf Kevin Schwantz energisch die Zähne zusammenbiß. Doch wenn aller Heroismus nichts nutzt, wenn dein Gegner mit einer unheimlichen Siegesserie auf und davonzieht und dir selbst nach aller Mühsal nichts bleibt als der nächste Sturz, dann werden nicht nur die Knochen, sondern auch die Moral allmählich mürbe.

Und so kam es, daß Kevin Schwantz am Freitagabend vom Rücktritt zu reden begann. »Ich habe all meine Energie verbraucht, um 1993 Weltmeister zu werden, und schaffe es einfach nicht, erneut soviel Kraft aufzubringen. Ich habe tiefsten Respekt für Wayne Rainey, daß er nach seinem ersten Titel so viel Willenskraft für

Der Scheck war ungedeckt: Harald Bartol wurde von Martínez verprellt

den zweiten entwickelte und auch nach dem dritten noch nicht genug hatte«, sinnierte der Suzuki-Star. »Wenn ich früher in meiner Karriere, etwa 1989, Weltmeister geworden wäre, würde es mir leichter fallen. Aber nach neun Jahren im Straßenrennsport brauche ich heute die doppelte Energie wie früher für eine Saison. Es sind weniger die Rennen als die vielen anderen Verpflichtungen wie Tests und PR-Termine, die mich belasten. Ich fühle mich müde und ausgebrannt. Deshalb ist nach 1995 Schluß.«

Fast wäre diese Prophezeiiung schon im Donington Park in Erfüllung gegangen, denn tags darauf landete der Suzuki-Star schon wieder hart auf seinen Knochen. »Schulter, mein verletzter linker Arm, die Beine – mir tat alles weh. Als ich auf dem Boden lag, dachte ich, meine Saison sei zu Ende«, klagte Schwantz, und wer den fürchterlichen Crash gesehen hatte, wußte, daß dies keine Übertreibung war.

Es geschah im Abschlußtraining, kurz vor dem Ende und kurz, nachdem ihm Michael Doohan die bereits sichergeglaubte Pole Position um zwei Zehntelsekunden entrissen hatte. »Ich hatte mich längst in Sicherheit geglaubt und mich auf die Suche nach einem tauglichen Rennreifen konzentriert. Als Mick plötzlich vorne war, stach mich der Hafer, und ich bin nochmals rausgefahren, um mir die Pole zurückzuholen«.

In dem schnellen »Old Hairpin«-Rechtsknick brach blitzartig das Hinterrad aus, die Suzuki stand kurz quer, schlug dann aus wie ein Wildpferd und katapultierte Schwantz in hohem Bogen über den Lenker auf den Asphalt. Bernard Haenggeli, den er kurz zuvor überholt hatte, touchierte die umhertrudelnde Suzuki, fing seine ROC-Yamaha mit einer akrobatischen Übung wieder ein und verpaßte Schwantz nur um Haaresbreite.

Den mit einem Gips geschützten linken Arm haltend, schleppte sich Schwantz Richtung Kiesbett und legte sich nieder wie ein sterbendes Pferd. Jeder rechnete damit, daß mit diesem melodramatischen Höhepunkt der Vorhang über seine verkorkste Saison 1994 fallen würde, doch Kevin Schwantz wäre nicht jenes zähe, spindeldürre Phänomen, wenn er sein Team und seine Fans nicht mit der nächsten Auferstehung verblüfft hätte: Minuten später hatte sich der unverwüstliche Texaner den Staub aus der zerzausten Kombi geklopft, stellte fest, daß außer einer geprellten Schulter, einem verstauchten Knöchel und ein paar blaugeschlagenen Zehen alles seine Ordnung hatte, und winkte schon wieder mit Siegerposen ins brüllende und tobende Publikum.

John Kocinski konnte sich nicht verkneifen, seine Sicht der Dinge einzubringen und Schwantz etwas von den zuletzt geäußerten Freundlichkeiten zurückzugeben. »Drei Jungs waren schneller als ich, aber nicht alle schafften es zurück bis ins

Trotz Rittberger-Besuch lustlos: Garry McCoy qualifizierte sich nur als 27.

Carl Fogarty warf vorzeitig das Handtuch: »Die Kiste blieb zu oft stehen«

Ziel. Einer von ihnen purzelte direkt vor meiner Nase. Wie heißt er doch gleich? Du weißt schon, der mit dem Bullauge auf der Verkleidungsseite«, grinste der Cagiva-Star. »Er zwängte sich innen neben diesen Schweizer und wollte Platz gewinnen, indem er sich noch enger in die Kurve legte. Ich dachte noch, wie unnötig das war – und schon küßte sein Hinterrad das vordere.«

Hatte Schwantz Glück im Unglück, so war der erste, von Heerscharen neugieriger Fotografen und Journalisten an der Box verfolgte Einsatz des Japaners Norifumi Abe im Marlboro-Team Roberts ebenso blitzartig zu Ende, wie man ihn eingefädelt hatte. Kurzfristig als Vertreter des verletzten Daryl Beattie aus Japan eingeflogen, war er in der vierten Runde des ersten freien Trainings noch nicht einmal schnell unterwegs, gab aber ausgangs der Zielkurve trotzdem zu viel Gas und wurde über den Lenker seiner Yamaha stumpf auf die Kerbs geschleudert.

Abe trug eine schwere Gehirnerschütterung und den Bruch eines rechten Mittelhandknochens am Ringfinger davon. Erst versuchte Dr. Claudio Costa im Clinica Mobile, den Sturz einzurichten, wenig später mußte Abe dann doch noch ins Krankenhaus, wo ein Stift eingesetzt wurde.

Freilich ging bei dem Sturz noch mehr als ein Knochen zu Bruch: Nach seinem mutigen Auftritt beim Japan-Grand Prix schon halb zur Legende stilisiert, blieb Norick in Donington nur noch als der 19jährige Bub im Gespräch, der den ersten Auftritt in der fremden Umgebung Europas auf einer ihm unbekannten, schwierigen Strecke und den Druck, Repräsentant des erfolgreichsten Teams der letzten Dekade zu sein, nicht verkraftet hatte.

»Das Roberts-Team erlebt weiß Gott keine Glückssträhne«, bemerkte Daryl Beattie, der die linke Hand wegen eines Kahnbeinbruchs in Gips trug, nach der Amputation aller fünf linken Zehen jedoch schon wieder auf eigenen Füßen und einem aufgeschnittenen Tennisschuh durchs Fahrer-

Superstars unter sich: Weltmeister Kevin Schwantz, Beatle George Harrison

lager humpelte. Kenny Roberts selbst verschwand kopfschüttelnd im Dunkel der Box und entwickelte wenig später Galgenhumor: »So wie das Hinterrad vor dem Highsider durchdrehte, glaubt keiner mehr an unseren Leistungsmangel«.

Setzte Abe auf die nächste Chance beim Grand Prix Tschechien in Brünn die nächste Chance zu erhalten, so warf Carl Fogarty bei Cagiva vorzeitig das Handtuch. Im letzten Jahr erstaunlicher Vierter und nur wegen Benzinmangel am Podest gescheitert, erlebte der Wild Card-Pilot diesmal schon am ersten Trainingstag ein Desaster. Weil eins seiner Motorräder mit konventionellen Vergasern festging und das andere mit der neuen Einspritzanlage wegen eines Batteriedefekts stotterte, kickte Fogarty stocksauer die roten Plastikpoller an der Boxenausfahrt durch die Luft, außerdem brach er sich bei einem Sturz von der Einspritzmaschine zwei Mittelhandknochen rechts. »Heute morgen lief das Motorrad im unteren Drehzahlbereich überhaupt nicht. Ich wußte nicht, wo der Fehler war, jedenfalls zog es erst gar nicht und setzte dann schlagartig ein. Ein paarmal wiederholte sich das Spiel, doch ich war überzeugt, den Motor jenseits der kritischen Drehzahl halten zu können. Doch dann passierte es ausgangs der Zielkurve erneut, und zwar so gemein, daß mich das Hinterrad überholte«, schilderte er seinen Sturz.

Im Abschlußtraining biß er die Zähne zusammen, doch weil seine Zeit nicht verbessern konnte und auf Startplatz elf rutschte, nahm er wenig später bei Cagiva-Besitzer Claudio Castiglioni seinen Abschied und verschwand aus dem Fahrerlager. »Ich versuchte, so zu tun, als sei alles in Ordnung. Aber ich konnte nicht in die Bremse langen, und meine Führung in der Superbike-WM ist mir wichtiger, als hier ein unkalkulierbares Risiko einzugehen. Zum Beispiel knallte ich heute in Alex Crivillés Honda und brach dabei einen Auspuff ab, weil er wie ein Tourist durch die Gegend fuhr und ich auf einer schnellen Runde war. Mit einem perfekten Motorrad wäre es das Risiko vielleicht wert gewesen, aber es konnte ja jeder sehen, wie oft die Kiste stehenblieb«, hakte er den Einsatz ab.

Dafür war das deutsche Superbike-As Udo Mark nach einer längeren Odyssee wieder mit von der Partie. In Le Mans hatte ROC-Besitzer Serge Rosset noch die Kosten für Marks Premiere auf der ROC-Yamaha des bankrotten Julian Miralles übernommen, doch für den Einsatz im Donington Park wollte Rosset endlich die veranschlagte Gebühr von 20 000 Mark pro Rennen sehen. »20 000 bis 25 000 Mark decken gerade die Materialkosten, Mechanikerlöhne und der ganze andere Aufwand sind nicht einmal eingerechnet. Und wenn Stürze hinzukommen, wird die Sache sowieso zur Lotterie«, erklärte Rosset, warum er darüber hinaus auch noch die IRTA-Trainings- und Preisgelder einkassierte.

Am Mittwochabend war die Sponsorfrage noch ungeklärt, Mark brach trotzdem auf gut Glück in Richtung England auf. »In Le Mans traf ich am Freitag um fünf Uhr morgens im Fahrerlager ein. So lange wollte ich diesmal nicht auf eine Entscheidung warten«, erklärte der Schwarzwälder.

Erholungswert hatte die Anreise trotzdem nicht: Auf der französischen Autobahn hörte Mark plötzlich einen lauten Knall und sah im Rückspiegel, wie die Dachluke seines Fiat Ducato-Wohnmobils durch die Luft flatterte. »Ich packte den Roller aus, um das Teil zu retten, doch bis ich ankam, war es schon mehrfach überfahren«, bedauerte Mark und klebte das Loch in der Decke an der nächsten Raststätte mit Mülltüten zu.

Nach Mitternacht knallte es jenseits von London ein zweites Mal, und diesmal war an eine Fortsetzung der Fahrt nicht zu denken: Das Getriebe des 23 000 Kilometer jungen Vehikels war explodiert, Mark rollte mit letzter Kraft zum nächsten Parkplatz. Eine der wenigen Fiat-Werkstätten Großbritanniens versprach, die Reparatur binnen einer knappen Woche zum Freundschaftspreis von knapp 5 000 Mark zu erledigen. Mark reiste mit einem 90 000 Meilen alten Mietauto weiter, bei dem der Tank leer war, die Kupplung rutschte und das Radio beim ersten Druck auf den Cassettenauswurf seufzend hinter die Konsole fiel.

Die guten Nachrichten erreichten ihn erst im Fahrerlager: Am Donnerstag hatte die Reutlinger Firma Speer Racing einen Sponsorpool mit nicht weniger als zehn Firmen auf die Beine gestellt und in letzter Sekunde die rechtzeitige Zahlung der Leihgebühr gesichert.

Weil Data Recording-Spezialist Dirk Debus sein Hotelzimmer räumte und im Auf-

Ungewohnte Überrundung: Udo Mark (63) muß John Kocinski (11) passieren lassen

lieger des Grand Prix Teams Ditter Plastic nächtigte, konnte Mark am Ende sogar ausgeschlafen an seine neue Aufgabe herangehen. »Das Motorrad ist schnell, und die Basis ist gut. Doch ich brauche noch Zeit, um mich darauf einzustellen, nach einem Set-Up zu suchen und dabei all die Möglichkeiten durchzuspielen, die anderen schon vor der Saison ausprobierten. Ich habe alle meine Bekannten auf die Kurven hier in Donington verteilt, um mir Tips geben zu lassen, wo ich mich verbessern kann«, berichtete er nach dem 26. Trainingsplatz.

500 cm³: Kevin ging zur Kirche

Das Rennen beendete Mark nach schlechtem Start und einer ungewohnten Überrundung als 17. »Ich gehe trotzdem extrem locker zur Sache, denn ob ich am Ende 31. oder 33. in der WM-Abrechnung bin, ist ziemlich egal. Wichtig ist, mich mit Bedacht weiterzuentwickeln und für die Superbike-DM fit zu bleiben.«

So reserviert ging Kevin Schwantz nicht zur Sache. Beflügelt von göttlichem Segen – am Sonntagmorgen war er tatsächlich zur Kirche gegangen, nicht nur, um sich für seinen Schutzengel zu bedanken, sondern auch, weil ihm ein Fan nur unter dieser Bedingung 1000 Pfund für zwei seiner Arai-Helme geboten hatte – schüttelte er erst einmal Alberto Puig aus dem Windschatten. Nach sechs Runden hatte sich der beherzte Spanier kurzfristig auf Platz vier blicken lassen, bekam dann aber wieder den üblichen Ärger mit seinen anschwellenden Unterarmen, so daß er das Rennen schließlich frustriert und unter Schmerzen als Siebter beendete.

Dann gewann Schwantz das Geplänkel mit Luca Cadalora und eroberte Rang drei. »Als ich früher gegen Wayne Rainey fuhr, hatte ich immer das Gefühl, auch Kenny

Ungewohnter Verfolger:
Alex Crivillé wird von Kocinski gehetzt

Im Sandwich der Honda-Werksfahrer: John Kocinski zwischen Alberto Puig (17) und Alex Crivillé

Vor der Nase des Honda-Superstars: Kevin Schwantz

Roberts besiegen zu müssen. Doch seit Raineys Unfall ist der Geist in diesem Team verlorengegangen. Du mußt an der Box nur einmal in die Gesichter schauen«, hatte Schwantz die hochdekorierte Marlboro-Yamaha-Truppe schon zuvor beurteilt.

Doch Cadalora, von seinem Vorjahressieg motiviert, machte noch das Beste aus der Situation. Nach den wenig erbaulichen Ausfällen von Beattie und Abe führte er bis zur zweiten Runde, kam aber schlechter aus den Spitzkehren als die anderen Superstars und freute sich am Ende über Platz drei. »Vor allem in den letzten drei Ecken war ich nicht schnell genug, um mit Kevin und Mick Schritt zu halten«, übte sich der Italiener in Selbstkritik. »Trotz allem hat es zu einem anständigen Resultat gereicht. Ich bin zufrieden.«

John Kocinski war auf seiner Aufholjagd zum vierten Platz zu keiner Zeit in Kevins Nähe und beschwerte sich, Puig habe ihm am Start den Weg versperrt. Dafür hatte sein Teamkollege Doug Chandler einen Blitzstart erwischt, führte bis Runde acht, fiel dann allmählich wegen eines nachlassenden Hinterreifens zurück und trat Platz zwei in Runde zwölf an Kevin Schwantz ab.

Jetzt hatte der Weltmeister nur noch Michael Doohan vor sich, doch wer damit gerechnet hatte, Schwantz werde für seinen Gesundheitszustand Tribut zahlen müssen und den WM-Leader ziehen lassen, sah sich getäuscht: Doohans Vorsprung wurde kleiner und kleiner, und nachdem ein erster Angriff in der Zielkurve mißglückte, bremste Schwantz den verblüfften Australier mit der Kaltblütigkeit eines Revolverhelden vor der Melbourne Hairpin außen herum aus, verteidigte die Führung trotz des langen Weges auch am Kurvenausgang und war beim Gasgeben mit erhobenem Vorderrad schon wieder so entspannt, daß er die schmerzende linke Hand ausschütteln konnte.

Bis ins Ziel fuhr er um stattliche drei Sekunden davon und stellte die Welt mit seinem Sieg förmlich auf den Kopf. »Kevin muß diese Strecke ziemlich gern haben«, kratzte sich Doohan nach dem Ende seiner Superserie am Kopf. »Als er mich überholte, versuchte ich, dranzubleiben. Doch beim Gasgeben rutschte das Hinterrad zu stark. Ich hatte keine Chance und beschränkte mich deshalb darauf, Cadalora in Schach zu halten.«

Alexandre Barros raufte sich die Haare, weil er bei einem Rutscher im Training seinen eigenen linken Fuß überfahren und etliche Knochen zerbröselt hatte, nur um im Rennen abermals von seiner Werks-Suzuki zu stürzen.

Doch die Augen seines Teamkollegen Kevin Schwantz funkelten so glücklich wie seit Monaten nicht. »Heute nacht habe ich an alles andere als einen Sieg gedacht. Doch während viele andere Fahrer auf dieser Strecke Schwierigkeiten haben, funktionieren ich und meine Suzuki hier tadellos«, schilderte er sein Husarenstück. »Vor dem Rennen änderten sich außerdem die Wetterbedingungen, es wurde kühler, die Luftfeuchtigkeit nahm zu, und im Warm-Up am Vormittag stellte ich plötzlich fest, daß mein Rennreifen keinen anständigen Grip mehr hatte. Ich pokerte mit einem härteren Reifen – und hatte Glück!«

125 cm³: Öttl bremst Sakata aus

Und Peter Öttl hatte endlich auch mal wieder Fortune im Finale eines 125 cm³-Laufs. Mehrfach hatte er in der Boxengasse Starts geübt und mit Teamchef Harald Eckl stundenlang spezielle Methoden und eine niedrigere Anfahrdrehzahl ausgeheckt, um endlich mal mit den Schnellsten losfahren zu können.

Der Star des Aprilia Deutschland-Teams zischte auch tatsächlich los wie eine Rakete, war bei der ersten Attacke auf Kazuto Sakata aber zu spät auf der Bremse – und sah sich nach einer Runde dann doch wieder zur gewohnten Aufholjagd genötigt.

Doch die waren bekanntlich seine Paradedisziplin. »Ich habe es mir selbst schwergemacht, doch der Kampfgeist hat mich vorangetrieben. Mein Rückstand betrug drei Sekunden, das Rennen war auf einem sehr sehr hohen Niveau, und ich mußte extrem sauber fahren, um ihn zehntelsekundenweise wegzufeilen. Mit freiem Auge konnte ich kaum erkennen, daß ich näherrückte«, schilderte er nach einem nervenaufreibenden Thriller, der ihn zwei Kur-

Im finsteren Mittelfeld: Dirk Raudies (1) hinter Fausto Gresini (11)

In vollem Galopp zum Sieg: Loris Capirossi

ven vor Schluß wieder ans Hinterrad von Sakata brachte. »Er hat sich zur Melbourne Hairpin hin irrsinnig gewehrt und blieb ganz innen, doch ich war noch weiter innen und stärker auf der Bremse, nutzte mein Selbstvertrauen aus und ging vorbei«.

Sakata war mit 40 Grad Fieber in England angekommen und wurde erst einmal unter Malariaverdacht ins Krankenhaus gesteckt, bevor sich eine Mandelentzündung herausstellte. Vollgestopft mit Medikamen-

Grippe statt Malaria: Kazuto Sakata

Sieger gegen Stefano Perugini: Takeshi Tsujimura

ten kämpfte er bis zur Halbzeit tapfer mit um den Sieg, verlor dann aber wegen zunehmender Fahrwerksprobleme den Anschluß.

Takeshi Tsujimura und Stefano Perugini hingen jedoch bis zum Zielstrich Rad an Rad aneinander. »Ich hatte auf einen Kampf gegen Sakata gesetzt. Normalerweise ist Perugini nur in den ersten Runden schnell. Ich bin überrascht, daß er am Schluß so stark aufgedreht hat«, war Sieger Tsujimura vom ersten Podestplatz des jungen Italieners beeindruckt. »Ich habe selbst auch nicht mit einem solchen Ergebnis gerechnet, zumal ich bei einem Trainingssturz einen Knochen in der rechten Hand gebrochen habe. Aber die Schmerzen waren er-

träglich, und als ich meine Chance sah, habe ich sie genutzt«, strahlte Perugini. Wenig später wurde der 19jährige Europameister aus Sutri in der Provinz Viterbo mit einem Dreijahresvertrag belohnt. Sein Karriereplan: 1995 offizieller 125 cm^3-Werkspilot, 1996 semioffizieller Einsteiger in die 250 cm^3-Klasse, 1997 offizieller 250 cm^3-Vertreter des Aprilia-Werks.

Dirk Raudies fuhr hingegen wie erwartet an Glanz und Gloria vorbei, ging für seinen achten Platz aber mit letztem Einsatz zur Sache. »Am Ende bestritt ich wenigstens ein paar gute Fights und kam auf dieselben Zeiten wie die Schnellsten. Aber was hilft's, wenn du in der vierten Reihe stehst und dann auch noch schlecht startest?«

250 cm^3: Biaggi am Boden

Bei den 250ern kam Doriano Romboni am besten vom Fleck und führte bis zur neunten Runde, bevor er Tadayuki Okada und nach der Hälfte des Rennens dann auch Loris Capirossi Platz machen mußte. »Der Hinterreifen schmolz wie Butter in der Sonne. In den letzten vier Runden war er derart am Ende, daß das Motorrad beim Beschleunigen kaum mehr schneller wurde«, erklärte Romboni. »Leider habe ich mit zwei Trainingsstürzen viel wertvolle Zeit verplempert, deshalb mußten wir bei der Reifenwahl pokern. So gesehen, kann ich mich gewiß nicht über das Resultat beklagen – ich schätze mich glücklich!«

Sechster nach tapferer Aufholjagd: Jean-Philippe Ruggia (vor Carlos Checa)

Im Training von Luis d'Antin ausgehebelt, im Rennen der nächste Crash: Andy Preining

Glücklicher jedenfalls als sein Erzrivale Max Biaggi. Der war nach der 18. Runde noch Vierter, begrub seine Chesterfield-Aprilia und die WM-Führung dann jedoch in der Melbourne-Hairpin. Diesmal hatte sein Sturz allerdings nichts mit jugendlichem Ungestüm zu tun: Wegen eines Lagerschadens ging der Motor fest und blockierte das Hinterrad. »Ich bin tief enttäuscht, und am schlimmsten ist, daß wir nach diesem Pech eine so lange Pause haben, in der ich immer wieder über den Zwischenfall nachgrübeln werde. Am liebsten wäre mir, ich könnte sofort zum nächsten Rennen in den Sattel steigen«, trauerte Max Biaggi.

Sogar der überlegene Sieger und neue WM-Leader Loris Capirossi äußerte sein Mitgefühl »Es tut mir leid für Max. Denn bei aller Rivalität ist es doch immer noch so, daß wir da draußen unser Leben auf Spiel setzen. Und ich möchte keinen, auch Max nicht, stürzen sehen«.

Mit einem harten Hinterreifen hatte sich Capirossi anfangs klug zurückgehalten und dann seine Reserven ausgespielt. Tadayuki Okada sah mit seinem schlechten Set-Up schnell ein, daß die Jagd auf den Italiener aussichtslos war und beschränkte sich darauf, Romboni in die Schranken zu verweisen.

Natürlich hatte auch Ralf Waldmann mit einem Podestplatz geliebäugelt und war lange Vierter, brach im Endspurt aber noch drastischer ein und wurmte sich über Platz sieben. »Gegen Weltmeister Tetsuya Harada war nichts zu machen, denn ich kam einfach nicht flott genug aus den engen Kurven heraus. Doch dann brachte mich auch noch ein Überrundeter aus dem Takt«, ärgerte sich Waldi. »Wollte ich nach außen, war er außen, wollte ich nach innen, war er innen und versperrte mir voll den Weg. Wenn die blauen Flaggen geschwenkt werden, halte ich doch meine Linie und fahre keinen Slalom. So ein Idiot! Bayle nutzte das aus, und weil ich völlig von der Rolle war, huschte dann auch noch Ruggia vorbei.«

Führung bis zur neunten Runde: Romboni vor Capirossi (2), Biaggi (4) und Okada (8)

157

Gespanne: Bohnis sicherer Instinkt

Rolf Biland hatte beim Auftakt der Gespann-WM in Donington einen haarsträubenden Überschlag wegen eines Bremsdefekts erlitten, feierte bei der Rückkehr nach Donington jedoch den 73. Sieg seiner Karriere. »Nur am Start bin ich nicht weggekommen. Ich habe das Losfahren im Training ein paarmal geübt, doch sowie das Rennen kommt, werde ich offensichtlich trotz meines Alters nervös«, grinste der 43jährige.

Die Zuschauer nahmen ihm das nicht im mindesten krumm, denn weil auch Steve Webster den Start verpatzte, prickelte es vor Spannung: Nach einer Runde noch Siebter und Neunter, saugten sich die beiden zwar alsbald an den drittplazierten Klaus Klaffenböck heran, kamen aber nicht an dem Österreicher vorbei. Weil es vor Bilands Augen enger zuging als gewohnt, donnerte er Webster ins Heck und verbog die Achse an dessen Seitenwagen.

Zu Rennmitte erlahmte Klaffenböcks Widerstand, weil er weiche Reifen aufgezogen und sein Passagier Christian Parzer von dem Überschlag in Zeltweg eine dick geschwollene rechte Hand mitgebracht hatte, wenig später stand Darren Dixon, der zwischendurch mit über zehn Sekunden Vorsprung komfortabel geführt hatte, mit Zündungsdefekt am Streckenrand.

Biland war nun Zweiter und hatte nur noch Derek Brindley fern am Horizont vor sich. »Wir konnten ihn noch nicht einmal sehen, doch zwei Runden später war er direkt hinter uns«, ergab sich Brindley am Ende ebenso in sein Schicksal wie der drittplazierte Steve Webster. »Man könnte depressiv werden, wenn man andere derart klar davonziehen sieht. Hier habe ich schließlich schon ein paarmal gewonnen«, kratzte sich der Exweltmeister am Kopf.

Auch der wie eine Rakete und mit allen Ambitionen auf einen Podestplatz gestartete Ralph Bohnhorst war für Rolf Biland keine Gefahr: Mit einem Wackelkontakt an der Batterie und schwächer werdendem Zündfunken rutschte er auf Rang zwölf und

500 cm³:

Ergebnisse

1. Kevin Schwantz	USA	Suzuki RGV	47.31.632
2. Michael Doohan	AUS	Honda NSR	47.33.998
3. Luca Cadalora	I	Yamaha YZR	47.37.442
4. John Kocinski	USA	Cagiva C-594	47.43.892
5. Doug Chandler	USA	Cagiva C-594	47.48.096
6. Alex Crivillé	E	Honda NSR	47.51.406
7. Alberto Puig	E	Honda NSR	48.11.288
8. Niall Mackenzie	GB	ROC-Yamaha	48.24.696
9. Shinichi Itoh	J	Honda NSR	48.32.415
10. Jeremy McWilliams	GB	Yamaha	48.44.010
11. Bernard Garcia	F	Yamaha	48.47.041
12. Sean Emmet	GB	Harris-Yamaha	48.56.720
13. Laurent Naveau	B	ROC-Yamaha	48.56.988
14. John Reynolds	GB	Harris-Yamaha	– 1 Rde.
15. Bruno Bonhuil	F	ROC-Yamaha	– 1 Rde.

16. Kevin Mitchell (GB) Harris-Yamaha, 17. Udo Mark (D) ROC-Yamaha, 18. Lucio Pedercini (I) ROC-Yamaha, 19. Jean Foray (F) ROC-Yamaha, 20. Andreas Leuthe (D) ROC-Yamaha, 21. Cees Doorakkers (NL) Harris-Yamaha

WM-Stand Pkt.

1. Doohan 231
2. Schwantz 160
3. Kocinski 120
4. Puig 112
5. Crivillé 109
6. Barros 100
7. Cadalora 96
8. Itoh 95
9. Chandler 59
10. Mackenzie 43
11. Garcia 36
12. Reynolds 34
13. Beattie 33
14. McWilliams 25
15. López-Mella 23

Schnellste Runde: Schwantz in 1.34.161 = 153,809 km/h
Rekord: Kevin Schwantz (Suzuki) in 1.33.569 = 154,667 km/h (1991)
Durchschnitt Sieger: 30 Runden oder 120,690 km in 47.31.632 = 152,363 km/h
Ausfälle: A. Barros (BRA) Suzuki RGV, Sturz; C. Migliorati (I) ROC-Yamaha, Zündkerze defekt; B. Haenggeli (CH) ROC-Yamaha, Sturz; J. Haydon (GB) ROC-Yamaha, Sturz; M. Garcia (F) ROC-Yamaha, Aufgabe/Trainingssturz; J.-P. Jeandat (F) ROC-Yamaha, Nichtstarter/Trainingssturz; C. Fogarty (GB) Cagiva C-594, Nichtstarter/Trainingssturz; N. Hopkins (GB) Harris-Yamaha, Sturz
Trainingszeiten: 1. Doohan 1.33.611 = 154,713 km/h, 2. Schwantz 1.33.811, 3. Cadalora 1.33.893, 4. Kocinski 1.34.075, 5. Chandler 1.34.204, 6. Puig 1.34.462, 7. Barros 1.35.038, 8. Mackenzie 1.35.061, 9. Crivillé 1.35.404, 10. Itoh 1.35.438, 11. Fogarty 1.35.460, 12. Reynolds 1.36.309, 13. McWilliams 1.36.309, 14. Garcia 1.36.604, 15. Haydon 1.36.678

250 cm³:

Ergebnisse

1. Loris Capirossi	I	Honda NSR	43.18.624
2. Tadayuki Okada	J	Honda NSR	43.21.857
3. Doriano Romboni	I	Honda NSR	43.21.980
4. Tetsuya Harada	J	Yamaha TZM	43.22.500
5. Jean-Michel Bayle	F	Aprilia	43.24.140
6. Jean-Philippe Ruggia	F	Aprilia	43.24.731
7. Ralf Waldmann	D	Honda NSR	43.25.110
8. Nobuatsu Aoki	J	Honda NSR	43.45.957
9. Luis d'Antin	E	Honda NSR	43.54.114
10. Eskil Suter	CH	Aprilia	43.54.934
11. Wilco Zeelenberg	NL	Honda NSR	43.55.519
12. Carlos Checa	E	Honda RS	43.55.744
13. Toshihiko Honma	J	Yamaha TZM	43.56.524
14. Adrian Bosshard	CH	Honda NSR	44.22.616
15. Luis Carlos Maurel	E	Honda RS	44.28.290

16. J. v. d. Goorbergh (NL) Aprilia, 17. P. v. d. Goorbergh (NL) Aprilia, 18. Adi Stadler (D) Honda, 19. José Luis Cardoso (E) Aprilia – 1 Rde., 20. Eugene McManus (GB) Yamaha TZ; 21. Christian Boudinot (F) Aprilia, 22. Rodney Fee (CDN) Honda RS, 23. Enrique de Juan (E) Aprilia, 24. Donnie Hough (USA) Honda RS – 2 Rdn.

WM-Stand Pkt.

1. Capirossi 168
2. Okada 152
3. Biaggi 144
4. Romboni 129
5. Waldmann 113
6. Ruggia 110
7. Bayle 78
8. d'Antin 74
9. Aoki 71
10. Harada 66
11. Zeelenberg 61
12. Checa 32
13. Suter 30
14. P. Goorbergh 23
15. J. Goorbergh 22

Schnellste Runde: Capirossi in 1.34.953 = 152,526 km/h
Rekord: Jean Philippe Ruggia (Aprilia) in 1.34.888 = 152,630 km/h (1993)
Durchschnitt Sieger: 27 Runden oder 108,621 km in 43.18.624 = 150,478 km/h
Ausfälle: M. Biaggi (I) Aprilia, Motorschaden/Sturz; A. Preining (A) Aprilia, Sturz; F. Protat (F) Honda, Motorschaden; B. Kassner (D) Aprilia, Nichtstarter/Trainingssturz; J. Borja (E) Aprilia, Sturz; K. Kaas (SF) Yamaha, Kurbelwelle gebrochen; N. Ferro (F) Honda, Sturz; A. Gramigni (I) Aprilia, Aufgabe/Trainingssturz; G. Fiorillo (I) Honda, Wadenkrampf; M. Hernandez (E) Aprilia, Nichtstarter/Trainingssturz
Trainingszeiten: 1. Capirossi 1.34.990 = 152,467 km/h, 2. Biaggi 1.35.319, 3. Waldmann 1.35.710, 4. Romboni 1.35.810, 5. Okada 1.35.924, 6. Harada 1.35.977, 7. Ruggia 1.36.031, 8. Bayle 1.36.371, 9. Aoki 1.36.577, 10. Suter 1.36.726, 11. Checa 1.36.772, 12. Zeelenberg 1.36.877, 13. Bosshard 1.36.915, 14. Honma 1.36.970, 15. d'Antin 1.37.138, 16. Preining 1.37.204

hätte das Ziel ganz verpaßt, wenn er zwischendurch nicht den Batteriestecker gezogen, wieder zusammengesteckt und sein Vehikel ein zweites Mal angeschoben hätte. »Das ist der Instinkt des alten Zündapp-Fahrers«, grinste er.

Sieg Nummer 73: Rolf Biland

125 cm³:

Ergebnisse

1. Takeshi Tsujimura	J	Honda RS	44.22.659
2. Stefano Perugini	I	Aprilia	44.22.926
3. Peter Öttl	D	Aprilia	44.24.118
4. Kazuto Sakata	J	Aprilia	44.24.290
5. Herri Torrontegui	E	Aprilia	44.24.512
6. Noboru Ueda	J	Honda RS	44.39.349
7. Olivier Petrucciani	CH	Aprilia	44.44.828
8. Dirk Raudies	D	Honda RS	44.46.480
9. Carlos Giró	E	Aprilia	44.46.969
10. Jorge Martínez	E	Yamaha	44.47.256
11. Hideyuki Nakajyo	J	Honda RS	44.54.412
12. Masaki Tokudome	J	Honda RS	44.56.305
13. Haruchika Aoki	J	Honda RS	44.58.976
14. Gabriele Debbia	I	Aprilia	44.59.096
15. Akira Saito	J	Honda RS	44.59.562

16. Manfred Geissler (D) Aprilia, 17. Stefan Prein (D) Yamaha, 17. Juan E. Maturana (E) Yamaha, 19. Tomoko Igata (J) Honda, 20. Fausto Gresini (I) Honda, 21. Neil Hodgson (GB) Honda, 22. Emili Alzamora (E) Honda) 23. Lucio Cecchinello (I) Honda, 24. Frédérick Petit (F) Yamaha, 25. Yasuaki Takahashi (J) Honda, 26. Bertrand Stey (F) Honda

WM-Stand   Pkt.

1. Sakata 183
2. Ueda 137
3. Tsujimura 132
4. Öttl 121
5. Raudies 110
6. Martínez 86
7. Torrontegui 73
8. Tokudome 64
9. McCoy 56
10. Perugini 54
11. Petrucciani 53
12. Saito 51
13. Nakajyo 44
14. Gresini 40
15. Bodelier 39

Schnellste Runde: Öttl
in 1.41.643 = 142,487 km/h

Rekord: Kazuto Sakata (Honda)
in 1.41.347 = 142,903 km/h (1993)

Durchschnitt Sieger: 26 Runden oder 104,598 km
in 44.22.659 = 141,420 km/h

Ausfälle: M. Baumann (A) Yamaha, Aufgabe/keine Motivation; G. McCoy (AUS) Aprilia, mangelnde Motorleistung; H. Spaan (NL) Honda, Zylinder gerissen; G. Scalvini (I) Aprilia, Zündkabel defekt; L. Bodelier (NL) Honda, Sturz; F. Baldinger (D) Honda, Nichtstarter/Trainingssturz; L. Ancona (I) Honda, Motorschaden; K. Mawdsley (GB) Honda, Motorschaden

Trainingszeiten: 1. Sakata 1.41.027 = 143,356 km/h, 2. Torrontegui 1.41.335; 3. Tsujimura 1.41.386, 4. Ueda 1.41.414, 5. Öttl 1.41.427, 6. Petrucciani 1.41.537, 7. Gresini 1.41.880, 8. Perugini 1.41.915, 9. Martínez 1.41.982, 10. Nakajyo 1.42.001, 11. Hodgson 1.42.055, 12. Scalvini 1.42.168, 13. Giró 1.42.368, 14. Tokudome 1.42.390, 15. Prein 1.42.395, 16. Raudies 1.42.428

Gespanne:

Ergebnisse

1. Biland/Waltisperg	CH	LCR	42.54.342
2. Brindley/Hutchinson	GB	LCR	42.55.014
3. Webster/Hänni	GB/CH	LCR	43.16.962
4. Klaffenböck/Parzer	A	LCR-Bartol	43.23.839
5. Güdel/Güdel	CH	LCR-ADM	43.24.148
6. Kumagaya/Finnegan	J/GB	LCR-ADM	43.27.716
7. Abbott/Tailford	GB	Windle-Krauser	43.36.759
8. Brindley/Whiteside	GB	LCR	44.11.701
9. Reddington/Crone	GB	LCR-ADM	−1 Rde.
10. Janssen/Kessel	NL	LCR-Yamaha	−1 Rde.
11. K. Webster/Hofsteenge	GB/NL	LCR	−1 Rde.
12. Bohnhorst/Brown	D/GB	LCR	−1 Rde.
13. Willford/Hallam	GB	LCR-ADM	−1 Rde.
14. Hoskin/James	AUS/GB	LCR-ADM	−1 Rde.
15. Knight/Hopkinson	GB	Windle	−2 Rdn.

16. Gray/Pointer (GB) LCR-ADM −2 Rdn.

WM-Stand   Pkt.

1. Biland 91
2. S. Webster 63
3. D. Brindley 61
4. Klaffenböck 56
5. Güdel 55
6. Bösiger 52
7. Abbott 49
8. B. Brindley 38
9. Lausletho 37
10. Dixon 33
11. Bohnhorst 32
12. Kumagaya 30
13. Wyssen 17
14. K. Webster 17
15. Reddington 15

Schnellste Runde: Biland
in 1.37.466 = 148,563 km/h Rekord

Alter Rekord: Abbott/Tailford (Windle-Krauser)
in 1.37.59 = 148,40 km/h (1994)

Durchschnitt Sieger: 26 Runden oder 104,598 km
in 42.54.342 = 146,271 km/h

Ausfälle: Bösiger/Egli (CH) LCR-ADM, Getriebe defekt; Dixon/Hetherington (GB) LCR-Yamaha, Zündungsschaden; Wyssen/Wyssen (CH) LCR-Krauser, Zündungsschaden; Lausletho/Joutsen (SF) LCR-ADM, Aufgabe/Schmerzen; Koster/Combi (CH/I) LCR-ADM, Kette abgesprungen; Gälross/Berglund (S) LCR-Yamaha, Vergaser überflutet; Egloff/Egloff (CH) LCR-Yamaha, Bremsen überhitzt; Kavanagh/Coombes (GB) LCR, Nichtstarter/Trainingssturz

Trainingszeiten: 1. Biland 1.36.346 = 150,321 km/h, 2. Dixon 1.36.445, D. Brindley 1.37.180, 4. Bösiger 1.37.696 5. S. Webster 1.37.928, 6. Güdel 1.38.077, 7. Klaffenböck 1.38.090, 8. Kumagaya 1.38.170, 9. Abbott 1.38.253, 10. Bohnhorst 1.38.385, 11. Egloff 1.38.942, 12. Wyssen 1.38.948

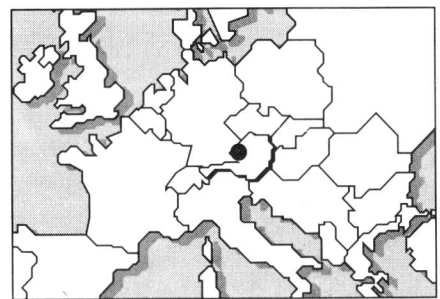

**21. August 1994:
Grand Prix Tschechien in Brünn**

Micks Meisterstück

Michael Doohan krönte sich vorzeitig zum Kaiser der Königsklasse – und beglich eine alte Rechnung mit dem Schicksal.

»Du bist Robocop«, staunte Nobby Ueda nicht schlecht, als er die mächtige Stahlplatte und die vielen Schrauben in Oliver Kochs linkem Handgelenk auf einem Röntgenfoto im Clinica Mobile bewunderte.

Doch so schwierig die Operation des Trümmerbruchs von Assen gewesen war, so erfolgreich war sie auch. Koch stieg bereits Anfang August wieder zu Tests in Brünn in den Sattel seiner Ditter-Honda, drehte zwar anfangs nie mehr als drei Runden am Stück, war aber beim Grand Prix schon fit genug für Startplatz 17.

Stefan Prein testete auch in Brünn, doch bei ihm ging es um Personalfragen. Wegen des immer offener zur Schau getragenen Konflikts zwischen Prein und Manfred Wittenborn – Prein diagnostizierte »Keuchhusten« an Wittenborns Motoren, umgekehrt vermutete Wittenborn, Prein wisse nicht, wo der Gasgriff ist – schickte er seinen Tuner in die Wüste.

Um vor Saisonende vielleicht doch noch zu den dringend benötigten Top-Resultaten mit seiner Energizer-Yamaha zu kommen, verpflichtete Prein den österreichischen Yamaha-Spezialisten Harald Bartol, der seit dem Zwist mit Jorge Martínez und dem spanischen Cepsa-Team über genügend Freizeit verfügte.

Endlich Weltmeister: Michael Doohan vor Shinichi Itoh und Luca Cadalora

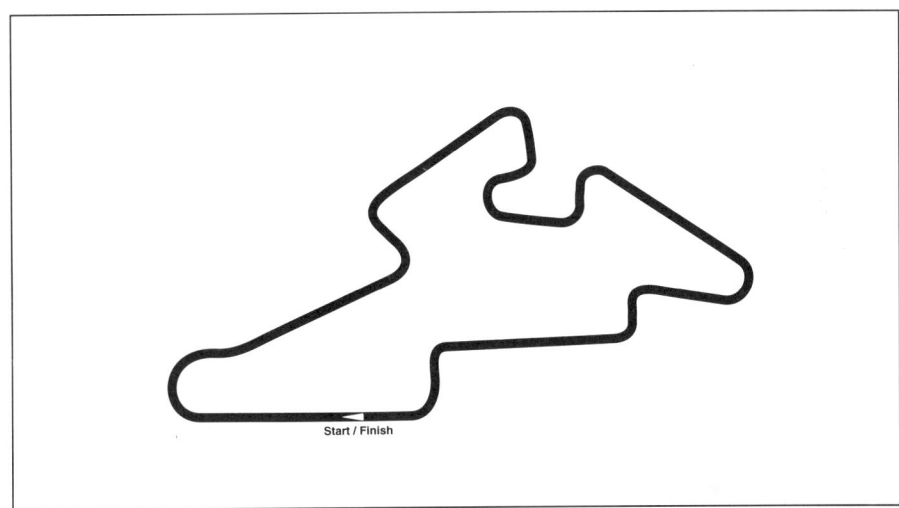

Bartols selbstentwickelte Motorvariante mit quadratischem Bohrung-Hub-Verhältnis blieb allerdings weiterhin in dessen Werkstatt versteckt, denn man hatte mit der Abstimmung der neuen technischen Zuständigkeiten schon genug Probleme: Weil die eine Hand nicht wußte, was die andere tat, ging Preins Yamaha zum offiziellen Trainingsauftakt erst einmal fest. Um schließlich noch ein vernünftiges Set-Up und Startplatz 14 zu erreichen, brauchte das Energizer-Team jede Minute.

Garry McCoy hatte sich bei einem Heimaturlaub in Australien von den Enttäuschungen der letzten Rennen erholt und knatterte im ersten freien Training mit der agv-Attac-Aprilia auf einen vielversprechenden siebten Rang. Danach war sein Enthusiasmus verglüht, McCoy rutschte bis zum Abwinken des Abschlußtrainings wieder an die 27. Stelle zurück, und daran vermochte auch ein paar neue Gesichter in der Box nichts zu ändern.

McCoys Landsmann Mick Haymes, Ex-Mechaniker Lothar Neukirchners, half neuerdings bei der Arbeit aus, über Umwege war außerdem der frühere Grand Prix-Star Martin Wimmer zu dem Team gestoßen und hatte Bernd Kassners Vater Horst als Spezialist für Aprilia-Motoren gleich mitgebracht. »Maik Stief hat mich im Frühjahr um Hilfe gebeten. Ich habe ihm erklärt, wie er sich selber helfen kann: Mit einer Bewerbung bei agv-Attac-Teamchef Wolfgang Koch für die deutsche Meisterschaft – denn ich wußte, daß der früher oder später einen deutschen Fahrer braucht«, berichtete Martin Wimmer.

Stiefs Grand Prix-Karriere hatte 1993 wegen mancher Eskapaden einen Knick erlebt, doch nutzte er die Chance zum Neuanfang konsequent. Zur Belohnung bestritt er anstelle des Urlaubers McCoy schon einmal die Brünn-Tests Anfang August und kam auf ordentliche Rundenzeiten, gleichzeitig begannen Teamchef Koch und Wimmer, Zukunftspläne zu schmieden. »Was am Ende dabei herauskam, war Kochs Angebot an mich, seinen Laden zu schmeißen«, erklärte Wimmer.

Debüt im elften Rennen:
KR junior (mit Kenny Roberts senior)

1995 sollte er seine langjährige Grand Prix-Expertise in die Waagschale werfen und ein Zwei-Mann-Team leiten, weshalb er sich in Brünn schon mal verstärkt an der agv-Box aufhielt. »Hoffentlich sind wir im Training vorn dabei. Denn sonst setzt sich der Chef selbst in den Sattel«, schnodderte Fahrwerksspezialist Mario Rubatto.

Der 37jährige Wimmer wurde nämlich noch immer vom Rennfieber geschüttelt und hätte eine aussichtsreiche Gelegenheit zum GP-Comeback sofort am Schopf ergriffen. »Das Herz funktioniert anders als der Verstand. Ich ringe wie ein Sterbender mit dem Tod um den entscheidenden Satz: Meine aktive Karriere endgültig zu beenden«, sagte Wimmer, gab sich am Brünn-Wochenende dann aber doch den entscheidenden Ruck, den Helm an den Nagel zu hängen.

Denn neben dem Neuaufbau des agv-Teams hatte er ja auch noch seinen Job als Manager des Grand Prix Teams München zu erledigen. Fahrer Bernd Kassner zog sich beim Lauf zur Deutschen Meisterschaft in Schleiz einen Fersenbeinbruch zu und fiel bis zum Saisonende aus, als Vertreter stieß Wimmer auf Jürgen Fuchs aus dem bayerischen Pfaffenhofen, der seine Grand Prix-Feuertaufe schon in Hockenheim hinter sich gebracht hatte.

Daß Kassner eine Aprilia, Fuchs jedoch eine Honda fuhr, störte nicht im geringsten. »Wir stehen als Grand Prix Team Munich in der IRTA-Liste. Auf eine Marke sind wir nicht festgelegt«, grinste Wimmer, nachdem er der Versuchung, höchstselbst in den Sattel von Kassners Aprilia zu steigen, tapfer widerstanden hatte.

Fuchs qualifizierte sich als achtbarer 17. und war damit nur ein Platz hinter Kenny Roberts junior, der nach seiner langwierigen Oberarmverletzung vier Rennen vor dem Ende endlich in die Saison 1994 einstieg. »Ich habe ein paar Tage im spanischen Albacete getestet, um meine rostigen Knochen wieder zu bewegen. Leider kann ich nicht so schnell fahren, wie ich will, weil das Vorderrad rattert. Sieht so aus, als müßte ich mich aufs Motorrad einstellen statt umgekehrt«, grübelte er.

Sein Teamchef Wayne Rainey glänzte bei der Premiere von Little Kenny durch Abwesenheit: Direkt nach dem England-Grand Prix war er zur Erholung in seine kalifornische Heimat zurückgeflogen und wollte wegen eines einzigen Rennens nicht noch einmal einen Überseeflug auf sich nehmen.

Machte Rainey nur eine verlängerte Pause vor dem Heim-Grand Prix in Laguna Seca, so erfuhr die Teamchef-Karriere von Uwe Nebel ein abruptes Ende. Weil er den putzmunteren Fahrer Evren Bischoff weiterhin für verletzt erklärte und in Brünn durch Abwesenheit glänzte, wurde das Sachsen Racing Team wegen Vertragsbruch von der IRTA-Liste gestrichen.

Freilich war das Team schon vorher auseinandergefallen. Statt dringend benötigter Ersatzteile für die Harris-Yamaha stapelten

sich unbezahlte Rechnungen. Mechaniker Mick Haymes desertierte zu Garry McCoy, im Streit ums Geld kündigten auch Evren und sein Vater Hartmut Bischoff die eben erst begonnene Zusammenarbeit mit Nebel wieder auf. Ex-Pilot Lothar Neukirchner beglich die ausstehenden Zahlungen bei Bischoff und löste sein altes Motorrad für 8500 Mark wieder aus, wurde aber mit der Hoffnung auf ein Comeback in Brünn enttäuscht. »Solange mir Nebel den IRTA-Vertrag nicht offiziell übergibt, bekomme ich keinen Start«, erklärte Neukirchner.

Debüt im agv-Attac-Team:
Martin Wimmer, Maik Stief

»Jetzt versucht er, mir das Team zu verkaufen, das wir gemeinsam finanziert haben. Er forderte eine utopische Summe von 50000 Mark – die Sache ist ein Skandal«.

Seriös und professionell wurde dagegen der Wild Card-Einsatz des 26jährigen Michael Liedl eingefädelt. Zum Dank für seine Überlegenheit in der tschechischen Superbikemeisterschaft finanzierte ihm sein tschechischer Sponsor die Miete einer nagelneu aufgebauten ROC-Yamaha, Liedls Mentor Toni Mang schnürte schlau ein Pauschalpaket, das neben dreitägiger Tests in Brünn auch sämtliche Sturz- und Verschleißteile enthielt. Ein Deal in weiser Voraussicht: Liedl stürzte schon auf dem Weg zum 15. Trainingsplatz dreimal, im Rennen rollte er bereits in der ersten Runde wegen Zündungsschadens aus.

Dagegen hielt sich Norifumi Abe wacker im Sattel. Nach seinem Handbruch in Eng-

Die zweite Chance: Norifumi Abe auf Beatties Marlboro-Yamaha

Nur eine Chance: Michael Liedl, Toni Mang

land war er zurück nach Japan und von dort nach einem Kurzurlaub weiter nach Kalifornien gejettet, wo der berühmte Dr. Arthur Ting eine Woche vor dem Brünn-Grand Prix den Stift aus seinem Mittelhandknochen entfernte. Am Montag und Dienstag darauf testete Abe in Barcelona und war in Brünn dank eines Tapeverbands bereits fit genug für den elften Trainingsplatz. »Mein Hauptproblem ist, Vertrauen zum Vorderrad zu gewinnen«, meinte er in auffallender Übereinstimmung zu den Problemen, die Luca Cadalora und Daryl Beattie das ganze Jahr über geplagt hatten. »Doch wir haben auf umfangreiche Umbauten verzichtet, denn je mehr ich mich einfach aufs Fahren konzentriere, desto mehr Feeling bekomme ich für die Sache. Mein Hauptziel ist, ins Ziel zu kommen – schließlich habe ich noch nie einen Grand Prix beendet«, meinte er.

Auch Beattie selbst hatte sich bei Arthur Ting einer Operation unterzogen und das gebrochene Kahnbein zusammenschrauben lassen, trug angesichts seiner Zuschauerrolle jedoch Gelassenheit zur Schau. »Ich hatte nie damit gerechnet, so frühzeitig wieder in den Sattel zu steigen«, erklärte er in plötzlichem Gegensatz zu den Hoffnungen, die er in den ersten Tagen nach seinem Le Mans-Unfall geäußert hatte.

Beatties Zukunft im Marlboro-Team Roberts stand ganz eindeutig auf wackligen Füßen, dagegen wurde Loris Capirossis Umstieg auf eine Pileri-Honda NSR 500 mit einer edel gebundenen Pressemappe besiegelt, in der bereits ein immenses Wintertest-Programm mit über 30 Tagen aufgeführt wurde. »Vor Saisonbeginn möchte ich mindestens 6500 Kilometer mit der NSR 500 auf dem Buckel haben«, kündigte Capirossi an. Und fügte illusionslos hinzu, 1995 werde trotzdem nur ein Lernjahr sein.

500 cm³: Abe schlägt Schwantz

Denn Michael Doohan war mehr als nur ein Gegner, er war eine Übermacht. In Brünn sicherte er sich den ersten, lang ersehnten Weltmeistertitel seiner Laufbahn, und er bugsierte seine Honda nicht etwa behutsam und im Pulk versteckt durchs Ziel, sondern triumphierte standesgemäß mit dem achten Sieg der Saison – und diesmal gab es niemanden, der die fällige Entscheidung noch hätte weiter hinausschieben können.

Blitzstarter Alberto Puig führte zwar eine Runde lang an, fiel dann aber wegen seiner chronischen Unterarmbeschwerden allmählich zurück und wurde zorniger Fünfter. »Am liebsten würde ich die fällige Karpaltunneloperation gleich morgen durchführen lassen, aber wegen der langen Heilungszeit muß ich mich bis zum Saisonende gedulden. Das einzige Rennen, in dem ich bis jetzt von Schmerzen verschont blieb, war das in Italien«, seufzte der Spanier.

Luca Cadalora war zwar schnell, aber nicht über 22 Rennrunden hinweg. Kurz vor dem Ende des Abschlußtrainings hatte er mit einer stolzen halben Sekunde Vorsprung die Pole Position erbeutet, war nach drei Rennrunden vielversprechender Zweiter, hörte dann aber »merkwürdige Motorgeräusche« und fiel am Ende hinter Shinichi Itoh auf Platz drei zurück.

John Kocinski hatte Lucas Strohfeuer prophezeit und sich nach Startplatz drei selbst als aussichtsreichsten Herausforderer Doohans dargestellt, doch wieder einmal endete ein aussichtsreiches Wochenende niederschmetternd für das Cagiva-Team. Ohne in Michaael Doohans Nähe gekommen zu sein, rollte Kocinski in der vorletz-

Start zum Halbliterlauf: Die Honda-Stars Doohan (4) und Puig (17) sind bereits vorn

ten Runde aus vierter Position wegen eines Lagerschadens am Getriebe aus, sein Teamkollege Doug Chandler hatte sich bereits zur Halbzeit an achter Stelle verabschiedet, weil sein Motor Kühlwasser spuckte wie ein Dampfbügeleisen. In den Gesichtern von Teambesitzer Claudio Castiglioni und Teammanager Giacomo Agostini war die Krisenstimmung deutlich erkennbar: Neben dem sportlichen Mißerfolg wurde die Cagiva Group außerdem von einer wirtschaftlichen Misere geschüttelt, trotz heftiger Dementis verbreitete sich das Gerücht, Cagiva werde ermangels der erforderlichen Dollarmillionen zum Jahresende aus dem Grand Prix-Sport aussteigen.

Kevin Schwantz trug zwar keinen Gips mehr um sein verletztes linkes Handgelenk, aber auch nicht mehr jenen brennenden Ehrgeiz im Herzen, der ihn in England vorangetrieben hatte. Frustriert, weil die Hand trotz der über dreiwöchigen Rennpause nach den ersten Runden wieder anschwoll, hilflos, weil seine Suzuki in Brünn noch nie eine ordentliche Straßenlage entwickelt hatte und sich das auch beim Grand Prix 1994 nicht änderte, qualifizierte er sich als Sechster und mußte dabei sogar noch einen Trainingssturz wegstecken. »Ich werde tun, was ich kann. Wenn ich gewinne, gewinne ich, wenn nicht, dann eben nicht. Ich bin schon früher geschlagen worden und werde auch in Zukunft nicht davon verschont bleiben«, meinte er. »Wenn ich auf diese Saison zurückblicke, habe ich nur drei Rennen ohne Gips am Arm bestritten. Alles begann mit meinem blöden Mountain Bike-Unfall vor Saisonbeginn, und es ging weiter mit den Schwierigkeiten an der neuen Suzuki. Aber das ist alles Teil der Rennerei«, meinte er.

Trotzdem wäre ihm ein würdigerer Abschied vom Titel zu wünschen gewesen. Wegen einer ratternden Vorderradgabel und zunehmender Schmerzen im Arm kämpfte er sich verdrossen als Siebter durchs Rennen und kam nur in Doohans Nähe, als er ihm in der Auslaufrunde zu Sieg und Titel gratulierte. Selbst Teufelskerl Norifumi Abe, im direkten Duell in Suzuka gestürzt, feierte einen verspäteten Triumph über Schwantz und kam als gefeierter Sechster ins Ziel.

Krisenstimmung: Clausio Castiglioni, Giacomo Agostini

»Ich bin echt enttäuscht, denn ich dachte, mein Set-Up sei halbwegs in Ordnung. Aber dann hatte ich dieses Rattern, und wenn du auf dieser Strecke kein Vertrauen ins Vorderrad hast, bist du verloren«, meinte der entthronte Champion, bekämpfte seinen Kummer aber gleich mit neuer Arbeit: Tags darauf standen Tests in Brünn auf dem Programm, um möglichst früh die technische Basis für die Revanche 1995 zu schaffen, wo Schwantz wieder mit seiner alten Startnummer 34 angreifen will. »Dann will ich wieder siegen – und werde vor dem ersten Rennen deshalb mindestens vier Wochen lang einen Bogen um mein Mountain Bike machen«, grinste er.

Statt eines Gegners führte Doohan mit Shinichi Itoh eine Eskorte um den Kurs, so daß die neue, im bunten Look künftiger CBR-Straßenmodelle gehaltene Kriegsbemalung der offiziellen Honda NSR 500 gleich im Doppel zu bewundern war. Schon ab der zweiten Runde hatte Doohan freie Fahrt, legte sich komfortable drei Sekunden Vorsprung zurecht und drehte erst in der letzten Runde etwas das Gas zurück. »Ich wollte das Motorrad nur noch auf beiden Rädern nach Hause bringen, ich wollte nur noch die schwarzweißkarierte Flagge erreichen«, strahlte er, nachdem er sich sein Weltmeister-Shirt mit dem typisch australischen Slogan »No Worries« übergestreift hatte. »Jetzt bin ich wirklich happy, alles hat perfekt geklappt, und ich möchte mich bei allen bedanken, vor allem bei der Honda Racing Corporation, die ein so gutes Motorrad gebaut hat. Nächstes Jahr sind wir wieder da, und mein Ziel ist es, diesen Triumph zu wiederholen. Ich weiß, daß meine Motivation nicht schwinden wird, denn ich habe das Gefühl, weitersiegen und mit dem nächsten Titel beweisen zu müssen, daß es wirklich gilt.«

Denn mit der Weltmeisterschaft 1994 beglich Doohan zunächst einmal die alte Rechnung mit dem Schicksal, das ihm den sichergeglaubten WM-Titel 1992 und das unbeschwerte Leben eines Sunnyboys vermasselte. Vom Triumphzug mit vier Siegen hintereinander und 53 Punkten Vorsprung verwandelte sich sein Dasein mit dem

Ruhepausen fürs schmerzende Handgelenk: Kevin Schwantz

Abkühlung durch süßen Champagner; Sieger Mick Doohan, Luca Cadalora

Nach Wayne Gardner 1987 wieder ein australischer Weltmeister: Michael Doohan

Beinbruch von Assen in einen Alptraum, den er nur dank seiner stoischen Gelassenheit bewältigte. Therapiefehler noch im Krankenhaus von Assen zogen schwerste Komplikationen nach sich, über Wochen hinweg stand sogar die Amputation von Doohans rechtem Fuß zur Debatte.

Doch statt zu klagen, behielt Mick seine stoische »no worries«-Mentalität, humpelte als abgemagerter Schatten seiner selbst mit offenem Bruch zu den letzten beiden Rennen der Saison, um für seine Zukunft als Werksfahrer zu kämpfen. Anfang 1993 waren die Brüche immer noch nicht verheilt, das Sprunggelenk steif und teilweise gelähmt, doch Doohan ließ die Hinterradbremse von Fuß- auf Handbedienung umbauen und kämpfte unerschütterlich weiter, ohne seiner kleinen Behinderung große Bedeutung beizumessen.

»Ich fahre immer noch gern Motorrad, und das hält mich auf Trab. Nur Ende 1992 war ich drauf und dran, das Handtuch zu werfen«, erinnerte er an die schwere Zeit nach dem Assen-Crash. »Dr. Claudio Costa habe ich eine Menge zu verdanken. Ohne ihn würde ich nicht Motorrad fahren, womöglich hätte ich nicht einmal mehr mein rechtes Bein. Ganz zu schweigen vom Gewinn einer Weltmeisterschaft.«

125 cm³:
Öttls sprichwörtliches Pech

Der stand auch Kazuto Sakata nach seinem Solo in der 125 cm³-Klasse dicht bevor. Mit neuen, exklusiven Leistungsteilen klang seine Werks-Aprilia nicht nur aggressiver, sondern war auch kräftiger als alle anderen Maschinen im Feld, Sakata beherrschte damit schon das Training nach Belieben und setzte sich um sage und schreibe anderthalb Sekunden von seinen Verfolgern ab.

Demgegenüber deuteten knapp drei Sekunden Vorsprung nach dem Rennen schon fast auf eine Kaffeefahrt hin. »Der Sieg war ein Kinderspiel«, bestätigte der Japaner, »doch so richtig freuen kann ich mich darüber nicht. Mein Teamkollege Herri Torrontegui tut mir leid, ich hoffe, daß er nach seinem schweren Unfall zügig wieder auf die Beine kommt«.

Der Baske, kurz zuvor noch voll der Freude über einen neuen Aprilia-Werksvertrag, wurde am Start von Stefano Perugini gerammt und durch die Luft gewirbelt. Sein rechter Fuß verklemmte sich zwischen Kette und Hinterradschwinge, wurde aber erst richtig schlimm zugerichtet, als der deutsche Wild Card-Pilot Benjamin Weiss noch von hinten ins Heck der Aprilia knallte. Torrontegui erlitt einen komplizierten Schien-, Waden- und Fersenbeinbruch, weil die Streckenposten wie vom Donner gerührt in der Gegend standen, hüpfte Dirk Raudies' Schwager Ulli Maier geistesgegenwärtig über die Boxenmauer, um wenigstens Torronteguis in höchsten Drehzahlen schreienden Motor abzuwürgen.

Der Weltmeister selbst schlug einen Haken um die Unfallstelle und war zunächst Fünfter, fiel dann aber zurück, anstatt weiter Boden gutzumachen. Alles, was bei den Tests zwei Wochen zuvor funktioniert hatte, war durch den Wechsel von Hochsommerhitze zu frühherbstlicher Kühle wieder in Frage gestellt. »Der Hinterreifen, der beim Testen perfekt war, rattert plötzlich erbärmlich«, wunderte er sich Raudies. Weil auch die Probleme mit der Kayaba-Vorderradgabel ungelöst blieben, ratterte es an beiden Rädern, Platz elf im Training war die deprimierende Quittung.

Pechvogel Peter Öttl: Sturz durch Kolbenklemmer

Im Rennen rückte er mit einem besonders weichen Reifen aus, was das Fahrwerk etwas besser beherrschbar machte. »Doch dafür hat der Motor in den ersten sieben, acht Runden ganz komisch geschepert und vibriert. Das Vibrieren ging weg, doch das Ruckeln in den Kurven nicht: Wie in Salzburg konnte ich nur Vollgas geben, doch sowie ich das Gas feiner dosieren wollte, verschluckte sich der Motor«, seufzte Raudies nach einem hart erkämpften siebten Platz.

Tex Geissler vor Stefan Prein: Diesmal hatte der Aprilia-Fahrer die Nase vorn

Peter Öttl wurde noch härter geprüft. Bei zweitägigen Tests in Brünn hatte sein Dream Team mit ein paar Neuteilen aus dem Werk die beiden Werksmaschinen Öttls auf technische identischen Stand gebracht und eine so formidable Abstimmung gefunden, daß er sich als Zweiter qualifizierte und sogar vage Außenseiterchancen auf den ersten Grand Prix-Sieg des Jahres formulierte. »Sakata arbeitet im Training mit allen Tricks. Im Rennen hat er oft Mühe, die Rundenzeiten zu wiederholen. Vielleicht ergibt sich eine Chance, wenn er zum Ende hin Reifenprobleme kriegt«, hoffte er.

Doch dann meldete sich das Pech zurück, das ihm bei vier von fünf Rennen in Brünn Stürze beschert und nur beim siebten Platz 1993 verschont hatte: Nach dem Start kurz in Führung, ging Öttl bereits in der zweiten Kurve wegen eines Kolbenklemmers zu Boden.

Garry McCoy: In Brünn letztmalig für das agv-Alzac-Team unterwegs

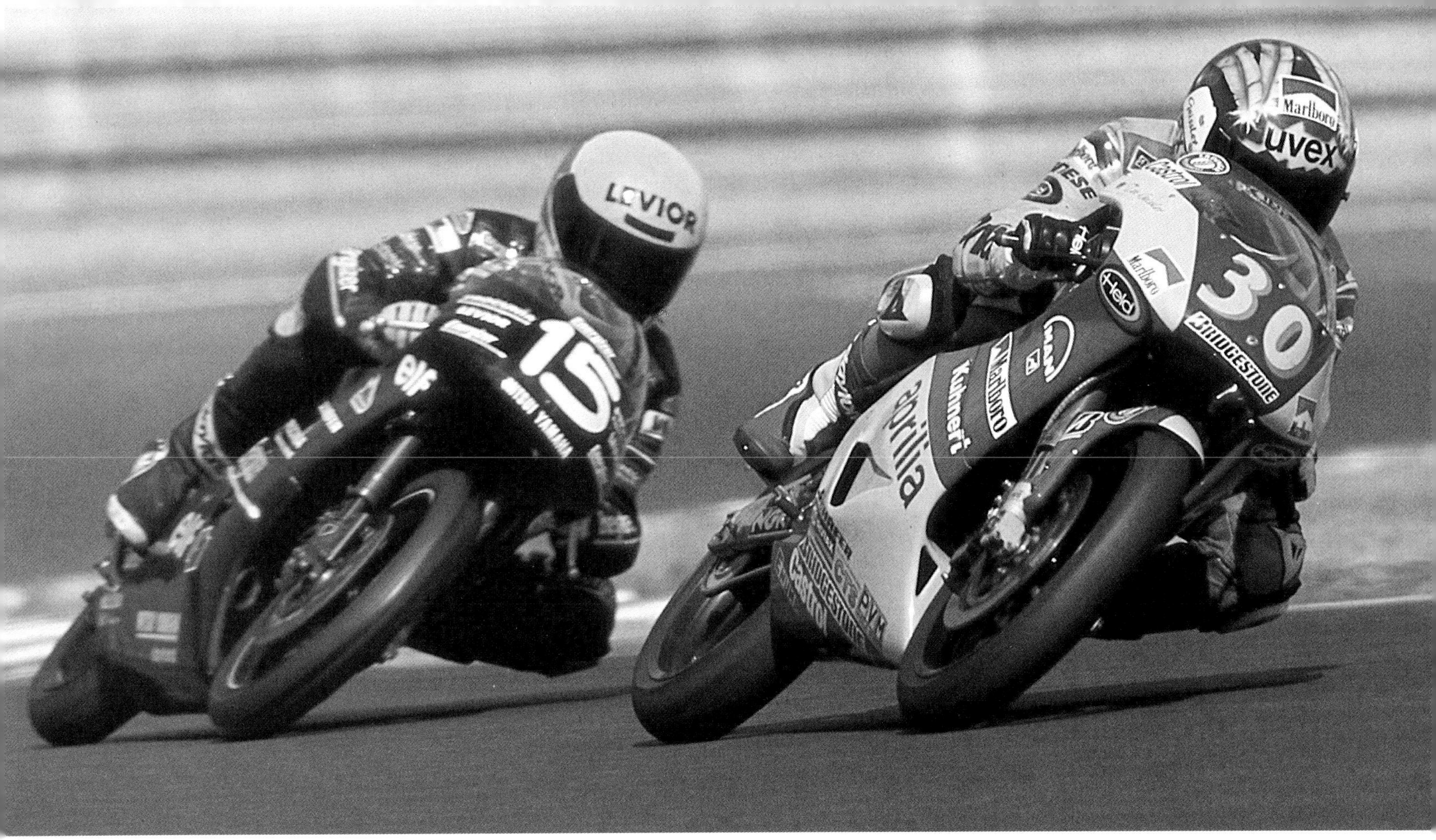
LEVIOR
15
Marlboro
uvex
30
Bridgestone
aprilia
Kuhnert

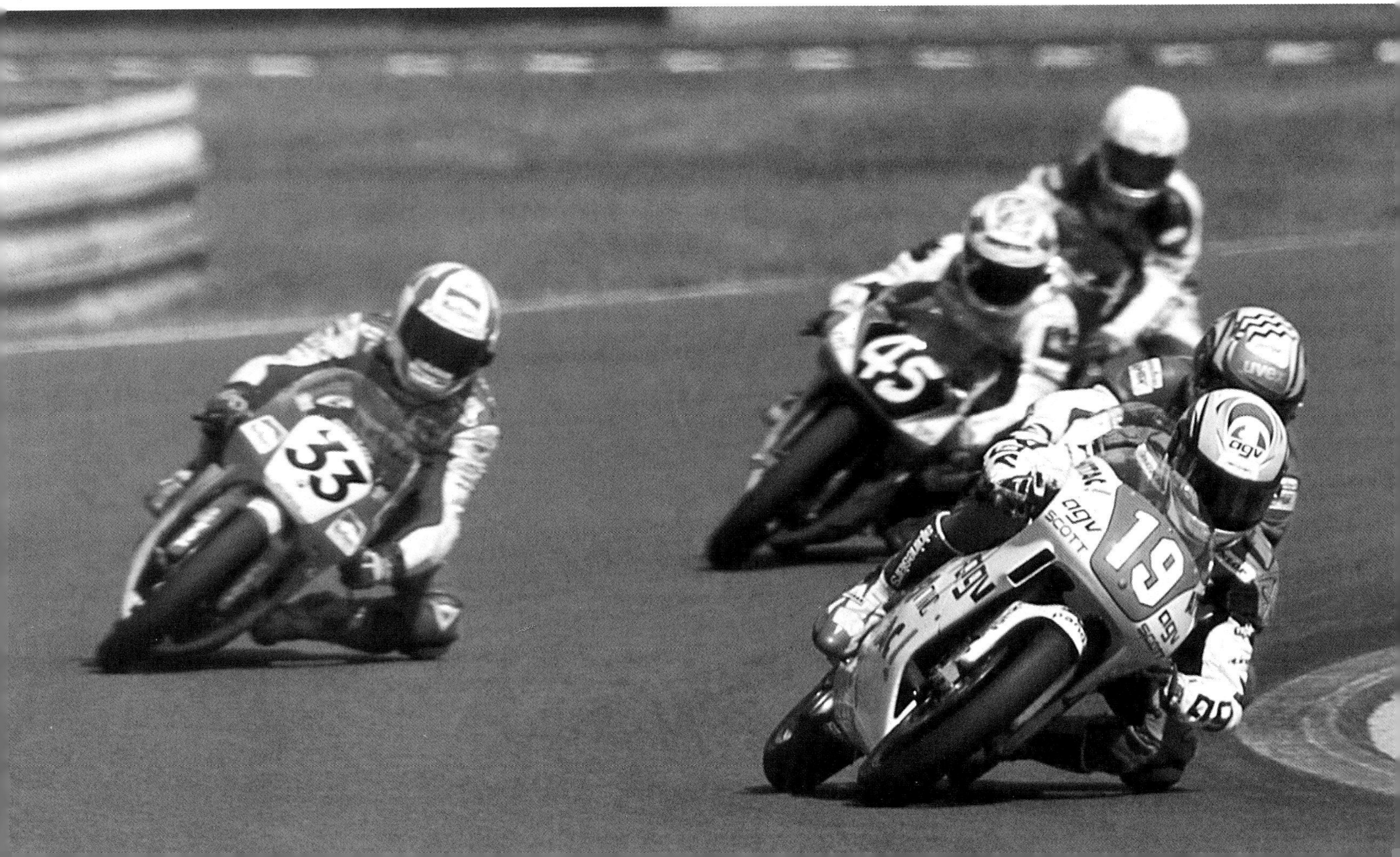
33
45
uvex
agv
SCOTT
19

Sein Team tröstete sich mit der Leistung von Tex Geissler, der das beste Rennen seiner jungen Grand Prix-Karriere vorführte und sich von Rang 17 auf einen tollen zehnten Platz vorkämpfte. »Ich freu' mich. Vor allem, weil ich's dem Stefan Prein gezeigt habe«, jubelte Tex Geissler glücklich, weil er im Duell mit dem Yamaha-Mann auch schon etliche Male den kürzeren gezogen hatte. »Geissler war aus den Ecken raus nicht zu halten«, meinte Prein verblüfft, wertete seinen elften Platz aber trotzdem als ersten Schritt auf dem Weg zur Besserung.

Kazuto Sahata: Dominiert das Rennen souverän

Oliver Koch hielt nicht so lange durch. Nach einer Runde Zwölfter, erreichte er in Runde drei zwar bereits die Top Ten, erlebte dann aber einen gewaltigen Rutscher. »Um das Motorrad abzufangen, mußte ich kräftig zupacken. Dabei bog ich das Handgelenk weiter ab, als es eigentlich möglich war«, schilderte Olli und bog wegen stechender Schmerzen nach 14 Runden ab zur Box.

Im Team von Garry McCoy kam das dicke Ende erst nach dem Zieleinlauf. Erst warf Fahrwerksspezialist Mario Rubatto das Handtuch, am Dienstag zog dann McCoy mit einer fristlosen Kündigung nach. Denn weder das Engagement Wimmers noch der dreiwöchige Erholungsurlaub hatten den aufgestauter Frust hinwegfegen können: Seit ihm die Kolbenklemmer von Hockenheim einen steifen kleinen Finger an der rechten Hand einbrockten, fehlte McCoy die Begeisterung für seine Maschine, nach dem 16. Platz in Brünn sank die Stimmung endgültig auf den Nullpunkt. »Eine unverständliche Entscheidung drei Rennen vor Saisonende: Die Werksmaschinen fürs nächste Jahr waren längst gesichert«, wunderten sich Martin Wimmer und Wolfgang Koch und boten Maik Stief an, ab Laguna Seca für McCoy einzuspringen.

250 cm³: Waldi trumpft auf

Bei Wind und Wolken hatte Ralf Waldmann im ersten Zeittraining nur eine Zehntelsekunde auf WM-Leader Loris Capirossi verloren und Platz zwei erbeutet. »Das ist nicht schlecht«, stapelte Waldi tief und wurde tags darauf im Abschlußtraining sogar für eine Weile als Erster geführt.

Doch gut 20 Minuten vor dem Abwinken wurde er zu übermütig. »Ich bin etwas zu schnell in die erste Rechtskurve eingebogen, dann ist mir das Vorderrad weggerutscht«, berichtete Waldmann, der zwar flugs mit der Ersatzmaschine ausrückte, trotzdem aber auf Platz vier zurückrutschte und heilfroh war, den Startplatz in der ersten Reihe verteidigt zu haben. »Mein Fehler war, zur Box zurückzulaufen, anstatt zu versuchen, das Motorrad wieder anzuschieben«, bekannte er hinterher.

Denn die nur leicht beschädigte Nummer eins-Maschine war eindeutig schneller: Nach Doriano Romboni, Loris Capirossi und Tadayuki Okada hatte auch Waldi ein Set der kostbaren neue Vergaser mit Power-Jet erhalten, die pro Runde in Brünn etwa eine halbe Sekunde ausmachten.

Derart auf Trab gebracht, ließ sich Waldi auch im Rennen nicht lange bitten. Nach dem Start gab er sich zwar eine Weile zurückhaltend, weil ihm ein grimmiger Highsider seines Teamkollegen Doriano Romboni unmittelbar vor ihm die Laune

Die 250 cm³-Klasse: HB-Honda-Pilot Doriano Romboni schied nach Sturz aus. Freude auf dem Siegerpodest: Eshil Suter (19) und Andy Preining (6) hatten ihr bestes Saisonergebnis

verdarb. Der Italiener landete auf der rechten Hand und knackste sich das Kahnbein an, was den zweiten Tiefschlag in wenigen Wochen bedeutete. Kurz nach dem England-Grand Prix hatte er nämlich erfahren, daß sein HB Team Italien vom Hauptsponsor 1995 nicht mehr unterstützt und deshalb zum Saisonende aufgelöst werde.

Ralf Waldmann, von der Sparmaßnahme des Konzerns British American Tobacco ebensowenig betroffen wie Dirk Raudies, hielt ungefährdet Platz drei, und als er merkte, daß er wie von selbst näher an Loris Capirossi herankam, faßte er sich in der 14. von 20 Runden ein Herz und ging vorbei.

Eine Weile fuhr Capirossi noch wild rutschend hinterher, überließ Waldmann den zweiten Platz mit einem Sturz in der letzten Runde jedoch endgültig. »Ich konnte schon vorher beobachten, wie Capirossi mit einem schlecht abgestimmten Fahrwerk kämpfte. Wahrscheinlich hat er am Ende zuviel riskiert und ist deshalb gestürzt«, berichtete Waldi nach dem zweiten Podestplatz der Saison, »mein Set-Up war dagegen brilliant, auch meine Reifen waren perfekt, und neben meinem Team muß ich mich auch bei Honda bedanken: Ohne die neuen Spezialteile wäre dieses Resultat nicht möglich gewesen.«

Nur Max Biaggi, als einziger Aprilia-Werkspilot der 250 cm³-Klasse mit exklusiven Neuteilen vom Kaliber der Sakata-Maschine ausgerüstet, war noch ein Quentchen schneller. Nach einer überlegenen Pole Position machte er vom Start weg reinen Tisch, zischte um beeindruckende sieben Sekunden auf und davon und riß durch Capirossis Sturz auch die Tabellenführung wieder an sich. »Capirossi machte meinen Job nicht leicht, er setzte mich gewaltig unter Druck«, meinte Biaggi.

Nun lastete der Druck wieder auf Capirossis Schultern: Nach der nächsten uner-

Loris Capirossi:
Nächstes Jahr mit Honda USR 500

warteten Kehrtwende in dem abwechslungsreichen Tauziehen um den Titel mußte Capirossi beim nächsten Lauf in Laguna Seca nicht nur voll angreifen, sondern dabei auch eine schmerzhafte Verletzung der rechten Hand wegstecken. Denn erst versuchte er noch, seine Pileri-Honda flugs wieder anzuschieben, ließ sie aber wieder fallen wie eine heiße Kartoffel: Plötzlich spürte er die höllischen Schmerzen von vier ausgerenkten Mittelhandknochen. Im Clinica Mobile wurden sie wieder eingerichtet, doch mit allzu optimistischen Prophezeiungen über die Heilungsdauer hielt sich Dr. Claudio Costa nach den Erfahrungen mit der linken Hand von Kevin Schwantz zurück.

Durch Capirossis Ausfall erbte der glückliche Jean-Philippe Ruggia Platz drei und freute sich, seine Aprilia sei nach langer Durststrecke endlich wieder einmal konkurrenzfähig gewesen. Jean-Michael Bayle feierte Rang sechs, und auch die halboffiziellen Aprilia-Vertreter jubelten über Top-Resultate: Der Schweizer Eskil Suter trieb seinen mit einem Werksmotor von 1992 ausgerüsteten Production Racer auf Rang acht und rieb sich vor allem deshalb die Hände, weil ihm für 1995 Max Biaggis diesjährige Werksmaschine plus regelmäßige Lieferungen neuester Leistungsteile garantiert wurden.

Andy Preining, von seinem österreichischen Fanclub angestachelt, erbeutete mit Platz zehn sein bisher bestes Resultat der Saison.

Kenny Roberts junior versuchte hingegen, die Schwächen seiner Yamaha mit vehementem fahrerischen Einsatz auszugleichen. Er bezahlte mit einem Sturz und trauerte einem möglichen Platz unter den Top Ten nach. »Da einzig Gute an dem Crash: Ich bin hart auf meinem linken Arm gelandet – und er hat gehalten«, versicherte er.

Kämpfte sich Jürgen Fuchs, im Abschlußtraining von Nobuatsu Aoki aus dem Sattel torpediert, ohne große Zwischenfälle auf den 18. Platz, so beklagte Adi Stadler einen Ausfall mit Seltenheitswert: An seinem Helm hatte sich der Kinnriemen gelöst!

500 cm³:

Ergebnisse

1. Michael Doohan	AUS	Honda NSR	45.39.974
2. Shinichi Itoh	J	Honda NSR	45.43.296
3. Luca Cadalora	I	Yamaha YZR	45.48.796
4. Alex Crivillé	E	Honda NSR	46.04.110
5. Alberto Puig	E	Honda NSR	46.10.478
6. Norifumi Abe	J	Yamaha YZR	46.19.970
7. Kevin Schwantz	USA	Suzuki RGV	46.28.500
8. Alexandre Barros	BR	Suzuki RGV	46.35.770
9. Niall Mackenzie	GB	ROC-Yamaha	46.36.478
10. Jeremy McWilliams	GB	Yamaha	46.48.194
11. Bernard Garcia	F	Yamaha	46.49.136
12. John Reynolds	GB	Harris-Yamaha	46.50.302
13. Sean Emmet	GB	Harris-Yamaha	47.18.513
14. Jean Foray	F	ROC-Yamaha	47.18.537
15. Mark Garcia	F	ROC-Yamaha	47.18.601

16. Jean-Pierre Jeandat (F) ROC-Yamaha, 17. Bernard Haenggeli (CH) ROC-Yamaha, 18. Cristiano Migliorati (I) ROC-Yamaha, 19. Marco Papa (I) ROC-Yamaha –1 Rde., 20. Cees Doorakkers (NL) Harris-Yamaha

WM-Stand Pkt.

1. Doohan	256
2. Schwantz	169
3. Puig	123
4. Crivillé	122
5. Kocinski	120
6. Itoh	115
7. Cadalora	114
8. Barros	108
9. Chandler	59
10. Mackenzie	50
11. Garcia	41
12. Reynolds	38
13. Beattie	33
14. McWilliams	31
15. López-Mella	23

Schnellste Runde: Itoh in 2.03.544 = 157,178 km/h

Rekord: Wayne Rainey (Yamaha) in 2.03.154 = 157,676 km/h (1993)

Durchschnitt Sieger: 22 Runden oder 118,668 km in 45.39.974 = 155,916 km/h

Ausfälle: D. Chandler (USA) Cagiva, Motor defekt; J. Kocinski (USA) Cagiva, Getriebe defekt; J. López-Mella (E) ROC-Yamaha, Sturz; L. Naveau (B) ROC-Yamaha, Power Valve defekt; K. Mitchell (GB) Harris-Yamaha, Federung vorne mangelhaft; L. Pedercini (I) ROC-Yamaha, Motor überhitzt; A. Leuthe (D) ROC-Yamaha, Motor defekt; P. Pellisier (I) Paton, nicht qualifiziert; B. Bonhuil (F) ROC-Yamaha, kein Vertrauen ins Motorrad; M. Liedl (D) Yamaha, Zündung defekt

Trainingszeiten: 1. Cadalora 2.02.380 = 158,673 km/h, 2. Doohan 2.02.854, 3. Kocinski 2.03.367, 4. Puig 2.04.019, 5. Chandler 2.04.115, 6. Schwantz 2.04.607, 7. Itoh 2.04.782, 8. Crivillé 2.04.784, 9. Barros 2.04.944, 10. Mackenzie 2.05.586, 11. Abe 2.05.644

250 cm³:

Ergebnisse

1. Massimiliano Biaggi	I	Aprilia	42.09.445
2. Ralf Waldmann	D	Honda NSR	42.15.870
3. Jean-Philippe Ruggia	F	Aprilia	42.19.028
4. Nobuatsu Aoki	J	Honda NSR	42.42.010
5. Tadayuki Okada	J	Honda NSR	42.46.924
6. Jean-Michel Bayle	F	Aprilia	42.46.968
7. Luis d'Antin	E	Honda NSR	42.52.079
8. Eskil Suter	CH	Aprilia	42.52.441
9. Wilco Zeelenberg	NL	Honda NSR	42.56.993
10. Andy Preining	A	Aprilia	43.06.888
11. Luis Carlos Maurel	E	Honda RS	43.07.440
12. P. v. d. Goorbergh	NL	Aprilia	43.07.976
13. Adrian Bosshard	CH	Honda NSR	43.12.760
14. Giuseppe Fiorillo	I	Honda RS	43.33.942
15. Juan Borja	E	Aprilia	43.41.668

16. James Haydon (GB) Honda RS, 17. Christian Boudinot (F) Aprilia, 18. Jürgen Fuchs (D) Honda RS, 19. Noel Ferro (F) Honda RS, 20. Frédéric Protat (F) Honda RS, 21. Kristian Kaas (SF) Yamaha TZ –1 Rde., 22. Enrique de Juan (E) Aprilia, 23. Rodney Fee (CDN) Honda RS

WM-Stand Pkt.

1. Biaggi	169
2. Capirossi	168
3. Okada	163
4. Waldmann	133
5. Romboni	129
6. Ruggia	126
7. Bayle	88
8. Aoki	84
9. d'Antin	83
10. Zeelenberg	68
11. Harada	66
12. Suter	38
13. Checa	32
14. P. Goorbergh	27
15. Preining	24

Schnellste Runde: Biaggi in 2.05.340 = 154,926 km/h (Rekord)

Alter Rekord: Loris Capirossi (Honda) in 2.05.681 = 154,505 km/h (1993)

Durchschnitt Sieger: 20 Runden oder 107,880 km in 42.09.445 = 153,539 km/h

Ausfälle: T. Harada (J) Yamaha, Motor defekt; L. Capirossi (I) Honda, Sturz; D. Romboni (I) Honda, Sturz; C. Checa (E) Honda, Sturz; K. Roberts jr. (USA) Yamaha, Sturz; A. Stadler (D) Honda, Helmverschluß aufgegangen; J. L. Cardoso (E) Aprilia, Aufgabe/Schmerzen; J. v. d. Goorbergh (NL) Aprilia, Sturz; A. Gramigni (I) Aprilia, Zündung defekt; B. Stasa (CZ) Aprilia, Sturz

Trainingszeiten: 1. Biaggi 2.04.894 = 155,479 km/h, 2. Capirossi 2.05.530, 3. Romboni 2.05.893, 4. Waldmann 2.05.933, 5. Harada 2.06.024, 6. Ruggia 2.06.440, 7. d'Antin 2.06.816, 8. Aoki 2.06.970, 9. Okada 2.07.168, 10. Bayle 2.07.228, 11. Zeelenberg 2.07.344, 12. J. v. d. Goorbergh 2.07.510, 13. Suter 2.07.653, 14. Preining 2.07.741, 15. Bosshard 2.07.798

Gespanne: Bilands sanfte Fahrt

So eindeutig die Entscheidungen der Soloklassen waren, so offen tobte der Kampf im Rennen der Gespanne.

Drei Runden führte Darren Dixon, bevor er wegen einer kaputten Benzinpumpe ausrollte und mit einem allzu harten Schicksal haderte: Im Training hatte bereits zweimal die Zündung gestreikt.

Derek Brindley übernahm nun für vier Runden das Kommando, hatte aber nicht genügend Topspeed und gewisse Probleme mit der Umstellung auf die erstmals montierten Kohlefaserbremsen.

Weshalb kam, was kommen mußte: Rolf Biland schob die kantige Nase seines Schlossgold-Gespanns in den Wind und gab den vierten Saisonsieg nicht mehr aus der Hand. »Es war nicht einfach, mein Hinterreifen ist auf der Felge gerutscht, ich mußte ungewohnt sanft aus den Kurven herausbeschleunigen«, meinte er so überzeugend wie möglich. Und spielte auch seine Titelchancen herunter, so gut es irgend ging. »Die Aktien stehen gut. Aber es kann noch alles passieren«, erklärte er angesichts von 37 Punkten Vorsprung bei zwei ausstehenden Rennen.

Auch die anderen Konkurrenten hatten seiner Übermacht nicht viel entgegenzusetzen. Markus Bösiger hatte als Zweiter noch am ehesten die Chance, Biland im Finale ein Schnippchen zu schlagen, sah seine Pläne aber durch eine Reihe Überrundeter durchkreuzt.

Steve Webster wunderte sich über die raketengleich gehenden Motoren von Biland und Bösiger und begnügte sich mit Rang drei. Klaus Klaffenböck war zunächst Achter, doch statt einer Aufholjagd setzte es einen trivialen Ausfall: Gasschieber hängengeblieben.

Auch Ralph Bohnhorst mußte seine Hoffnungen auf einen Podestplatz nach einem perfekten Start und ein paar schnellen Runden als Vierter am Ende mit einem einsamen fünften Platz begraben. »Am Anfang lief mein Moped perfekt, doch dann überhitzte der Motor und verlor Leistung«, berichtete er. »Ich bin aber trotzdem happy«.

125 cm³:

Ergebnisse

1. Kazuto Sakata	J	Aprilia	42.34.015
2. Noboru Ueda	J	Honda RS	42.36.654
3. Stefano Perugini	I	Aprilia	42.37.310
4. Jorge Martínez	E	Yamaha	42.37.412
5. Takeshi Tsujimura	J	Honda RS	42.48.446
6. Masaki Tokudome	J	Honda RS	42.48.584
7. Dirk Raudies	D	Honda RS	42.50.603
8. Hideyuki Nakajyo	J	Honda RS	42.50.696
9. Oliver Petrucciani	CH	Aprilia	42.50.752
10. Manfred Geissler	D	Aprilia	42.50.908
11. Stefan Prein	D	Yamaha	42.51.002
12. Tomoko Igata	J	Honda RS	43.03.594
13. Carlos Giró	E	Aprilia	43.03.738
14. Loek Bodelier	NL	Honda RS	43.03.782
15. Gianluigi Scalvini	I	Aprilia	43.08.346

16. Garry McCoy (AUS) Aprilia, 17. Lucio Cecchinello (I) Honda, 18. Luigi Ancona (I) Honda, 19. Haruchika Aoki (J) Honda, Vittorio Lopez (I) Honda, Frédéric Petit (F) Yamaha, 22. Juan E. Maturana (E) Yamaha, 23. Manfred Baumann (A) Yamaha, 24. Fausto Ricci (I) Aprilia, 25. Nicolas Dussauge (F) Honda

WM-Stand Pkt.

1. Sakata	208
2. Ueda	157
3. Tsujimura	143
4. Öttl	121
5. Raudies	119
6. Martínez	99
7. Tokudome	74
8. Torrontegui	73
9. Perugini	70
10. Petrucciani	60
11. McCoy	56
12. Nakajyo	52
13. Saito	51
14. Bodelier	41
15. Gresini	40

Schnellste Runde: Sakata in 2.12.500 = 146,554 km/h (Rekord)

Alter Rekord: Kazuto Sakata (Honda) in 2.13.164 = 145,823 km/h (1993)

Durchschnitt Sieger: 19 Runden oder 102,486 km in 42.34.015 = 144,459 km/h

Ausfälle: A. Saito (J) Honda, Elektrik defekt; H. Torrontegui (E) Aprilia, Sturz; P. Öttl (D) Aprilia, Sturz nach Kolbenklemmer; O. Koch (D) Honda, Aufgabe/Schmerzen; H. Spaan (NL) Honda, Elektrik defekt; N. Hodgson (GB) Honda, Vergaser verschmutzt; E. Alzamora (E) Honda, Elektrik defekt; M. Gervasio (I) Honda, Sturz; Y. Takahashi (J) Honda, Sturz; J. Hules (CZ) Honda, Sturz; B. Weiss (D) Honda, Sturz

Trainingszeiten: 1. Sakata 2.11.689 = 147,457 km/h, 2. Öttl 2.13.002, 3. Torrontegui 2.13.298, 4. Ueda 2.13.492, 5. Perugini 2.13.567, 6. Tsujimura 2.13.600, 7. Martínez 2.13.603, 8. Tokudome 2.13.626, 9. Nakajyo 2.13.685, 10. Saito 2.13.870; 11. Raudies 2.14.035, 12. Petrucciani 2.14.352, 13. Hodgson 2.14.368

Gespanne:

Ergebnisse

1. Biland/Waltisperg	CH	LCR	40.52.767
2. Bösiger/Egli	CH	LCR-ADM	40.56.880
3. Webster/Hänni	GB/CH	LCR	40.57.565
4. Brindley/Hutchinson	GB	LCR	40.59.052
5. Bohnhorst/Brown	D/GB	LCR	41.12.576
6. Güdel/Güdel	CH	LCR-ADM	41.18.869
7. Kumagaya/Finnegan	J/GB	LCR-ADM	41.19.951
8. Egloff/Egloff	CH	LCR-Yamaha	42.02.793
9. B. Brindley/Whiteside	GB	LCR	42.22.060
10. Janssen/Kessel	NL	LCR-Yamaha	42.47.384
11. Gälross/Berglund	S	LCR-Yamaha	42.50.490
12. K. Webster/Hofsteenge	GB/NL	LCR	43.00.746
13. Vogeli/Wickli	CH	LCR-Yamaha	−1 Rde.
14. Hoskin/James	AUS/GB	LCR-ADM	−1 Rde.
15. Kavanagh/Horn	GB	LCR-Krauser	−1 Rde.

WM-Stand Pkt.

1. Biland	116
2. S. Webster	79
3. D. Brindley	74
4. Bösiger	72
5. Güdel	65
6. Klaffenböck	56
7. Abbott	49
8. B. Brindley	45
9. Bohnhorst	43
10. Kumagaya	39
11. Lauslehto	37
12. Dixon	33
13. Egloff	22
14. K. Webster	21
15. Wyssen	17

Schnellste Runde: Biland in 2.07.963 = 151,750 km/h (Rekord)

Alter Rekord: Streuer/Brown (LCR-Krauser) in 2.07.982 = 151,728 km/h (1991)

Durchschnitt Sieger: 19 Runden oder 102,486 km in 40.52.767 = 150,422 km/h

Ausfälle: Klaffenböck/Parzer (A) LCR-Bartol, Gasschieber hängt; Abbott/Tailford (GB) Windle-Krauser, Getriebe defekt; Dixon/Hetherington (GB) LCR-Yamaha, Benzinpumpe defekt; Wyssen/Wyssen (CH) LCR-Krauser, Kühlwasser verloren; Lauslehto/Joutsen (SF) LCR-ADM, Nichtstarter/Trainingssturz; Koster/Combi (CH/I) LCR-ADM, Getriebe defekt; Reddington/Crone (GB) LCR-ADM, Zündung defekt; Knight/Hopkinson (GB) Windle-Krauser, Getriebe defekt; Thilloy/Couger (F) LCR-Yamaha, Motor defekt

Trainingszeiten: 1. Biland 2.05.620 = 154,580 km/h, 2. Bösiger 2.06.744, 3. S. Webster 2.07.510, 4. Dixon 2.07.879, 5. Güdel 2.07.958, 6. Abbott 2.08.106, 7. Bohnhorst 2.08.209, 8. D. Brindley 2.08.235, 9. Klaffenböck 2.08.333, 10. Kumagaya 2.08.752

**11. September 1994:
Seitenwagen-WM in Assen/NL**

Sieben auf einen Streich

Weltmeister Rolf Biland holte den siebten Titel im Vorbeifahren ab – und nahm bereits das nächste große Ziel ins Visier.

Rolf Biland war im Training um mehr als eine Sekunde schneller als der Rest der Gespannwelt und hatte auch im Rennen keine Lust auf ein langes Katz' und Maus-Spiel. Nach dem Start kurz Dritter, quetschte er sich noch in der ersten Runde an Ralph Bohnhorst vorbei. »Ich habe ihn derart ausgebremst, daß ich für einen Augenblick dachte, ich schaffe die Kurve nicht mehr«, grinste Biland, ging deshalb aber keine Sekunde vom Gas. Schon in Runde zwei nahm er sich Klaus Klaffenböck zur Brust, fuhr schnurstracks auf sechs Sekunden Vorsprung davon, um seine Schlossgold-Flunder dann mit kontrollierter, schonender Fahrt sicher vollends über die Distanz zu bringen. »Die Angst vor einem technischen Ausfall steckt immer irgendwo drin. Erst, als die 17 Runden vorbei waren, habe ich mich wirklich als Weltmeister gefühlt«, strahlte er nach seinem 75. Grand Prix-Sieg im 165. Rennen seiner Laufbahn, das ihm die Rekordzahl von sieben WM-Titeln und Platz eins in der ewigen Bestenliste vor der deutschen Gespann-Legende Klaus Enders mit sechs WM-Titeln einbrachte.

Doch der lebenslustige Schweizer interessierte sich nicht für die Statistiken: Er brannte lediglich darauf, beim Saisonfinale in Barcelona endlich mit dem neuen V4-Motor ausrücken zu können, den seine Freunde von der Schweizer Firma swissauto mit Formel 1-Technologie gebaut hatten, mit dem Biland wenige Tage zuvor 70 problemlose Runden auf dem kleinen Kurs in Hockenheim zurückgelegt hatte und für den sich bereits das halbe Feld interessierte. »Ich hätte den neuen Motor am liebsten bereits hier in Assen eingesetzt. Doch der Mannschaft war das Risiko, uns mit einem technischen Ausfall lächerlich machen könnten, zu groß«, erklärte Biland.

Zu den Interessenten zählte auch der Österreicher Klaus Klaffenböck, der sein Gespann in Assen zu kurz übersetzt hatte, auf Platz vier zurückfiel und dabei erst Steve Webster und dann Darren Dixon Platz machen mußte.

Webster war der einzige, der noch theoretische Aussichten auf den Titel gehabt hatte, doch wo er seine Chancen mit Bilands überlegener Fahrt ohnehin schon dahinschwinden sah, baute er gleich noch den nächsten Schnitzer ein. »Eine Runde vor Schluß dachte ich, das Rennen sei zu Ende – ich habe die Zahl eins auf der Boxenanzeige irgendwie falsch interpretiert«, gab Webster leicht verlegen zu, warum er Dixon wehrlos hatte vorbeiziehen lassen.

Gemischte Gefühle herrschten auch bei dem glänzend gestarteten Ralph Bohnhorst vor: Runde für Runde wurde er weiter durchs Feld nach hinten durchgereicht, wurde Elfter und wunderte sich, warum das Gespann vorne so seltsam wackelte. Bei der Inspektion im Zelt stellte er fest, daß die Lenkung gebrochen war.

Brüchig war auch der Zusammenhalt zwischen ihm und Teamchef Rolf Steinhausen geworden: Weil Bohnhorst dem erhofften großen WM-Erfolg seit dem Sensationssieg in Hockenheim 1991 hinterherfuhr und das Team 1994 hauptsächlich durch technische Gebrechen in die Schlagzeilen geriet, gingen die beiden nach dem Assen-WM-Lauf getrennte Wege.

**Im siebten Himmel:
Rolf Biland geht beim Saisonfinale mit den Soloweltmeistern auf Ehrenfahrt**

Gespann-WM-Lauf Assen/NL:

Ergebnisse

1. Biland/Waltisperg	CH	LCR-Swissauto	36.56.51
2. Dixon/Hetherington	GB	LCR-Yamaha	37.02.23
3. S. Webster/Hänni	GB/CH	LCR-Krauser	37.02.64
4. Klaffenböck/Parzer	A	LCR-Honda	37.03.16
5. D. Brindley/Hutchinson	GB	LCR-Honda	37.03.51
6. Bösiger/Egli	CH	LCR-ADM	37.16.54
7. Abbott/Tailford	GB	Windle-Krauser	37.42.75
8. Kumagaya/Pointer	J/GB	LCR-ADM	37.46.60
9. B. Brindley/Whiteside	GB	LCR-Yamaha	37.57.11
10. Wyssen/Wyssen	CH	LCR-Krauser	38.00.57
11. Bohnhorst/Brown	D/GB	LCR-Steinhausen	38.09.29
12. Egloff/Egloff	CH	LCR-Yamaha	38.16.75
13. Lausletho/Joutsen	SF	LCR-ADM	39.01.10
14. Reddington/Crone	GB	LCR-ADM	39.15.31
15. Güdel/Güdel	CH	LCR-ADM	39.55.92

16. Knight/Hopkinson (GB) Windle-Krauser, 17. Kavanagh/Puyvelde (GB/NL) LCR-Krauser

WM-Stand Pkt.
1. Biland 141
2. S. Webster 95
3. D. Brindley 85
4. Bösiger 82
5. Klaffenböck 69
6. Güdel 66
7. Abbott 58
8. Dixon 53
9. B. Brindley 52
10. Bohnhorst 48
11. Kumagaya 47
12. Lausletho 40
13. Egloff 26
14. Wyssen 23
15. K. Webster 21

Schnellste Runde: Webster in 2.09.24 = 168,495 km/h
Rekord: Biland/Waltisperg (LCR) in 2.08.999 = 168,811 km/h (1993)
Durchschnitt Sieger: 17 Runden oder 102,833 km in 36.56.510 = 167,018 km/h
Ausfälle: K.Webster/Hofstänge (GB) LCR-Krauser; Gälross/Berglund (S) LCR-Yamaha; Janssen/v. Kessel (NL) LCR-Honda; Smit/de Rijk (NL) LCR-Krauser; Hoskin/James (AUS/GB) LCR-ADM
Trainingszeiten: 1. Biland 2.08.31
2. Klaffenböck 2.09.34, 3. Bösiger 2.09.66,
4. D. Brindley 2.09.96, 5. Bohnhorst 2.10.22, 6. Dixon 2.10.60, 7. S.Webster 2.11.46, 8. Kumagaya 2.13.29, 9. Abbott 2.13.56, 10. B. Brindley 2.13.75, 11. Wyssen 2.13.00, 12. Egloff 2.14.39, 13. Reddington 2.15.43, 14. Janssen 2.15.71, 15. Güdel 2.15.73, 16. Gälross 2.17.15, 17. K. Webster 2.17.27, 18. Smit 2.17.88, 19. Knight 2.19.44, 20. Lausletho 2.19.44, 21. Kavanagh 2.19.98, 22. Hoskin 2.20.88

SONAX
1
HONDA
DUNLOP
M.ROBERT
51
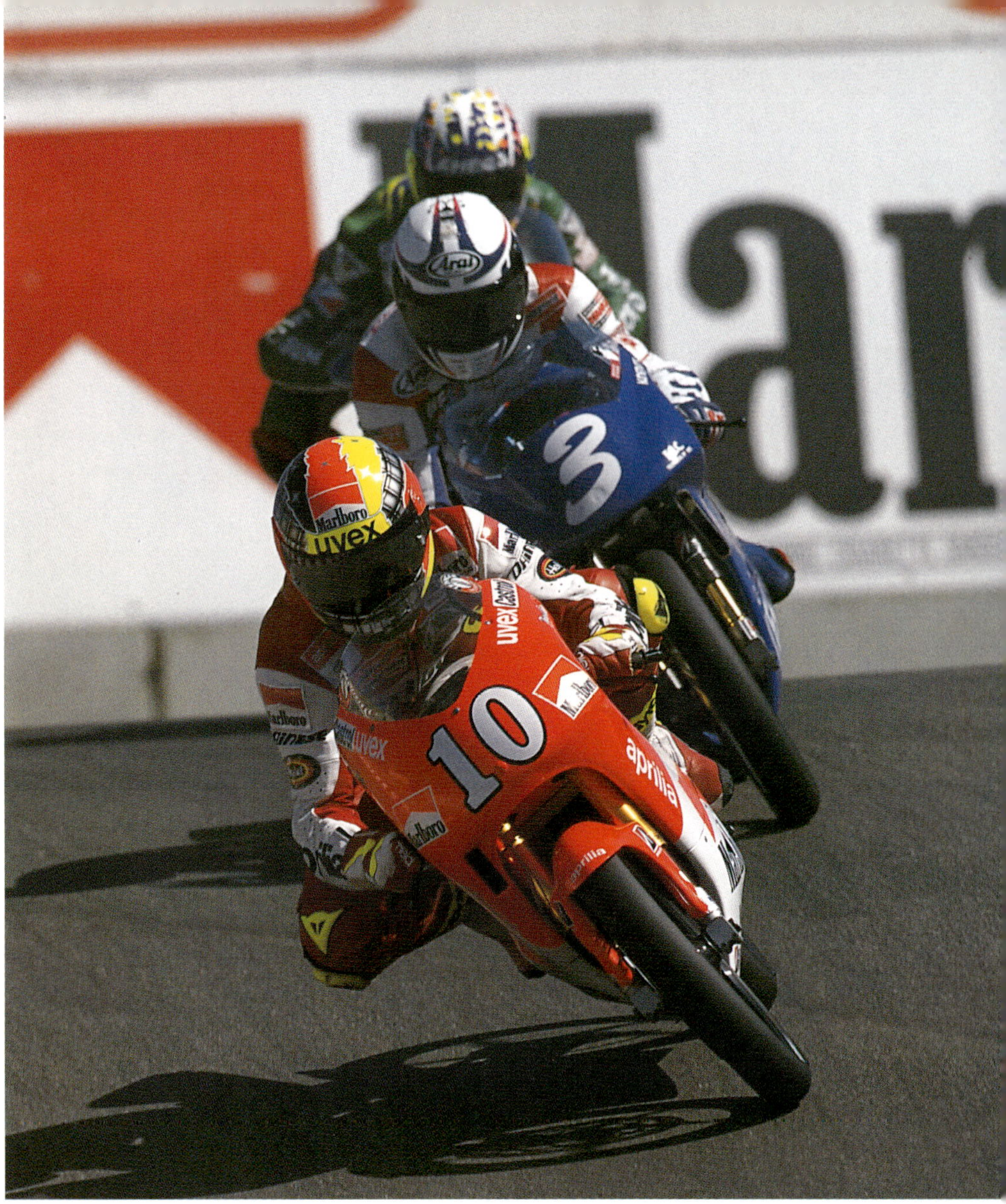
3
Marlboro
uvex
10
aprilia
LEVIOR
15
PROCUNIA
elf
CEPSA
8
DUNLOP

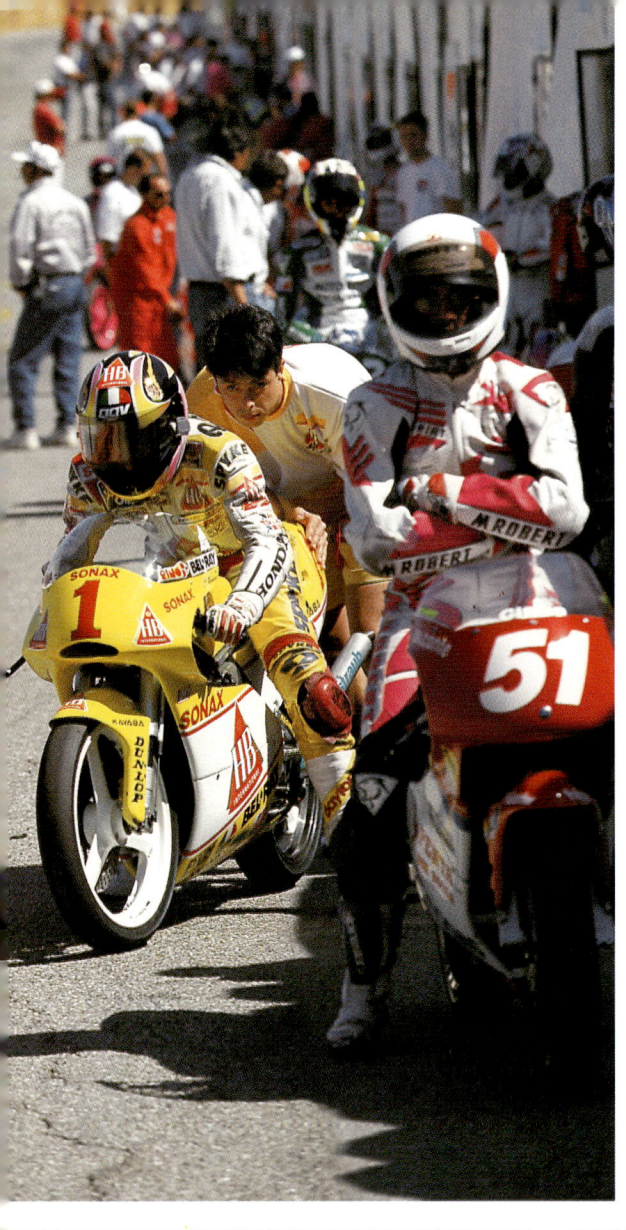

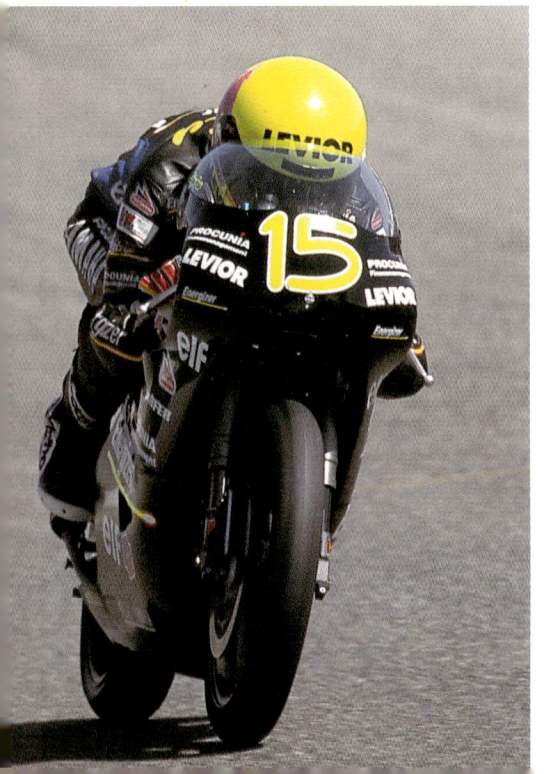

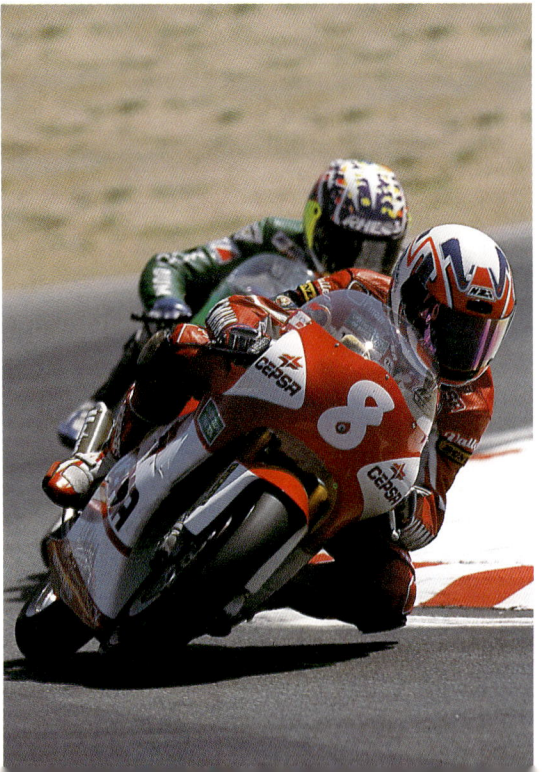

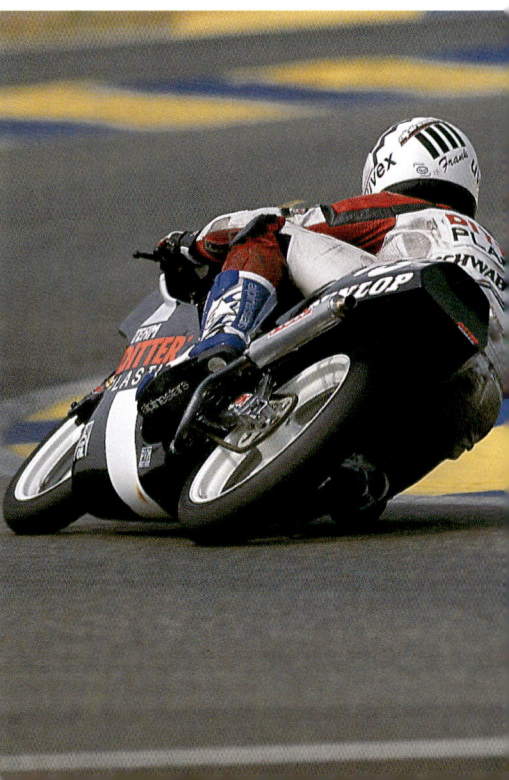

Start frei: Dirk Raudies fuhr meist los wie der Blitz, hatte aber technische Probleme, die ihn oft schon im Training aufhielten. Peter Öttl (10) vermasselte viele Starts, wurde aber zum König der Aufholjagden und flitzt hier vor Takeshi Tsujimura (3) durch den Corkscrew. Ditter-Pilot Oliver Koch (14) kämpfte mit käuflichem Material gegen die Kits der Werksfahrer, riskierte zuviel und mußte von Frank Baldinger vertreten werden. Auch die Jungfernfahrt von Stefan Prein (15) und Jorge Martínez (8) auf der Yamaha TZ 125 war eine Premiere mit Hindernissen: Die neue Maschine war in den ersten Rennen zu schwach auf der Brust.

Auch das ist Racing: Ohne die umfangreichen Aufzeich
zierter Werksmaschinen wie der Weltmeister-Honda N
auch die kleinsten Teams vor der Box mit dem Compu
zurückgekehrte Adi Stadler (27) regelmäßig Punkte, Ex
Weltmeister Dirk Raudies sinnierte oft schwitzend und

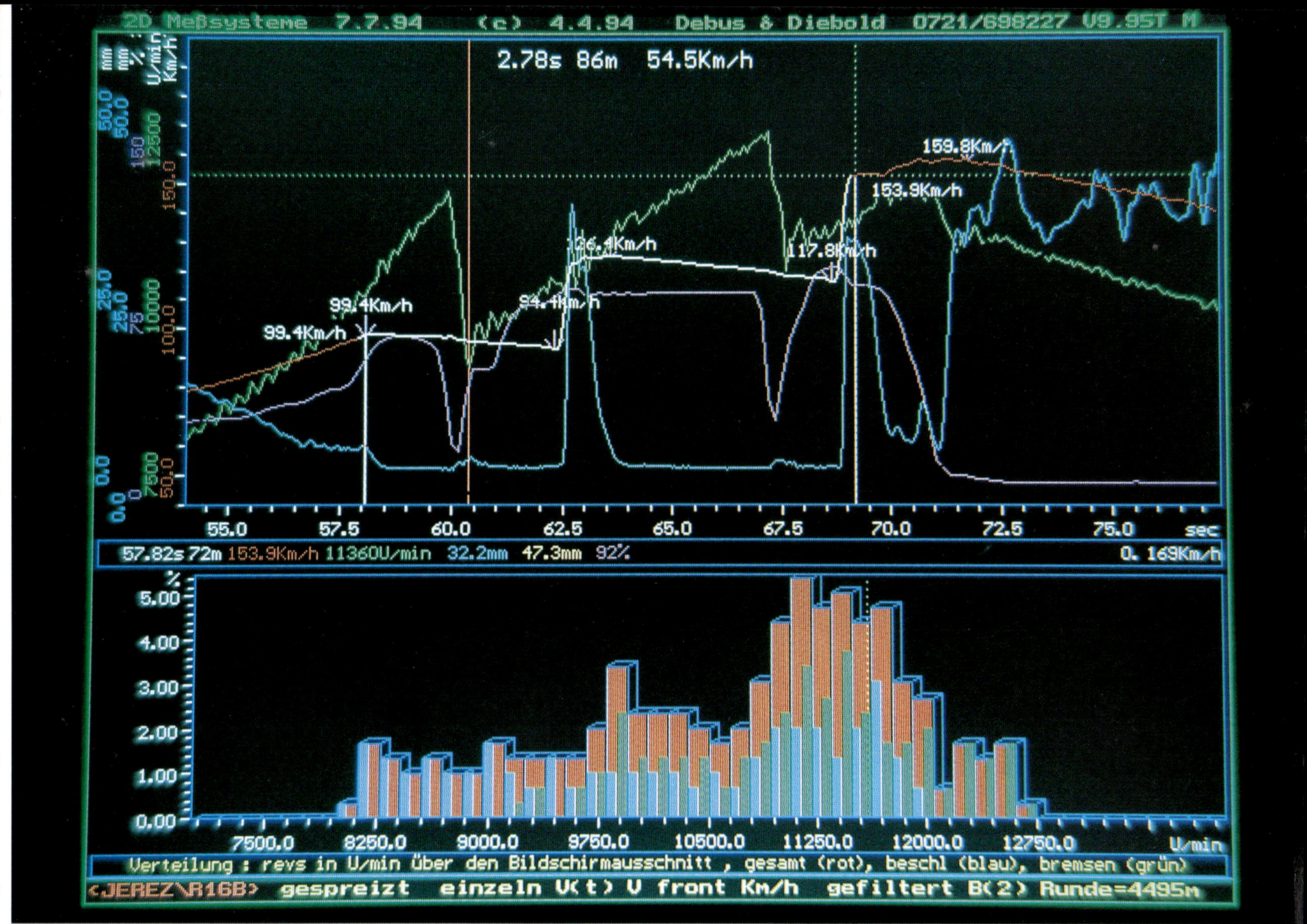

en moderner Data Recording-Systeme wäre die perfekte Abstimmung kompli-
0 von Mick Doohan in der begrenzten Trainingszeit nie zu erledigen, weshalb sich
schäftigten. Dank elektronischer Hilfsmittel machte auch der ins GP-Geschäft
 Cross-Star Jean-Michael Bayle (22) lernte das Driften auf glattem Asphalt, nur
ebens über die Probleme seiner kleinen Honda.

Starke Maschinen brauchen starke Nerven: Max Biaggi schaut bei der Startaufstellung zum entscheidenden Rennen konzentriert durch die Meute von Fotografen und Kameraleuten hindurch und gewinnt, John Kocinski (11) hebt in der Emco-Schikane von Salzburg zu einer Luftfahrt ab, Eskil Suter (19) fängt in Donington einen Highsider ab und bringt seine Aprilia kunstvoll wieder unter Kontrolle. Andere wurden eingebremst: Peter Öttl beim Crash kurz vor dem Zielstrich in Assen, der ohnehin schon schwer lädierte Kevin Schwantz bei einem Trainigssturz in Brünn – und Friedemann Kirn, der etwas zu eilig die Stiegen zum Pressezentrum von Le Mans hinunterstolperte

**11. September 1994:
Grand Prix USA in Laguna Seca**

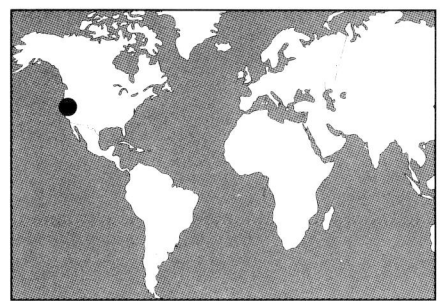

Doriano Romboni

Hungrig wie ein Wolf

war nach einer Magenverstimmung und der Kündigung seines Sponsors am hungrigsten auf frische Beute – und setzte sich in einem wilden Rudel als Leitwolf durch.

Versteckt zweigte der Weg vom dichten Straßenverkehr des Carmel Valley ab in die Einsamkeit der Prärie, wo Rebhühner im Gleichschritt einhermarschierten, Kaninchen durchs Gras hoppelten, Adler am blauen Himmel Kreise zogen und scheue Rehe argwöhnisch aus Waldlichtungen hervorlugten.

Versteckt in diesem Idyll, meilenweit vom Touristenrummel der Pazifikküste, von Monterey, Carmel of the Sea und dem malerischen 17 Miles-Drive mit seinen weltberühmten Golfplätzen entfernt, lag die Ranch, in der Kevin Schwantz die Ruhe suchte, um für den Schlußakt der Saison 1993 nochmals Kraft zu tanken.

Die Weltmeisterschaft war verspielt, die Krone, um die er fünf Jahre gekämpft und die er nur ein Jahr getragen hatte, an Michael Doohan gegangen. »Sie zu gewinnen, war die Erfüllung eines Lebenstraums. Sie zu verlieren, tut weh. Doch ich bin lange genug in diesem Job, um einzusehen, daß Verletzungen und kleine Probleme, die sich wie eine Laus in deinem Pelz festhaken, alles ruinieren können«, meinte der Suzuki-Star wehmütig.

Dafür schien er ganz froh, künftig ein paar Pflichten am Rande der Rennstrecken weniger zu haben. »Vom persönlichen Erfolg abgesehen, hast du als Champion auch eine Position in der Öffentlichkeit. Ich schulde dem Rennsport eine Menge.

**Aggressiv und bissig:
Rambo Romboni spielte den Leitwolf**

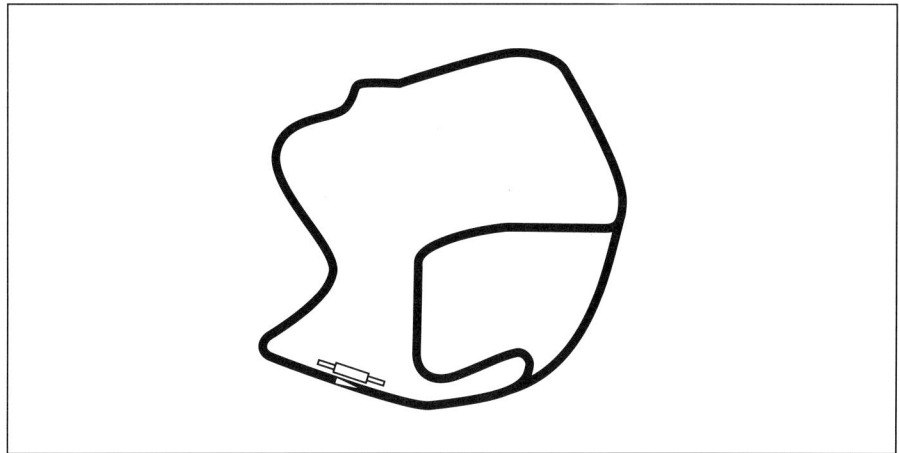

Meine Zeit in die Öffentlichkeit und die Medien zu investieren, ist eine Form, all das zurückzuzahlen. Allerdings ist das harte Arbeit. Mick bleibt am liebsten für sich. Ich kann nur hoffen, daß er begreift, wass es bedeutet, Weltmeister zu sein und diese Verantwortung ernst nimmt. Er hatte Glück, weil er viermal stürzte, ohne sich weh zu tun. Das soll seinen Erfolg jedoch nicht schmälern. So, wie die Dinge lagen, war er unschlagbar, und er verdient den Titel. Ich kämpfe um Platz zwei, auch wenn ich diese Zahl nicht auf meiner Verkleidung sehen möchte und meine alte Nummer 34 bevorzuge«.

Schwantz hatte Mühe, seinen Blick auf die Vizeweltmeisterschaft zu richten, denn die bedeutete nach einem verpatzten Jahr nur noch etwas für die Statistiken. Besser gefiel ihm schon die Idee, die Weiterentwicklung der Suzuki RGV 500 nicht nur aufs nächste Rennen, sondern schon jetzt weiträumig aufs nächste Jahr auszurichten. »Daß ich mir so kurz vor Saisonbeginn den Arm gebrochen habe, hat uns entscheidend zurückgeworfen, weshalb ich mich vor dem ersten Rennen 1995 mindestens vier Wochen lang von Mountain Bikes fernhalten werde. Wie in den meisten Jahren ging der Titel auch 1994 an das Team, das zu Anfang am besten vorbereitet war, und mein Ziel ist nun, 1995 einen solchen Vorbereitungsvorsprung zu haben. Unsere Tests dafür haben in Brünn begonnen und gehen gleich drei Tage nach dem Saisonausklang in Barcelona und anschließend im November weiter. Entscheidend für mich ist, rechtzeitig fit zu werden«, erklärte Schwantz. Trotz einer speziellen Akupunkturtherapie sah seine geschwollene linke Hand mit dem gebrochenen Kahnbein und den verschobenen Mittelhandknochen immer noch zum Fürchten aus wie der Buckel von Quasimodo, weshalb Schwantz überlegte, die Hand noch vor Saisonende operieren zu lassen.

Der prestigeträchtige US-Grand Prix in Laguna Seca kam denn auch zum denkbar ungünstigen Zeitpunkt. Kevin Schwantz fehlte in der Ahnengalerie der amerikanischen Sieger aller sechs Halbliter-Grand Prix, die der Laguna Seca Raceway in sieben Jahren erlebt hatte. Umso brennender wollte er seine Fans mit einem Heimsieg für die verlorene Weltmeisterschaft entschädigen.

Nachdem er es in Brünn ohne Verband versucht hatte, ließ Kevin sein Handgelenk vor dem Training in Laguna Seca wieder eingipsen. »Der Gips hilft eine Menge, mit einer solchen Stütze tut das Handgelenk beim Fahren nicht annähernd so weh«, meinte er nach dem vierten Trainingsrang am ersten Tag mit verhaltener Zuversicht.

Doch tags darauf, 20 Minuten nach Beginn des freien Samstagstrainings, war der Hoffnungsschimmer verflogen. Kevin Schwantz stürzte wegen eines zu harten, nach vier Runden immer noch spiegelglatt aussehenden Spezialreifens ausgangs des berühmten Corkscrew, beschädigte nach dem linken nun auch noch das rechte Handgelenk und brüllte vor Schmerzen, als die Ärzte im Medical Center unter Teilnarkose versuchten, das ausgekugelte linke Hüftgelenk wieder einzurichten.

Schwantz wurde ins Krankenhaus von Monterey verfrachtet, wo der Verdacht auf Kahnbeinbruch im rechten Handgelenk bestätigt und das Hüftgelenk unter Vollnarkose wieder in die Gelenkpfanne gedrückt wurde. Schon 1992 hatte sich Schwantz bei einem Zusammenstoß mit Eddie Lawson in Assen die linke Hüfte disloziert, und normalerweise wird Patienten bei einer solchen Verletzung mindestens sechs Wochen striktes Belastungsverbot verordnet, um den beschädigten Blutgefäßen zur Versorgung der Hüftknochen genügend Regenerationszeit zu gönnen.

Doch schon abends um sechs tauchte der zähe Texaner wieder im Fahrerlager auf, legte sich auf die Polster des Suzuki-

Abschied und Premiere: Kevin Schwantz (1) stürzte und verpaßte das Heimspiel, Norifumi Abe (56) fuhr seinen ersten Amerika-Grand Prix

Motorhomes und gab erste Interviews. »Nicht bei meinem Heim-Grand Prix starten zu können, ist reine Riesenenttäuschung. Sieht so aus, als möge mich diese Strecke nicht«, brummte er und hakte auch die verbleibenden zwei Rennen in Buenos Aires und Barcelona sowie die geplanten Testsessions ab. »Jetzt kann ich mein linkes Handgelenk gleich operieren lassen. Dabei wird die Platte aus dem Unterarm entfernt, die mir nach dem Mountain Bike-Unfall im März eingesetzt wurde, außerdem müssen die seit dem Assenunfall verschobenen Mittelhandknochen an die richtige Stelle gesetzt werden. Schließlich ist noch eine Metakarpaltunneloperation fällig, weil das Handgelenk beim Fahren ständig anschwillt und verkrampft«, meinte er.

Neben Schwantz mußte auch Alex Crivillé aufs Rennen verzichten. Im schnellen Bergabstück drei Kurven vor dem Ziel verlor der Spanier während des Abschlußtrainings die Kontrolle über seine HRC-Honda, stürzte und trug eine klaffende Fleischwunde sowie eine Sehnenverletzung in der linken Hand davon.

Schnellster war Weltmeister Michael Doohan, doch trotz der beiden prominenten Ausfälle ließ der harte Kampf um die Pole Position auf ein spannendes Rennen hoffen: Vorjahressieger John Kocinski rangierte nur zwei Hundertstelsekunden hinter Doohan auf Rang zwei, Yamaha-Star Luca Cadalora war mit nur sechs Hundertstelsekunden Rückstand Dritter.

Sein Teamkollege Daryl Beattie versuchte ein Comeback, mußte sich sein Werksmaschinen-Set jedoch mit Norifumi Abe teilen. Am ersten Tag war Abe noch 14. und halb schwindlig von der engen, mit vielen uneinsehbaren Kurven gespickten Laguna-Piste, im Abschlußtraining rückte er dann auf die elfte Position. »Eine sehr, sehr schwierige Strecke«, räumte Abe ein, »und an manchen Stellen ziemlich furchteinflößend. Ich habe versucht, mich in kleinen Schritten ans Limit heranzutasten,

Die Tücken des Corkscrew: James Haydon (69) stolpert über die liegende Honda von Noel Ferro, Enrique de Juan (31) schaut verwundert zu

eigentlich fehlt mir nichts außer noch mehr Zeit, um eine weiche, saubere Linie zu finden«.

Beattie hatte sich erstaunlich schnell von dem schmerzlichen Verlust aller fünf Zehen am linken Fuß erholt und auf der Kenny Roberts-Ranch schon wieder mit dem Dirt Bike trainiert, um seine Reflexe und das Gefühl fürs Driften nach der wochenlangen Rennpause wieder wachzurütteln. »Ich kann die linke Fußraste noch nicht so belasten wie gewünscht, außerdem habe ich nicht das gewohnte Gefühl im Fuß«, meinte der Australier nach dem zehnten Platz am ersten Tag.

Im Abschlußtraining steigerte er sich auf Rang sieben, und das, obwohl er fast das gesamte freie Training wegen eines Kurbelwellenschadens an seiner einzigen Maschine eingebüßt hatte. »Die Balance des Bikes fühlt sich gut an. Alles, auch der Motor, scheint besser geworden zu sein, seit ich in Frankreich das letzte Mal gefahren bin«, rieb er sich die Hände.

Auch Kenny Roberts junior, Marlboro Yamaha-Hoffnung in der 250 ccm-Klasse, schlug sich wacker. Im Vorjahr hatte er in Laguna Seca seinen ersten Grand Prix bestritten, dann aber die ersten zehn Grand Prix 1994 wegen eeines Oberarmbruchs und sein Comeback-Rennen in Brünn wegen eines frühen Sturzes verpaßt. »Ich tat alles, um so zügig und gleichzeitig so risikolos wie möglich mit dem Set-Up und den Rundenzeiten voranzukommen. Doch die andern haben halt viel, viel mehr Zeit auf ihren Motorrädern zugebracht, und meines benimmt sich noch längst nicht, wie es sollte. Vor allem in der Kurvenmitte fehlt mir Grip«, seufzte er nach dem zwölften Trainingsplatz.

Loris Capirossis Hauptsorge war die schmerzhafte Verletzung der rechten Hand, die er beim Sturz in Brünn davongetragen hatte. Wie Kevin Schwantz in Assen renkte er sich sämtliche Mittelhandknochen aus und wurde nahezu rund um die Uhr von der Crew der Clinica Mobile versorgt, trotzdem überlebte er die Trainingssessions nur, weil er in den Pausen ständig frische Eisbeutel auf die Schwellungen legte, und verwünschte das Schicksal, das ihm ausgerechnet zu diesem Zeitpunkt die Karusselfahrt der Laguna Seca-Strecke aufbürdete, auf der es keine einzige Ruhephase mit einer längeren Geraden gibt.

Um die schmerzende Hand etwa zu entlasten und die Sitzposition bequemer zu machen, wurden die Lenkerstummel nach dem ersten freien Training höhergestellt und die Stellung von Gasgriff und Bremshebel modifiziert. Trotzdem konnte der Italiener längst nicht so beherzt wie gewöhnlich in die Bremse langen. »Das Bike ist unglaublich schnell, und nach etlichen Experimenten haben wir auch die Federung und die Reifenwahl im Griff. Ich hoffe nur, daß ich über die Renndistanz keine allzu großen Probleme mit meiner Gesundheit kriege. Die kraftraubenden Bremsaktionen und Richtungswechsel vor allem im Corkscrew machen mir Kopfzerbrechen. Sich physisch zum Fahren zu überwinden, ist das kleinere Problem. Das größere Handicap sitzt im Kopf: Mit einer solchen Verletzung und solchen Schmerzen ist es viel schwieriger, die Konzentration zu bewahren«, meinte er nach einem erstaunlichen dritten Platz im Abschlußtraining.

Sein WM-Gegner Max Biaggi machte seine Sorgen auch nicht geringer: Bei den Speedmessungen am Ende der kurzen Zielgeraden stürmte seine Aprilia mit 217,3 km/h als Schnellste durch die Lichtschranke, trotz Fahrwerksschwierigkeiten eroberte der Römer mit 0,3 Sekunden Rückstand Startplatz zwei. »Mit seinen Bodenwellen ist das garantiert der übelste Kurs der ganze WM-Serie. Vor allem für uns: Die Aprilia ist steifer und stabiler als im Vorjahr, damit ist sie auch schwieriger auf einen solchen Rübenacker abzustimmen. Beim Bremsen könnte sie ebenfalls ein bißchen gutmütiger sein, doch wenigstens gibt es hier nur ein Eck am Ende der Zielgeraden, wo man aus relativ hohem Tempo verzögern muß«, erklärte er.

Doriano Romboni erklärte gar nichts: Sein angeknacktes Handgelenk vom Sturz in Brünn war zwar fast vollständig verheilt, und für sein Motorrad fand er auf Anhieb eine so perfekte Abstimmung, daß er an beiden Tagen Bestzeit fuhr. Allerdings war ihm wegen einer Magenverstimmung während des Abschlußtrainings derart schlecht, daß er zehn Minuten Pause an der Box machen mußte, weil ihm unter dem Helm immer wieder das Mittagessen hochkam. Statt zur obligaten Pressekonferenz der Trainingsschnellsten begab er sich in die Hände von Dr. Costa, um fürs Rennen wieder auf die Beine zu kommen.

Sein deutscher Teamkollege Ralf Waldmann kam an beiden Trainingstagen nicht über den achten Platz hinaus. »Präzision beim Fahren und ein gutes Fahrwerks-Set-Up sind auf dieser engen Strecke wichtiger als Motorleistung«, stellte Waldi fest. Im freien Samstagstraining verblüffte er sein Team mit Rang drei, fiel in der Abschlußqualifikation aber wieder auf Rang acht zurück. »Bei voller Drehzahl klingelte der

 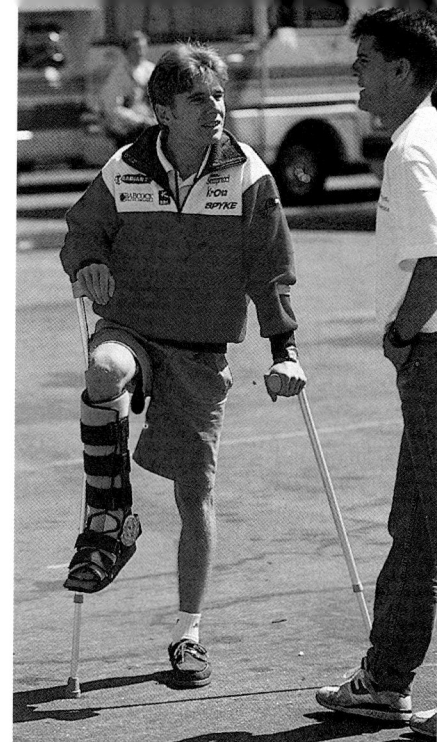

Herris Heroismus: Torrontegui versuchte zu fahren – doch die Schmerzen im gebrochenen Bein waren zu stark

Motor ganz merkwürdig, außerdem konnte ich beim Beschleunigen im Bergaufstück nur dann in den fünften Gang schalten, wenn ich das Gas zurückdrehte. Irgendwas ist faul«, grübelte er.

Dafür kam das Team von Dirk Raudies den chronischen Fahrwerksprobleme der 125 ccm-Honda auf die Spur. »Nicht die Vorderradgabel allein war schuld an dem ewigen Rattern – es kam auch vom hinteren Federbein und hat sich nach vorn übertragen. Mit unseren Fortschritten bin ich deshalb zufrieden, nur mit dem Ergebnis noch nicht«, meinte Raudies nach dem siebten Trainingsplatz am ersten Tag, bei dem er wieder und wieder von Nachzüglern aufgehalten wurde.

Im Abschlußtraining stürmte er schon nach wenigen Minuten die Tabellenspitze, fiel jedoch auf Platz sechs zurück, als sich die vermeintliche Fabelzeit als Computerirrtum herausstellte. »Am Schluß wäre ich doch noch in die erste Reihe vorgestoßen, doch da lag der Fehler bei mir selbst: Auf meiner allerletzten Runde brauchte ich ein paar Kurven, um an dem Spanier Emili Alzamora vorbeizukommen. Ich war überzeugt, daß das sowieso keine gute Zeit wird und drehte in den letzten drei Kurven das Gas zurück. Hinterher stellte sich heraus, daß das meine schnellste Runde war«, raufte sich Raudies die Haare.

Auch Aprilia Deutschland-Star Peter Öttl fehlte im entscheidenden Moment das Quentchen Glück. Am ersten Tag hatte er Kopfweh und Konzentrationsprobleme weggesteckt und die vorläufige Pole Position erobert, fiel am zweiten Tag jedoch als Fünfter in die zweite Reihe zurück. »Ich habe lange gewartet und wollte in den letzten 20 Minuten angreifen. Doch dann verlor ich wegen eines unerwarteten Vergaserproblems zehn Minuten an der Box und erwischte am Schluß keine frei Runde mehr«, erklärte er enttäuscht.

Statt Öttl schnappte sich WM-Leader Kazuto Sakata die Pole und rechnete sich aus, daß er nur vor Nobby Ueda ins Ziel zu kommen brauchte, um den Titel sicherzustellen. Sein Semprucci-Teamkollege Herri Torrontegui krebste derweil an vorletzter Stelle des Feldes umher, und obwohl er am

Dirk Raudies, Ulli Maier: Geistesblitz bei der Lösung der Fahrwerksprobleme

Samstag wegen heftiger Schmerzen das Handtuch warf und aus Angst vor einer Infektion im zertrümmerten rechten Unterschenkel nicht mehr in den Sattel stieg, hatte er mit den 38 Trainingsrunden am ersten Tag bereits Erstaunliches geleistet: Die Operation, bei der das in Brünn gebrochene Schien- und Wadenbein genagelt wurde, lag kaum zweieinhalb Wochen zurück.

Daß Torrontegui nach Laguna Seca anreiste und sein Glück versuchte, war das Pech von Garry McCoy. Der mitsamt Fahrwerksspezialist Mario Rubatto aus dem deutschen agv-Attac-Team desertierte Australier hatte nämlich darauf gesetzt, mit Hilfe Rubattos als Torronteguis Ersatzfahrer unterzukommen, stand nun aber auf der Straße und wurde seinerseits von Maik Stief ersetzt.

Der Nachwuchspilot aus Dorsten, nach vier Siegen hintereinander überlegener Anführer der deutschen 125 ccm-Meisterschaft, erreichte mit guten Tips seines Mentors Martin Wimmer schon mal einen achtbaren 15. Trainingsrang und ließ dabei immerhin den erfahrenen Yamaha-Piloten Stefan Prein sowie den ebenfalls auf einem Aprilia-Production Racer antretenden Öttl-Teamkollegen Tex Geissler hinter sich.

125 ccm: Sturz statt Titel

Bis zur Hälfte des Rennens hielt sich Stief dann sogar an vielversprechender 14. Stelle auf, sorgte dann aber für versteinerte Mienen seiner Boxencrew: Nachdem er wegen eines Verbremsers auf Rang 20 zurückgefallen war, gab er zornig auf und tuckerte zur Box.

Es dauerte eine ganze Weile, bis der sprachlose Teammanager Martin Wimmer wieder zu Worten kam, dann jedoch knöpfte er sich den kapriziösen Jungstar in einem Vier Augen-Gespräch vor. »So ein Unding leisten sich nicht einmal Weltmeister. Ich habe ihm empfohlen, seine Einstellung zu ändern und so etwas nie wieder zu tun. Sonst kann er seinen Hut nehmen«, erklärte Wimmer, der auch in den schlechten Zeiten seiner Karriere stets die Zähne

Maik Stief warf zornig die Flinte ins Korn

zusammengebissen hatte, um wenigstens die Zielflagge zu erreichen.

Doch auch für die wirklichen Aprilia-Stars lief das Rennen anders als erwartet. Peter Öttl übernahm bereits kurz nach dem Start die Führung und verteidigte sie bis in die 21. von 29 Runden, wurde dann aber von dem Italiener Stefano Perugini und dem Japaner Takeshi Tsujimura überrumpelt. »Perugini quetschte sich innen rein, ich mußte von der Ideallinie und das Gas zurückdrehen, um auf dem weniger griffigen Außenrand der Piste nicht auszurutschen. Doch das war nicht das Hauptproblem: Perugini und Tsujimura kamen besser an zwei Überrundeten vorbei, ich verlor dagegen über hundert Meter – zuviel, um den Rückstand im Endspurt wieder wettzumachen«, schilderte Öttl und wußte nicht, ob er nun glücklich über seinen vierten Podestplatz des Jahres oder traurig über den nächsten verscherzten Sieg sein sollte. »»Dritter zu sein ist sicher nicht schlecht – aber ich bin auch nicht richtig happy«, meinte er.

Wie unberechenbar dieser Sport sein kann, bewies auch das Beispiel von Kazuto Sakata. Aprilia-Besitzer Ivano Beggio war extra angereist, um den sichergeglaubten WM-Triumph persönlich miterleben zu dürfen, was er stattdessen am Monitor erlebte, waren zwei Stürze seines Superstars gleich in den ersten beiden Runden.

Nach dem Start, beim Anbremsen der ersten Links-Spitzkehre, wälzte sich Sakata zum ersten Mal im Staub, und weil Dirk Raudies einen Schlag am Fuß verspürt hatte und plötzlich »etwas rot-weißes« neben sich auftauchen sah, wähnte er sich nach dem Rennen sogar als Schuldiger. »Falls Sakata über mich gestolpert ist, tut es mir sehr leid. Doch an dieser Stelle drängten sich alle innen rein, und um ihn zu verpassen, hätte ich mich schon in Luft auflösen müssen«, beteuerte der Weltmeister. Doch in Wirklichkeit wurde der Japaner von Loek Bodelier ausgehebelt. »Ich

Peter Öttl (10) verpaßte nur knapp den Sieg

wollte ganz normal einbiegen, da hat mich etwas von hinten gerammt«, beschwerte sich Sakata.

Weil seine Werks-Aprilia und er selbst unbeschädigt geblieben waren, hüpfte Sakata behende in den Sattel zurück und nahm als Allerletzter eine derartige Verfolgungsjagd in Angriff, daß er eine Runde später schon wieder abflog. Diesmal wurde Kamikaze Kazuto vom ausbrechenden Hinterrad so hundsgemein über den Lenker und in die Airfence-Streckenbegrenzung geschleudert, daß er sich sämtliche Knochen im Leib hätte brechen können. Doch wie durch ein Wunder kam der WM-Leader, der sich schon bei einem Trainingssturz am Freitag ein steifes Genick geholt hatte, unversehrt davon. »Mir tut zwar alles weh, doch ich habe nichts gebrochen und hole den Titel nun eben beim nächsten Lauf in Argentinien«, seufzte er dankbar.

Und nahm mit ebensolcher Erleichterung zur Kenntnis, daß von seinem Vorsprung in der Tabelle wenig verlorenging. Nobby Ueda war zwar zunächst Dritter, verpaßte aber die Chance, den Kampf um die Krone der kleinsten Klasse noch einmal spannend zu machen und rutschte mit Reifensorgen auf Platz neun zurück.

Dirk Raudies, im Vorjahr nach Saisonsieg Nummer neun in allen Schlagzeilen, kam als Achter auch nicht viel weiter. Nach der schockierenden Begegnung mit Kazuto Sakata wurde er in Runde zwei an just derselben Stelle von Hideyuki Nakayjo abgedrängt, sah die Spitzengruppe an sich vorbeiflitzen und war nach Kollision Nummer zwei derart eingeschüchtert, daß er den Schwung für etliche Runden verloren hatte. »Erst ab Mitte des Rennens kam ich auf konkurrenzfähige Zeiten – warum es so lange dauerte, weiß ich nicht«, hob er hilflos die Schultern.

Fünf Sekunden vor ihm sauste Carlos Giró über die Ziellinie und war nicht wiederzuerkennen: Bei den ersten Rennen der Saison schien der Katalane das Fahren verlernt zu haben und wurde derart depressiv, daß er bereits zurücktreten wollte, jetzt buchte er als Siebter das bislang beste Resultat der Saison. Dabei fuhr er lange mit dem spanischen Idol Jorge Martínez um die Wette: Erst mit einem Kraftakt kurz vor Schluß hangelte sich der Yamaha-Star noch an Hideyuki Nakajyo vorbei auf Rang fünf und kam knapp eine Sekunde vor Giró ins Ziel.

Seinem früheren Tuner Harald Bartol ging Martínez wegen der ausstehenden Kleinigkeit von 500000 Mark an Gehaltszahlungen weiterhin sorgfältig aus dem Weg. Bartol zermarterte sich freilich nicht nur über alle möglichen gerichtlichen und außergerichtlichen Wege den Kopf, wie er an sein verdientes Geld kommen könnte, sondern setzte seinen Verstand auch zum Wohle von Stefan Prein ein. »Das Ding ist nicht wiederzuerkennen«, jubelte Prein nach einem weiteren elften Platz auf seiner Energizer-Yamaha und vergaß die Genickschmerzen, die er sich bei einem Trainingssturz am Freitag zugezogen hatte.

Stefan Prein, Harald Bartol: »Das Ding ist nicht wiederzuerkennen«

Oliver Koch: Kampf gegen Rakete Dirk Raudies - und erstmals seit Hockenheim wieder Punkte

Tex Geissler: Ein Punkt trotz Highspeed-Sturz im Abschlußtraining

Einen Wimpernschlag später düste Oliver Koch an der schwarzweiß karierten Flagge vorbei, feierte Platz zwölf und die ersten WM-Punkte seit dem Hockenheim-Grand Prix. Zeitweilig rangierte Koch sogar in den Top Ten und hatte Dirk Raudies in Sichtweite. »Ich habe mich schon darauf gefreut, ihn anzugreifen, doch dann hat er sich umgedreht und wohl gedacht: Das darf nicht wahr sein! Denn schlagartig wurde der Vorsprung wieder größer«, grinste Olli. »Gegen sein Motorrad sah ich allerdings auch keinerlei Land – Dirk hat eine Rakete, da schnallst du ab! Aus jedem Eck raus nahm er mir Meter ab. Ein paar Runden lang fuhr ich im Windschatten mit, doch als dann die Schmerzen in meinem operierten Handgelenk wiederkamen, habe ich das Tempo nicht länger durchhalten können«.

Manfred Geissler hatte blaue Flecken von einem Highspeed-Sturz im Abschlußtraining, erkämpfte am Ende aber auch noch einen Punkt. »Der Sturz passierte in einer Vierter Gang-Kurve und hat mich einiges an Selbstvertrauen gekostet, deshalb war ich nicht sehr aggressiv. Außerdem ist mir Masaki Tokudome fünf Runden vor Schluß im Corkscrew gegen das Vorderrad gedonnert, sonst hätte ich Oliver Petrucciani vielleicht noch geschnappt«, berichtete der Nachwuchsmann des Eckl-Teams. Ein anderer Nachwuchsmann wäre fast zum großen Helden geworden: Am Samstag feierte Perugini seinen 20. Geburtstag, im Rennen fuhr der Europameister von 1993 dann zum dritten Mal hintereinander aufs Podest und verpaßte den Sieg nach acht Runden Führungsarbeit nur um eine knappe Sekunde. »Nach zwei Runden war ich Achter und habe alles gegeben, um nach vorn zu kommen. Vielleicht habe ich dabei zuviel Energie verpulvert«, grübelte der Italiener.

Denn Takeshi Tsujimura, fast das gesamte Rennen über als Zweiter in Lauerstellung, spielte in der letzten Runde seine größere Erfahrung aus und buchte den vierten Saisonsieg. »Perugini ist bärenstark gefahren, ich begann mich schon mit dem Gedanken anzufreunden, auf die Schlußattacke zu verzichten. Doch dann ließ er etwas nach und gab mir meine Chance«, meinte Tsujimura. Mit dem Sieg verdrängte er Nobby Ueda von Platz zwei in der Tabelle, hatte bei 40 Punkten Rückstand vor den letzten beiden Läufen freilich auch nicht mehr als eine theoretische mathematische Chance auf den Titel.

250 ccm: Capirossis vergeblicher Kampf

Auch die WM-Chancen von Loris Capirossi in der 250 ccm-Klasse verblaßten zu einem Luftschloß. Zehn Runden lang klebte der Honda-Star hinter Doriano Romboni an zweiter Stelle, bekam dann aber Krämpfe in der Hand. Erst fiel er hinter die Spitzengruppe zurück, und weil er wegen seiner Schmerzen und der vielen Schmerzmittel nicht mehr richtig in die Bremse langen konnte, verpaßte er Turn fünf und ging zu Boden. »Nach sieben oder acht Runden hatte ich Kraft und Gefühl in der Hand verloren«, entschuldigte sich der Italiener, der sich ohne weitere körperliche Schäden aus dem Staub aufrappelte. »Ich hoffe, meine Fans haben Verständnis, wie schwierig das Rennfahren ist drei Wochen nach einer solchen Verletzung. Dr. Costa und ich haben unser Bestes gegeben, und ich bin froh, daß ich´s wenigstens versucht habe«.

Max Biaggi ließ sich von Capirossis Ausrutscher ebensowenig irritieren wie von den Stürzen seiner Chesterfield-Teamkollegen Jean-Philippe Ruggia und Jean-Michel Bayle. Obwohl der Laguna Seca-Raceway seiner Aprilia schlechter bekam als den Werks-Honda und sie sich beim Bremsen förmlich zu verknoten schien, hielt er eisern Kontakt nach vorn. Im Endspurt glühte er auf Platz zwei, hielt Tetsuya Harada geschickt auf Distanz und war

Champagnerlaune: Sieger Doriano Romboni, WM-Leader Max Biaggi, Yamaha-Star Tetsuya Harada

gleichzeitig clever genug, nicht schon wieder alles für einen Sieg aufs Spiel zu setzen. »Ich wußte ja, daß Capirossi fehlte. Deshalb war ich mit Platz zwei gut genug bedient – meine Chancen auf den Titel waren nie besser«, grinste Max.

Und überließ Doriano Romboni den ersten Sieg der Saison. Von seiner Magenverstimmung kuriert, verschlang Rambo beim Sonntagsfrühstück bereits wieder Croissants, und mit demselben Heißhunger machte er sich im Rennen über seine Kollegen her, die ihm teilweise zu fünft auf den Fersen waren und nicht einen einzigen Zentimeter gönnten. »Trotz des Bauchwehs war ich zuversichtlich, weil ich in drei von vier Trainings Schnellster war. Doch im Rennen wurde mein Leben härter – jeder, der es gesehen hat, kann sich ausmalen, wie hart es war«, schilderte Doriano den von Anfang bis Ende offenen Kampf. »Dieser Sieg ist ein spätes Geschenk an mich selbst, denn in dieser Saison war ich bislang nicht gerade vom Glück verwöhnt«, triumphierte er. Damit waren nicht nur seine Verletzungen und die technischen Gebrechen seiner HB-Honda gemeint, sondern auch die Hiobsbotschaft über den bevorstehenden Ausstieg des Hauptsponsors, die ihn nach dem England-Grand Prix erreicht hatte. Angesicht drohender Arbeitslosigkeit konnte er das Erfolgserlebnis natürlich besonders gut gebrauchen.

Für seinen deutschen Teamkollegen Ralf Waldmann, der vor der Saison 1994 einen Zweijahresvertrag unterschrieben hatte und sich deshalb keine Zukunftssorgen zu machen braucht, endete das Wochenende hingegen mit gemischten Gefühlen. Genau zur Hälfte der 31 Runden-Distanz legte er sich aus sechster Position in derselben Kurve nieder, die auch Loris Capirossi zum Verhängnis geworden war. »Laut Data

Laune verdorben: Loris Capirossi (2) stürzte schon wieder, Jürgen Fuchs (62) wurde von Ruggia abgeschossen

Recording habe ich das Eck angebremst wie immer, dann aber nochmals nachkorrigiert«, entschuldigte er sich.

Cheftechniker Sepp Schlögl rechnete damit, Waldi werde vernünftig sein und im Taxitempo zur Box kutschieren, doch sein Schützling hatte anderes im Sinn. Statt nach seiner Maschine auch noch die Flinte ins Korn zu werfen, sprang Waldi hurtig wieder auf, überholte nochmals eine ganze Reihe von Konkurrenten und rettete am Ende Rang zehn. »Ohne den Sturz wäre ich mit Sicherheit vorn dabeigewesen. Doch ich kann froh sein, daß ich überhaupt weiterfahren konnte«, stellte er befriedigt fest.

Die deutschen Privatfahrer hatten dieses Glück nicht: Kassner-Ersatzmann Jürgen Fuchs wurde im Bergabstück vor der Zielgerade von dem zur Überrundung ansetzenden Jean-Philippe Ruggia aus dem Sattel torpediert und mußte sich auch noch anhören, er hätte Platz machen müssen und sei deshalb schuld an dem Crash. Doch weil die Streckenposten die blaue Flagge nicht geschwenkt hatten, wurde Fuchs von Ruggia in Wirklichkeit wie von einem Blitzschlag überrascht. Adi Stadler stürzte an derselben Stelle ohne Feindeinwirkung, weil er sich über den prächtigen Grip seiner Bridgestone-Reifen freute und von Runde zu Runde schneller um dieses Eck feilte.

Auch Kenny Roberts junior gab im Verlauf seiner Fahrt immer beherzter Gas. Nach mißglücktem Start in den ersten Runden nur 17., trieb er seine Marlboro-Yamaha schon zur Hälfte des Rennens unter die ersten zehn, schnappte sich in der letzten Runde noch Wilco Zeelenberg und freute sich diebisch über Platz acht und das erste nennenswerte Ergebnis des ganzen Jahres. »Am Start wurde ich zweimal gerammt, und als ich danach zügig aufholen wollte, kam ich an niemandem vorbei. Beim Bremsen und Einbiegen war ich jedesmal zur Stelle, doch beim Beschleunigen fiel ich immer wieder zurück – ich hatte zuwenig Power«, schilderte Little Kenny. »Erst als die Reifen der anderen nachließen, begann ich allmählich, Boden gutzuma-

Waldis tolle Aufholjagd: Trotz Ausrutscher Platz zehn

chen. Der größte Spaß war, Zeelenberg dingfest zu machen: Auf dem Weg zum Corkscrew ließ ich einfach den Bremshebel los, wartete, bis ich neben ihm war und packte dann wieder zu. Mein Hinterrad war in der Luft, aber irgendwie schaffte ich die Kurve – ich denke, Wilco war ziemlich überrascht!«

Ähnlich begeistert war Kennys Yamaha-Markenkollege Tetsuya Harada. Gleich in der ersten Runde hatten seine Vergaser derartige Schluckbeschwerden, daß sein Motor im Bergabstück nach dem Corkscrew abzusterben drohte und der Japaner etliche Positionen einbüßte, dann verlor er abermals Zeit, als Loris Capirossi und Ralf Waldmann in seiner unmittelbaren Nähe stürzten. Doch Harada steckte nicht auf, sondern zettelte eine sehenswerte Aufholjagd an, und daß er am Ende als Dritter den zweiten Podestplatz des Jahres feierte, stellte seine außergewöhnlichen fahrerischen Fähigkeiten unter Beweis. »In der letzten Runde war ich sogar vor Max Biaggi, doch meine Yamaha hatte zuwenig Power, und er hat mich beim Beschleunigen aus der letzten Kurve seelenruhig kaltgestellt«, schilderte Harada.

Tadayuki Okada, lange mit Doriano Romboni in den Fight um den Sieg ver-

Ausritt im Training, Platz drei im Rennen: Tetsuya Harada

strickt, blieb am Ende nur der undankbare vierte Rang. Trotzdem war der Schützling von Erv Kanemoto der heimliche Sieger: Dank seiner Beständigkeit – als einziger Pilot dieser Kategorie punktete er in jedem Rennen – rückte er statt Loris Capirossi an die zweite Stelle in der WM-Tabelle auf und hatte plötzlich wieder eine Chance im Run auf den Titel.

500 ccm: Lucas Reifentrick

So wie Luca Cadalora und John Kocinski auf die Vizeweltmeisterschaft der Halbliterklasse. Nur in der Eröffnungsphase des Rennens sah es so aus, als könne der übermächtige neue Champion Michael Doohan zum neunten Saisonsieg auf und davon fahren, doch sein gewaltiger Vorsprung schmolz ebenso rasch in sich zusammen, wie er nach einem Katapultstart entstanden war. »Natürlich habe ich versucht, das Rennen zu gewinnen, aber wir hatten das ganze Training über Mühe, eine ordentliche Abstimmung für die 33 Runden-Distanz zu finden. Gestern dachte ich, wir wären so weit, weil ich endlich auf konstant flotte Rundenzeiten kam. Aber im Rennen war es wärmer, und der Vorderreifen war schon sehr früh am Ende«, erklärte der Australier.

In Runde acht quetschte sich Cadalora innen vorbei, zwei Runden später fiel dann auch John Kocinski über Doohan her. »Beim Versuch, an Luca dranzubleiben, verpaßte ich ein paarmal den Bremspunkt und mußte weite Bögen machen, und als John daherkam, hatte ich etliche mächtige Slides. Niemand war direkt hinter mir, und ich beschloß, es mit Platz drei gut sein zu lassen – ich sah keinen Grund, mich zur Feier meines Titels auf den Boden zu werfen!«

Den Weltmeister abzuhängen, war gut, aber für John Kocinski längst nicht gut genug: Nachdem seine Freundin Toti Latorre einen Tisch im Pressezentrum zu einem wahren Altar bunter Kocinski-Reliquien umgebaut hatte, bei dem nur noch die Kerzen fehlten, setzte der Amerikaner nun alles daran, den Heimsieg vom Vorjahr zu wiederholen. Mit beeindruckenden Drifts kämpfte er gegen die Strecke und gegen die Stoppuhren, um zu Luca Cadalora aufzuschließen, schaffte es zur Hälfte des Rennens sogar, den Vorsprung des Italieners auf 1,1 Sekunden schrumpfen zu lassen.

Doch dann hatte John einen Rutscher, bei dem er mit dem Stiefel über den Asphalt und dem Ellbogen über die Kerbs raspelte, und danach wurde die Lücke wieder größer und schwoll bis ins Ziel auf fast acht Sekunden an. »Das Bike rutschte und wackelte einfach zu stark. Ich denke, ich habe auf die falschen Reifen gesetzt«, meinte Kocinski nach Platz zwei mit verdrießlicher Miene. »Mir geht´s erst dann gut, wenn wir Wochenende für Wochenende konkurrenzfähig sind. Deshalb bin ich nicht happy«.

Luca Cadalora strahlte nach dem ersten Saisonsieg und dem dritten seiner Halbliterkarriere dagegen wie ein Honigkuchenpferd. »Ich habe vom Start bis ins Ziel mein Maximum gegeben. Dieses Rennen ist ein bißchen wie ein Heim-Grand Prix für mich. Ich weiß, was es für mein Team bedeutet und bin über diesen Sieg deshalb besonders froh«, jubelte er. »Mein Geheimnis: Weil die Piste heute wärmer war als an den Trainingstagen, haben wir unsere urprünglichen Pläne über den Haufen geworfen und uns für härtere Reifen entschieden. Und das war goldrichtig!«

Sein Teamkollege Daryl Beattie kurvte bei seinem Comeback zunächst auf dem siebten Platz herum, mußte nach drei, vier Runden jedoch feststellen, daß seine Yamaha allmählich langsamer wurde. »Nach zehn Runden ist sie dann endgültig stehengeblieben. Ich spürte keine Vibrationen, nichts, was auf einen größeren Schaden hindeutete. Keine Ahnung, was da kaputtgegangen ist«, meinte er traurig.

Und wieder hatte Norifumi Abe das größere Glück: Hinter Shinichi Itoh und dem im zehn Kilometer von der Rennstrecke entfernten Salinas wohnenden Doug Chandler buchte der Teenager Platz sechs – und wuchs im Rennfieber wieder einmal über sich selbst hinaus: Pro Runde fuhr er konstant eine halbe Sekunde schneller als im Training.

Andy Leuthe, der einzige deutsche Teilnehmer, schaute sehnsüchtig zu: Wegen eines kapitalen Getriebeschadens im Abschlußtraining und einer heftigen Grippe, die ihn das ganze Wochenende über schüttelte, hatte er die Qualifikation verpaßt.

Vom Start bis ins Ziel das Maximum: Sieger Luca Cadalora

500 cm³:

Ergebnisse

1. Luca Cadalora	I	Yamaha YZR	48.00.370
2. John Kocinski	USA	Cagiva C-594	48.08.266
3. Michael Doohan	AUS	Honda NSR	48.25.246
4. Shinichi Itoh	J	Honda NSR	48.36.495
5. Doug Chandler	USA	Cagiva C-594	48.36.500
6. Norifumi Abe	J	Honda NSR	48.44.824
7. Alberto Puig	E	Honda NSR	48.59.486
8. Alexandre Barros	BRA	Suzuki RGV	49.11.396
9. Jeremy McWilliams	GB	Yamaha YZR	49.16.258
10. Niall Mackenzie	GB	ROC-Yamaha	49.23.286
11. Sean Emmett	GB	Harris-Yamaha	49.27.417
12. Bernard Garcia	F	Yamaha YZR	−1 Rde.
13. Laurent Naveau	B	ROC-Yamaha	−1 Rde.
14. Jean-Pierre Jeandat	F	ROC-Yamaha	−1 Rde.
15. Lucio Pedercini	I	ROC-Yamaha	−1 Rde.

16. Mark Garcia (F) ROC-Yamaha, 17. Cristiano Migliorati (I) ROC-Yamaha, 18. Bernard Haenggeli (CH) ROC-Yamaha, 19. Bruno Bonhuil (F) ROC-Yamaha, 20. Cees Doorakkers (NL) Harris-Yamaha −2 Rdn., 21. Jean Foray (F) ROC-Yamaha

WM-Stand Pkt.

1. Doohan 272
2. Schwantz 169
3. Kocinski 140
4. Cadalora 139
5. Puig 132
6. Itoh 128
7. Crivillé 122
8. Barros 116
9. Chandler 70
10. Mackenzie 56
11. Garcia 45
12. McWilliams 38
13. Reynolds 38
14. Beattie 33
15. Emmett 28

Schnellste Runde: Kocinski in 1.26.444 = 147,175 km/h

Rekord: Schwantz (Suzuki) in 1.25.83 = 148,216 km/h (1990)

Durchschnitt Sieger: 33 Runden oder 116,622 km in 48.00.370 = 145,759 km/h

Ausfälle: K. Schwantz (USA) Suzuki, Nichtstarter/Trainingssturz; D. Beattie (AUS) Yamaha, Sturz; A. Crivillé (E) Honda, Nichtstarter/Trainingssturz; J. López-Mella (E) ROC-Yamaha, Nichtstarter/Trainingssturz; J. Reynolds (GB) Harris-Yamaha, Power Valve defekt; K. Mitchell (GB) Harris-Yamaha, Sturz; M. Papa (I), ROC-Yamaha, Konditionsprobleme; A. Leuthe (D) ROC-Yamaha, nicht qualifiziert; C. Graves (USA) ROC-Yamaha, Nichtstarter/Trainingssturz

Trainingszeiten: 1. Doohan 1.26.068 = 147,818 km/h, 2. Kocinski 1.26.076, 3. Cadalora 1.26.128, 4. Itoh 1.27.015, 5. Schwantz 1.27.355, 6. Chandler 1.27.401, 7. Beattie 1.27.525, 8. Crivillé 1.27.716, 9. Puig 1.27.786, 10. Barros 1.27.808, 11. Abe 1.28.073, 12. McWilliams 1.28.239

250 cm³:

Ergebnisse

1. Doriano Romboni	I	Honda NSR	46.01.397
2. Massimiliano Biaggi	I	Aprilia	46.02.830
3. Tetsuya Harada	J	Yamaha TZM	46.03.028
4. Tadayuki Okada	J	Honda NSR	46.03.972
5. Nobuatsu Aoki	J	Honda NSR	46.04.146
6. Luis d'Antin	E	Honda NSR	46.25.938
7. Carlos Checa	E	Honda RS	46.26.094
8. Kenny Roberts jr.	USA	Yamaha TZM	46.38.830
9. Wilco Zeelenberg	NL	Honda NSR	46.39.246
10. Ralf Waldmann	D	Honda NSR	46.42.324
11. Andreas Preining	A	Aprilia	46.46.312
12. Eskil Suter	CH	Aprilia	46.46.551
13. Adrian Bosshard	CH	Honda NSR	46.47.896
14. J. v. d. Goorbergh	NL	Aprilia	46.48.576
15. Juan Borja	E	Aprilia	47.13.282

16. Patrick v.d. Goorbergh (NL) Aprilia, 17. Luis Carlos Maurel (E) Honda, 18. Noel Ferro (F) Honda, 19. Chris d'Alusio (USA) Aprilia −1 Rde., 20. José Luis Cardoso (E) Aprilia, 21. Rodney Fee (CDN) Honda, 22. Enrique de Juan (E) Aprilia

WM-Stand Pkt.

1. Biaggi 189
2. Okada 176
3. Capirossi 168
4. Romboni 154
5. Waldmann 139
6. Ruggia 126
7. Aoki 95
8. d'Antin 93
9. Bayle 88
10. Harada 82
11. Zeelenberg 75
12. Suter 42
13. Checa 41
14. Preining 29
15. P. Goorbergh 27

Schnellste Runde: Biaggi in 1.28.046 = 144,497 km/h

Rekord: Loris Capirossi (Honda) in 1.27.959 = 144,640 km/h (1994)

Durchschnitt Sieger: 31 Runden oder 109,554 km in 46.01.397 = 142,824 km/h

Ausfälle: L. Capirossi (I) Honda, Sturz; F. Protat (F) Honda, Krampf am linken Unterschenkel; J.-P. Ruggia (F) Aprilia, Sturz; J.-M. Bayle (F) Aprilia, Sturz; A. Stadler (D) Honda, Sturz; K. Kaas (SF) Yamaha, Schmerzen am linken Bein/Aufgabe; C. Boudinot (F) Aprilia, Konditionsprobleme; A. Gramigni (I) Aprilia, Getriebeschaden; G. Fiorillo (I) Honda, geschwollene Unterarme; M. Hernandez (E) Aprilia, Konditionsprobleme; J. Fuchs (D) Honda, Sturz; J. Haydon (GB) Honda, Sturz; R. Oliver (USA) Yamaha, Sturz

Trainingszeiten: 1. Romboni 1.27.499 = 145,401 km/h, 2. Biaggi 1.27.622, 3. Capirossi 1.27.960, 4. Okada 1.28.050, 5. Ruggia 1.28.151, 6. Aoki 1.28.375, 7. Harada 1.28.546, 8. Waldmann 1.28.715, 9. d'Antin 1.28.760, 10. Bayle 1.28.808, 11. Checa 1.28.992

125 cm³:

Ergebnisse

1. Takeshi Tsujimura	J	Honda RS	45.21.102
2. Stefano Perugini	I	Aprilia	45.22.076
3. Peter Öttl	D	Aprilia	45.22.654
4. Haruchika Aoki	J	Honda RS	45.35.817
5. Jorge Martínez	E	Yamaha	45.38.954
6. Hideyuki Nakajyo	J	Honda RS	45.39.172
7. Carlos Giró	E	Aprilia	45.39.846
8. Dirk Raudies	D	Honda RS	45.44.518
9. Noboru Ueda	J	Honda RS	45.54.172
10. Gianluigi Scalvini	I	Aprilia	46.05.548
11. Stefan Prein	D	Yamaha TZM	46.09.690
12. Oliver Koch	D	Honda RS	46.14.197
13. Olivier Petrucciani	CH	Aprilia	46.17.260
14. Masaki Tokudome	J	Honda RS	46.17.293
15. Manfred Geissler	D	Aprilia	46.17.504

16. Juan E. Maturana (E) Yamaha, 17. Lucio Cecchinello (I) Honda, 18. Vittorio Lopez (I) Honda, 19. Akira Saito (J) Honda, 20. Gabriele Debbia (I) Aprilia, 21. Emili Alzamora (E) Honda, 22. Neil Hodgson (GB) Honda, 23. Tomoko Igata (J) Honda, 24. Yasuaki Takahashi (J) Honda, 25. Max Gambino (I) Aprilia −1 Rde., 26. Manfred Baumann (A) Yamaha

WM-Stand Pkt.

1. Sakata 208
2. Tsujimura 168
3. Ueda 164
4. Öttl 137
5. Raudies 127
6. Martínez 110
7. Perugini 90
8. Tokudome 76
9. Torrontegui 73
10. Petrucciani 63
11. Nakajyo 62
12. McCoy 56
13. Saito 51
14. Bodelier 41
15. Gresini 40

Schnellste Runde: Perugini in 1.32.432 = 137,641 km/h (Rekord)

Alter Rekord: Kazuto Sakata (Honda) in 1.32.971 = 136,843 km/h (1993)

Durchschnitt Sieger: 29 Runden oder 102,486 km in 45.21.102 = 135,588 km/h

Ausfälle: K. Sakata (J) Aprilia, Sturz; H. Torrontegui (E) Aprilia, Nichtstarter/Trainingssturz; F. Gresini (I) Honda, Nichtstarter/Trainingssturz; H. Spaan (NL) Honda, Sturz/Aufgabe; L. Bodelier (NL) Honda, Kollision mit Sakata/Aufgabe; F. Petit (F) Yamaha, Bremse defekt/Aufgabe; M. Stief (D) Aprilia, verbremst/Aufgabe

Trainingszeiten: 1. Sakata 1.33.170 = 136,550 km/h, 2. Aoki 1.33.207, 3. Martínez 1.33.512, 4. Ueda 1.33.514, 5. Öttl 1.33.526, 6. Raudies 1.33.682, 7. Tokudome 1.33.828, 8. Giró 1.33.842, 9. Tsujimura 1.34.028, 10. Perugini 1.34.146, 11. Debbia 1.34.160, 12. Saito 1.34.239, 13. Koch 1.34.356, 14. Petrucciani 1.34.425, 15. Stief 1.34.537, 16. Prein 1.34.604, 17. Cecchinello 1.34.614, 18. Nakajyo 1.34.622, 19. Bodelier 1.34.734

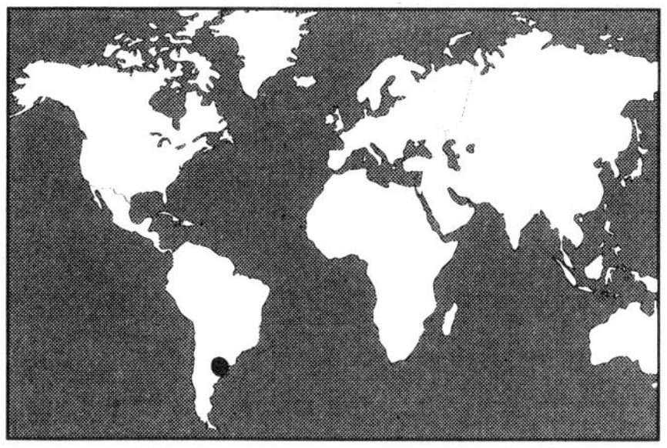

**25. September 1994:
Grand Prix Argentinien in Buenos Aires**

Der Kazu läßt das Mausen nicht

Jorge Martínez tanzte verwegen Tango doch Kazuto Sakata schlich sich auf leisen Sohlen zur Weltmeisterschaft.

Um der Welt mit einem ehrgeizigen, großen Sportereignis zu beweisen, daß die Republik am Südzipfel Südamerikas den wirtschaftlichen und kulturellen Anschluß an die Führungsmächte gefunden hatte, wurde erstmals seit 1987 wieder ein Motorrad-Grand Prix in Argentinien ausgetragen. Das »Autodromo Municipal de la Ciudad de Buenos Aires Oscar Galvez« erhielt großzügige Sturzräume und einen neuen Belag, trotzdem waren viele der Fahrer, Mechaniker und Funktionäre schockiert.

Zu kraß war der Wechsel von der kalifornischen Westküste an den Rio de la Plata, denn trotz rosiger Zukunftsverheißungen und einiger durchaus spektakulärer wirtschaftlicher Erfolge des flamboyanten Staatspräsidenten Carlos Menem, der mit Vorliebe im Ferrari umherkutschierte und sich mit Schönheiten wie Weltstar Claudia Schiffer umgab, war die Hauptstadt Buenos Aires, die »Capital Federal«, noch in vielem Dritte Welt. Wer Stunden zuvor von der Golden Gate Bridge San Franciscos, vom Rodeo Drive in Beverly Hills oder gar von Nevadas Glitzermetropole Las Vegas Abschied genommen hatte, dem stachen die tristen Betonblöcke und Wellblechhütten der Vorstädte besonders schmerzlich ins Auge, auch wenn Armut im moderneren Argentinien noch lange nicht das Elend brasilianischer Slums bedeutete.

Trotzdem mußte der vom Norden gewohnte Wohlstand teuer erkauft werden. Um die einst horrende Inflation in den Griff zu bekommen, wurde der argentinische Peso radikal an den US-Dollar gekoppelt, entsprechend happig waren die Preise: Unter 150 Dollar pro Nacht gab es nur Bruchbuden zu mieten, die Zeche für ein herzhaftes Steak in einem der typischen Grillrestaurants entsprach der eines Drei Gänge-Menüs in einem französischen Feinschmeckerlokal.

Billig waren nur Taxifahrten, doch es gab noch einen zweiten Grund, auf Mietautos zu verzichten: Der dichte, in mörderischem Tempo fließende Verkehr in der Hauptstadt, der vor allem nach dem Recht des Stärkeren geregelt wurde. Fahrspuren gab es in Buenos Aires immer dort, wo eine kleine Lücke klaffte, so daß sich auf den acht in eine Richtung gekennzeichneten Fahrstreifen der Avenue des 9. Juli schon mal 16 Schlangen nebeneinander durch die Rush Hour schoben. Kolonnenspringer war eigentlich jeder – und wer nicht rechtzeitig auswich, hatte eben Pech gehabt.

Doch auch im Fahrerlager ging einiges chaotisch zu. Die von vielen Teams angemieteten Wohnmobile entpuppten sich als malerisch zu Wohnstuben aufgebaute Nachkriegs-Lastkraftwagen, in denen Flöhe ihr Gewohnheitsrecht mit nächtlichen Attacken zu verteidigen suchten. Das Medical Center, von außen an seinen zerbrochenen Scheiben zu erkennen, hatte als Sperrmüllager gedient und wurde in allerletzter Minute ausgeräumt, so daß es von

Zitterpartie zum WM-Titel: Kazuto Sakata

Dr. Claudio Costa und seiner Crew mit den mitgebrachten medizinischen Hilfsgütern notdürftig bezogen werden konnte.

Ebenso in letzter Minute sorgte die resolute Dorna-Pressechefin Renata Nosetto dafür, daß ein ebenfalls mit Gerümpel vollgestopfter Raum inmitten der Boxenanlage als Pressezentrum verwendet werden konnte. Die astronomischen Telefonkosten wurden dadurch weiter in die Höhe getrieben, daß der Raum direkt neben der Zielgeraden lag und man während des Trainings und der Rennen sein eigenes Wort nicht verstand. Die übliche Pressekonferenz der Trainingsschnellsten am Samstagabend wurde aus Platzmangel kurzerhand gestrichen, die Siegerpressekonferenzen am Sonntag wurden in einem Eck des Pressezentrums improvisiert.

Am heftigsten waren die Diskussionen jedoch über die Strecke selbst. Der auf die drei Wochen zuvor neuasphaltierte Piste gestreute Sand, technisch notwendig, um den schwitzenden frischen Belag zu trocknen und griffig zu machen, war nicht rechtzeitig entfernt worden und wurde von starken Windböen immer wieder über den Kurs gewirbelt.

Im ersten freien Training am Freitagmorgen balancierten die Piloten auf einer schmalen, hastig gereinigten Spur um den Kurs, die nicht einmal der Ideallinie entsprach – wer von dieser Linie abkam und dabei nur leicht an Gas oder Bremse kam, lag unweigerlich im Dreck. Damit nicht genug, verendete der Motor eines Ambulanzfahrzeugs just auf jenem Kilometer, auf dem es vor Trainingsbeginn über die Strecke an seinen Einsatzort chauffiert wurde, entsprechend breit und lang war die Ölspur, die großzügig mit Bindemittel zugepulvert wurde.

Weltmeister Michael Doohan war der erste, der sich angesichts dieser Zustände zu Wort meldete. »Es ist, als würden wir auf einem Sandstrand fahren. Wer die einzige schmale Linie verpaßt, liegt unweigerlich am Boden. Wenn die Piste so bleibt, können wir hier unmöglich einen Grand Prix austragen. In Europa oder Australien würde so etwas nie durchgehen,

Hans Bahmer: Seufzer der Erleichterung

Kevins Handgelenk: Drei Knochen weniger

warum sollten wir hier eine Ausnahme machen? Wenn wir uns mit diesem Rennen abfinden, kann man uns künftig jede Hinterhofstrecke aufhalsen«, empörte sich der Honda-Star, der an diesem Wochenende besonders sensibel auf Sicherheitsfragen reagierte: Sein älterer Bruder Scott Doohan war bei einem Lauf zur amerikanischen Superbikemeisterschaft in Road Atlanta schwer von seiner Ducati gestürzt, hatte einen doppelten Bruch der linken Schulter davongetragen und lag wegen eines Gehirntraumas in künstlichem Koma.

Um die Piloten zu besänftigen, wurde das erste Zeittraining um eine halbe Stunde verschoben und die Strecke mit Besen und Hochdruckreinigern zur Mittagspause notdürftig saubergefegt. Überzeugend war der Erfolg freilich nicht: Jede Windbö trug neue Sandschleier auf den Asphalt. Als es am Samstagmorgen auch noch regnete, schickte Hans Bahmer, GP-Starter und Sicherheitsbeauftragter der FIM, Stoßgebete für besseres Wetter gen Himmel und stieß Seufzer der Erleichterung aus, als die Wolkendecke am Nachmittag wieder aufriß und für den Rest des Wochenendes strahlendes Frühlingswetter herrschte – denn bei Regen hätte der Argentinien-Grand Prix entweder tatsächlich mit einem Pilotenstreik, zumindest aber mit katastrophalen Sturzeskapaden geendet.

Kevin Schwantz hatte mit all dem nichts zu tun. Gleich nach dem USA-Grand Prix unterzog er sich einer Operation am linken Unterarm, trug wegen des gebrochenen Kahnbeins im rechten Handgelenk nun beidseitig Gips und war stolz, den Verband am linken Arm im Camouflage-Look des US-Militärs spazierenzutragen. »Ich hielt es für cool«, grinste er.

Was in dem Handgelenk selbst vor sich ging, war weniger cool. Die Ärzte hatten verschiedene Alternativen ausgeheckt, die seit dem Assen-Grand Prix verheerend durcheinandergebrachte Ordnung der vielen kleinen Knochen und Gelenke wiederherzustellen. Doch weil einige der entwurzelten Knochen durch die ständige

Kavalier Kevin Schwantz: 1000 Rosen für Zulemita Menem (links)

Belastung beim Fahren immer wieder aus ihrer Position herauskugelten und das Handgelenk nach jedem Rennen, auch dem Sieg in England, schlimmer demoliert wurde, sahen die Chirurgen am Ende keine

Kevins Vertreter: Sean Emmett

John Kocinski: »Ich will Blut sehen«

Tadayuki Okada, Erv Kanemoto: Startplatz zwei

andere Möglichkeit, als radikal drei Handwurzelknochen zu entfernen. »Sie erklärten mir, der Schaden sei so schlimm, daß sie mir auch bei einer sorgfältigen Rekonstruktion des Handgelenks kein vielversprechendes Ergebnis garantieren könnten. Vor der Operation entschieden sie dann, das Kahnbein und zwei andere Knochen zu entfernen. Damit wird schon mal der Druck auf die Sehnen geringer, die das ganze Jahr schon an der Metallplatte scheuern, die mir nach meinem Mountain Bike-Sturz im März eingesetzt wurde. Vielleicht komme ich damit wenigstens um die Karpaltunnel-Operation herum«. Ein schwacher Trost: Ohne die kleinen, aber für die komplizierten Funktionsabläufe der Hand entscheidenden drei Knochen verlor Schwantz etwa ein Viertel der Beweglichkeit und etwa ebensoviel Kraft in der Hand für immer.

Was ihn nicht davon abhielt, statt zu einem privaten Erholungsurlaub mit seinem Team nach Argentinien zu jetten und Staatspräsident Carlos Menem mitsamt seiner Familie einen Besuch abzustatten. Menem überreichte er einen seiner Helme, der hübschen Präsidententochter Zulemita jedoch, die in Buenos Aires ein Motorradgeschäft betrieb, ließ er, ganz Kavalier, 1000 rote Rosen zukommen.

In seiner Vorliebe für rassige Argentinierinnen hatte der Texaner schon einmal die Weltvorräte an Rosen geplündert: Um sie nach einer Niederlage in Wimbledon zu trösten, hatte er Tennisstar Gabriela Sabatini 1989 500 Stück zukommen lassen.

Bei einem Gegenbesuch Zulemitas in der Lucky Strike-Box erläuterte Schwantz redselig die Vorzüge seiner Suzuki, ansonsten trieb er sich mit einer Stoppuhr in der Hand am Streckenrand herum und versuchte, Sean Emmetts Fahrstil zu analysieren und ihm an der Box mit gutgemeinten Tips auf die Sprünge zu helfen.

Der 24jährige Engländer, ehemals Testredakteur bei der englischen Motorradzeitschrift »Fast Bikes«, wurde kurzfristig als Ersatzfahrer für Kevin Schwantz aus dem Shell-Team des britischen Fahrwerkskonstrukteurs Steve Harris geholt und setzte dadurch ein vergnügliches Karussell in Gang: Emmetts Harris-Yamaha ging in die Hände des 20jährigen Neil Hodgson, dessen A-Kit-Honda RS 125 im Team des früheren Grand Prix-Piloten Roger Burnett wiederum wurde von dem 19jährigen Grand Prix-Neuling Darren Barton übernommen.

Erstmals mit einer bärenstarken Werksmaschine ausgerüstet und erstmals auf Michelin-Reifen unterwegs, schaffte Emmett natürlich keine Wunder, sondern tastete sich respektvoll an den elften Startplatz heran. »Die Michelin-Reifen haben so viel Grip, daß es schwer ist, mit einem neuen Bike und auf einer neuen Strecke das Limit zu finden«, meinte er. »Es ist das erste Mal, daß ich einem anderen Fahrer zu helfen versuche, doch noch ist Sean damit beschäftigt, das Motorrad kennenzulernen. Meine Ratschläge wären wahrscheinlich nützlicher, wenn er diese Phase schon hinter sich hätte«, erklärte Schwantz.

Teamkollege Alexandre Barros qualifizierte sich auf einem von Kevins Motorrädern als Sechster und war angenehm überrascht vom spielerischen Handling, wurde dafür aber von Vertragsangelegenheiten verwirrt: Erst legte man ihm einen unterschriftsreifen Vertrag fürs Jahr 1995 vor,

Stürze, Sorgen, Kolbenklemmer: Kazuto Sakata war trotz seines riesigen WM-Vorsprungs ein Nervenbündel

dann zog man ihn hastig wieder zurück – die Frage des zweiten, womöglich sogar eines dritten Fahrers neben Kevin Schwantz war bei den komplizierten Weichenstellungen des aus verschiedenen Ländern gespeisten Lucky Strike-Budgets plötzlich wieder offen.

Überlegen Trainingsschnellster war Cagiva-Star John Kocinski. »Das Lay-Out dieser Strecke ist der Cagiva auf den Leib geschneidert – es ist nett, so viele Kurven zu haben. Jetzt will ich Blut sehen«, rollte Little John siegeshungrig die Augen. »Hier wackelt das Fahrwerk so gut wie gar nicht, außerdem läßt sich die Cagiva flink und mühelos einlenken. Das ist unser größter Vorteil hier«, bestätigte sein Teamkollege Doug Chandler auf Startplatz vier.

Luca Cadalora qualifizierte sich als Dritter und beklagte sich im Gegensatz dazu, die Yamaha sei nicht wendig genug und lasse sich in langsame Kurven erst einfädeln, wenn er bereits die Bremse losgelassen habe.

Mick Doohan eroberte Startplatz zwei und behauptete, es sei schwierig, auf der dreckigen Piste kontrolliert zu driften. »Wenigstens ist der Reifenverschleiß kein Thema – denn die Reifen verschleißen auf einer solchen Rutschbahn nicht«, ätzte er.

Max Biaggi hatte mit seiner Werks-Aprilia Ärger mit dem Vorderradgrip, und obwohl Team-Testfahrer Marcellino Lucchi von ein paar Proberunden bei unzumutbaren Bedingungen zwei Wochen zuvor wenigstens schon mal eine halbwegs taugliche Getriebeabstufung mitgebracht hatte, kam der WM-Leader im ersten Training nicht über Rang acht hinaus. »Vor allem die engen Kurven machen mir Sorgen, das Bike schiebt ständig übers Vorderrad weg«, klagte er, bevor er das Set-Up in der heißen Phase des Abschlußtrainings doch noch halbwegs in den Griff bekam und hinter den Honda-Stars Loris Capirossi und Tadayuki Okada Platz drei eroberte.

Capirossi zog Kenny Roberts junior im Windschatten freundlich auf den siebten Startplatz, wußte aber selbst nicht einmal, ob er das Rennen würde durchstehen können. »Die Schmerzen in meiner Hand sind fast nicht auszuhalten. Leider ist sie keinen Deut besser als in Laguna Seca, und leider sind wir schon wieder auf einer Strecke, auf der du andauernd hart bremsen und für schnelle Richtungswechsel schuften mußt«, klagte der Italiener. Und wieder war es Tadayuki Okada, der sich ganz unauffällig und ohne große Worte auf Platz zwei und in die aussichtsreichste Position manövrierte.

Laguna Seca-Sieger Doriano Romboni machte die erste Startreihe als Vierter komplett, und das, obwohl er wegen eines Ausrutschers zu Mitte des Abschlußtrainings eine gute Viertelstunde einbüßte. »Einer der langsamen Fahrer kam mir in die Quere und hat mich umgerempelt«, beschwerte sich der HB-Honda-Star, »zum Glück war mein bestes Motorrad kaum beschädigt, nach dem Tausch von Verkleidung und einer verbogenen Fußraste konnte ich weiterfahren«.

Sein Teamkollege Ralf Waldmann hatte weniger Glück. Auf seiner schnellsten Runde im ersten Zeittraining fing der Motor wegen eines verklemmten Druckventils am Tank an zu stottern, worauf sich Waldi mit Platz sechs begnügen mußte. Doch statt sich tags darauf zu verbessern, fiel er im Abschlußtraining auf einen niederschmetternden zwölften Rang zurück. »Das Hinterrad hat nur durchgedreht, ich habe beim Beschleunigen überhaupt keinen Grip auf den Boden gebracht«, raufte er sich die Haare.

Auch sein Boxennachbar Dirk Raudies hatte mit der 125er seine liebe Not. »Mein Fahrwerk wird immer besser, und der Motor geht wie eine Rakete. Dafür spricht er beim Gasgeben so schlagartig an, daß das Hinterrad ausbricht. Auch mit der Getriebeabstimmung bin ich noch nicht zufrieden«, meinte der noch amtierende Weltmeister nach seinem sechsten Rang am ersten Trainingstag.

Doch wie bei Ralf Waldmann kam die wirklich kalte Dusche erst tags darauf im Abschlußtraining. »Ich weiß nicht, ob es an den Reifen oder am Fahrwerk liegt, doch mit diesem Motorrad kann ich einfach nicht noch schneller fahren«, schüttelte er nach Platz 14 hilflos den Kopf. »Beim Einbiegen in die Kurve rutscht das Vorderrad, beim Rausbeschleunigen das Hinterrad – wenn ich noch energischer zur Sache gehe, liege ich im Dreck«.

Nicht viel besser lief es beim Star des Dream Teams Aprilia Deutschland. Am ersten Tag vertat sich Peter Öttl mit der Endübersetzung und landete auf Startplatz zwölf, doch mehr als Rang zehn war auch im Abschlußtraining nicht zu machen: In der heißen Phase der Qualifikation ging der Motor seiner Nummer eins-Maschine fest, und weil er den Rahmen bereits bei einem Sturz am Vormittag verbogen hatte, mußten die Mechaniker fürs Rennen die Ersatzmaschine flottmachen.

Damit hatte der achtplazierte Oliver Koch aus Furtwangen das seltene Vergnügen, im Training bester Deutscher aller Klassen zu sein. Olli freute sich über ein prachtvoll liegendes Fahrwerk und das exzellente Ansprechverhalten seines Production Racers und vergaß sogar die Schmerzen in seiner seit dem Assen-Grand Prix Ende Juni verletzten linken Hand. »Dr. Claudio Costa hängt mich morgens an den Tropf und gibt mir ein kräftiges Schmerzmittel, damit komme ich problemlos durch den Tag«, meinte er.

Mit großer Erleichterung endete das Abschlußtraining auch für den Yamaha-Piloten Stefan Prein: Nachdem die Jury seine schnellste Runde zunächst annulliert und behauptet hatte, Prein habe eine Abkürzung genommen, schleppte der Wuppertaler kurzerhand seinen Data Recording-Computer herbei, bewies, daß alles mit rechten Dingen zugegangen war und bekam seinen zehnten Startplatz am grünen Tisch zurück.

Während Jorge Martínez am ersten Tag Schnellster war und mit seiner Yamaha auch im Abschlußtraining hinter Nobby Ueda dank eines neuen Vergasers den erstaunlichen zweiten Rang verteidigte, war der designierte Weltmeister ein Schatten seiner selbst. Kazuto Sakata hatte sich bei seinen beiden Laguna Seca-Stürzen den rechten Daumen angeknackst und kam schon angeschlagen in Argentinien an.

Zweimal, am Freitag sowie am Samstagmorgen, wurde er wegen Kolbenklemmern von seiner Werks-Aprilia geworfen, und weil die zertrümmerte Maschine nicht rechtzeitig wieder aufgebaut werden konnte, mußte er das Abschlußtraning mit dem Ersatzmotorrad bestreiten.

In der letzten Spitzkehre vor dem Ziel rutschte er damit abermals weg, buchte den dritten Sturz des Wochenendes und ließ seinem Frust über die Strecke freien Lauf. »Ich hasse all diese Schikanen! Dieser Kurs läuft meinem Fahrstil völlig zuwider«, brummte er nach dem zwölften Startplatz. »Aber natürlich werde ich im Rennen versuchen, da Beste aus der Situation zu machen«.

125 ccm: Sakatas Freudentränen

Ganze zehn Punkte fehlten ihm, um aus eigener Kraft Weltmeister zu werden, doch als im Warm-Up am Sonntagmorgen sein bester Motor mit dem dritten Kolbenklemmer des Wochenendes den Dienst quittierte, flatterten die Nerven des Japaners wie bei der Umseglung von Kap Hoorn.

Sieben Runden lang hielt er sich auf Platz sieben, dann marschierten seine WM-Rivalen Nobby Ueda und Takeshi Tsujimura vorbei und machten den Rest des Rennens zur Zitterpartie für den 28jährigen, weil ihm die Angst, womöglich doch noch aus dem großen Traum vom WM-Titel gerissen zu werden und mit Mann und Maus unterzugehen, die Kehle zuschnürte.

Was hatte er nicht alles getan und riskiert für seinen phantastischen Traum. Als unbekannter Nobody schuftete er Sonderschichten im Führerhaus von Tiefladern auf Großbaustellen, um sich den Rennsport leisten zu können. Auf eigene Faust und ohne jegliche Werksunterstützung zog er mit seinem in Jerez 1993 tödlich verunglückten Freund Noboyuki Wakai zur ersten Grand Prix-Saison 1991 hinaus in die große weite Welt und hauste während der Saison auf einem Campingplatz in Südfrankreich, weil Hotelzimmer zu teuer waren.

Auch das Fahren lernte er auf dem steinigen Weg: Als er sich in der japanischen

Einsam auf Platz neun: Sakata wurde Weltmeister - und weinte bitterlich

Gemeinsam auf große Fahrt: Nur für Olli Koch (14) war der 125er Lauf schnell beendet

Weltmeister Sakata: Tsujimura gratuliert

Novice-Klasse nach oben boxte, steckte er 50 Stürze pro Saison als gesunden Durchschnitt weg, und noch bei seiner ersten vollen Grand Prix-Saison war er mit 40 Crashs einsamer Spitzenreiter in der Havoc-Hitliste.

Doch 1993 hatte er nicht nur das Schnellfahren, sondern auch das Risiko im Griff und blieb bis zum Saisonfinale Dirk Raudies´ erbittertster Gegner in der 125 ccm-WM.

Dann nabelte er sich endgültig von seinem Mutterland ab, wechselte in einem spektakulären Transfer von Honda zu Aprilia und ging als erster Japaner, der für ein nichtjapanisches Werk an den Start ging, in die Geschichte ein. Wenn er nicht gewann, buchte er mit seinem Talent, auch aus aussichtslosen Situationen nach Kollisionen und Verbremsern immer noch das Optimum herauszuholen, Podestplätze in Serie.

Nicht so in Argentinien. Sakata, WM-Favorit seit seinem Auftaktsieg in Australien und dank seiner abgebrühten Fahrweise für 700000 Mark Jahresgage bereits fürs neue Jahr 1995 verpflichtet, brach unter dem Druck des greifbar nahen Titels zusammen. Als irritierter Neunter taumelte er über die Ziellinie, und anstatt die Arme im Jubel hochzureißen, statt mit einer Flagge aufrecht in den Rasten stehend auf eine stolze Ehrenrunde zu gehen, ließ er den Kopf auf den Tank sinken und weinte bitterlich.

Er weinte auch noch, als er aus der Auslaufrunde zurückkam, und als das Rolltor der Semprucci-Box hinter ihm zu Boden ratterte und Sakata von schützendem Halbdunkel umgeben war, weinte er erst recht, laut und haltlos. Man streifte ihm den Helm ab und ein Weltmeister-T-Shirt über, man umarmte und küßte ihn, Takeshi Tsujimura, Teamkollege im F.C.C.-Honda-Team 1993 und Herausforderer 1994, kam als einer der ersten, um zu gratulieren.

Und doch dauerte es eine Viertelstunde, bis Kazuto Sakata seine Sprache wiedergefunden hatte. »Eine große Genugtuung – ich kann es noch gar nicht fassen! Wir haben an diesem Wochenende eine ganze Wagenladung voller Probleme überwunden, und ich rechnete am Schluß wirklich nicht mehr damit, hier Weltmeister werden zu können. Aber jetzt ist es endlich vorbei, und ich freue mich darauf, in Barcelona endlich wieder ohne taktische Rücksichten Gas geben zu können«.

Wie knapp die Entscheidung tatsächlich war, hatte Sakata gar nicht mitbekommen: Ueda, verheerend gestartet und nach einer Runde nur Zehnter, erbeutete im letzten Renndrittel nach einer tollen Aufholjagd die Führung, und wenn es dabei geblieben wäre, hätte Aprilia-Firmenbesitzer Ivano Beggio zum zweiten Mal umsonst Spesen gemacht und zur Titelfeier nach Barcelona anreisen müssen.

Doch dann kam die letzte Runde, die die 30000 Fans an der Strecke und Millionen Fernsehzuschauer weltweit von den Sitzen riß: Spätbremser Jorge Martínez, der die Nachteile seiner schwachbrüstigen Yamaha auf dieser Strecke durch sein unbestrittenes Fahrkönnen ausgleichen konnte, griff an, quetschte sich in einem atemberaubenden Schlußfeuerwerk auf dieser letzten Runde nicht weniger als viermal an den aberwitzigsten Stellen an Ueda vorbei und sperrte dessen letzten Konter geschickt, als es aus der letzten Doppelkurve auf die entscheidenden Meter zum Zielstrich hinausging. »Ich weiß nicht, ob das die beste letzte Runde meines Lebens war – ich weiß nur, daß ich alles auf eine Karte setzte und lieber einen Sturz in Kauf genommen hätte, als mir diesen Triumph nehmen zu lassen«, strahlte Sieger Martínez, der mit geballter Faust an der schwarzweiß karierten Flagge vorbeiraste, auf dem Podest erst einmal den Boden seines argentinischen Bruderlandes küßte und den ersten Yamaha-Sieg in dieser Klasse seit Kent Anderssons Titelgewinn 1974 auch deshalb so ausgelassen feierte, weil er für 1995 dringend Sponsoren suchte.

Auch für Stefan Prein bedeutete der dritte elfte Platz hintereinander im Hinblick

Ende einer Dienstfahrt: Maik Stief hebt wegen eines Kolbenklemmers den Arm, kippt Hunderte von Metern später um und ist beleidigt

Oliver Koch, Techniker Lucas Schmidt: Zündungsschaden

Dirk Raudies: Plötzlich wieder Grip – und Platz sechs im Rennen

auf dringend benötigte Argumente in finanziellen Verhandlungen ein Erfolgserlebnis, dagegen erwischte das Team Aprilia Deutschland einen schwarzen Tag. Weil Wild Card-Pilot Sebastian Porco, ein gerade mal 16jähriger Draufgänger, der im zarten Alter von 14 Jahren bereits argentinischer 125 ccm-Vizemeister wurde, vor ihm einen Highsider hatte, stürzte Tex Geissler bereits in der ersten Runde. Peter Öttl blieb bei zwei Ausritten zwar im Sattel, wertete seine Fahrt auf Platz 13 jedoch trotzdem als schlechtestes Rennen des Jahres. »Ein Rennen zum Vergessen. Ich habe zwar hart gekämpft, war aber viel zu verkrampft, weil ich schneller fahren wollte, als es das Motorrad zuließ.«

Maik Stief kam fern der Punkteränge bis in die vierte Runde, bevor der Motor seiner agv-Attac-Aprilia zwickte und stehenblieb. Schon gut 200 Meter vor einer Links-Spitzkehre hob Stief die Hand, vergaß aber, in die Bremse zu langen, rumpelte weitere 100 Meter übers Gras und kam unnötigerweise an einer Reklametafel zu Fall, worauf er das Erdreich wutschnaubend mit Fußtritten bedachte und einen Gewaltmarsch in Richtung Box antrat, ohne auch nur den Helm abzunehmen.

Noch schneller war die Fahrt des bedauernswerten Oliver Koch beendet. Im freien Warm am Vormittag war das Pleuellager derart brachial festgegangen, daß das Pleuel verbogen wurde und der komplette Motor auf den Schrott wanderte. »Wir haben das Grundgehäuse des Ersatzmotors hergenommen und bis auf die Kurbelwelle mit den bewährten Teilen unseres Topmotors neu aufgebaut«, schilderte Cheftechniker Lucas Schmidt.

Dazu zählte auch die Zündung, und ausgerechnet dieses kleine elektronische Bauteil sollte Oliver Koch zum Verhängnis werden. »Mein Start war bombig! Ich war Dritter und habe mir schon die Hände gerieben, endlich mal wieder ganz vorne mitfahren zu können. Ich überholte Jorge Martínez – und in dem Moment ging die Kiste zum ersten Mal fest«, schilderte Koch. »Mit Hängen und Würgen habe ich die Maschine auf der Bahn gehalten, doch am Ende der Zielgeraden zwickte sie ein zweites Mal. Daraufhin bin ich nochmals weitergefahren. Dann machte es bumms, und der Kolben steckte ein drittes Mal fest. Danach war ich Letzter – und habe beschlossen, meine Fahrt frühzeitig zu beenden.«

Viel weiter wäre er sowieso nicht gekommen: Als Lucas Schmidt den Motor öffnete, war der Kolben derart abgebrannt, daß man mit freiem Auge ins Kurbelgehäuse hinabblicken konnte. »Jede moderne Elektronikzündung hat eine bestimmte Verstellkurve, und wenn die hängt, falsch rechnet und auf Frühzündung stehenbleibt, brennt eben der Kolben ab«, verdeutlichte er düster.

Somit war es dem entthronten Weltmeister Dirk Raudies vergönnt, auf Platz sechs wenigstens bester Deutscher des Rennens zu werden. »Mit einem anderen Einstellung des Hinterraddämpfers hatte ich plötzlich wieder Grip in der Kurve«, freute sich Raudies. »Mit einem besseren Startplatz hätte ich vielleicht in der Spitzengruppe mithalten können. Doch ich wurde gleich im ersten Eck innen eingeklemmt.«

250 ccm: Das Ende von Rotkäppchens Märchen

Wie Dirk Raudies hatte Doriano Romboni seine Titelchancen bereits früh in der Saison begraben müssen, und so war die Entscheidung über seine Rennteilnahme auch nicht besonders schwierig, als er nach

Max Biaggi: Jetzt heißt es Nerven bewahren

Kenny Roberts jr., Jean-Michel Bayle: Tolle Drifts, tolles Ergebnis

einem Sturz im Warm-Up mit dick geschwollenem rechtem Daumen und einem gebrochenen rechten kleinen Finger zur Box zurückkehrte: Beim Anbremsen einer engen Spitzkehre aus vollem Speed im fünften Gang war sein Motorrad festgegangen und hatte ihn abgeworfen, Dr. Claudio Costa legte einen Verband an und schickte Romboni in den Krankenstand.

Loris Capirossi, der viel mehr zu verlieren hatte als dieses eine Rennen, quälte sich an den Start, obwohl seine Handverletzung nach einem heftigen Rutscher im Warm-Up wieder so nachdrücklich schmerzte wie am ersten Tag.

Trotzdem biß Capirossi dem führenden Tadayuki Okada bis zur Hälfte des Rennens immer wieder angriffslustig in die Wade, war dann aber etwas zu waghalsig, verbremste sich, geriet in den Dreck und fiel auf Platz fünf zurück. Angesichts seines 30 Punkte-Rückstand waren die Titelchancen des ehemaligen Topfavoriten damit endgültig verspielt. »Jedes Märchen geht irgendwann zu Ende, und mit meinem ist eben heute Schluß«, fügte sich das Rotkäppchen in sein Schicksal, »weil die Streckenbedingungen heute ganz anders waren, hatte ich trotz unseres erfolgreichen Trainings heute immense Probleme mit dem Motorrad. Ich hatte Mühe, das Bike in der Spur zu halten, und irgendwann verließ mich wieder die Kraft in der Hand«.

Max Biaggi hatte einen Blitzstart erwischt, doch wer glaubte, der Rest des Rennens und der Saison werde nun zum unbe- helligten Durchmarsch für den Römer, sah sich getäuscht: Bereits in der ersten Kurve wurde der Römer nach außen auf den rutschigeren Teil der Piste abgedrängt, war nach der ersten Runde nur Zehnter, und obwohl er sich in einer dramatischen Schlacht noch bis auf Platz zwei herankämpfte, wirkte er nach dem Zieleinlauf in sich gekehrt und nachdenklich. »Jetzt gilt es, im letzten Rennen Nerven zu bewahren und keinen Fehler mehr zu machen«, murmelte er.

Denn den Sieg mußte er ausgerechnet Tadayuki Okada überlassen. Vom Start weg ging der japanische Honda-Werksfahrer in Führung, setzte sich nach einem längeren Geplänkel mit Jean-Philippe Ruggia und Loris Capirossi zur Rennmitte endgültig durch und fuhr am Ende unangefochten auf über fünf Sekunden davon. »Jetzt habe ich in Barcelona eine echte Titelchance«, triumphierte er angesichts des auf nur noch neun Punkte geschrumpften Rückstands. »Natürlich brauche ich etwas Hilfe, aber nichts ist unmöglich. Das heutige Rennen lief perfekt für mich: Ich erwischte einen glänzenden Start und machte mich zusammen mit Capirossi auf und davon. Als er überholte, bremste er uns beide ein, so daß die andern wieder näher herankamen. Nach der elften Runde entschied ich mich des-

Ralf Waldmann: Aus jeder Kurve eine Gummispur liegenzulassen, war nicht seine Welt

halb für einen Angriff – und drehte mich anschließend kein einziges Mal mehr um!«

Auch Ralf Waldmann erlebte nach seinem enttäuschenden 12. Trainingsrang noch ein Happy-End. Nach einem Blitzstart stieß er zwar mit dem Spanier Luis d´Antin zusammen, was um ein Haar den nächsten Sturz bedeutet hätte. Mit Glück blieb Waldi jedoch im Sattel und war nach sieben Runden bereits an fünfter Stelle, bevor er bis zum Rennende wieder hinter den toll aufdrehenden Kenny Roberts junior und den Franzosen Jean-Michel Bayle zurückfiel. »Bei der Aufholjagd habe ich meinen Hinterreifen frühzeitig verbraucht. Bayle und Roberts haben dank ihrer Moto Cross-Erfahrung unglaubliche Drifts hingelegt. Aus jeder Kurve heraus eine schwarze Gummispur liegen zu lassen, ist nicht meine Welt«, begründete er seinen achten Platz. »Einmal bin ich im fünften Gang derart weggerutscht, daß ich mein Motorrad gerade noch mit dem Knie abfangen konnte. Ich bin froh, daß ich die Sache glücklich überstanden habe«.

So wie die deutschen Privatfahrer: Nach den Stürzen von Laguna Seca erreichten Adi Stadler als 18. und Jürgen Fuchs als 20. erleichtert das Ziel.

500 ccm: Chandlers beste Fahrt

Wer in der Halbliterklasse darauf gewettet hatte, der von den Zuständen auf dem »Autodromo Municipal de la Ciudad Buenos Aires Oscar Galvez« vergrätzte Michael Doohan werde irgendwie auf Ankommen fahren und die jüngeren Heißsporne ziehen lassen, sah sich alsbald eines Besseren belehrt: Nur drei Runden lang schaute sich der Weltmeister die beiden feuerroten Cagivas an der Spitze von hinten an, dann beschloß er, sich freie Sicht auf die Hochhausburgen und Industrieanlagen der Umgebung zu verschaffen und glühte in Runde vier erst an Kocinski, in Runde sechs schließlich auch an dem führenden Doug Chandler vorbei.

Damit war das Rennen gelaufen, denn um Doohans Überlegenheit zu registrieren, brauchte man keine Stoppuhr in die Hand

Sean Emmett: Nur zwei PLätze hinter Alexandre Barros

Mickael Doohan: Auf einem »Sandstrand« zu Saisonsieg Nummer eun

zu nehmen: Auf fast neun Sekunden schwoll sein Vorsprung bis zum Zieleinlauf an, doch zu Superlativen war der Australier auch in der Beschreibung von Saisonsieg Nummer neun nicht aufgelegt. »Der Rennverlauf war schwer vorauszusagen. Nur eins war klar: Daß die Piste schmierig sein würde«, meinte er gewohnt lakonisch. »Ich dachte ehrlich, die Cagivas und ich würden eng beisammen bleiben, doch die Honda in Verbindung mit der Showa-Federung und den Michaein-Reifen hat diese Jungs geschlagen. Unser Motorrad ging heute behutsamer mit den Reifen um«.

Doug Chandler strich als Zweiter das beste Resultat seit dem 12. Juli 1992 ein, als er mit der Lucky Strike-Suzuki auf dem abtrocknenden Hungaroring hinter Sensationssieger Eddie Lawson ins Ziel kam.

Lawson bescherte dem Cagiva-Team damals den langersehnten ersten Sieg, doch um diesen Triumph zwei Jahre später in Argentinien zu wiederholen, fehlte sowohl Chandler als auch Kocinski die eiskalte, uhrwerksartige Fehlerlosigkeit von Steady Eddie. »Als Mick vorbeifuhr, hätte ich energischer an ihm dranbleiben sollen. Ich war zu ängstlich«, übte sich Chandler in Selbstkritik. »Ich kam zwar auf dieselben Rundenzeiten, doch Mick hat sie stabiler durchgehalten, Runde für Runde. So fuhr er uns davon. Es ist trotzdem ein gutes Gefühl, mal wieder ein solches Resultat heimzubringen«.

Der geschlagene John Kocinski teilte dieses gute Gefühl nicht. Nach einem Ausritt in Runde neun kurzfristig auf Platz fünf zurückgefallen, kämpfte er sich zwar im Handumdrehen wieder an Alberto Puig und Shinichi Itoh vorbei auf Platz drei, hatte den Anschluß nach vorn jedoch für immer verloren und machte auf dem Siegerpodest ein Gesicht, als hätte er in einen grünen Apfel gebissen. »Ich weiß wirklich nicht genau, was schiefgelaufen ist. Im Warm Up probierte ich Reifen aus, die sich bestens bewährten, aber nach 20 Runden am Ende waren. Weil es zu riskant war, diese Mischung im Rennen einzusetzen, setzten wir auf andere Reifen, die eigentlich hätten okay sein müssen. Doch in Wirklichkeit hatte ich weder vorne noch hinten Grip, was bei Michelin normalerweise nie passiert. Vielleicht lag es daran, daß sich die Streckenverhältnisse minütlich änderten«, grübelte er.

Teamchef Giacomo Agostini bestand darauf, zwei Cagiva in der ersten Startreihe und auf dem Siegerpodest seien ein bislang unerreichter Erfolg, doch war darin auch eine gehörige Portion an Zweckoptimismus versteckt: Der drohende Rückzug der in Finanzschwierigkeiten steckenden Castiglioni-Brüder schwebte wie ein Damoklesschwert über dem Team, und der Faden, an dem es hing, wurde dünner und dünner.

Und da half es auch nichts, daß das Yamaha-Werksteam, von dem Cagiva einst in einem großangelegten Technologietransfer das ABC des Rennmaschinenbaus gelernt hatte, in Argentinien vernichtend geschlagen wurde. Luca Cadalora, zwei Wochen zuvor gefeierter Sieger in Laguna Seca, fiel nach gutem Start schnell ins vordere Mittelfeld zurück, verstrickte sich in einen Kampf mit den Werks-Suzuki von Alexandre Barros und Sean Emmett und mußte alles in die Waagschale werfen, ein paar Längen Luft zu gewinnen und am Ende wenigstens Platz sechs ungefährdet nach Hause zu bringen. »Mein größtes Problem war die Vorderpartie. Ich hatte eine Menge Rutscher beim Einbiegen in die Kurven, und das kostete mich eine Ewigkeit«, meinte Luca zerknirscht.

Bei seinem Teamkollegen Daryl Beattie versagte der Hinterreifen – und brachte ihn derart zur Verzweiflung, daß er drei Runden vor Schluß, mittlerweile an die zwölfte Stelle zurückgefallen, zur Box tuckerte. »Zehn Runden lang war ich zur Stelle. Ich gewann mit dem Vorderreifen eine Pokerpartie und konnte flinker als die andern in die engen Ecken einbiegen, doch dafür hatte ich keinen Drive beim Herausbeschleunigen. Das, was an Grip vorhanden war, hatte ich frühzeitig verbraucht, am Ende wollte mich das Hinterrad aus jeder Kurve heraus überholen. Nach einem ekligen Highsider beschloß ich, lieber an die Box zu fahren anstatt mir schon wieder weh zu tun«, schilderte der Australier.

Sean Emmett hatte die gleichen Probleme und mußte sich im Endspurt von seinem Landsmann Jeremy McWilliams vernaschen lassen. Doch immerhin erreichte Emmett als Zehnter das Ziel – nur zwei Plätze hinter seinem um viele Jahre Werkserfahrung reicheren Teamkollegen Alexandre Barros.

Rückfall ins Mittelfeld: Luca Cadalora (5) hatte diesmal mit Alexandre Barros (6) seine liebe Not

500 cm³:

Ergebnisse

1. Michael Doohan	AUS	Honda NSR	48.12.812
2. Doug Chandler	USA	Cagiva C-594	48.21.554
3. John Kocinski	USA	Cagiva C-594	48.29.781
4. Shinichi Itoh	J	Honda NSR	48.41.093
5. Alberto Puig	E	Honda NSR	48.45.202
6. Luca Cadalora	I	Yamaha YZR	48.52.881
7. Alex Crivillé	E	Honda NSR	48.54.054
8. Alexandre Barros	BRA	Suzuki RGV	48.55.862
9. Jeremy McWilliams	GB	Yamaha YZR	49.09.561
10. Sean Emmett	GB	Harris-Yamaha	49.10.983
11. Niall Mackenzie	GB	ROC-Yamaha	49.25.766
12. Bernard Garcia	F	Yamaha YZR	49.33.017
13. Mark Garcia	F	ROC-Yamaha	49.53.009
14. Laurent Naveau	B	ROC-Yamaha	49.54.446
15. Neil Hodgson	GB	Harris-Yamaha	49.54.782

16. Cristiano Migliorati (I) ROC-Yamaha, 17. Lucio Pedercini (I) ROC-Yamaha – 1 Rde., 18. Cees Doorakkers (NL) Harris-Yamaha, 19. Bernard Haenggeli (CH) ROC-Yamaha, 20. Nestor Amoroso (RA) Harris-Yamaha

WM-Stand — Pkt.

1. Doohan 297
2. Schwantz 169
3. Kocinski 156
4. Cadalora 149
5. Puig 143
6. Itoh 141
7. Crivillé 131
8. Barros 124
9. Chandler 90
10. Mackenzie 61
11. Garcia 49
12. McWilliams 45
13. Reynolds 38
14. Emmett 34
15. Beattie 33

Schnellste Runde: Doohan in 1.46.270 = 147,361 km/h (Rekord)

Durchschnitt Sieger: 27 Runden oder 117,450 km in 48.12.812 = 146,162 km/h

Ausfälle: D. Beattie (AUS) Yamaha, Reifenprobleme; J. López-Mella (E) ROC-Yamaha, Nichtstarter/Trainingssturz; J. Reynolds (GB) Harris-Yamaha, Sturz; K. Mitchell (GB) Harris-Yamaha, Sturz; M. Papa (I) ROC-Yamaha, Erschöpfung; A. Leuthe (D) ROC-Yamaha, Strafminute/Aufgabe; V. Scatola (I) Paton, Motorschaden; B. Bonhuil (F) ROC-Yamaha, disqualifiziert nach Ausritt; J. Foray (F) ROC-Yamaha, Strafminute/Ausritt/Aufgabe; J.-P. Jeandat (F) ROC-Yamaha, Getriebeschaden; F. Horta (RCH) Harris-Yamaha, Kupplung verbrannt

Trainingszeiten: 1. Kocinski 1.45.346 = 148.653 km/h, 2. Doohan 1.46.063, 3. Cadalora 1.46.524, 4. Chandler 1.46.598, 5. Itoh 1.46.959, 6. Puig 1.47.658, 7. Barros 1.47.694, 8. Beattie 1.48.062, 9. McWilliams 1.48.116, 10. Crivillé 1.48.217, 11. Emmett 1.48.348, 12. Reynolds 1.48.570, 13. Mackenzie 1.48.899, 14. Jeandat 1.49.536

250 cm³:

Ergebnisse

1. Tadayuki Okada	J	Honda NSR	45.09.167
2. Massimiliano Biaggi	I	Aprilia	45.14.450
3. Tetsuya Harada	J	Yamaha TZM	45.14.770
4. Jean-Philippe Ruggia	F	Aprilia	45.15.680
5. Loris Capirossi	I	Honda NSR	45.23.034
6. Kenny Roberts jr.	USA	Yamaha TZM	45.28.768
7. Jean-Michel Bayle	F	Aprilia	45.28.949
8. Ralf Waldmann	D	Honda NSR	45.31.078
9. Luis d'Antin	E	Honda NSR	45.37.925
10. Carlos Checa	E	Honda RS	45.38.902
11. Wilco Zeelenberg	NL	Honda NSR	45.58.350
12. Adrian Bosshard	CH	Honda NSR	45.59.352
13. Juan Borja	E	Aprilia	45.59.457
14. Giuseppe Fiorillo	I	Honda RS	46.11.092
15. José Luis Cardoso	E	Aprilia	46.13.760

16. Luis Carlos Maurel (E) Honda, 17. Frédéric Protat (F) Honda, 18. Adi Stadler (D) Honda, 19. Eskil Suter (CH) Aprilia, 20. Jürgen Fuchs (D) Honda, 21. Nobuatsu Aoki (J) Honda, 22. James Haydon (GB) Honda – 1 Rde., 23. Kristian Kaas (SF) Yamaha, 24. Sergio Granton (RA) Yamaha, 25. Manuel Hernandez (E) Aprilia

WM-Stand — Pkt.

1. Biaggi 209
2. Okada 201
3. Capirossi 179
4. Romboni 154
5. Waldmann 147
6. Ruggia 139
7. d'Antin 100
8. Harada 98
9. Bayle 97
10. Aoki 95
11. Zeelenberg 80
12. Checa 47
13. Suter 42
14. Preining 29
15. Bosshard 28

Schnellste Runde: Harada in 1.47.336 = 145,897 km/h (Rekord)

Durchschnitt Sieger: 25 Runden oder 108,750 km in 45.09.167 = 144,509 km/h

Ausfälle: D. Romboni (I) Honda, Nichtstarter/Trainingssturz; A. Preining (A) Aprilia, Aufgabe nach Ausritt; P. v. d. Goorbergh (NL) Aprilia; Aufgabe nach Ausritt; E. de Juan (E) Aprilia, Motorschaden; J. v. d. Goorbergh (NL) Aprilia, Bremsen defekt; C. Boudinot (F) Aprilia, Motorprobleme; R. Fee (CDN) Honda, Motorprobleme; N. Ferro (F) Honda, Motorprobleme; A. Gramigni (I) Aprilia, Leistungsverlust; L. Lavado (YV) Yamaha, Motorprobleme

Trainingszeiten: 1. Capirossi 1.47.576 = 145,572 km/h, 2. Okada 1.48.242, 3. Biaggi 1.48.302, 4. Romboni 1.48.410, 5. Ruggia 1.48.424, 6. Harada 1.48.619, 7. Roberts jr. 1.48.642, 8. Checa 1.48.702, 9. Bayle 1.48.739, 10. d'Antin 1.48.843, 11. Aoki 1.48.947, 12. Waldmann 1.49.045, 13. Bosshard 1.49.298, 14. J. v. d. Goorbergh 1.49.676, 15. Suter 1.50.040, 16. Borja 1.50.238, 17. Maurel 1.50.457, 18. Fiorillo 1.50.480

125 cm³:

Ergebnisse

1. Jorge Martínez	E	Yamaha TZM	43.37.568
2. Noboru Ueda	J	Honda RS	43.37.943
3. Stefano Perugini	I	Aprilia	43.38.902
4. Gianluigi Scalvini	I	Aprilia	43.40.682
5. Emili Alzamora	E	Honda RS	43.41.211
6. Dirk Raudies	D	Honda RS	43.51.575
7. Takeshi Tsujimura	J	Honda RS	43.53.647
8. Masaki Tokudome	J	Honda RS	44.04.011
9. Kazuto Sakata	J	Aprilia	44.04.278
10. Carlos Giro	E	Aprilia	44.04.426
11. Stefan Prein	D	Yamaha TZM	44.05.210
12. Haruchika Aoki	J	Honda RS	44.05.301
13. Peter Öttl	D	Aprilia	44.06.238
14. Akira Saito	J	Honda RS	44.32.350
15. Juan E. Maturana	E	Yamaha TZM	44.32.974

16. Olivier Petrucciani (CH) Aprilia, 17. Max Gambino (I) Aprilia, 18. Manfred Baumann (A) Yamaha, 19. Pablo Zeballos (RA) Honda – 1 Rde.

WM-Stand — Pkt.

1. Sakata 215
2. Ueda 184
3. Tsujimura 177
4. Öttl 140
5. Raudies 137
6. Martínez 135
7. Perugini 106
8. Tokudome 84
9. Torrontegui 73
10. Petruccioni 63
11. Nakajyo 62
12. McCoy 56
13. Saito 53
14. Aoki 43
15. Bodelier 41

Schnellste Runde: Perugini in 1.52.268 = 139,488 km/h (Rekord)

Durchschnitt Sieger: 23 Runden oder 100,050 km in 43.37.568 = 137,601 km/h

Ausfälle: F. Gresini (I) Honda, Elektrik defekt; O. Koch (D) Honda, Kolben abgebrannt; L. Cecchinello (I) Honda, Motorschaden; H. Spaan (NL) Honda, Pleuel gebrochen; T. Igata (J) Honda, Sturz; H. Nakajyo (J) Honda, Sturz; G. Debbia (I) Aprilia, Reifenprobleme; M. Geissler (D) Aprilia, Sturz; V. Lopez (I) Honda, Motorschaden; L. Bodelier (NL) Honda, Auspuff gebrochen; F. Petit (F) Yamaha, Bremsbeläge untauglich; N. Dussauge (F) Honda, Sturz; Y. Takahashi (J) Honda, Motorprobleme; M. Stief (D) Aprilia, Kolbenklemmer; D. Barton (GB) Honda, Sturz; S. Porco (RA) Aprilia, Sturz

Trainingszeiten: 1. Ueda 1.52.688 = 138,968 km/h, 2. Martínez 1.52.752, 3. Perugini 1.52.791, 4. Nakajyo 1.53.045, 5. Giró 1.53.074, 6. Alzamora 1.53.357, 7. Scalvini 1.53.363, 8. Koch 1.53.580, 9. Tsujimura 1.53.582, 10. Prein 1.53.607, 11. Öttl 1.53.659

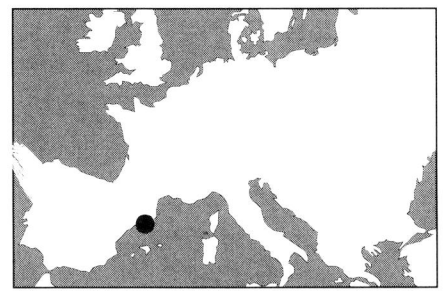

9. Oktober 1994:
Grand Prix Europa in Montmeló/E

Supermax

Mit einer verwegenen Fahrt und übermütigen Wheelies krönte sich Max Biaggi zum Weltmeister der 250 cm³-Klasse und bescherte Aprilia den zweiten Titel der Saison. Ein Happy-End hatte die Saison 1994 auch für Dirk Raudies und Peter Öttl: Bei den 125ern stürmten sie zu einem triumphalen Doppelsieg.

Kenny Roberts trommelte am Freitagabend vor dem Barcelona-Grand Prix Journalisten, Teammanager, Funktionäre und Industrievertreter zusammen, um für die Idee seines »Kenny Roberts Training Camp« Werbung zu machen.

Eine Hundertschaft geladener Gäste wurde mit Bussen zu dem vom spanischen olympischen Komitee unterstützten Leistungssportzentrum »Centre d'Alt Rendiment« gekarrt, wo zur Einstimmung erst einmal Filmszenen von den Dirt Track-Pisten auf der Kenny Roberts' Ranch bei Modesto, Kalifornien, über die Kinoleinwand flimmerten.

Die Cowboyromantik des Marlboro-Countrys, wo die Rennfahrer abends nach der Drifterei auf den mit Wasserwagen griffig gemachten Sandovals unter den mächtigen Balken der Kenny Roberts-Ranch fast wie am Lagerfeuer zusammensaßen, war in den Plänen für Kennys neues Zentrum allerdings nicht vorgesehen: Das Gelände, auf dem die Dirt Track-Pisten angelegt werden sollten, lag zwischen Industriegebieten irgendwo in der Nähe der Catalunya-Rennstrecke, außerdem plante

Feierstunde: Max Biaggi fährt zum größten Triumph seiner Laufbahn – und genießt Loris Capirossis Champagnerdusche

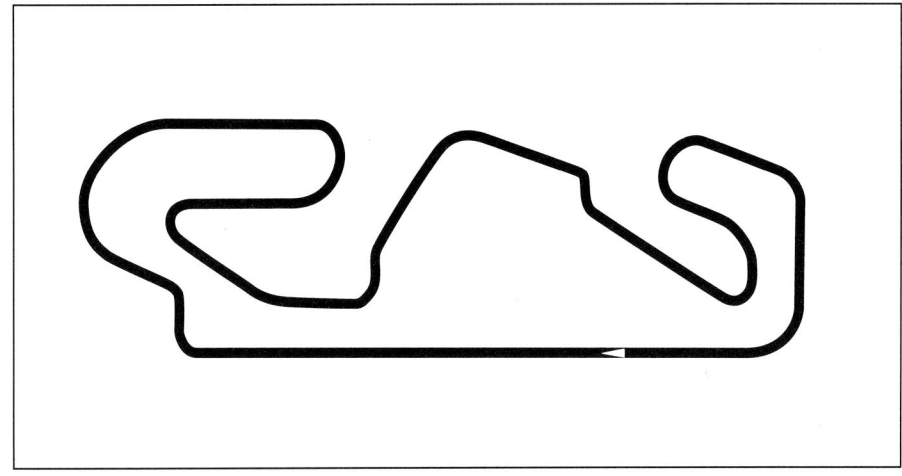

Kenny schlau, die modernen Einrichtungen des Leistungszentrums fürs allgemeine Fitneßtraining und weitere physische Betreuung seiner Zöglinge zu nutzen. Wann der vage und voller Optimismus für Juli 1995 in Aussicht gestellte Startschuß für das ehrgeizige Projekt fallen würde – veranschlagte Kursgebühr für drei Tage Training: 1200 Dollar – war völlig unklar: Zunächst ging es nur darum, Medienrummel zu entfachen und, vor allem, Sponsoren für die Idee zu begeistern.

Auch die Honda Racing Corporation, normalerweise überaus verschwiegen bei neuen technologischen Entwicklungen, nutzte das Saisonfinale zu einer publikumswirksamen Enthüllung und stellte gleich zwei Ideen vor, die von Michael Doohan und Shinichi Itoh bereits getestet wurden. Nummer eins war eine »Liquid Injection« genannte Wassereinspritzung in die Auspuffanlage. Weil die mit Schallgeschwindigkeit zwischen Ansaug- und Auslaßtrakt hin- und hervibrierende Gemischsäule eines modernen Zweitaktmotors nur bei Höchstdrehzahlen für optimale Zylinderfüllung sorgt, zerbrachen sich die Honda-Ingenieure den Kopf darüber, wie sich die Schwingungsfrequenz dieses Gas-Luftgemischs reduzieren ließe, um auch bei niedrigeren Drehzahlen für eine füllige Drehmomentkurve zu sorgen.

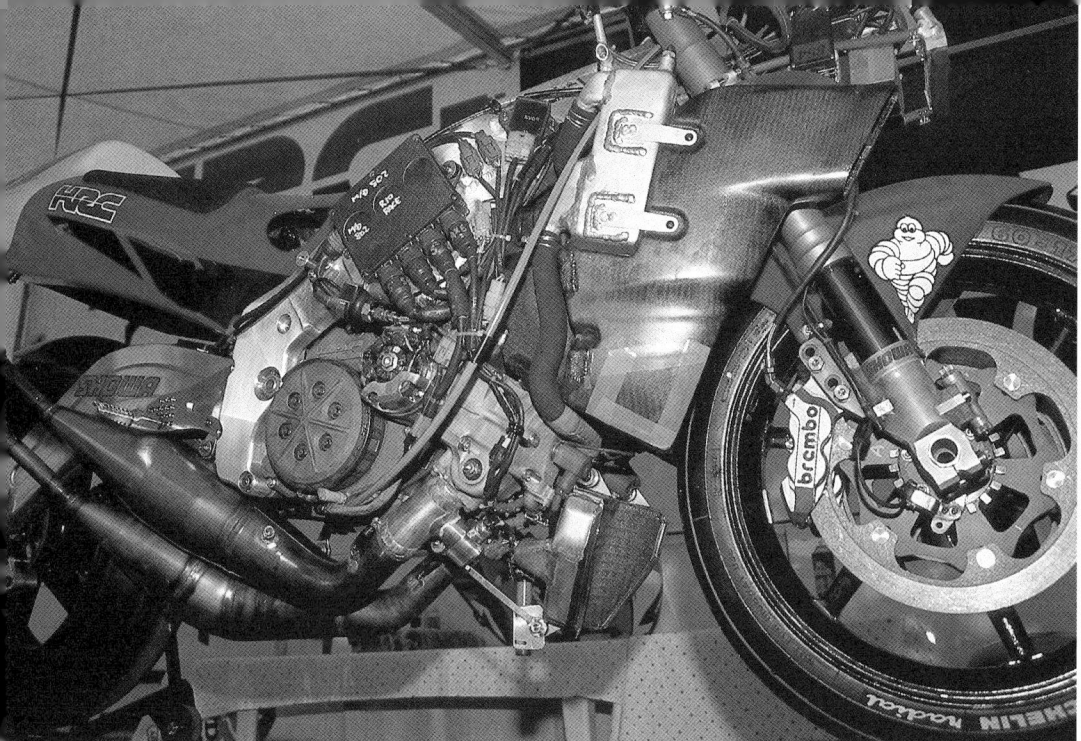

Hondas Technik-Sensationen: Wassereinspritzung für die Auspuffanlage, intelligentes Federbein

Dabei erinnerten sie sich eines physikalischen Grundgesetzes: Daß die Ausbreitung des Schalls temperaturabhängig ist und mit geringeren Umgebungstemperaturen auch die Geschwindigkeit des Schalls abnimmt. Worauf sie einen zusätzlichen Vier-Liter-Wasserbehälter unter den Benzintank der NSR 500 schweißten und die bereits vorhandene Zweitakt-Einspritztechnologie für eine drehzahl- und lastabhängige Wassereinspritzung zur Auspuffkühlung nutzten – mit durchaus meßbarem Erfolg.

War diese Idee exklusiv, so folgte sie mit einer neuen, intelligenten Hinterradfederung einer Entwicklung, die bereits von Öhlins fürs Yamaha-Werksteam und von Whitepower für Aprilia in Gang gesetzt worden war. Beim neu präsentierten Showa-Modell wurde die Dämpfungszug- und Druckstufe von per Servomotor betätigten Hydraulikventilen variiert. Die Steuerungsbefehle erhielt der Servomotor von einem schlauen Rechner, der aus Drehzahl und Gasgriffstellung, Gangposition und Hinterradbelastung Rückschlüsse auf die jeweilige Fahrsituation zog und mithin Beschleunigen, Bremsen oder Kurvenfahrt unterscheiden konnte.

Auch über die politische und personelle Zukunft des Honda-Halbliterwerksteams wurde man nicht im unklaren gelassen. Überzeugt vom Marketingerfolg der im aktuellen Kampfdesign der supersportlichen CBR-Modelle gehaltenen Weltmeistermaschine, gedachte HRC auch 1995 auf einen Hauptsponsor zu verzichten und dem Team als angenehmen Nebeneffekt lästige PR-Auftritte zu ersparen.

Nach Michael Doohan unterschrieb Alex Crivillé einen neuen Vertrag; auch zweifelte niemand daran, daß der von Honda über Jahre hinweg sorgfältig aufgebaute Shinichi Itoh wieder dabei sein würde.

Im Kundenteam von Sito Pons standen bis auf eine signifikante Erhöhung der Bezüge des erfolgreichen Alberto Puig ebenfalls keine wesentlichen Änderungen ins Haus. Blieb die langerwartete Sensation aus Italien: Am Montag früh gegen elf Uhr, ein Tag nach dem Saisonfinale auf der Catalunya-Rennstrecke, stieg Loris Capirossi zu ersten, vorsichtigen Proberunden in den Sattel von Alex Crivillés Honda NSR 500. Weil der Klassenwechsel des 21jährigen Italieners sowieso seit dem Frühjahr die Schlagzeilen der Fachpresse beherrschte, waren Fotografen und Journalisten bei dem historischen Debüt in der Königsklasse ausdrücklich willkommen.

Streng geheim war dagegen der Test, der tags darauf inszeniert wurde. Daryl Beattie sollte sich mit der Suzuki RGV 500 anfreunden, doch daß der auf Yamaha glücklose Australier als Nachfolger von Alexandre Barros engagiert wurde, hatte man aus Angst vor öffentlicher Kritik selbst vor dem betroffenen Brasilianer so gut es ging geheimgehalten.

Denn Barros war in den letzten Wochen der Saison 1994 mehrfach unmittelbar vor einer Vertragsverlängerung gestanden. Bis Geldgeber British American Tobacco dann doch noch auffiel, daß man den Zigarettenmarkt in Südamerika sowieso schon zu 80 Prozent beherrschte, ein prominenter Australier jedoch perfekt ins Werbekonzept für den heißumkämpften, boomenden pazifischen Raum integriert werden könnte.

Sportlich hatte sich Beattie 1994 weit unter Wert verkauft, menschlich war der fröhliche Sunnyboy ein Typ zum Pferdestehlen. »Mein Idealpartner«, rutschte es dem verletzten Zuschauer Kevin Schwantz vorzeitig heraus.

Den idealen Nachfolger für Beattie hatte das Marlboro Team Roberts längst gefunden: Norifumi Abe wurde unter Vertrag genommen, um 1995 an der Seite von Luca Cadalora um die Krone der Königsklasse kämpfen.

Eigentlich wurde der hochtalentierte Teenager nach seinem mutigen Japan-Grand Prix von Wayne Rainey geködert und sollte zunächst als Vertreter, 1995 dann als Partner des lange verletzten Kenny Roberts junior in Raineys 250 cm^3-Team eingegliedert werden. »Im Prinzip ist er immer noch mein Fahrer«, verwies Rainey, der Roberts und Yamaha mit Abes Freigabe einen Gefallen tat.

Als Wiedergutmachung lieferte Yamaha nun Tetsuya Harada frei Haus. Für die dringend erforderliche Weiterentwicklung der schwachbrüstigen TZM 250 bot es technische und organisatorische Vorteile, den erfolgreichsten und den aussichtsreichsten Piloten unter einem Dach zu haben. »Und ich kann mit Harada bereits in meinem zweiten Jahr als Teamchef die Weltmeisterschaft gewinnen«, kalkulierte Wayne Rainey mit dem alten, kämpferischen Glitzern im Auge.

Der gelähmte Champion war auf die Überholspur zurückgekehrt, denn wo er schon nicht mehr selbst fahren konnte, wollte er sich nun als Manager mit den Besten messen und suchte ungeduldig das große Duell mit Kenny Roberts, der mit ihm drei Titel als Fahrer gemeinsam, aber vier Titel als Teamchef voraus hatte.

Deshalb wollte sich Rainey beruflich von Roberts abnabeln und sein Team selbständig strukturieren. »Wir werden manchmal an einem, Kenny und sein Halbliterteam am andern Ende der Boxengasse sein, und das ist gut so. Wer unabhängig entscheidet und seinen eigenen Weg geht, kann befreit und erfolgreich arbeiten«.

Zu Raineys ehrgeizigen Plänen gehörte eine Europazentrale mit großer Werkstatt und einem neuen Fuhrpark bis hin zu einem Teambus, der ihm das Ein- und Aussteigen ohne fremde Hilfe ermögliche. »Sechs, sieben Millionen Dollar« sah er als Traumbudget fürs erste Jahr, und weil das auch die Hilfsbereitschaft von Marlboro überstieg, verhandelte Rainey parallel mit anderen großen Firmen. »Sicher ist, daß wir Rainey unterstützen. Unklar ist nur, ob als Haupt- oder Cosponsor«, erklärte Marlboro-Mann Leo de Graffenried.

Marlboro-Mann Peter Öttl hatte mit seiner 125 cm³-Werks-Aprilia Glück im Unglück: Nach einem Ausrutscher am Freitag befand er sich im Abschlußtraining zum Barcelona-Grand Prix auf einer schnellen Runde, als der im Tiefschlaf befindliche Manfred Baumann aus der Box tuckerte und vor der ersten Rechtskurve verträumt auf die Ideallinie zog.

Masaki Tokudome und Öttl versuchten, mit rauchenden Reifen auszuweichen, dabei geriet Tokudome gegen Öttls Vorderrad, worauf die Aprilia zum 30 000 Mark-Totalschaden zerschellte. »Es war mein Nummer zwei-Motorrad, zum Glück. Ich darf das Wrack nicht mal anschauen – mein Team hat es mir verboten!« meinte Öttl, der selbst mit ein paar Schürfungen und Prellungen davonkam. »Tokudome kam übri- gens sofort bei uns in der Box vorbei, um sich zu entschuldigen. Baumann nicht – der weiß wahrscheinlich bis jetzt noch nicht, was passiert ist!«

Wenigstens war das neue Geschäft mit dem Geldgeber unter Dach und Fach und das vor der Saison 1994 ursprünglich veranschlagte und dann drastisch gekürzte Jahresbudget für 1995 in voller Höhe gesichert. »Ich wollte insgeheim immer in die-

Alexandre Barros: Suzuki wartete mit der Kündigung bis zuletzt

sem Team bleiben und habe mir andere Optionen nur für den Notfall offengelassen«, jubelte Peter Öttl, der auch beim F.C.C.-Honda-Team hätte unterschreiben können, wo Takeshi Tsujimura auf eine Kit-Honda RS 250 umstieg. »Ich bin froh, daß wir jetzt das nötige Geld haben, um optimal arbeiten zu können«.

Auch Tex Geissler beschloß, dem Dream Team die Treue zu halten und hoffte, daß mit dem künftig einheitlichen roten Marlboro-Look auch ein paar Werksteile auf seine Production Racer abfärben würden.

Nachdem die Konstrukteursvereinigung die weiße Flagge schwenkte und dem Kostendämpfungsgesetz der Teamvereinigung IRTA zustimmte, künftig bei 125ern und 250ern nur mehr eine Maschine pro Fahrer zum Training zuzulassen, war ohnehin mit einer gelasseneren Vergabepolitik und einem größeren Aufgebot werks- unterstützter Piloten zu rechnen. Das kleine venezianische Aprilia-Werk brauchte den Umsatz an Werksteilen dringender zur Finanzierung der kostspieligen Rennsportaktivitäten als die japanischen Giganten und wehrte sich noch erbittert gegen die neue Regelung, kämpft an der zweiten Front aber auch schon um seriöse neue Kunden.

Wie das Ditter Plastic-Team. Perfekt

Tetsuya Harada: Partner von Kenny junior – und Erfolgsgarant für Wayne Rainey

organisiert, aber ohne Honda-Werksunterstützung auf verlorenem Posten, plante Teambesitzer Rolf Peter Ditter einen Neuanfang und stand mit Aprilia-Teamdirektor Carlo Pernat in intensiven Verhandlungen. Personell wurde der Neubeginn bereits am Barcelona-Wochenende vollzogen: Fahrer Oliver Koch erhielt einen schlagkräftigen Teamkollegen, der schnelle Japaner Masaki Tokudome unterschrieb am Sonntagnachmittag einen handschriftlich improvisierten Vertrag und stieß mit einem Glas Champagner auf die Zukunft in Haslach im Schwarzwald an.

In anderen Teams wurde dagegen gespart. Das Gerücht eines baldigen Cagiva-Rückzugs erhielt in Barcelona neue Nahrung, weil Doug Chandler den Arbeitsmarkt durchforstete und sein Techniker Kel Carruthers als neuer Technik-Chef von Raineys 250 cm³-Team gehandelt wurde.

Rolf-Peter Ditter, Masaki Tokudome: Handschlag auf die Zukunft in Haslach im Schwarzwald

Mißglückter Autotest:
Loris Reggiani hatte Schulterschmerzen

Andere Indizien deuteten auf einen Teilrückzug hin: Teamchef Giacomo Agostini buchte für Januar und Februar vorläufig Tests in Barcelona, angeblich ärgerte er John Kocinski mit einem unterschriftsreifen Vertrag, an dem er knallhart die Dollar-Daumenschraube ansetzte. Denn notfalls wäre ja auch der nach dem HB-Rückzug arbeitslos gewordene HB Team Italy-Star Doriano Romboni als Alternative zur Verfügung gestanden.

Im offiziellen Chesterfield-Team wurde Jean-Philippe Ruggia durch den 20jährigen Roberto Locatelli ersetzt, der bei seinem Grand Prix-Debüt in Mugello mit der Pole Position bei den 125ern aufhorchen ließ. 1995 sollte er auf 94er Werksmaschinen ausrücken, erste Tests verliefen vielversprechend.

Ganz im Gegensatz zu dem Test, den Loris Reggiani mit einem alten Renn-Alfa Romeo in Misano an der Mauer beendete. Weil er vor einem Boxenstop die obligate Abkühlrunde vergaß und mit völlig überhitzten Bremsen zurück auf die Strecke ging, trat er am Ende der Zielgeraden ins Leere, ignorierte die erste Kurve und donnerte wuchtig in die Streckenbegrenzung. Neben einem unbedeutenden Bruch im rechten Schulterblatt trug Reggiani schmerzhafte Muskelzerrungen davon.

Das ganze Fahrerlager wußte von der peinlichen Geschichte, nur Aprilia-Cheftechniker Jan Witteveen nicht – und wunderte sich, warum Reggiani im ersten freien Training mit verzerrter Miene den 26. Platz belegte. Im Rennen gab er wegen der Schmerzen nach fünf Runden auf.

Schlimmer indes war der Unfall, der sich beim letzten Lauf zur amerikanischen Superbikemeisterschaft in Road Atlanta zutrug. Michaels älterer Bruder Scott Doohan stürzte so schwer, daß er neben Knochenbrüchen auch ein Gehirntrauma davontrug und vorläufig in künstlichem Koma gehalten wurde.

Beim Aufwachen hielt man ihm die Quittung unter die Nase: Die amerikanische Föderation sperrte ihn und seinen Unfallgegner Brad Hazen wegen gemeingefährlicher Aktionen auf unbefristete Zeit. Zeugen berichteten nämlich, unmittelbar vor dem Crash sei Doohan von Hazen beim Genick gepackt worden, Doohan habe sich bei Tempo 240 mit einem Fußtritt bedankt.

Scott Doohans traditioneller Wild Card-Start im australischen Eastern Creek, wo bereits wieder die Saisoneröffnung 1995 auf dem Programm stand, war dadurch natürlich nicht gefährdet. Dagegen wunderten sich viele deutsche Fans über eine plötzliche Kehrtwendung in der Politik Bernie Ecclestones: Nachdem er bislang zäh am Hockenheimring als Schauplatz des deutschen Grand Prix festgehalten hatte, stand nach einem Gipfeltreffen zwischen Ecclestone und Dorna-Chef Carmelo Ezpeleta nun für 1995 plötzlich wieder der Nürburgring auf dem Kalender. Weil er aus Zuschauermangel ständig Verluste machte und er die Bürgerproteste nicht mehr hören konnte, fand Hockenheim-Promoter Ecclestone einen diplomatischen Weg, den eigentlich noch für zwei Jahre gültigen Vertrag mit der Hockenheimring GmbH zu begraben. Promoter für das Rennen am Nürburgring: Die badische Firma moto motion mit Ex-Rennfahrer Franz Rau und dem flamboyanten Amerikaner Steve McLaughlin an der Spitze.

250 cm³: Waldi schlürft Kräutertee

Während hinter den Kulissen längst die neue Saison vorbereitet wurde, zerbrachen sich Erv Kanemoto und sein Schützling Tadayuki Okada den Kopf über das Set-Up der Rothmans-Honda.

Im Vorjahr hatte ausgerechnet Max Biaggi auf dieser Maschine in Barcelona überlegen gewonnen, und als Okada im ersten Training noch schneller war als Biaggi auf der Werks-Aprilia, schien Honda mit einer ganzen Armada an der Spitze der Wertung den Vorteil verteidigen zu können. Bei Biaggi flatterten die Nerven, Okada hingegen wirkte entspannt wie nach einer japanischen Teezeremonie. »Ich bin der Jäger, nicht der Gejagte. Ich habe keinen Grund, mich aufzuregen«, meinte er.

Acht Punkte betrug sein Rückstand in der WM-Wertung, womit der 27jährige den Titel auch bei einem Sieg nicht aus eigener Kraft an sich reißen konnte und mindestens einen weiteren Markenkollegen brauchte, der sich zwischen ihn und Biaggi schieben und dem Aprilia-Star Punkte wegnehmen würde.

Doch die vermeintliche Honda-Armada entpuppte sich als bröckelnde Front. »Okada ist Honda-Pilot, Biaggi ist Italiener. Deshalb bleibe ich neutral«, meinte Doriano Romboni, im Training Schnellster der Honda-Flotte. Trotz seiner größeren Verpflichtungen zu Honda – im Gegensatz zu Romboni wurde er zeit seiner Karriere von Honda Italien unterstützt – empfand Capirossi nicht anders, und bei Ralf Waldmann brauchte man nach Trainingsplatz zwölf wegen einer heraufziehenden Erkältung und wegen ungelöster Fahrwerksprobleme viel Optimismus, um ihm eine Chance gegen Biaggi anzudichten. »Wir haben die Federung nicht im Griff. Beim Anbremsen und Einlenken nickt die Gabel stark ein und kommt nicht rechtzeitig zurück. Das bringt mich auf Bodenwellen in Schwierigkeiten«, grübelte Waldi.

Noch elender fühlte er sich am Sonntagmorgen: Ein Grippevirus hatte derart von ihm Besitz ergriffen, daß er sich freiwillig einen Kräutertee anrührte.

Spaniens Hoffnung Luis d'Antin, Dritter am ersten Tag, hatte sich schon im freien Samstagstraining verabschiedet. Er rutschte auf kalten Reifen aus, brach das rechte Schlüsselbein und verbog die darin befindliche Metallplatte. In der treuherzigen Hoffnung, am Sonntag starten zu können, ließ er sich augenblicklich operieren, schaute das Rennen aber natürlich vom Streckenrand an.

Auch der von einem Mineralölsponsor kurzfristig für dieses Rennen ins Kanemoto-Team eingekauften Spanier Luis Carlos Maurel war als Grünschnabel auf der NSR 250 mehr Last als Hilfe, und so stand Okada am Ende alleine zwischen Bergen verschiedener Michelin-Reifen.

Nachdem es am ersten Trainingstag noch sommerlich schön gewesen war, fielen die Temperaturen bereits am Samstag drastisch, und als sich der Wettergott am Sonntag auch noch mit einer Wolkenwand einmischte, schien plötzlich kein einziger der Michelin-Slicks mehr optimalen Grip zu haben. Im kurzen Warm Up am Sonntagmorgen testete Okada als einziger Michelin-Spitzenpilot dieser Klasse nicht weniger als acht verschiedene Mischungen, längst waren seinem Team die Reifenwärmer ausgegangen.

Und selbst dieser letzte Kraftakt war vergebens. Okada startete mit dem fünf Mann starken Spitzenpulk, war zunächst Vierter und stieß in der zweiten Halbzeit tatsächlich für zwei Runden an die Spitze vor. Doch dann fiel er genauso allmählich, wie er sich vorgekämpft hatte, wieder zurück, beendete das Rennen als Vierter und die

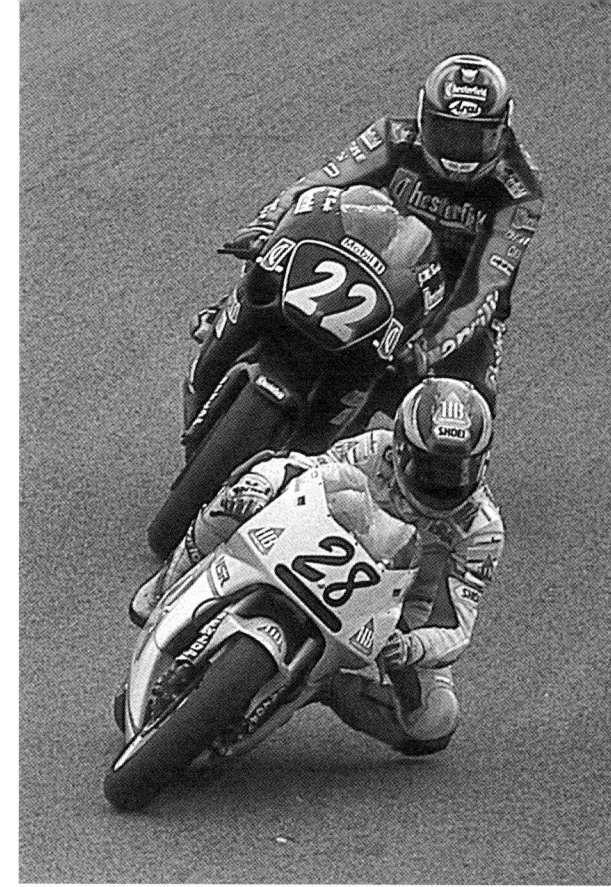

Von Grippe geschüttelt – doch happy über WM-Rang fünf: Ralf Waldmann

Saison als Vizeweltmeister. »Es war auch so ein gutes Jahr. Im nächsten hole ich mir dann das, was mir zusteht«, meinte er keck, ohne ernsthaft enttäuscht zu sein.

Max Biaggi, im Verlauf der Saison ebenso durch Heldentaten wie durch Leichtsinnsfehler aufgefallen, fiel nach dem mageren fünften Platz im ersten Training in ein seelisches Tief und war der Verzweiflung nahe, als er am Samstagmorgen zwei-

Max Biaggi:
Im Abschlußtraining kam die Erlösung

Tadayuki Okada: Trotz Honda-Armada allein auf weiter Flur

Vom verlorenen Sohn zum Kronjuwel der Firma: Weltmeister Max Biaggi mit Cheftechniker Jan Witteveen, Aprilia-Besitzer Ivano Beggio, Teamdirektor Carlo

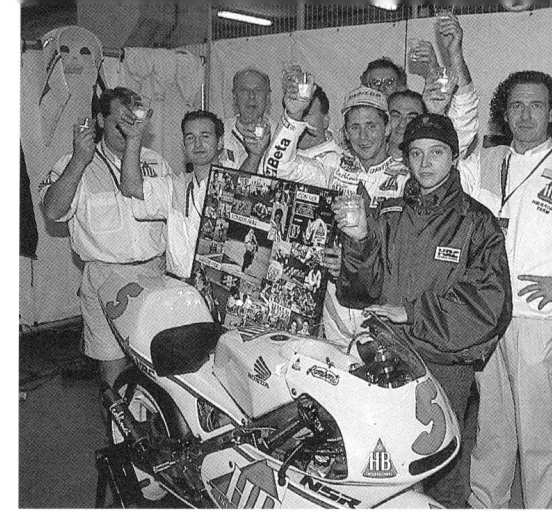

Zum zweiten Mal Champagner: Doriano Rombonis Abschied nach fünf Jahren mit HB

mal wegen kleinerer Defekte stehenblieb.

Doch im Abschlußtraining wendete sich das Blatt. »Das Motorrad ist besser als gestern«, sagte Biaggi nach seiner Pole Position erleichtert, »im Kurvenscheitelpunkt haben wir zwar noch dieselben Probleme wie im ersten Training, aber nur, wenn ich erheblich schneller fahre. Jetzt versuche ich, ganz entspannt zu bleiben, nicht an Okada zu denken und mein eigenes Rennen zu fahren.«

Und Biaggi blieb entspannt. Nach fünf verhaltenen Runden stieß er an die Spitze vor, führte seine Verfolger eine Zeitlang an der Nase herum und setzte sich im Endspurt mühelos um drei Sekunden ab, von denen er eine in der letzten Runde wegen wichtiger Nebenbeschäftigungen wie Wheelies und freundlichem Winken ins Publikum wieder verjuxte. »Am Anfang habe ich versucht, die Reifen zu schonen, aufrecht zu fahren und dafür Zeit beim Bremsen gutzumachen. In den letzten fünf Runden wollte ich dann Raum gewinnen, habe alles riskiert und die Reifen bis zur äußersten Kante beansprucht. Als ich mich umdrehte und niemanden mehr hinter mir erspähte, wußte ich: Jetzt hast du es geschafft!« strahlte der 23jährige Römer, spritzte beim Erklingen der Nationalhymne bereits quietschvergnügt mit seinem Champagner durch die Gegend und war auch danach zu allen möglichen Faxen und Lausbubenstreichen aufgelegt.

Die Last der Verantwortung hätte ihn schier erdrückt, doch jetzt ließen ihn Aprilia-Besitzer Ivano Beggio und Teamdirektor Carlo Pernat fürs Foto hochleben. Etwas später fielen sich Pernat und Biaggi hinter dem Chesterfield-Bus erneut in die Arme, und der selten um Worte verlegene Pernat beschränkte sich nach dem zweiten Titel des Jahres und dem dritten in der Firmengeschichte auf ein wonniges Lächeln. Daß der verlorene Sohn, 1993 unehrenhaft ins Kanemoto-Team desertiert, vor Gericht gezerrt und 1994 in Gnaden wieder aufgenommen, vom schwarzen Schaf zum Kronjuwel der Firma aufgestiegen war, brauchte er nicht mehr in Worte zu fassen.

Selbst seine Rivalen Loris Capirossi und Doriano Romboni entwickelten so etwas wie Freundschaft mit dem lang als Sonderling geächteten Biaggi. Am Podest kippten sie ihm den Champagner bis zum letzten Tropfen in den Hals, ebenso sehenswert

Hoch das Schild: Auch Aprilia-Hospitality-Chef Enrico war von Biaggis WM-Titel beglückt

war die Taktik der beiden Honda-Stars im Rennen: Solange Okada eine Chance hatte, hielten sie sich irritiert zurück, doch sowie Biaggi begann, die Führung auszubauen, fielen sie erleichtert über Okada her und gaben ihm den Gnadenstoß. »Biaggi ist bärenstark gefahren und hatte ein bärenstarkes Motorrad. Er war heute unschlagbar«, sagten Capirossi und Romboni unisono.

Nur über Platz zwei waren sie sich nicht richtig einig. »Ich war überzeugt, Zweiter werden zu können. Doch fünf Runden vor Schluß waren meine Reifen am Ende. Und als Capirossi vorbeikam, hatte ich keine Chance zur Gegenwehr«, bedauerte Romboni, tröstete sich aber mit Platz drei – und einer zweiten Champagnerparty in seiner Box, bei der letztmals auf seine fünfjährige Laufbahn im HB-Team angestoßen wurde.

Ralf Waldmann war mehr nach einer Daunendecke zumute. »Mein Start war supergranatenmäßig, vielleicht der beste des ganzen Jahres. Ich war Sechster, verbremste mich aber in der dritten Runde und fiel wieder zurück«, schilderte er nach Platz sieben und klapperte wegen seiner Grippe mit den Zähnen. »Körperlich geht's mir dreckig, doch sonst bin ich glücklich. Im letzten Jahr war ich mit der 125er WM-Vierter, im Vergleich dazu ist mein fünfter WM-Rang im ersten 250er Jahr um Welten mehr, als ich mir erträumen konnte.«

Der Schweizer Adrian Bosshard erkämpfte sich als Zehnter das beste Resultat der Saison, nach einer Startkollision mit dem stürzenden Spanier José Luis Cardoso und einem weiteren Ausritt in Runde zwei zeigte Kenny Roberts junior eine rasante Auf-

Adrian Bosshard (20): Das beste Rennen des Jahres

Tex Geissler:
Der Killschalter war der Störenfried

holjagd und kämpfte sich vom letzten noch auf den elften Platz vor, was ihm ein anerkennendes Schulterklopfen seines berühmten Teamchefs einbrachte.

125 cm³: Ein Dutzend wilder Kerle

Auf Wolke sieben schwebte auch Dirk Raudies nach Hause. Erstens, weil sein neuer, zum letzten Rennen endlich fertiggestellter Wohnbus mit luftgefederten Sitzen ausgestattet war, zweitens, weil sich das arg geplünderte Bankkonto schon wieder zu erholen begann. »Er ist etwas teurer geworden als geplant – 460 000 Mark«, kratzte sich Raudies am Kopf. »Jetzt müssen Siege her, damit ich den Karren bezahlen kann. Sonst muß ich Eintritt verlangen...«

Nach einem niederschmetternden zehnten Rang im ersten Training fürchteten die in Massen Schlange stehenden Neugierigen schon das Schlimmste, doch nach der Pole Position im Abschlußtraining machte sich allgemeine Erleichterung breit. »Wir haben uns nachts im Bus zusammengesetzt und beratschlagt, wie wir die Fahrwerksprobleme lösen können. Dann haben wir das hintere Federbein radikal umgebaut, die Gabel anders eingestellt und härtere Reifen verwendet. Plötzlich ging's« schilderte Raudies und dachte erstmals seit Salzburg und Hockenheim wieder ans Gewinnen.

Nur, daß er sich diesmal nicht ungestört aus dem Staub machen konnte. Die Entscheidung um den Sieg war ein offener Schlagabtausch der weltbesten 125 cm³-

Start der 125 cm³-Klasse: Stefano Perugini (32) vor Dirk Raudies (1), Fehlstarter Stefan Prein (15) und Peter Öttl (10)

Piloten, angereichert durch die Energieanfälle etlicher Außenseiter, so daß mehr als ein Dutzend wilder Kerle für Spannung sorgten und die Entscheidung bis zur letzten Kurve offenhielten.

Von den Dramen, die sich dabei abspielten, seien nur die Allerwichtigsten erwähnt. Oliver Koch verlor alle Optionen, weil er schon in der dritten Kurve von Nicolas Dussauge aus dem Sattel torpediert wurde. Tex Geissler tuckerte als Schlußlicht durchs Feld, weil er versehentlich an den Killschalter geraten war. Stefan Prein suchte sein Heil in einer frühen Flucht, war aus Reihe vier plötzlich telegen Dritter und beim Zieleinlauf Neunter, bevor er von der Rennleitung auf Platz 21 degradiert wurde. So hochverdient die Strafminute, so genial Preins Schachzug: Ein paar Punkte zählten bei den Sponsorverhandlungen längst nicht mehr, ein paar Fernsehminuten hingegen sehr wohl.

Die verdiente sich auch Maik Stief: Mit dem von Horst Kassner präparierten Motor, in dem eine Kurbelwelle mit größerer Schwungmasse steckte, tauchte er in Runde zwölf wie elektrisiert an der Spitze auf, stand aber zu sehr unter Strom und schlitterte postwendend ins Kiesbett. Immer noch hochmotiviert ließ er sich wieder anschieben, kam mit der demolierten agv-Attac-Aprilia aber nur noch eine Runde

Erst in Führung...,

...dann gestürzt: Maik Stief

weit. Stiefs Vorgänger Garry McCoy schaute mit Mentor Mario Rubatto zu und zeigte wenig Heimweh nach seiner alten Maschine: Angeblich stapelten sich hochkarätige Angebote fürs nächste Jahr.

Wie Stief hatte auch Stefano Perugini den Bug seiner Aprilia keck in die Spitze geschoben, überstand den ersten spektakulären Ausritt und Sturz aber noch unbeschadet. Fast ans Ende des Feldes zurückgefallen, schlug er sich mit derartigem Tempo durchs Getümmel, daß er vor seinem zweiten und endgültigen Sturz in der letzten Runde schon wieder Dritter war.

Die Rekordrunde drehte jedoch nicht er, sondern Peter Öttl. Von Platz zehn arbeitete er sich kontinuierlich nach vorn und am siebtplazierten Weltmeister Kazuto Sakata vorbei, eroberte für drei Runden die Spitze, wurde aber aus dem Windschatten heraus wieder geschnappt und freute sich am Ende über Platz zwei. »Unsere Rechnung bei der Abstimmung ist voll aufgegangen. Ich konnte schneller durch die Kurven flitzen als meine Konkurrenten und habe dabei trotzdem die Reifen geschont. Dadurch konnte ich in der zweiten Hälfte angreifen und habe auf den einsetzenden Nieselregen keinerlei Rücksicht genommen«, schilderte Öttl. »WM-Rang vier habe ich zwar abgeben müssen, doch der zweite Platz zum Finale ist ein gerechter Ausgleich.«

Zum Drama wurde der Kampf um den Sieg. Dirk Raudies und Jorge Martínez hatten sich an der Spitze schon ein paarmal auf den Zahn gefühlt, in der Zielkurve versuchte der Spanier dann, den Sieg mit Gewalt zu erzwingen: Er griff außen an, wurde aber beim Beschleunigen auf die weiße Begrenzungslinie hinausgetragen und schlug mehrere Saltos, wobei ihn seine havarierte Yamaha auf bedrohliche Weise verfolgte.

Martínez humpelte unter dem Gebrüll der Fans zum Streckenspital, Raudies kletterte zum dritten Mal in diesem Jahr aufs Siegerpodest. »Martínez ist ein Teufel auf der Bremse, aber dadurch strapaziert er den Vorderreifen derart, daß er zum Rennende hin Probleme kriegt«, analysierte er. »Ich habe nur während des Nieselwetters an meinem Sieg gezweifelt und das Gas zurückgedreht, weil ich keinen Sturz riskieren wollte. Als es wieder trocken wurde, hatte ich mehr Reserven und gab 100 Prozent. Martínez' Reifen waren am Ende, er hat's trotzdem versucht – und den Preis dafür bezahlt!«

500 cm^3:
Cadalora Vize, Kocinski sauer

Bei den 500ern störte ebenfalls Nieselregen den Reifengrip und sorgte für atemberaubende Rutscher. Als das Tröpfeln zu Rennmitte stärker wurde, hatte sich das Geschehen freilich schon weitgehend sortiert.

Sechs phantastische Runden lang verteidigte Blitzstarter Alberto Puig auf seiner Ducados-Honda die Führung, dann mußte er Luca Cadalora und wenig später auch Weltmeister Michael Doohan Platz machen und fiel wegen seiner unter Belastung anschwellenden Unterarme auf Rang sieben zurück. »Es tut gut, beim Heim-Grand Prix in Führung zu liegen. Nach Saisonende habe ich endlich Zeit für die fälligen Karpaltunneloperationen. Denn ich brenne darauf, ein ganzes Rennen in diesem Tempo zu fahren«, meinte Puig.

Mick Doohan gab es schnell auf, den schon im Training entfesselt loslegenden Luca Cadalora am Gewinnen hindern zu

Doppelte Freude über den deutschen Doppelsieg: Dirk Raudies, Peter Öttl

Schon im Training wie entfesselt: Sieger Luca Cadalora

John Kocinski (11) quetscht sich an Alex Crivillé (8) vorbei – und war sauer über Platz drei

wollen und begnügte sich nach neun Siegen mit Platz zwei, was ihm alles in allem die imposante Zahl von 317 WM-Punkten einbrachte – der Australier hatte sämtliche 14 Rennen des Jahres mit einem Podestplatz beendet.

Aufregend blieb das Duell um Platz drei: Alex Crivillé und John Kocinski beharkten sich mit solcher Inbrunst, daß Crivillés Verkleidungsscheibe in Stücke zerbarst. Der Spanier verlor das Duell und schrieb den entgangenen Podestplatz dem in Amerika verletzten linken Unterarm zu.

Kocinski war über Platz drei aber auch nicht glücklich, wurmte sich, daß er den

Mick Doohan kam auf Platz zwei – und bei jedem Rennen aufs Podest

500 cm³:

Ergebnisse

1. Luca Cadalora	I	Yamaha YZR	46.03.356
2. Michael Doohan	AUS	Honda NSR	46.06.844
3. John Kocinski	USA	Cagiva C-594	46.09.922
4. Alex Crivillé	E	Honda NSR	46.10.842
5. Daryl Beattie	AUS	Yamaha YZR	46.22.093
6. Alexandre Barros	BRA	Suzuki RGV	46.23.350
7. Alberto Puig	E	Honda NSR	46.27.884
8. Niall Mackenzie	GB	ROC-Yamaha	46.38.334
9. Bernard Garcia	F	Yamaha YZR	46.58.256
10. Doug Chandler	USA	Cagiva C-594	46.59.284
11. John Reynolds	GB	Harris-Yamaha	46.59.343
12. Jeremy McWilliams	GB	Yamaha YZR	46.59.634
13. Juan López-Mella	E	ROC-Yamaha	47.14.196
14. Laurent Naveau	B	ROC-Yamaha	47.14.314
15. Andrew Stroud	NZ	ROC-Yamaha	47.14.415

16. Neil Hodgson (GB) Harris-Yamaha, 17. Jean-Pierre Jeandat (F) ROC-Yamaha, 18. Cristiano Migliorati (I) ROC-Yamaha, 19. Cees Doorakkers (NL) Harris-Yamaha – 1 Rde., 20. Bernard Haenggeli (CH) ROC-Yamaha

WM-Stand Pkt.

1. Doohan 317
2. Cadalora 174
3. Kocinski 172
4. Schwantz 169
5. Puig 152
6. Crivillé 144
7. Itoh 141
8. Barros 134
9. Chandler 96
10. Mackenzie 69
11. Garcia 56
12. McWilliams 49
13. Beattie 44
14. Reynolds 43
15. Emmett 34

Schnellste Runde: Doohan in 1.49.452 = 156,134 km/h

Rekord: Michael Doohan (Honda) in 1.48.583 = 157,384 km/h (1992)

Durchschnitt Sieger: 25 Runden oder 118,675 km in 46.03.356 = 154,605 km/h

Ausfälle: S. Itoh (J) Honda, Sturz; L. Reggiani (I) Aprilia, Schmerzen; S. Emmett (GB) Suzuki, Sturz; K. Mitchell (GB) Harris-Yamaha, Kurbelwelle gebrochen; L. Pedercini (I) ROC-Yamaha, Aufgabe wegen Regen; M. Papa (I) ROC-Yamaha, Konditionsprobleme; A. Leuthe (D) ROC-Yamaha, Motor defekt; V. Scatola (I) Paton, Sturz; B. Bonhuil (F) ROC-Yamaha, Aufgabe wegen Regen, J. Foray (F) ROC-Yamaha, M. Garcia (F) ROC-Yamaha

Trainingszeiten: 1. Cadalora 1.47.918 = 158,354 km/h, 2. Doohan 1.47.934, 3. Kocinski 1.48.264, 4. Puig 1.48.641, 5. Crivillé 1.49.226, 6. Beattie 1.49.262, 7. Itoh 1.49.591, 8. Chandler 1.50.102, 9. Barros 1.50.495, 10. Reynolds, 1.50.668, 11. Emmett 1.50.951, 12. Mackenzie 1.51.228, 13. Garcia 1.51.408

250 cm³:

Ergebnisse

1. Massimiliano Biaggi	I	Aprilia	42.44.818
2. Loris Capirossi	I	Honda NSR	42.46.758
3. Doriano Romboni	I	Honda NSR	42.47.426
4. Tadayuki Okada	J	Honda NSR	42.47.874
5. Tetsuya Harada	J	Yamaha TZM	42.49.047
6. Jean-Philippe Ruggia	F	Aprilia	43.03.311
7. Ralf Waldmann	D	Aprilia	43.06.886
8. Jean-Michel Bayle	F	Aprilia	43.06.968
9. Carlos Checa	E	Honda RS	43.15.975
10. Adrian Bosshard	CH	Honda NSR	43.16.856
11. Kenny Roberts jr.	USA	Yamaha	43.19.141
12. Wilco Zeelenberg	NL	Honda NSR	43.24.723
13. Luis Carlos Maurel	E	Honda NSR	43.41.416
14. Miguel Castilla	E	Yamaha TZ	43.41.554
15. Andy Preining	A	Aprilia	43.44.328

16. Giuseppe Fiorillo (I) Honda, 17. Jürgen v.d. Goorbergh (NL) Aprilia, 18. Juan Borja (E) Aprilia, 19. Adi Stadler (D) Honda, 20. Jürgen Fuchs (D) Honda, 21. Sete Gibernau (E) Yamaha, 22. Patrick v.d. Goorbergh (NL) Aprilia, 23. Enrique de Juan (E) Aprilia, 24. James Haydon (GB) Honda, 25. Kristian Kaas (SF) Yamaha – 1 Rde.

WM-Stand Pkt.

1. Biaggi 234
2. Okada 214
3. Capirossi 199
4. Romboni 170
5. Waldmann 156
6. Ruggia 149
7. Harada 109
8. Bayle 105
9. d'Antin 100
10. Aoki 95
11. Zeelenberg 84
12. Checa 54
13. Suter 42
14. Bosshard 34
15. Preining 30

Schnellste Runde: Capirossi in 1.50.362 = 154,847 km/h (Rekord)

Alter Rekord: Loris Reggiani (Aprilia) in 1.51.304 = 153,536 km/h (1992)

Durchschnitt Sieger: 23 Runden oder 109,181 km in 42.44.818 = 153,247 km/h

Ausfälle: N. Aoki (J) Honda, Sturz; F. Protat (F) Honda, Reifenprobleme; L. d'Antin (E) Honda, Nichtstarter/Trainingssturz; E. Suter (CH) Aprilia, Sturz; J. L. Cardoso (E) Aprilia, Sturz; C. Boudinot (F) Aprilia, Motor defekt; R. Fee (CDN) Honda, keine Motivation; N. Ferro (F) Honda, Reifenprobleme; A. Gramigni (I) Aprilia, Motor defekt; M. Hernandez (E) Aprilia, Motor überhitzt

Trainingszeiten: 1. Biaggi 1.49.942 = 155,438 km/h, 2. Romboni 1.50.273, 3. Capirossi 1.50.685, 4. Aoki 1.50.730, 5. d'Antin 1.51.148, 6. Ruggia 1.51.239, 7. Bayle 1.51.244, 8. Checa 1.51.268, 9. Harada 1.51.273, 10. Okada 1.51.287, 11. Roberts jr. 1.51.429, 12. Waldmann 1.51.560, 13. Bosshard 1.51.808, 14. Suter 1.51.811, 15. Zeelenberg 1.52.291

Vize-Titel Luca Cadalora überlassen mußte und ließ sich am Siegerpodest zu einer Entgleisung hinreißen. »Jeder konnte sehen, daß die Cagiva nicht konkurrenzfähig ist. Ich wollte Platz zwei, doch meine Maschine wollte nicht«, maulte er.

Australiens Channel 9-Reporter Barry Sheene traute seinen Ohren nicht. »Jetzt hat sich Kocinski nach Yamaha und Suzuki auch noch mit Cagiva überworfen«, argwöhnte er.

Gespanne: Bilands neuer Motor

Der Graben zwischen Ralph Bohnhorst und seinem Teamchef Rolf Steinhausen, entstanden aus Frust und Erfolglosigkeit und beim letzten WM-Lauf in Assen vollends aufgerissen, war nicht mehr zu überbrücken, so daß Bohnhorst schon gar nicht mehr zum Finale nach Barcelona anreiste, fürs neue Jahr jedoch mit einem neuen Team ein Comeback in Aussicht stellte.

Steinhausen war als Betreuer der Schweizer Europameister Vögeli/Wickli zur Stelle, die mit hustendem Motor buchstäblich im Regen standen. Nach dem Start hatte das Nieseln nämlich so an Intensität zugenommen, daß Renndirektor Roberto Nosetto um einen Abbruch nach neun Runden nicht herumkam.

Vor dem zweiten Start verordnete er drei Runden Regentraining, damit die Piloten ihre Flundern wenigstens halbwegs auf die schlüpfrige Piste einstellen konnten. Trotzdem herrschte an Ausritten, Drehern und Stürzen kein Mangel.

Rolf Biland führte bei der Grand Prix-Premiere seines neuen Swissauto-V4-Motors fünf Runden des zweiten Laufs, was sich Darren Dixon dank eines komfortablen Vorsprungs aus dem ersten Teil sorglos von hinten anschauen konnte. Dann blieb Bilands Maschine wegen ersoffener Zündung stehen, damit war der Weg für Dixon endgültig frei.

Weltmeister Biland bahnte seinem neuen Motor trotz des kleinen Rückschlags den Weg in die Zukunft: Mit der Pole Position hatte er bereits die Leistungsfähigkeit des kompakten, mit einer Kurbelwelle auskommenden Aggregats unter Beweis gestellt. Das nächste Projekt: Der britische Fahrwerksbauer Steve Harris wurde mit der Konstruktion einer Solomaschine beauftragt, der Schweizer Halbliter-Privatfahrer Bernhard Haenggeli als Testpilot engagiert.

125 cm³:

Ergebnisse

1. Dirk Raudies	D	Honda RS	43.26.974	
2. Peter Öttl	D	Aprilia	43.29.111	
3. Haruchika Aoki	J	Honda RS	43.31.930	
4. Takeshi Tsujimura	J	Honda RS	43.31.975	
5. Fausto Gresini	I	Honda RS	43.35.753	
6. Noboru Ueda	J	Honda RS	43.39.465	
7. Kazuto Sakata	J	Aprilia	43.39.617	
8. Hideyuki Nakajyo	J	Honda RS	43.39.653	
9. Loek Bodelier	NL	Honda RS	43.39.838	
10. Fausto Gresini	I	Honda RS	43.39.938	
11. Gianluigi Scalvini	I	Aprilia	43.40.088	
12. Yoshiaki Katoh	J	Yamaha TZM	43.45.777	
13. Masaki Tokudome	J	Honda RS	44.07.615	
14. Lucio Ceccinello	I	Honda RS	44.10.090	
15. Tomoko Igata	J	Honda RS	44.10.100	

16. Vittorio Lopez (I) Honda, 17. Luis Alvaro (E) Yamaha, 18. Darren Barton (GB) Honda, 19. Antonio Sanchez (E) Honda, 20. Manfred Gessler (D) Aprilia, 21. Stefan Prein (D) Yamaha, 22. Frédérick Petit (F) Yamaha, 23. Hans Spaan (NL) Honda, 24. Max Gambino (I) Aprilia, 25. Yasuaki Takahashi (J) Honda

WM-Stand Pkt.
1. Sakata 224
2. Ueda 194
3. Tsujimura 190
4. Raudies 162
5. Öttl 160
6. Martínez 135
7. Perugini 106
8. Tokudome 87
9. Petrucciani 74
10. Torrontegui 73
11. Nakajyo 70
12. Aoki 59
13. McCoy 56
14. Saito 53
15. Bodelier 48

Schnellste Runde: Öttl in 1.56.514 = 146,671 km/h (Rekord)

Alter Rekord: Ralf Waldmann (Aprilia) in 1.57.230 = 145,775 km/h (1993)

Durchschnitt Sieger: 22 Runden oder 104,434 km in 43.26.974 = 144,214 km/h

Ausfälle: A. Saito (J) Honda, Motor defekt; J. Martínez (E) Yamaha, Sturz; H. Torrontegui (E) Aprilia, Schmerzen am rechten Bein; O. Koch (D) Honda, Sturz; M. Baumann (A) Yamaha, Kurbelwellenlager defekt; C. Giró (E) Aprilia, Kolbenklemmer; E. Alzamora (E) Honda, Kupplung verbrannt; G. Debbia (I) Aprilia, Motor defekt; S. Perugini (I) Aprilia, Sturz; N. Dussauge (F) Honda, Sturz; M. Stief (D) Aprilia, Ausritt/Motorprobleme

Trainingszeiten: 1. Raudies 1.56.673 = 146,471 km/h, 2. Perugini 1.56.648, 3. Tokudome 1.56.821, 4. Martínez 1.56.873, 5. Tsujimura 1.56.952, 6. Öttl 1.57.180, 7. Sakata 1.57.225, 8. Ueda 1.57.226, 9. Katoh 1.57.261, 10. Giró 1.57.320, 11. Stief 1.57.330, 12. Scalvini 1.57.341, 13. Alzamora 1.57.346, 14. Prein 1.57.360

Gespanne:

Ergebnisse

1. Dixon/Hetherington	GB	LCR-Yamaha	50.02.148
2. Güdel/Güdel	CH	LCR-ADM	50.12.117
3. Abbott/Tailford	GB	Windle-Krauser	50.58.258
4. Klaffenböck/Parzer	A	LCR-Swissauto	51.13.575
5. D. Brindley/Hutchinson	GB	LCR	51.21.155
6. Lausletho/Metsaranta	SF	LCR	51.29.833
7. S. Webster/Hänni	GB/CH	LCR	51.33.845
8. Gälross/Berglund	S	LCR-Yamaha	51.39.429
9. Kavanagh/Puyvelde	GB	LCR-Krauser	52.04.792
10. Bösiger/Egli	CH	LCR-ADM	52.05.344
11. Kumagaya/Pointer	J/GB	LCR-ADM	52.06.016
12. Reddington/Crone	GB	LCR-ADM	–1 Rde.
13. Knight/Hopkinson	GB	Windle	–1 Rde.
14. K. Webster/Hofsteenge	GB/NL	LCR	–1 Rde.
15. Koster/Hoess	CH	LCR-ADM	–1 Rde.

WM-Stand Pkt.
1. Biland 141
2. S. Webster 104
3. D. Brindley 96
4. Bösiger 88
5. Güdel 86
6. Klaffenböck 82
7. Dixon 78
8. Abbott 74
9. B. Brindley 52
10. Kumagaya 52
11. Lausletho 50
12. Bohnhorst 48
13. Egloff 26
14. Wyssen 23
15. K. Webster 23

Schnellste Runde: Biland in 1.53.800 = 150,169 km/h (Rekord)

Durchschnitt Sieger: 22 Runden oder 104,434 km in 50.02.148 = 125,231 km/h

Ausfälle: Biland/Waltisperg (CH) LCR-Swissauto, Elektrik defekt; Klaffenböck/Parzer (A) LCR-Bartol; Vögeli/Wickli (CH) LCR-Steinhausen, Motorprobleme; Wyssen/Wyssen (CH) LCR-Krauser, Überschlag; Egloff/Egloff (CH) LCR-Yamaha, Nichtstarter 2. Rennen; B. Brindley/Whiteside (GB) LCR-Yamaha, Bremsen defekt; Janssen/Kessel (NL) LCR-Yamaha, Motorprobleme; Hoskin/James (AUS/GB) LCR-ADM, Sturz; Thilloy/Horne (GB) LCR-Honda, Sturz; Wilford/Wynn (GB) LCR-ADM, Elektrik defek

Trainingszeiten: 1. Biland 1.50.586 = 154,561 km/h, 2. Abbott 1.51.734, 3. Dixon 1.52.112, 4. Bösiger 1.52.334, 5. S. Webster 1.52.545, 6. D. Brindley 1.52.618, 7. Klaffenböck 1.52.892, 8. Güdel 1.53.234, 9. Egloff 1.53.928, 10. Kumagaya 1.54.136, 11. Wyssen 1.54.228, 12. B. Brindley 1.54.378, 13. Lausletho 1.54.628, 14. Reddington 1.55.273

Endstand der WM-Punktewertung

500 cm³:

		AUS	MAL	J	E	A	D	NL	I	F	GB	CZ	USA	ARG	EUR
1. Michael Doohan (AUS) Honda NSR	317	16	25	20	25	25	25	25	25	25	20	25	16	25	20
2. Luca Cadalora (I) Yamaha YZR	174	20	13	13	–	–	–	7	20	9	16	16	25	10	25
3. John Kocinski (USA) Cagiva C 594	172	25	20	7	16	11	–	8	–	20	13	–	20	16	16
4. Kevin Schwantz (USA) Suzuki RGV	169	13	10	25	20	20	20	11	16	–	25	9	–	–	–
5. Alberto Puig (E) Honda NSR	152	9	11	8	10	10	16	13	13	13	9	11	9	11	9
6. Alex Crivillé (E) Honda NSR	144	10	8	9	11	16	13	16	–	16	10	13	–	9	13
7. Shinichi Itoh (J) Honda NSR	141	11	16	16	–	13	10	–	11	11	7	20	13	13	–
8. Alexandre Barros (BRA) Suzuki RGV	134	8	9	11	13	9	11	20	9	10	–	8	8	8	10
9. Doug Chandler (USA) Cagiva C 594	96	7	7	6	9	–	9	10	–	–	11	–	11	20	6
10. Niall Mackenzie (GB) ROC-Yamaha	69	–	5	–	8	7	8	–	7	–	8	7	6	5	8
11. Bernard Garcia (F) ROC-Yamaha	56	5	–	5	–	–	7	6	8	–	5	5	4	4	7
12. Jeremy McWilliams (GB) Yamaha YZR	49	–	2	3	5	–	–	–	1	8	6	6	7	7	4
13. Daryl Beattie (AUS) Yamaha YZR	44	–	6	–	–	8	–	9	10	–	–	–	–	–	11
14. John Reynolds (GB) Harris-Yamaha	43	6	4	4	6	6	6	–	–	–	–	2	4	–	5
15. Sean Emmett (GB) Harris-Yamaha	34	2	3	–	–	4	5	–	2	–	4	3	5	6	–

16. Juan Lopez-Mella (E) ROC-Yamaha 26; 17. Norifumi Abe (J) Yamaha YZR 20; 18. Laurent Naveau (F) ROC-Yamaha 19; 19. Jean-Pierre Jeandat (F) ROC-Yamaha 17; 20. Cristiano Migliorati (I) ROC-Yamaha 12; 21. Marc Garcia (F) ROC-Yamaha 11; 22. Toshihiko Honma (J) Yamaha YZR 10; 23. Jean Foray (F) ROC-Yamaha 8; 24. Loris Reggiani (I) Aprilia RSV 400 7; 25. Bernard Haenggeli (CH) ROC-Yamaha 7; 26. Julian Miralles (E) ROC-Yamaha 7; 27. Bruno Bonhuil (F) ROC-Yamaha 7; 28. Hervé Moineau (F) ROC-Yamaha 5; 29. Scott Doohan (AUS) Harris-Yamaha 4; 30. Udo Mark (D) ROC-Yamaha 2; 31. Lucio Pedercini (I) ROC-Yamaha 2; 32. Neil Hodgson (GB) Harris-Yamaha 1; 33. Andrew Stroud (NZ) ROC-Yamaha 1

Markenweltmeisterschaft:

		AUS	MAL	J	E	A	D	NL	I	F	GB	CZ	USA	ARG	EUR
1. Honda	317	16	25	20	25	25	25	25	25	25	20	25	16	25	20
2. Suzuki	214	13	10	25	20	20	20	20	16	10	25	9	8	8	10
3. Yamaha	189	20	13	13	5	8	–	9	20	9	16	16	25	10	25
4. Cagiva	187	25	20	7	16	11	9	10	–	20	13	–	20	20	16
5. ROC-Yamaha	93	5	5	5	8	7	8	6	8	7	8	7	6	5	8
6. Harris-Yamaha	53	6	4	4	6	6	6	–	2	–	4	4	5	1	5
7. Aprilia	7	–	–	–	7	–	–	–	–	–	–	–	–	–	–

250 cm³:

		AUS	MAL	J	E	A	D	NL	I	F	GB	CZ	USA	ARG	EUR
1. Massimiliano Biaggi (I) Aprilia	234	25	25	13	–	20	20	25	–	16	–	25	20	20	25
2. Tadayuki Okada (J) Honda NSR	214	11	20	25	16	13	11	20	9	7	20	11	13	25	13
3. Loris Capirossi (I) Honda NSR	199	16	16	20	–	25	25	–	16	25	25	–	–	11	20
4. Doriano Romboni (I) Honda NSR	170	20	11	10	20	16	16	–	–	20	16	–	25	–	16
5. Ralf Waldmann (D) Honda NSR	156	9	10	–	13	11	10	13	25	13	9	20	6	8	9
6. Jean-Philippe Ruggia (F) Aprilia	149	13	13	9	25	10	8	–	13	9	10	16	–	13	10
7. Tetsuya Harada (J) Yamaha	109	–	–	7	9	–	–	–	20	–	13	8	–	16	11
8. Jean-Michael Bayle (F) Aprilia	105	6	9	5	8	5	5	10	8	11	11	10	–	9	8
9. Luis d'Antin (E) Honda NSR	100	8	8	6	10	9	7	9	10	–	7	9	10	7	–
10. Nobuatsu Aoki (J) Honda NSR	95	10	–	8	11	–	13	11	–	10	8	13	11	–	–
11. Wilco Zeelenberg (NL) Honda NSR	84	7	7	–	7	–	6	16	7	6	5	7	7	5	4
12. Carlos Checa (E) Honda RS	54	2	5	–	5	–	2	5	6	3	4	–	9	6	7
13. Eskil Suter (CH) Aprilia	42	1	–	1	6	6	–	8	–	2	6	8	4	–	–
14. Adrian Bosshard (CH) Honda NSR	34	3	4	–	–	–	–	–	5	4	2	3	3	4	6
15. Andreas Preining (A) Aprilia	30	4	3	–	–	4	3	–	4	–	–	–	6	5	1

16. Patrick v.d. Goorbergh (NL) Aprilia 27; 17. Jürgen v.d. Goorbergh (NL) Aprilia 24; 18. Kenny Roberts jr. (USA) Yamaha TZM 23; 19. Tohru Ukawa (J) Honda NSR 16; 20. Takuma Aoki (J) Honda NSR 11; 21. Marcellino Lucchi (I) Aprilia 11; 22. Toshihiko Honma (J) Yamaha 11; 23. Alessandro Gramigni (I) Aprilia 10; 24. Luis Carlos Maurel (E) Honda 10; 25. Bernd Kassner (D) Aprilia 9; 26. Giuseppe Fiorillo (I) Honda 8; 27. Adi Stadler (D) Honda 8; 28. Craig Connell (AUS) Honda 5; 29. Miguel Castilla (E) Yamaha 5; 30. Juan Bautista Borja (E) Honda 5; 31. Sete Gibernau (E) Yamaha 3; 32. José Luis Cardoso (E) Aprilia 2

Markenweltmeisterschaft:

		AUS	MAL	J	E	A	D	NL	I	F	GB	CZ	USA	ARG	EUR
1. Honda	320	20	20	25	20	25	25	20	25	25	25	20	25	25	20
2. Aprilia	283	25	25	13	25	20	20	25	13	16	11	25	20	20	25
3. Yamaha	112	–	–	7	9	–	9	3	20	8	13	–	16	16	11

125 cm³:

		AUS	MAL	J	E	A	D	NL	I	F	GB	CZ	USA	ARG	EUR
1. Kazuto Sakata (J) Aprilia	224	25	20	20	25	11	20	13	20	16	13	25	–	7	9
2. Noboru Ueda (J) Honda	194	9	25	–	13	20	10	–	25	25	10	20	7	20	10
3. Takeshi Tsujimura (J) Honda	190	–	11	25	10	–	–	25	16	20	25	11	25	9	13
4. Dirk Raudies (D) Honda	162	6	13	–	11	25	25	–	11	11	8	9	8	10	25
5. Peter Öttl (D) Aprilia	160	20	–	13	20	13	13	–	13	13	16	–	16	3	20
6. Jorge Martínez (E) Yamaha	135	–	16	9	7	–	9	20	9	10	6	13	11	25	–
7. Stefano Perugini (I) Aprilia	106	–	–	–	4	10	11	–	–	9	20	16	20	16	–
8. Masaki Tokudome (J) Honda	87	7	2	10	6	–	7	11	10	7	4	10	2	8	3
9. Oliver Petrucciani (CH) Aprilia	74	11	9	–	3	1	6	9	5	–	9	7	3	–	11
10. Herri Torrontegui (E) Aprilia	73	8	7	8	16	2	–	10	3	8	11	–	–	–	–
11. Hideyuki Nakajyo (J) Honda	70	1	5	16	–	5	–	7	–	5	5	8	10	–	8
12. Haruchika Aoki (J) Honda	59	–	6	–	2	–	–	4	7	4	3	–	13	4	16
13. Garry McCoy (AUS) Aprilia	56	16	4	7	5	16	–	8	–	–	–	–	–	–	–
14. Akira Saito (J) Honda	53	10	8	11	–	9	8	–	2	2	1	–	–	2	–
15. Loek Bodelier (NL) Honda	48	5	–	5	8	–	1	16	4	–	–	2	–	–	7

16. Fausto Gresini (I) Honda 46; 17. Gianluigi Scalvini (I) Aprilia 32; 18. Oliver Koch (D) Honda 30; 19. Carlos Giró (E) Aprilia 26; 20. Tomomi Manako (J) Honda 24; 21. Stefan Prein (D) Yamaha 17; 22. Emili Alzamora (E) Honda 16; 23. Bruno Casanova (I) Honda 15; 24. Gabriele Debbia (I) Aprilia 11; 25. Manfred Geissler (D) Aprilia 9; 26. Yoshiaki Katoh (J) Yamaha 8; 27. Emilio Cuppini 7; 28. Tomoko Igata (J) Honda 7; 29. Roberto Locatelli (I) Aprilia 6; 30. Lucio Cecchinello (I) Honda 5; 31. Kunihiro Amano (J) Honda 4; 32. Juan Maturana (E) Yamaha 4; 33. Frederic Petit (F) Yamaha 2

Markenweltmeisterschaft:

		AUS	MAL	J	E	A	D	NL	I	F	GB	CZ	USA	ARG	EUR
1. Honda	316	13	25	25	13	25	25	25	25	25	25	20	25	20	25
2. Aprilia	276	25	20	20	25	16	20	13	20	16	20	25	20	16	20
3. Yamaha	143	–	16	9	7	4	9	20	9	10	6	13	11	25	4

Gespanne:

		GB	D	NL	A	GB	CZ	NL	EUR
1. R. Biland/K. Waltisperg (CH) LCR-Swissauto	141	–	25	25	16	25	25	25	–
2. S. Webster/A. Hänni (GB/CH) LCR-Krauser	104	16	20	–	11	16	16	16	9
3. D. Brindley/P. Hutchinson (GB) LCR-Honda	96	25	–	16	–	20	13	11	11
4. M. Bösiger/J. Egli (CH) LCR-ADM	88	20	5	7	20	–	20	10	6
5. P. Güdel/C. Güdel (CH) LCR-ADM	86	11	9	11	13	11	10	1	20
6. K. Klaffenböck/C. Parzer (A) LCR-Bartol	82	10	13	20	–	13	–	13	13
7. D. Dixon/A. Hetherington (GB) LCR-Yamaha	78	8	–	–	25	–	–	20	25
8. S. Abbott/J. Tailford (GB) Windle-Krauser	74	6	16	10	8	9	–	9	16
9. B. Brindley/S. Whiteside (GB) LCR-Yamaha	52	13	11	–	6	8	7	7	–
10. Y. Kumagaya/M. Finnegan (J/GB) LCR-ADM	52	–	7	6	7	10	9	8	5
11. J. Lauslehto/J. Joutsen (SF) LCR-ADM	50	9	10	8	10	–	–	3	10
12. R. Bohnhorst/P. Brown (D/GB) LCR-Steinhausen	48	–	6	13	9	4	11	5	–
13. M. Egloff/U. Egloff (CH) LCR-Yamaha	26	–	–	9	5	–	8	4	–
14. T. Wyssen/K. Wyssen (CH) LCR-Krauser	23	7	8	–	2	–	–	6	–
15. K. Webster/H. Hofsteenge (GB/NL) LCR-Krauser	23	3	–	5	4	5	4	–	2

16. M. Reddington/T. Crone (GB) LCR-ADM 21; 17. B. Gälross/P. Berglund (S) LCR-Yamaha 17; 18. B. Janssen/F.G.v. Kessel (NL) LCR-Yamaha 16; 19. G. Knight/T. Hopkinson (GB) Windle-Krauser 11; 20. K. Kayanagh/M. Finnegan (GB) LCR-Krauser 8; 21. R. Koster/D. Combi (CH/I) LCR-ADM 8; 22. D. Hoskin/D. James (AUS/GB) LCR-ADM 4; 23. M. Schlosser/C. Cavadini (CH) LCR-ADM 3; 24. I. Willford/G. Hallam (GB) LCR-ADM 3; 25. A. Vögeli/H. Wickli (CH) LCR-Yamaha 3

Markenweltmeisterschaft:

		GB	D	NL	A	GB	CZ	NL	EUR
1. LCR-Swissauto	154	–	25	25	16	25	25	25	13
2. LCR-ADM	110	20	10	11	20	11	10	8	20
3. LCR-Krauser	109	16	20	5	11	16	16	16	9
4. LCR-Honda	106	25	–	20	6	20	13	11	11
5. Windle-Krauser	95	6	16	10	8	9	20	10	16
6. Padgett-LCR-ADM	70	–	–	–	25	–	–	20	25
7. LCR-Yamaha	69	13	11	9	5	8	8	7	8
8. LCR-Bartol	49	10	13	–	–	13	–	13	–
9. LCR-Steinhausen	48	–	6	13	9	4	11	5	–
10. LCR-ADM-Yamaha	5	–	–	–	–	3	2	–	–

CHRONIK DER MOTORRAD-WELTMEISTERSCHAFT

Klasse 500 cm³

1949	Leslie Graham	AJS
1950	Umberto Masetti	Gilera
1951	Geoff Duke	Norton
1952	Umberto Masetti	Gilera
1953	Geoff Duke	Gilera
1954	Geoff Duke	Gilera
1955	Geoff Duke	Gilera
1956	John Surtees	MV Agusta
1957	Libero Liberati	Gilera
1958	John Surtees	MV Agusta
1959	John Surtees	MV Agusta
1960	John Surtees	MV Agusta
1961	Gary Hocking	MV Agusta
1962	Mike Hailwood	MV Agusta
1963	Mike Hailwood	MV Agusta
1964	Mike Hailwood	MV Agusta
1965	Mike Hailwood	MV Agusta
1966	Giacomo Agostini	MV Agusta
1967	Giacomo Agostini	MV Agusta
1968	Giacomo Agostini	MV Agusta
1969	Giacomo Agostini	MV Agusta
1970	Giacomo Agostini	MV Agusta
1971	Giacomo Agostini	MV Agusta
1972	Giacomo Agostini	MV Agusta
1973	Phil Read	MV Agusta
1974	Phil Read	MV Agusta
1975	Giacomo Agostini	Yamaha
1976	Barry Sheene	Suzuki
1977	Barry Sheene	Suzuki
1978	Kenny Roberts	Yamaha
1979	Kenny Roberts	Yamaha
1980	Kenny Roberts	Yamaha
1981	Marco Lucchinelli	Suzuki
1982	Franco Uncini	Suzuki
1983	Freddie Spencer	Honda
1984	Eddie Lawson	Yamaha
1985	Freddie Spencer	Honda
1986	Eddie Lawson	Yamaha
1987	Wayne Gardner	Honda
1988	Eddie Lawson	Yamaha
1989	Eddie Lawson	Honda
1990	Wayne Rainey	Yamaha
1991	Wayne Rainey	Yamaha
1992	Wayne Rainey	Yamaha
1993	Kevin Schwantz	Suzuki
1994	Michael Doohan	Honda

Klasse 80 cm³

1984	Stefan Dörflinger	Zündapp
1985	Stefan Dörflinger	Krauser
1986	Jorge Martinez	Derbi
1987	Jorge Martinez	Derbi
1988	Jorge Martinez	Derbi
1989	Manuel Herreros	Derbi

Weltmeisterschaft 1995

26. März	Eastern Creek/AUS
2. April	Shah Alam/MAL
23. April	Suzuka/J
30. April	Jerez/E
14. Mai	Zeltweg oder Salzburg/A
21. Mai	Nürburgring/D
28. Mai	Mugello/I
24. Juni	Assen/NL
16. Juli	Le Castellet/F
23. Juli	Donington Park/GB
6. Aug.	Laguna Seca/USA
20. Aug.	Brünn/CZ
17. Sept.	Buenos Aires/ARG
24. Sept.	Rio de Janeiro/BR
8. Okt.	Barcelona/E

(Bei Redaktionsschluß war der Kalender vorläufig; Fragezeichen standen insbesondere hinter den Terminen in Österreich, Buenos Aires und Rio de Janeiro)

Klasse 250 cm³

1949	Bruno Ruffo	Moto Guzzi
1950	Dario Ambrosini	Benelli
1951	Bruno Ruffo	Moto Guzzi
1952	Enrico Lorenzetti	Moto Guzzi
1953	Werner Haas	NSU
1954	Werner Haas	NSU
1955	H.-P. Müller	NSU
1956	Carlo Ubbiali	MV Agusta
1957	Cecil Sandford	Mondial
1958	Tarquinio Provini	MV Agusta
1959	Carlo Ubbiali	MV Agusta
1960	Carlo Ubbiali	MV Agusta
1961	Mike Hailwood	Honda
1962	Jim Redmann	Honda
1963	Jim Redmann	Honda
1964	Phil Read	Yamaha
1965	Phil Read	Yamaha
1966	Mike Hailwood	Honda
1967	Mike Hailwood	Honda
1968	Phil Read	Yamaha
1969	Kel Carruthers	Benelli
1970	Rod Gould	Yamaha
1971	Phil Read	Yamaha
1972	Jarno Saarinen	Yamaha
1973	Dieter Braun	Yamaha
1974	Walter Villa	Harl.-Dav.
1975	Walter Villa	Harl.-Dav.
1976	Walter Villa	Harl.-Dav.
1977	Mario Lega	Morbidelli
1978	Kork Ballington	Kawasaki
1979	Kork Ballington	Kawasaki
1980	Anton Mang	Kawasaki
1981	Anton Mang	Kawasaki
1982	J.-L. Tournadre	Yamaha
1983	Carlos Lavado	Yamaha
1984	Christian Sarron	Yamaha
1985	Freddie Spencer	Honda
1986	Carlos Lavado	Yamaha
1987	Anton Mang	Honda
1988	Sito Pons	Honda
1989	Sito Pons	Honda
1990	John Kocinski	Yamaha
1991	Luca Cadalora	Honda
1992	Luca Cadalora	Honda
1993	Tetsuya Harada	Yamaha
1994	Massimiliano Biaggi	Aprilia

Klasse 350 cm³

1949	Freddy Frith	Velocette
1950	Bob Forster	Velocette
1951	Geoff Duke	Norton
1952	Geoff Duke	Norton
1953	Fergus Anderson	Moto Guzzi
1954	Fergus Anderson	Moto Guzzi
1955	Bill Lomas	Moto Guzzi
1956	Bill Lomas	Moto Guzzi
1957	Keith Campbell	Moto Guzzi
1958	John Surtees	MV Agusta
1959	John Surtees	MV Agusta
1960	John Surtees	MV Agusta
1961	Gary Hocking	MV Agusta
1962	Jim Redmann	Honda
1963	Jim Redmann	Honda
1964	Jim Redmann	Honda
1965	Jim Redmann	Honda
1966	Mike Hailwood	Honda
1967	Mike Hailwood	Honda
1968	Giacomo Agostini	MV Agusta
1969	Giacomo Agostini	MV Agusta
1970	Giacomo Agostini	MV Agusta
1971	Giacomo Agostini	MV Agusta
1972	Giacomo Agostini	MV Agusta
1973	Giacomo Agostini	MV Agusta
1974	Giacomo Agostini	Yamaha
1975	Johnny Cecotto	Yamaha
1976	Walter Villa	Harl.-Dav.
1977	Takazumi Katayama	Yamaha
1978	Kork Ballington	Kawasaki
1979	Kork Ballington	Kawasaki
1980	Jon Ekerold	Yamaha
1981	Anton Mang	Kawasaki
1982	Anton Mang	Kawasaki

Tourist Trophy

	Formel I	Formel II	Formel III
1978	Mike Hailwood, Ducati	Alan Jackson, Honda	Bill Smith, Honda
1979	Ron Haslam, Honda	Alan Jackson, Honda	Barry Smith, Yamaha
1980	Graeme Crosby, Suzuki	Charly Williams, Yamaha	Ron Haslam, Honda
1981	Graeme Crosby, Suzuki	Tony Rutter, Ducati	Barry Smith, Yamaha
1982	Joey Dunlop, Honda	Tony Rutter, Ducati	
1983	Joey Dunlop, Honda	Tony Rutter, Ducati	
1984	Joey Dunlop, Honda	Tony Rutter, Ducati	
1985	Joey Dunlop, Honda	Brian Reid, Yamaha	
1986	Joey Dunlop, Honda	Brian Reid, Yamaha	
1987	Virginio Ferrari, Bimota		
1988	Carl Fogarty, Honda		
1989	Carl Fogarty, Honda		

Klasse 125 cm³

1949	Nello Pagani	Mondial
1950	Bruno Ruffo	Mondial
1951	Carlo Ubbiali	Mondial
1952	Cecil Sandford	MV Agusta
1953	Werner Haas	NSU
1954	Rupert Hollaus	NSU
1955	Carlo Ubbiali	MV Agusta
1956	Carlo Ubbiali	MV Agusta
1957	Tarquinio Provini	Mondial
1958	Carlo Ubbiali	MV Agusta
1959	Carlo Ubbiali	MV Agusta
1960	Carlo Ubbiali	MV Agusta
1961	Tom Phillis	Honda
1962	Luigi Taveri	Honda
1963	Hugh Anderson	Suzuki
1964	Luigi Taveri	Honda
1965	Hugh Anderson	Suzuki
1966	Luigi Taveri	Honda
1967	Bill Ivy	Yamaha
1968	Phil Read	Yamaha
1969	Dave Simmonds	Kawasaki
1970	Dieter Braun	Suzuki
1971	Angel Nieto	Derbi
1972	Angel Nieto	Derbi
1973	Kent Andersson	Yamaha
1974	Kent Andersson	Yamaha
1975	Pier-Paolo Pileri	Morbidelli
1976	Pier Paolo Bianchi	Morbidelli
1977	Pier Paolo Bianchi	Morbidelli
1978	Eugenio Lazzarini	MBA
1979	Angel Nieto	Minarelli
1980	Pier Paolo Bianchi	MBA
1981	Angel Nieto	Minarelli
1982	Angel Nieto	Garelli
1983	Angel Nieto	Garelli
1984	Angel Nieto	Garelli
1985	Fausto Gresini	Garelli
1986	Luca Cadalora	Garelli
1987	Fausto Gresini	Garelli
1988	Jorge Martinez	Derbi
1989	Alex Crivillé	JJ Cobas
1990	Loris Capirossi	Honda
1991	Loris Capirossi	Honda
1992	Alessandro Gramigni	Aprilia
1993	Dirk Raudies	Honda
1994	Kazuto Sakata	Aprilia

Klasse Gespanne

1949	Oliver/Jenkinson	Norton
1950	Oliver/Dobelli	Norton
1951	Oliver/Dobelli	Norton
1952	Smith/Clements	Norton
1953	Oliver/Dibben	Norton
1954	Noll/Cron	BMW
1955	Faust/Remmert	BMW
1956	Noll/Cron	BMW
1957	Hillebrand/Grunwald	BMW
1958	Schneider/Strauss	BMW
1959	Schneider/Strauss	BMW
1960	Fath/Wohlgemut	BMW
1961	Deubel/Hörner	BMW
1962	Deubel/Hörner	BMW
1963	Deubel/Hörner	BMW
1964	Deubel/Hörner	BMW
1965	Scheidegger/Robinson	BMW
1966	Scheidegger/Robinson	BMW
1967	Enders/Engelhardt	BMW
1968	Fath/Kalauch	URS
1969	Enders/Engelhardt	BMW
1970	Enders/Engelhardt/Kalauch	BMW
1971	Owesle/Rutterford	Münch URS
1972	Enders/Engelhardt	BMW
1973	Enders/Engelhardt	BMW
1974	Enders/Engelhardt	HBM
1975	Steinhausen/Huber	König
1976	Steinhausen/Huber	Busch/König
1977	O'Dell/Holland/Arthur	Yamaha
1978	Biland/Williams	BEO
1979	B2 A Biland/Waltisperg	SCR
	B2 B Holzer/Meierhans	LCR
1980	Taylor/Johansson	Fowler-Yamaha
1981	Biland/Waltisperg	LCR-Yamaha
1982	Schwärzel/Huber	Yamaha
1983	Biland/Waltisperg	LCR-Yamaha
1984	Streuer/Schnieders	LCR-Yamaha
1985	Streuer/Schnieders	LCR-Yamaha
1986	Streuer/Schnieders	LCR-Yamaha
1987	Webster/Hewitt	LCR-Krauser
1988	Webster/Hewitt	LCR-Krauser
1989	Webster/Hewitt	LCR-Krauser
1990	Michel/Birchall	LCR
1991	Webster/Simmons	LCR-Krauser
1992	Biland/Waltisperg	LCR-Krauser
1993	Biland/Waltisperg	LCR-Krauser
1994	Biland/Waltisperg	LCR-swissauto

Klasse 50 cm³

1962	Ernst Degner	Suzuki
1963	Hugh Anderson	Suzuki
1964	Hugh Anderson	Suzuki
1965	Ralph Bryans	Honda
1966	H.-G. Anscheidt	Suzuki
1967	H.-G. Anscheidt	Suzuki
1968	H.-G. Anscheidt	Suzuki
1969	Angel Nieto	Derbi
1970	Angel Nieto	Derbi
1971	Jan de Vries	Kreidler
1972	Angel Nieto	Derbi
1973	Jan de Vries	Kreidler
1974	Henk van Kessel	Kreidler
1975	Angel Nieto	Kreidler
1976	Angel Nieto	Bultaco
1977	Angel Nieto	Bultaco
1978	Ricardo Tormo	Bultaco
1979	Eugenio Lazzarini	Kreidler
1980	Eugenio Lazzarini	Iprem
1981	Ricardo Tormo	Bultaco
1982	Stefan Dörflinger	Kreidler
1983	Stefan Dörflinger	Kreidler

Klasse 750 cm³

1977	Steve Baker	Yamaha
1978	Johnny Cecotto	Yamaha
1979	Patrick Pons	Yamaha

Superbikes

1988	Fred Merkel	Honda
1989	Fred Merkel	Honda
1990	Raymond Roche	Ducati
1991	Doug Polen	Ducati
1992	Doug Polen	Ducati
1993	Scott Russell	Kawasaki

Rasanz auf Straße und Rennstrecke

Hugo Wilson
Motorrad total
Alles von A-Z: Typen, Technik, Sport – fesselnd, informativ!
192 S., 600 Farb-Abb., geb.
DM/sFr 59,–/öS 460,–
Bestell-Nr. 01595

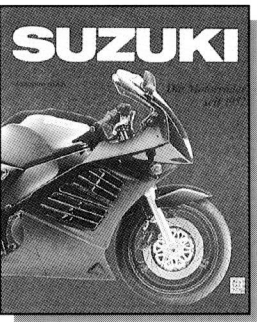

Joachim Kuch
**Suzuki –
Die Motorräder seit 1952**
220 Seiten, 200 Abbildungen, 50 farbig, gebunden
DM/sFr 68,–/öS 531,–
Bestell-Nr. 01625

Albert Saladini
Harley-Davidson – Historie
Der Jubiläums-Prachtband.
320 Seiten, 680 Farb-Abb., geb., im Schmuckschuber
DM/sFr 198,–/öS 1545,–
Bestell-Nr. 30269

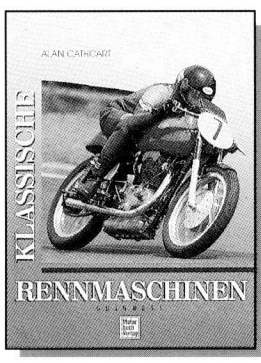

Alan Cathcart
Klassische Rennmaschinen
Von der Garelli 350 (1924) bis zu den Rennern von heute.
240 S., 328 Farb-Abb., geb.
DM/sFr 78,–/öS 609,–
Bestell-Nr. 01509

Volker Koerdt (Hrsg.)
Edel-Bikes
Einzelstücke mit Stil, von Könnern bis ins Detail veredelt.
96 Seiten, 130 Farb-Abb., geb.
DM/sFr 39,80 / öS 311,—
Bestell-Nr. 01461

Wolfgang Zeyen
Sportmotorräder
Rasante Serienmaschinen.
168 Seiten, 258 Abbildungen, 48 farbig, gebunden
DM/sFr 78,–/öS 609,–
Bestell-Nr. 01475

Änderungen vorbehalten

Mick Walker
Klassische Deutsche Rennmaschinen
DKW, NSU, Kreidler, BMW, Fath, Münch, König usw. – die besten Rennmaschinen, die in den ersten Nachkriegsjahren auf allen großen Rennstrecken dominierten.
192 Seiten, 215 Abbildungen, gebunden
DM/sFr 59,–/öS 460,–   Bestell-Nr. 01629

DER VERLAG FÜR
MOTORRAD-BÜCHER
Postfach 10 37 43 · 70032 Stuttgart
Telefon (07 11) 2 10 80-0
Telefax (07 11) 2 36 04 15

MOTORRAD DIE GANZE WELT DES MOTORRADS!

Entdecken Sie Europas größte Motorradzeitschrift!

In **MOTORRAD** erleben Sie die einzigartige Motorrad-Faszination und den puren Fahr-Spaß.

Rasante Reportagen und traumhafte Touren, Tests, Tips, Technik und brandaktuelle Sportergebnisse – in **MOTORRAD**, Europas größter Motorradzeitschrift.

Holen Sie sich die aktuelle Ausgabe!

Alle 14 Tage neu am Kiosk!

Tetsuya Harada

Luca Cadalora

Dolly Buster, Andy Preining

Loris Reggiani

Ralph Bohnhorst

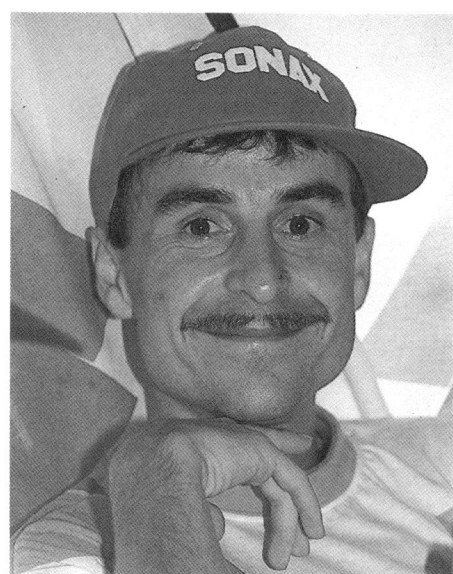
Dirk Raudies

Michael Liedl

Michael Doohan

Jean-Philippe Ruggia